新编大学社会学教材

总主编 风笑天

Sociology of Family

家庭社会学（第二版）

◉ 朱强 张寒 著

华中科技大学出版社
http://www.hustp.com
中国·武汉

内 容 提 要

本书主要面向社会学、社会工作和其他相关专业的本科生,介绍家庭社会学的基础理论和基本知识。主要目标是帮助学生理解家庭社会学的基本概念、相关原理以及核心的理论知识体系,帮助他们了解家庭的发生及其历史演变的历程,掌握当代社会家庭的结构变化、发展嬗变以及家庭矛盾、问题、冲突及其处理的原则、机制等相关理论问题。

本书主要供高校社会学专业教学使用,同时适用于社会相关部门和机构中的行政人员、管理者以及社会工作者阅读、参考、借鉴,也是热爱生活、探寻健康家庭成长的人们解读现代家庭幸福密码的参考书。

图书在版编目(CIP)数据

家庭社会学/朱强,张寒著.—2 版.—武汉:华中科技大学出版社,2022.7(2024.8重印)
ISBN 978-7-5680-8393-5

Ⅰ.①家… Ⅱ.①朱… ②张… Ⅲ.①家庭社会学 Ⅳ.①C913.11

中国版本图书馆 CIP 数据核字(2022)第 098864 号

家庭社会学(第二版)　　　　　　　　　　　　　　　　　　　朱　强　张　寒　著
Jiating Shehuixue(Di'er Ban)

策划编辑:钱　坤
责任编辑:余晓亮
封面设计:刘　卉
责任校对:张汇娟
责任监印:周治超
出版发行:华中科技大学出版社(中国•武汉)　　电　话:(027)81321913
　　　　　武汉市东湖新技术开发区华工科技园　　邮　编:430223
录　　排:华中科技大学惠友文印中心
印　　刷:武汉开心印印刷有限公司
开　　本:787mm×1092mm　1/16
印　　张:16.25
字　　数:401 千字
版　　次:2024 年 8 月第 2 版第 2 次印刷
定　　价:48.00 元

本书若有印装质量问题,请向出版社营销中心调换
全国免费服务热线:400-6679-118　竭诚为您服务
版权所有　侵权必究

总　　序

社会学在中国恢复重建已将近30年。伴随着中国社会的改革开放,社会学学科也在不断探索和研究中国社会的过程中一天天发展进步。正是急剧的社会变迁和纷繁复杂的社会生活,为中国社会学的发展壮大提供了最大的舞台。社会学也在这个舞台上大显身手,在帮助人们认识社会规律、制定社会政策、解决社会问题、创建和谐社会等诸多方面发挥着越来越大的作用。

自20世纪80年代初期进入社会学领域以来,笔者就深深地被这一学科的独特视角、研究方法以及丰富多彩的研究领域所吸引,20多年来一直在大学醉心于社会学专业的教学与科研工作。20世纪80年代中期在北京大学攻读硕士和博士学位的5年中,笔者就从一些国外的和国内早期的社会学教材中获得了许多的收益。20世纪90年代中期至21世纪初在华中理工大学(现改名为华中科技大学)社会学系任教的几年中,曾出版《现代社会调查方法》(独著,1996年初版,2001年第2版,2005年第3版)和《社会学导论》(主编,1997年)两本专业基础课教材。出版社反馈的信息表明,这两本教材受到了广大教师和学生的普遍欢迎,《现代社会调查方法》已发行12万册。

正是在这样一种基础上,出版社盛情邀请笔者组织编写一套"新编大学社会学教材"。这对笔者来说,无疑是一项十分艰巨的任务。因为一方面自己才疏学浅,对社会学的许多领域了解不多,难以胜任这一工作;另一方面,自己日常的教学、科研以及指导研究生的任务也比较繁重,时间和精力上也有一定困难。虽几次推托,但终究经不住出版社的盛情邀请,只好勉为其难地担当起这套教材总主编的重任。

客观地说,目前国内的社会学教材已有不少。但除了"社会学概论""社会学研究方法""西方社会学理论""社会心理学""社会统计学"等主干课程的教材版本相对较多外,其他分支社会学的教材往往很少。同时,许多教材由于编写和出版的时间较早,部分内容已不适应当前教学的需要。另外,相对于美国等西方发达国家中社会学教材种类繁多的状况,国内社会学教材可选择的余地实在太小。这些状况为这套教材的编写提供了现实的需要。

这套"新编大学社会学教材"的编写目标,主要体现在以下三个方面。

一是全面性。即希望经过5~10年的努力,编写出覆盖目前社会学系所开设的30门左右的专业课程的教材(其中,专业基础课教材10种左右,专业选修课教材20种左右),以增加社会学教师选择教材的空间,同时改变目前少数专业选修课找不到教材的局面。

二是规范性。这种规范性一方面体现在全套教材的整体规划和单本教材的具体设置都是依据社会学学科的内容结构上;另一方面也体现在对每一本教材的编写要求是以现有的、成熟的、社会学界普遍采用的体系、框架和知识点为依据。

三是本土化。尽管社会学教材中的许多内容都会涉及西方社会、西方社会学家以及西方社会学理论,但我们更加强调在教材的编写中要将社会学的基本原理应用于中国社会的现实,要以中国的社会、中国的材料来向中国的学生介绍社会学的基本概念、基本理论和研究领域。

笔者深知,要达到上述目标,需要全国社会学界同行的大力支持。我们真诚希望有更多的有经验的社会学教师、研究者加入这一工作中来,成为这套教材的编写者。

如果有更多的学生从这套教材中获得对社会学知识的了解,打开认识中国社会的窗口,那么我们的工作和努力就获得了回报。我们期待着!

2007年11月于南京大学

目 录

第一章 导论——家庭社会学：概念、方法及其意义 ··· (1)
  第一节 什么是家庭社会学 ··· (1)
    一、家庭与社会的关系 ··· (2)
    二、家庭社会学的概念 ··· (6)
  第二节 家庭社会学的主要理论 ··· (7)
    一、研究视角 ··· (7)
    二、研究内容 ··· (9)
    三、主要理论 ··· (11)
  第三节 家庭社会学的分析方法 ··· (15)
    一、家庭社会学研究的方法论 ·· (15)
    二、家庭社会学研究的具体方式 ·· (16)
  第四节 家庭社会学的历史发展 ··· (18)
    一、家庭社会学的萌芽 ··· (18)
    二、家庭社会学的发展 ··· (19)
    三、家庭社会学在中国 ··· (24)
  第五节 家庭社会学的研究意义 ··· (25)

第二章 家庭的产生与演变 ··· (27)
  第一节 家庭的基本内涵 ··· (27)
    一、家庭的概念 ··· (27)
    二、家庭制度 ··· (30)
    三、家庭结构 ··· (37)
    四、家庭关系 ··· (38)
  第二节 家庭演变的历史 ··· (41)
    一、血缘家庭 ··· (41)
    二、普那路亚家庭 ·· (42)
    三、对偶家庭 ··· (42)
    四、一夫一妻制的现代家庭 ·· (43)
  第三节 现代家庭的变革 ··· (43)
    一、现代家庭的观念变革 ··· (43)
    二、现代家庭的其他变革 ··· (45)
    三、现代家庭变革的成因 ··· (46)
    四、现代家庭的发展趋向 ··· (47)

第三章 婚姻 ··· (49)
  第一节 婚姻的基本内涵 ··· (49)

一、婚姻的概念与本质 …………………………………………… (49)
　　　二、婚姻的动机与功能 …………………………………………… (51)
　　　三、婚姻的制度与风俗 …………………………………………… (51)
　　　四、婚姻的类型与关系形态 ……………………………………… (53)
　　第二节　婚姻的选择 ………………………………………………… (55)
　　　一、择偶行为 ……………………………………………………… (55)
　　　二、婚姻市场 ……………………………………………………… (57)
　　第三节　婚姻的达成 ………………………………………………… (57)
　　　一、婚姻的总则与限制 …………………………………………… (57)
　　　二、婚姻的程序与途径 …………………………………………… (59)
　　　三、婚姻的经济学分析 …………………………………………… (62)
　　第四节　婚姻的困境 ………………………………………………… (63)
　　　一、婚姻挤压 ……………………………………………………… (63)
　　　二、婚姻坡度 ……………………………………………………… (64)
　　第五节　离婚与再婚 ………………………………………………… (65)
　　　一、离婚 …………………………………………………………… (65)
　　　二、再婚 …………………………………………………………… (71)

第四章　家庭的结构与功能 ……………………………………………… (75)
　　第一节　家庭结构的基本内涵 ……………………………………… (75)
　　　一、家庭结构的概念 ……………………………………………… (75)
　　　二、家庭结构的划分 ……………………………………………… (77)
　　第二节　家庭结构的几种类型 ……………………………………… (79)
　　　一、传统的家庭结构类型 ………………………………………… (79)
　　　二、非传统的家庭结构类型 ……………………………………… (82)
　　　三、家庭结构的多元化趋势 ……………………………………… (83)
　　第三节　家庭功能的基本内涵 ……………………………………… (84)
　　　一、家庭功能的概念 ……………………………………………… (84)
　　　二、家庭的主要功能 ……………………………………………… (85)
　　第四节　家庭的演变 ………………………………………………… (89)
　　　一、家庭结构的演变 ……………………………………………… (89)
　　　二、家庭功能的演变 ……………………………………………… (92)
　　　三、家庭演变的动因 ……………………………………………… (94)

第五章　家庭关系 ………………………………………………………… (97)
　　第一节　家庭关系的基本内涵 ……………………………………… (97)
　　　一、家庭关系的概念 ……………………………………………… (97)
　　　二、家庭关系的特点 ……………………………………………… (98)
　　　三、家庭关系的影响因素 ………………………………………… (98)
　　第二节　家庭关系的种类 …………………………………………… (99)
　　　一、夫妻关系 ……………………………………………………… (99)

二、亲子关系 ………………………………………………………………（102）
　　三、家庭中的其他人际关系 ………………………………………………（104）
第三节　我国家庭关系模式 ……………………………………………………（108）
　　一、横向家庭关系与纵向家庭关系 ………………………………………（108）
　　二、我国家庭关系模式的历史演变 ………………………………………（110）
　　三、现代家庭关系模式的建立 ……………………………………………（111）
第四节　家庭中的权力 …………………………………………………………（113）
　　一、家庭权力 ………………………………………………………………（113）
　　二、家庭决策 ………………………………………………………………（116）
　　三、夫妻权力问题 …………………………………………………………（117）

第六章　家庭生命周期 ……………………………………………………………（119）
第一节　家庭生命周期理论 ……………………………………………………（119）
　　一、家庭生命周期理论的概念 ……………………………………………（119）
　　二、家庭生命周期理论的沿革 ……………………………………………（120）
　　三、家庭生命周期理论的意义 ……………………………………………（121）
第二节　家庭生命周期的划分 …………………………………………………（121）
　　一、家庭生命周期的划分标准 ……………………………………………（121）
　　二、家庭生命周期阶段的划分 ……………………………………………（123）
　　三、不同阶段的主要消费特征 ……………………………………………（124）
第三节　空巢家庭及其社会问题 ………………………………………………（129）
　　一、空巢家庭的基本内涵 …………………………………………………（129）
　　二、城市空巢家庭 …………………………………………………………（130）
　　三、城市空巢家庭与养老 …………………………………………………（133）
　　四、农村空巢家庭 …………………………………………………………（136）
第四节　老龄化及其社会问题 …………………………………………………（140）
　　一、人口老龄化的发展态势 ………………………………………………（140）
　　二、人口老龄化的社会后果 ………………………………………………（141）
　　三、老龄社会与老人家庭 …………………………………………………（142）
　　四、老龄问题与养老工作 …………………………………………………（143）

第七章　家庭管理 …………………………………………………………………（146）
第一节　家庭管理的基本内涵 …………………………………………………（146）
　　一、家庭管理的概念 ………………………………………………………（146）
　　二、家庭管理的内容 ………………………………………………………（147）
第二节　家庭经济管理 …………………………………………………………（150）
　　一、家庭经济管理的概念 …………………………………………………（150）
　　二、家庭经济管理的原则与特点 …………………………………………（151）
　　三、家庭经济管理的任务与内容 …………………………………………（152）
第三节　家庭生育计划 …………………………………………………………（153）
　　一、家庭生育计划的概念 …………………………………………………（153）

二、我国生育政策的变动 (154)
第四节　家庭闲暇规划 (156)
一、家庭闲暇规划的概念 (156)
二、家庭闲暇规划的内容 (156)
三、家庭闲暇规划的方法 (158)
第五节　家庭生活发展设计 (160)
一、家庭生活发展设计的方式 (160)
二、家庭生活发展设计的对策——ALPEM计划 (162)
第六节　家庭人际协调 (162)
一、家庭人际关系的概念 (163)
二、家庭人际关系的内容 (163)
三、家庭人际关系的协调策略 (167)

第八章　家庭问题 (171)
第一节　家庭问题的基本内涵 (171)
一、家庭问题的概念 (171)
二、家庭问题的内容 (172)
三、家庭问题的特点 (172)
第二节　家庭冲突与家庭危机 (173)
一、家庭冲突 (173)
二、家庭危机 (180)
第三节　家庭暴力与家庭虐待 (182)
一、家庭暴力 (182)
二、家庭虐待 (190)
第四节　家庭社会工作与家庭危机应对 (197)
一、家庭社会工作的概念 (197)
二、家庭社会工作的内容 (198)
三、各种家庭危机的应对 (199)

第九章　中国城乡家庭差异 (204)
第一节　家庭结构差异 (204)
一、城市的家庭结构特征 (206)
二、农村的家庭结构特征 (206)
第二节　家庭功能差异 (207)
一、经济功能 (207)
二、赡养功能 (209)
三、教育功能 (211)
四、生育功能 (211)
第三节　家庭关系差异 (212)
一、夫妻关系 (213)
二、亲子关系 (214)

三、代际关系 …………………………………………………（216）
　第四节　家庭生命周期差异 …………………………………………（219）
　　　一、城市的家庭生命周期与消费结构 ………………………………（219）
　　　二、农村的家庭生命周期与消费结构 ………………………………（219）
第十章　家庭的未来 ……………………………………………………（222）
　第一节　预测依据 ……………………………………………………（223）
　　　一、生产方式 …………………………………………………（223）
　　　二、生活方式 …………………………………………………（224）
　　　三、社会文化价值 ………………………………………………（224）
　　　四、社会规范的约束力 …………………………………………（226）
　第二节　代表观点 ……………………………………………………（226）
　　　一、家庭振兴论 ………………………………………………（227）
　　　二、家庭消亡论 ………………………………………………（230）
　　　三、家庭多样论 ………………………………………………（233）
参考文献 ………………………………………………………………（240）
后记 ……………………………………………………………………（247）

第一章

导论
——家庭社会学：概念、方法及其意义

> There's no place like home.
> 没有一个地方,可以和家相提并论。
> ——《绿野仙踪》

家庭,不是自天而降的神秘之物,它是历史的产物,是随着人类社会的发展逐渐产生并发展起来的。在史前的蒙昧时期,人们没有"家庭"这一概念,家庭尚未出现。家庭是人类历史发展到一定阶段的产物。

美国社会学家加里·斯坦利·贝克尔在《家庭论》里指出,在传统社会中,家庭——或者更准确地说,亲属家族——在很大程度上是非常重要的,因为它可以保护家庭成员抵御不确定性。[1]

家庭组织中的利他主义,要多于其他组织中的利他主义;即使是利己的家庭成员,也会在利他家庭成员的行为引导下,把利他成员的利益合并到自己的行为中去。

家庭,影响着人们的人格和气质,从儿童到成年的整个过程,甚至成年后我们将成为什么样的人,家庭都对我们产生重要的影响。家庭生活都是一个经常变化的主题。一方面是迁移和可选择的生活方式,另一方面是家庭的瓦解和重组,这些都可以让我们遭遇到一些我们所不熟悉的生活方式。[2]

家庭社会学,是当前方兴未艾的社会学研究的一个重要课题。家庭社会学对人类婚姻、家庭进行研究,揭示其演进、变化以及规律,帮助我们适应那些发生在我们生活中的变化。开展家庭社会学的研究,对于建设和谐社会、缔造幸福人生,是十分必要和迫切的。[3]

第一节 什么是家庭社会学

家庭,与每一个人息息相关。

---

[1] 加里·斯坦利·贝克尔著,王献生、王宇译:《家庭论》,北京:商务印书馆,2005年版。
[2] 大卫·切尔著,彭铟旎译:《家庭生活的社会学》,北京:中华书局,2005年版。
[3] 邓伟志、徐榕:《家庭社会学》,北京:中国社会科学出版社,2001年版。

《诗经·小雅·蓼莪》上说:"无父何怙,无母何恃"①;"父兮生我,母兮鞠我。拊我畜我,长我育我。顾我复我,出入腹我"②。人一出生就离不开家庭、离不开父母。荷马史诗中的英雄奥德修斯长年漂泊在外,历尽磨难和诱惑,正是回家的念头支撑着他,使他克服了一切磨难,抵御了一切诱惑。最后,当女神卡吕浦索劝他永久留在她的小岛上时,他坚辞道:"尊贵的女神,我深知我的老婆在你的光彩下只会黯然失色,你长生不老,她却注定要死。可是我仍然天天想家,想回到我的家。"

家庭自从诞生之日开始,就成为生活在其中的成员之间联系的纽带、社会的细胞。

一、家庭与社会的关系

一定的家庭和一定的社会相对应,社会的性质和形态决定了家庭的性质和形态,家庭的变化可以表现社会的变化。根据家庭和社会同步发展的特点,我们可以通过家庭看到社会。恩格斯曾将家庭比作社会的细胞,来说明微观家庭和宏观社会的关系。

家庭,是社会的窗口;家庭,是社会的缩影。我们往往可以透过一个家庭看到社会的兴衰、变迁等。③

曹雪芹的《红楼梦》,叙述的是荣国府、宁国府两个大家庭的事,其实不仅是写家,更是写社会——通过封建大家庭的荣辱兴衰,反映了清朝末年社会的腐败。巴金的《家》《春》《秋》,曹禺的《雷雨》,都是透过家庭再现社会变迁。老舍的《四世同堂》,通过祁老太爷一家四代人的命运,反映了日本帝国主义侵略中国给中国人民带来的深重苦难,反映了中国社会的变迁,以及社会变迁中人们的社会分化、政治态度、社会角色冲突及其不同的命运。

在农业社会里,家庭是生产资料的占有单位,是生产劳动组织单位,是劳动产品分配和交换单位,又是消费单位,是社会生产关系的总和,是社会经济基础的集中表现。即使到了工业社会,家庭仍然是社会消费的基本单位,仍然在折射着社会的经济生活。

家庭也可以说是一个小型"政府",家长为统治者、支配者,权威的观念及服从的习惯是先在父母子女关系中养成的。家庭也是人类最初的教堂,宗教信仰的传授、祖宗的崇拜及宗教仪式的学习等,多半是以家庭为中心的。家庭也曾经是各种哲学、艺术、法律观念的传播场所,特别是在伦理观念方面,不同的家庭伦理观代表了不同社会的伦理观,家庭也表现了社会的上层建筑。

另外,家庭这一小型单位和社会结构之间是相互作用的,家庭是个人与社会联系的纽带。

法国人类学家克洛德·列维-斯特劳斯指出,所有结构各异的家庭具有共同的特征:家庭是个体与错综复杂的社会关系网络联结的纽带,它通过契约性的婚姻关系对社会关系加以规定和限制。

社会学家威廉·J.古德强调,家庭是由个人组成的,但它又是一个社会单位,是庞大的社会网络的一部分。家庭并非孤立而又自我封闭的社会体系,其他社会机构不是在与个人

---

① "怙"与"恃"互文见义,皆是依赖、依靠的意思。这句话的意思是:没有父母,你(子女们)又去依靠谁(什么)呢?
② 父母双亲啊!您生养了我,抚慰我、养育我、拉扯我、庇护我,不厌其烦地照顾我,无时无刻不怀抱着我。
③ 潘允康:《家庭社会学》,北京:中国审计出版社,2002年版。

打交道,而是在与家庭成员打交道。即使在工业化程度最高的城市社会中,人们有时过着隐姓埋名、不定居的生活,但绝大多数人仍然与其他家庭成员交往。①

家庭社会学的一个重要特点,是把家庭放在社会整体的背景中研究。从这一点出发,家庭与社会的关系可以概括为:家庭是人类最早的社会关系之一,家庭是基本的社会群体,家庭是普遍的社会制度,家庭是个历史范畴。②

(一)家庭是一种社会关系,而且是一种最早的社会关系

家庭是最早的社会关系之一,它包含两个方面的含义。

1. 家庭是最早的社会关系

按照历史唯物主义观点,人类的第一个历史活动就是生产满足自己衣、食、住等需要的物质资料,第二个历史活动是生产工具和生产方法。这两种活动,是人与自然的关系,而不是人与人的关系,不是社会关系。因此,马克思、恩格斯又说:"生命的生产,无论是通过劳动而达到的自己生命的生产,或是通过生育而达到的他人生命的生产,就立即表现为双重关系:一方面是自然关系,另一方面是社会关系;社会关系的含义在这里是指许多个人的共同活动,至于这种活动在什么条件下、用什么方式和为了什么目的而进行,则是无关紧要的。"③在人类历史初期,家庭关系和生产关系是并存统一的。正如马克思、恩格斯所说:"不应该把社会活动的这三个方面看作是三个不同的阶段,而只应该看作是三个方面,或者……把它们看作是三个'因素'。从历史的最初时期起,从第一批人出现时,这三个方面就同时存在着,而且现在也还在历史上起着作用。"④

随着人类社会的不断发展,人们结成的关系开始变得复杂和多样化,比如说在原始社会末期,村社(村庄)出现了,它是由原始公有制向私有制过渡的社会经济组合,是由定居在一定地域内的一群家庭组成,以土地公有和其他生产资料私有为特点、以地缘关系为纽带的社会关系的组合。以后,随着私有制产生,阶级出现了,各种经济关系、政治关系、思想关系、宗教关系等逐渐发展起来,复杂的社会关系之网交织而形成国家,家庭变成了从属的社会关系。

2. 人从家庭走向社会

人降生后,先与父母双亲和兄弟姐妹同居共处,也即与家庭发生关系,尔后走向社会,逐步与社会其他分子和组织发生关系。对于个人来说,从学语、学步到谋生、自立都是从与家庭中其他成员交往开始的,并从这种交往中学会如何与社会其他成员联系和交往,逐步走入社会。从家庭、邻里扩展到社会,是人的社会关系扩大的基本规律。

(二)家庭是一种社会群体,而且是一种基本的社会群体

邓伟志、徐榕认为,群体是社会学所关心的问题。社会群体,泛指通过一定的社会关系结合起来进行共同活动的集体。家庭是初级群体,它通过血缘关系结合起来。所谓初级社

---

① Goode W J. World Revolution and Family Patterns. New York: Free Press,1963.
② 潘允康:《研究家庭社会学》,载《天津社会科学》,1984年第4期。
③ 《德意志意识形态(节选本)》,北京:人民出版社,2018年版。
④ 《德意志意识形态(节选本)》,北京:人民出版社,2018年版。

会群体,是由面对面互动形成的、具有亲密人际关系的社会群体,它反映着人们最简单、最初步的社会关系,是社会组合的雏形。[①]

作为人类群分的一种特有形式,家庭是人类社会生活的需要。人为了满足物质和精神的需求,为了生存和发展,必须生活在一定集体之中。而家庭是建立在婚姻和血缘关系基础上的、以夫妻子女为基本成员的共同生活集体,它满足了人类生活的多种需要。家庭这个社会细胞,集中体现了初级社会群体的多种特征。

1. 家庭是社会自然产物

在家庭中,自然的血缘关系和世代关系是维系家庭存在的重要纽带,生育子女、繁衍后代、增加新的家庭成员,也是在自然状况下发生的。家庭的形成虽然要经过婚姻形式中的法律程序,有人为因素,但却是以自然形成为条件的。与正式的社会组织不同,家庭不是按照社会契约为满足某种社会需要而人为建立的,家庭在本质上是通过一定的宗教和法律仪式被规范化的、由两个以上个体组成的社会自然产物。

2. 成员关系带有感情色彩

在家庭中,个人展现自己全面的个性并投入全部的情感。家庭成员在共同生活中相互帮助,在感情上相互慰藉和支持。家庭成员关系是一种亲密无间、心心相印的情感性关系,成员间的互动并不是严格按照等价交换的原则进行的。

3. 家庭具有一定的群体规范

家庭中的成员互动和家庭生活遵循一定的准则。但是,这种行为规范并不是十分严格的,不是明文规定的,其中,个人的自觉性起着更大作用。

4. 家庭具有持续性、稳定性

家庭成员由于血缘上的联系而形成较深的关系。家庭成员间的互动具有持续性和稳定性,家庭在这种持续的互动中得以巩固。互动一旦中止,家庭便会走向解体。

(三)家庭是一种社会制度,而且是一种普遍的社会制度

家庭的构成和存在并非任意的、随心所欲的,而是具有一定的规范和准则。

家庭是一种社会制度。制度是社会公认的复杂而又系统的行为规范体系。每种社会制度都由一组相关的社会规范构成,围绕着某一社会目标进行一系列规定,因而也是一种相对持久的社会关系。

家庭制度就是对家庭在组织结构和行为活动上的一些规定,它是一定社会历史条件下的家庭关系和活动的规范体系,是属于社会中某一领域的制度。

1. 普遍性

家庭普遍存在于一切民族、国家和社会之中,对人起着制约作用。家庭制度是最古老、最原始的制度之一。当人类脱离血亲杂交的蒙昧时代,两性关系受到辈分的限制时,第一个家庭形态——血婚制家庭便出现了。这是最简单且最古老的家庭制度。血婚制家庭显示了人类在进步阶梯中的最低级状态。

家庭制度是各国、各地区最普遍的制度之一。不同空间范畴的家庭制度有着共同的规

---

① 邓伟志、徐榕:《家庭社会学》,北京:中国社会科学出版社,2001年版。

范,同时,由于社会制度、宗教信仰、风俗习惯的差异,家庭制度又显示出不同的特点,具有不同的内容。

2. 相对稳定性

随着时代和社会的变迁,家庭制度有形态的演变进化,也有内容的修改更新,且在不同的时空条件下有不同的内涵。但是,作为制度,家庭又是相对稳定的规范体系,一经确立就会在相当长的时期内制约人们的行为。

当然,一定的家庭制度在发展演变过程中也会出现障碍和问题,需要及时调整不适应的部分和环节。在某一种家庭制度存在的基础丧失之后,新的制度会逐渐取而代之,但原有的家庭制度还会在相当长时期内继续发挥作用。

3. 复合性

家庭制度是由一系列制度组成的一个行之有效的制度体系,其中包括婚姻制度、生育制度、继承制度等。每一种制度都表现了它对家庭存在的一定功能,它们相互配合,构成家庭关系和行为的准则与规范。

值得注意的是,这些不同层次的准则和规范,既是由社会制定和认可的,也是在人类长期生活中糅合不同文化特点而逐渐形成的。

(四)家庭是一个历史范畴

家庭是人类社会生活的组织形式之一,但不是从来就有、一成不变的。家庭是个历史范畴,是人类社会发展到一定历史阶段的产物。家庭有其产生和发展的历史。

马克思曾经说过:"在生产、交换和消费发展的一定阶段上,就会有一定的社会制度、一定的家庭、等级或阶级组织,一句话,就会有一定的市民社会。有一定的市民社会,就会有不过是市民社会的正式表现的相应的政治国家。"[①]

在人类社会初期,人们杂居合群,任何异性间都可以任意发生性的关系,无所谓家庭。恩格斯说,人类婚姻,可以"追溯到一个同从动物状态向人类状态的过渡相适应的杂乱的性关系的时期"。不仅兄弟姐妹起初曾经是夫妇,而且父母和子女之间也可随意性交。

随着社会的发展,人类有了两个进步:第一个进步是排除了父母与子女之间的性交关系;第二个进步则是进一步排除了兄弟和姐妹之间的性交关系。这样就排除了血缘近亲之间的婚姻,由族内婚发展到族外婚。恩格斯认为,这一进步可以作为"自然选择原则在发生作用的最好说明"[②]。用摩尔根的话来说就是:"没有血缘亲属关系的氏族之间的婚姻,创造出在体质上和智力上都更强健的人种;两个正在进步的部落混合在一起了,新生一代的颅骨和脑髓便自然地扩大到综合了两个部落的才能的程度。"

人类的进步为家庭的出现提供了可能。严格意义上的家庭是与人们之间具有较稳定的配偶关系同时发生的,在这个时候,一个男子在许多妻子中有一个主妻,而他对于这个女子来说也是她许多丈夫中的一个主夫,这是摩尔根所称的对偶家庭的时期。如果说人类依次经历过蒙昧时代、野蛮时代、文明时代三个时代,那么对偶家庭产生于蒙昧时代和野蛮时代交替时期,大部分产生于蒙昧时代的高级阶段,只有个别地方产生于野蛮时代的低级阶段。

---

① 《马克思恩格斯全集(第27卷)》,北京:人民出版社,1972年版。
② 《马克思恩格斯选集(第4卷)》,北京:人民出版社,1995年版。

从此以后,家庭逐步演变为今天的一夫一妻制。人类社会的一夫一妻制是人类社会文明的选择,它从产生的那一天起,也在不断改变自己的形态,并发展到今天人们所熟悉的各种模式。

无论如何,家庭有其产生和发展的历史,也必然有转化和消亡的过程,家庭是个历史范畴。

二、家庭社会学的概念

在人类社会的文明史上,家庭存在了数千年,人类对家庭的思考和研究也有了几千年,然而,关于家庭社会学的研究只有180年左右的历史。1838年,孔德在他的主要著作《实证哲学教程(第4卷)》出版之际,提出了建立社会学独立学科的要求,社会学产生了。作为社会学分支学科的家庭社会学(sociology of family),也产生并发展起来。由于受到达尔文生物进化论的影响,起初的家庭研究比较偏重有关家庭史和家庭起源方面。到19世纪后半叶,才开始了对现实家庭问题的研究,形成了一些比较成熟的家庭社会学理论。今天,家庭社会学在世界各国已经十分普及和发达。[①]

家庭社会学是社会学的一个主要分支。它的产生、发展和社会学一样,有着悠久的历史。古罗马法和《圣经·旧约全书》中的摩西法学都曾经论述过家庭。但是,对家庭进行比较系统而又科学的理论研究是从19世纪开始的,直到20世纪60年代才有人提出"家庭社会学"的概念。1964年,美国学者克里斯坦森在分析家庭思想史的发展阶段时,就曾多次使用"家庭学"的概念。[②]

毫无疑问,家庭社会学是以家庭为研究对象,而其他家庭学科和家庭政策等也都是以家庭为研究对象。

家庭同其他的生活群体、公共机构或社会体系,如社会团体、国家、法律、经济等保持着多种多样的联系,所以研究家庭问题绝不只限于从社会学角度进行。但是,家庭社会学和其他学科研究家庭有不同的角度、内容和特点。

比如,经济学也要研究家庭的经济职能,研究家庭中生产、分配、交换和消费等项以及家庭与这些纯经济变项的相互关系,它不大注意家庭成员的经济行为和动机。家庭社会学则要研究家庭和家庭成员的经济行为和动机、家庭关系和家庭经济职能间的相互作用,以及家庭经济职能和社会经济制度及社会其他因素的相互影响。法律学研究有关婚姻、家庭法律的制定和执行问题,它主要研究如何用带有强制性的法律手段使一定社会中的婚姻、家庭规范化。但是,婚姻、家庭的规范化不仅受法律影响,而且受社会的风俗、习惯、道德等因素影响。家庭社会学正是综合法律、风俗、习惯、道德等各种因素,研究使婚姻、家庭规范化的过程及问题。在家庭的历史方面,家谱学、氏族学以探索家庭的血统与亲属祖先以及编纂家谱的体系为主要内容。而家庭社会学则对家庭的现状更感兴趣。

从双重意义上来说,家庭是社会学的研究对象。如果说社会学是一门研究社会作用的关系的学科的话,那么家庭社会学就属于普通社会学。虽然家庭不是最重要的社会基本形

---

① 潘允康:《家庭社会学》,北京:中国审计出版社,2002年版。
② 张桂英:《家庭社会学及家庭的发展趋势》,载《学术交流》,1987年第3期。

式,但它仍然是最有意义的社会基本形式之一。因为一般来说,每一个人都是在家庭这个社会基本形式里,通过最亲近的接触者而学会社会行为和社会活动的,并通过经常不断地与"他人"交往而实现其社会生活的。与此相反,如果人们把家庭看作一种社会的分支结构,并为了科学目的而将它分离出来,作为研究对象,例如,为了在作为群体单位的家庭范围内研究家庭成员的相互作用与共同生活的过程,那么家庭社会学就如同青年社会学或社团社会学一样,应被认为是一种专门社会学。①

由于德国学者 W. H. 里尔最早根据社会学的创始人、法国的实证主义哲学家奥古斯特·孔德关于家庭是保持社会连续性的基本单位的学说,提出对家庭进行改革的主张,因而,人们把里尔称为家庭社会学的创始人。以家庭为研究对象,它通过对家庭与社会的相关的研究,通过对家庭内部关系的剖析,来阐述家庭的结构、职能及其演化规律。作为社会设置的存在,对家庭进行分析时,通常研究的不是具体的家庭,而是在具体的文化和社会经济条件下家庭、婚姻家庭关系的形成、发展和功能。②潘允康认为,家庭社会学是社会学的一门分支学科。它运用社会学的理论和方法研究家庭和家庭演化的客观规律,研究家庭和社会的诸种关系,研究家庭在社会中的地位及其作用。③

不过,家庭社会学真正成为一门独立的学科是从20世纪30年代开始的。④

作为社会学的一个分支学科,家庭社会学是与社会学的发展同步的。19世纪末到20世纪上半叶,家庭社会学作为一个独立的学科出现了、成熟了,其主要标志是社会学理论和方法在家庭研究领域中的运用,从而产生了家庭社会学理论和方法。⑤

第二节 家庭社会学的主要理论

一、研究视角

(一) 从社会整体的角度,在社会背景中研究家庭

家庭社会学是用社会学的观点和方法研究家庭,坚持整体性;在社会的背景下研究家庭,是家庭社会学的首要特点。

根据历史唯物主义观点,社会是一个复杂的有机整体,家庭如同其他一切社会关系和组织一样,不能脱离社会而独立存在。因此,必须在社会的整体环境中,在家庭和社会的相互关系中研究家庭。

---

① 瓦尔纳著,孙汇琪译:《家庭社会学》,载《现代外国哲学社会科学文摘》,1983年第11期。
② 波斯佩洛娃、海新:《家庭的现状和发展前景》,载《国外社会科学文摘》,1999年第10期。
③ 潘允康:《研究家庭社会学》,载《天津社会科学》,1984年第4期。
④ 张桂英:《家庭社会学及家庭的发展趋势》,载《学术交流》,1987年第3期。
⑤ 潘允康:《家庭社会学》,北京:中国审计出版社,2002年版。

家庭作为社会的一个有机组成部分,随着社会的发展而发展、社会的变化而变化,社会影响家庭,家庭也影响社会。美国著名家庭社会学家 W.古德认为,家庭好比一个小体系,社会好比一个大体系,社会是通过家庭来取得个人对社会的贡献的。家庭与社会相互依存,个人的社会化首先要在家庭中实现,任何一个家庭都不能脱离社会而生存。尽管家庭机构不像军队、教会或国家那样强大,但它却是最难征服、最难改造的;尽管一个个具体的家庭可能是脆弱而不稳定的,但家庭制度这一整体却是坚不可摧的。古德在研究家庭时还特别注意了社会对家庭的影响,他认为在这个瞬息万变的时代里,家庭不可能成为世外桃源。

古德强调指出,社会的普遍性变迁摧毁了旧的社会秩序和传统的家庭制度。这种革命性的变化在世界各个角落都发生了。无论如何,从社会整体的角度,在社会发展变化的背景中研究家庭,是今天家庭社会学研究的视角之一。

(二) 从社会学的系统综合性来研究

与整体性相连的是社会学的系统综合性。"社会学的方法,其实就是对社会生活的各种现象进行系统综合的一种方法。"这种系统综合,包括多学科知识和多种研究方法在研究中的综合运用。

从 20 世纪后半叶开始,各种学科的知识被越来越普遍地运用到社会学和家庭社会学研究之中。用经济学的有关知识研究家庭的收入、支出和各种消费行为,用心理学和法律知识来研究家庭关系及其变化,用教育学知识来研究家庭教育,在家庭社会学中都很常见。各种科学研究方法也被广泛使用到家庭社会学研究之中,诸如社会调查方法、统计的方法、个案研究的方法、比较的方法、观察的方法、区位学的方法、历史的方法等。这种多学科知识和多种方法在家庭社会学中的综合运用并没有使家庭社会学失掉自身的学科特点,即从社会关系、家庭关系方面展开研究。

(三) 从社会关系角度研究家庭

社会只是一个抽象的名词,它的存在只有从社会成员的相互关系和互动中才能表现出来。家庭是一种社会关系,是用婚姻血缘联结起来的一种特殊的社会关系。社会关系是社会的经纬,家庭关系则是家庭的经纬。

20 世纪后半叶,所有有关家庭的热门话题,诸如离婚、家庭模式小型化多样化、家庭教育、消费、生育、家庭质量、家庭结构和功能等研究都离不开家庭关系,有关这方面的研究文章和论著很多。《理论与现代化》杂志 1997 年第 10 期发表《婚姻质量的家庭结构观》,文章指出:"研究婚姻质量可以有多视角,从家庭结构入手研究婚姻质量,是一个重要的方面,它可以使我们从夫妻关系和家庭关系的角度去了解婚姻质量的内涵和影响因素。"该文从夫妻关系和亲子关系在家庭中的不同地位的角度,比较了西方家庭和中国家庭关系的重心不同,家庭质量的标准也不相同,在西方以夫妻关系为重心,因此,夫妻生活是否浪漫、人在家庭中能否自我实现成为婚姻家庭质量的首要标准。而在中国的家庭中以亲子关系为重心,因此,亲子之间义务的履行、子女的成长与成功非常重要。随着家庭关系的重心从亲子关系向夫妻关系转移,家庭婚姻的质量观也会发生明显的变化。①

二、研究内容

家庭社会学研究的中心,是人与人之间的接触对传递规范和价值的影响以及对符合这些规范和价值的行为方式的分析。

一般来说,家庭社会学的基本研究内容,大体可以概括为以下几点。

(一) 家庭的成立(婚姻)

婚姻是男女两性的结合,这种结合形成了为当时社会制度所确认的夫妻关系。家庭是由一定范围的亲属所构成的生活单位,它是基于婚姻关系和血缘关系而发生的。婚姻是产生家庭的前提,家庭是缔结婚姻的结果。有什么样的婚姻类型就有什么样的家庭类型。婚姻和家庭关系十分密切,两者不可分割,是家庭社会学不可缺少的内容。家庭社会学主要研究婚姻制度和婚姻过程,包括婚姻条件、择偶标准、婚姻动机、婚姻缔结、婚姻嫁娶、婚姻的礼仪和婚姻的解除等。还要研究婚姻史、婚姻的发生和演变,研究不同历史时期、不同社会、不同地区和民族的不同婚姻,以及决定和影响婚姻的各种经济、政治、法律、伦理、风俗和社会因素。②

(二) 家庭制度

家庭是社会的细胞,家庭制度也是一种社会制度。家庭制度既是人类文化的积淀,又能传递人类文化。通过对家庭制度的研究,可为人们提供家庭行为模式和社会行为模式,从而促进社会控制的实现。

(三) 家庭结构

家庭结构是家庭的构成和模式。世界各国有千家万户,家庭的结构必然千姿百态。不同社会、不同时代的家庭结构也各有特点。从不同角度观察,可以把家庭分为不同类型。随着社会的发展,旧的家庭结构逐渐被淘汰,新的家庭结构相继出现。研究家庭结构的变化及其规律的学科,称为家庭结构学。

构成家庭的要素有很多,不同要素的不同组合,形成家庭的不同结构和不同类型。家庭社会学研究各种家庭类型的产生、变化和特点,从而促使人们自觉地把握各种家庭类型的优劣和兴衰。

(四) 家庭功能

家庭的功能是多方面的,并且是不断变化的。家庭功能决定家庭结构,家庭结构影响着家庭功能。不同的家庭结构有不同的家庭功能。家庭作为表现社会生命基本现象的单位,具有生产、消费、生殖、抚养、教育、赡养、性生活、感情交往、娱乐、宗教、政治等各种社会功

---

① 潘允康:《家庭社会学》,北京:中国审计出版社,2002年版。
② 张桂英:《家庭社会学及家庭的发展趋势》,载《学术交流》,1987年第3期。

能。家庭社会学要对这些功能进行分门别类的研究。

家庭的功能不是一成不变的。家庭社会学要研究不同时期不同家庭功能的改变,以及引起家庭功能改变的原因和家庭功能削弱和加强等问题。

家庭和其他社会组织一样,都要为社会服务,功能是多方面的,从生产到消费,从经济到政治,从文化到宗教,从教育到娱乐。在不同社会条件下,这些功能有大有小,甚至具有全然不同的性质。应该对家庭的各种功能加以研究,使家庭充分发挥其功能,促进社会发展。

(五)家庭关系

家庭是最富有感情色彩的社会初级群体,是人与社会关系的桥梁。家庭成员间的交往构成家庭关系。家庭社会学注重研究面对面沟通、交往的家庭关系,研究制约家庭关系的各种因素,寻找协调家庭关系的最佳模式。家庭社会学要研究家庭中各种不同的关系,如夫妇、亲子、婆媳等关系的特点,研究影响家庭关系以及影响家庭中各成员的角色、地位和作用的各种因素。

(六)家庭管理

家庭的建设涉及衣、食、住、行,以及家务劳动、娱乐休息、安全等各方面,是一个复杂的工程。作为家庭社会学前身的家政学曾专门研究这个问题,现代的家庭社会学包含了这一内容,为人们提供管理家庭的技巧和艺术。家庭管理包括家庭中物质文明和精神文明建设两个方面。家庭社会学要研究家庭管理的一般方法,以及如何进行家庭经济、家务劳动、家庭饮食、家庭环境、家庭娱乐、家庭安全、家庭物资等方面的管理,还有如何进行家庭教育,实现家庭中的精神文明等。

(七)家庭伦理

家庭伦理是家庭中人与人之间的道德关系。它是家庭精神生活中的重要组成部分,是家庭表现为上层建筑的一个方面。家庭社会学要研究家庭伦理的社会属性、阶级属性,研究家庭中精神生活和物质生活的关系,研究不同历史时期不同社会的家庭伦理和家庭伦理的演变及发展。

(八)家庭观念

家庭的变迁导致家庭观念的变化。家庭观念是家庭变化的先导。家庭观念包括婚姻观、道德观以及法律观念。20世纪中叶以后,随着各种观念的变化加快,东西文化冲突加剧,对家庭观念的探讨愈来愈成为家庭社会学的重要方面。

(九)家庭的演化及其规律(家庭史)

家庭是历史的产物。它经历了以原始公有制为基础的家庭、以私有制为基础的家庭,以及以社会主义公有制为基础的家庭几个阶段。家庭的演变是同各个历史时代生产的发展大体相适应的。研究家庭的演化的学科,称为家庭的演化学。我们认为家庭的未来是今天家庭演化的延续,它可以包括在家庭演化学内。在家庭社会学研究的第一阶段侧重于研究家庭的起源和演化。当代家庭社会学注重对家庭未来的研究,着力探索未来家庭的模式。

(十) 家庭问题

家庭问题是社会问题之一。家庭社会学要研究各种家庭问题,研究与这些问题相关的社会因素,研究家庭问题对社会的影响和解决家庭问题的对策及方法。

(十一) 当前中外家庭的现状及其发展趋势

家庭社会学要对当今中外家庭的现状及其发展趋势进行研究,其中包括我国现阶段的家庭状况、外国各种类型家庭的状况等。目的在于通过研究,发现影响家庭巩固的弊病及其原因,从中找出规律,从而建设我国民主、和睦、幸福的新家庭,促进社会主义事业的发展。

综合上述内容可以知道,家庭社会学的起始是研究家庭的成立。从这里出发,它的横向研究方面,就是关于家庭结构、家庭关系、家庭功能、家庭伦理、家庭问题、家庭管理等的研究;纵向研究方面是关于家庭史的研究。

(十二) 家庭发展政策

伴随着经济社会的发展、人口结构的变迁与家庭结构的演化,有关家庭发展政策,即与"家庭发展"相关的一系列政策措施的综合的研究受到关注。[①] 对于家庭发展政策的研究可追溯至20世纪中叶家庭社会学诞生之时,在中国却起步较晚,亟待展开多维研究,促进家庭的和谐发展与社会的稳健运行。

三、主要理论

到20世纪中叶,家庭社会学研究趋于成熟。其主要标志是各种社会学流派理论形成,并被运用到家庭研究领域之中。这些社会学流派理论主要有社会进化论、结构功能理论、社会冲突理论、符号互动论、社会交换理论、发展理论、家庭现代化理论等。

(一) 社会进化论

社会进化论来自生物进化论。自1859年达尔文发表《物种起源》以来,围绕着进化论的争论席卷整个欧美。人们感到对人类本质和地位的问题需要重新思考和评价。19世纪的社会科学家将文化变迁的观念纳入进化论的模式,他们认为文化的进程同生物进化一样,也有一个由简单到复杂的阶段性历程,而如果将进化的思想运用于家庭制度的研究中,便可以寻找出家庭和婚姻形式演化的轨迹。

巴霍芬、摩尔根等人类学家在对许多原始部落进行实地研究后认为,人类历史是由低级向高级不断发展的过程,人类历史的发展具有明确的阶段划分。家庭也是按照一定的自然发展阶段进化的。他们通过对原始部落的实地考察,结合历史文献资料,比较现代文明社会,来推定婚姻、家庭和亲属制度的起源和进化图式。19世纪关于家庭演化的广泛研究,都是将进化论思想运用于文化研究的例证。

---

① 周学馨:《我国家庭发展政策述评:内涵、理论基础及研究重点》,载《探索》,2016年第1期。

（二）结构功能理论

结构功能理论有时也称为功能分析，在社会学中曾是一个重要的甚至居于统治地位的理论流派。在家庭研究领域，它被广泛使用，用来分析各种家庭关系（夫妻关系、亲子关系和其他家庭关系），并分析家庭在广阔的社会生活领域中所承担的各种职能（诸如生育、教育、宗教和职业等方面的职能）。

结构功能理论认为，作为一种社会结构的家庭是社会的生活单位，是社会关系和社会组织的典型。尽管"结构"和"功能"的概念可以分开讨论，但它们也互相联系和互相包容。一方面，社会结构是社会的单位，执行和表现着一种或多种功能；另一方面，功能也能说明和影响着社会结构。就家庭来说，在世界的范围内，其结构千差万别，比如，一个家庭中有一个妻子或几个妻子，新婚夫妇和双亲住在一起或离开双亲去建立新的家庭，家庭中的事务由丈夫决定或妻子决定或共同决定，家庭继承权归长子或众子平分等，都有很大差别。人类学家、社会学家从不同角度对家庭结构进行分类，从而出现了不同的家庭结构名称，诸如"核心的""主干的""一夫多妻的""家长制的""舅权的""双系的""长嗣继承的""外婚制""包办婚姻""血亲家庭"等都表现了不同家庭制度中的一些特殊家庭结构。这些不同的家庭承担着相同的功能或不同的功能。对于个人来说，家庭的功能是满足人的一些基本需求，家庭是人的本来归宿，它可教育人使人社会化，解除人的紧张和压力。对于整个社会来说，家庭的功能是人的再生产、人的社会化、接受社会规范和社会价值，以及控制人的各种行为。

塔尔科特·柏森斯和罗伯特·贝尔斯认为，家庭有两个基本的不能忽视的功能：第一，孩子的生育，初级社会化，以及使他们能真正成为社会的一员；第二，使社会成年人的性格具有稳定性。

从结构功能理论出发研究家庭，产生了家庭社会学研究的特殊视角。

（三）社会冲突理论

社会冲突理论的假设来源于一系列假定的看法，即许多不平等的资源分配引起了统治者和被统治者之间的巨大冲突，被统治者开始意识到他们的集体利益，并日益怀疑现存的正统模式，广泛地加入公开反对统治集团的斗争中，以促使社会发生巨大的变化，使资源再分配。

社会学界认为经典的冲突理论是由马克思首先提出的，他假设了经济组织——特别是私有财产——是阶级斗争和革命的根源。刘易斯·科瑟认为社会冲突理论可能是功能理论的特殊形式。达伦多夫针对在西方社会学中一度占主要地位的结构功能理论片面强调共识、秩序和均衡的倾向，指出要更多地关注社会现实生活中的变迁、冲突和强制方面，与其把冲突看成是"坏事"，看成是对社会制度、人类关系的破坏，不如说冲突是一切制度和关系存在的条件。

社会冲突理论者认为，压迫者和被压迫者之间的冲突不仅存在于经济和职业领域，而且也存在于家庭之中，诸如丈夫对妻子的统治、家长对子女的统治。从冲突模式的本质上看，家庭不是如某些功能主义者认为的那样，处在等级模式之中。功能主义者认为，家庭是青年人最初实现社会化的地方，而社会冲突理论者认为这是虚构的，青年人的观念不是靠教育获得的，而是来源于两性差异和"自然"的等级。功能主义者把家庭看成"永恒的生活场所"，在家庭中从一代人到另一代人,富的总是富,穷的总是穷。社会冲突理论认为这恰恰保留和促进了不平等,在这点上,家庭带来的不平等超过了它的功绩。功能主义者认为,孤立的核心家庭的存在是资本主义社会变迁的结果,社会冲突理论者认为,分裂是家庭成员追求独立和感情需求的结果。功能主义者认为,现代家庭是平静的、被动的,是和其他社会单位平衡的部分。社会冲突理论者则认为,家庭组织蕴含着潜能和事实上的冲突。在社会、家庭和人际关系中,冲突是不可避免的,它带来了变迁。

(四) 符号互动论

符号互动论来源于心理学或社会心理学。所谓符号互动论,是以一些特殊或不同的标记为指标去研究团体生活和人的生存行为。它有两个主要方面的问题,这两个方面的中心都与家庭有关,它们是社会化与人格化。第一方面——社会化——集中在人如何才能使行为、思想和感情社会化,并使之内化为人格。第二方面——人格化——集中在使态度、价值和行为内化为人格。

把符号互动论运用到家庭研究中,便形成了一种社会心理学研究方法。社会学家 F. W. 伯古斯称家庭是一个"人的相互作用的单位",它是充满生命力、多功能或者说是个确定的过程。符号互动论在研究家庭时注重家庭成员在各种互动关系中的不同模式,如求婚、抚育子女、离婚和分居等。使用符号互动论去解释人类生存和社会化中的相互作用,能起到解释关系、探明意义以及其他一些作用。比如用符号互动论研究家庭就能形成如下假设。

(1) 婚姻家庭研究离不开它自身的性质,我们不能从研究非人类或类人猿去推断人的行为、人的相互作用或一些社会组织。

(2) 婚姻、家庭及其组合只能在社会背景条件和它们存在的社会中才能被认识。只有在社会中才有所谓语言、概念和规范性的行为。

(3) 人类生育的婴儿是既非社会性的,也非反社会性的,但如果他们不与其他人来往,不在和其他人交往中学习,就不知道什么是好、什么是坏,也不知道应该怎样做。

(4) 一个社会的人的存在既是被动的也是主动的,他或她既能传达某种信息,也能理解某种意义,就是说,一个人不仅能对客观刺激做出反应,而且能识别和解释它们。独立的个体之间能互相影响,能扮演不同的角色,能对信号刺激做出反应。

符号互动论者对于家庭的研究做出过方法论方面的贡献,这些方法包括社会调查法、访问和问卷表法,以及参与观察法。

(五) 社会交换理论

社会交换理论认为,在社会中一定的交换随时随地都在发生。人在付出劳动、礼物、卡片、情感或思想时,总是期望得到某种回报。经济领域发生的交换往往是制度化的、先定的,是一种十分精确的交换。社会领域中的交换虽然不像经济领域中的交换那样制度化、那般精确,但普遍存在是无疑的。人期望在社会行为中得到回报,得到的回报越多,人们重复某种行为的可能性越大,积极性越高。人与人之间新的合作开始是因为他们期望得到回报,而旧的联合还在继续是因为他们正在得到回报。当我们从其他人那里得到了报答和酬谢,我们就应该予以回报。

社会交换理论是以乔治·霍曼斯和皮特·布劳为代表的。

霍曼斯被公认为社会交换理论的创始者,他表达了行为心理主义者的观点,或者说坚持心理还原理论和增强作用理论,理论的焦点集中在实际行为报答或惩罚,被其他人的行为所决定。霍曼斯认为,就像动物那样,人对于刺激的反应,源于需求、报答和奢望,在交换关系中期望行为能得到相当的回报(合理分配理论)。

布劳和霍曼斯的不同在于他表达了一系列符号互动论。他认为交换不能解释所有实际的个性行为,交换更多表现为主观和解释性的,就像相互作用那样,交换是两者之间形成的某种过程,并非在任何个体之间都存在,或者是由于什么外部因素的作用。如果人们想得到某些回报,那么他们的选择和决定就会被社会各个方面,诸如朋友和亲戚的影响所决定。人通过概念、定义、价值和符号对于刺激做出主观反应。作为某种推论是把行为的结果解释为某种人的功能,这种人是相互作用的象征,拥有社会自我,能担任社会角色。

社会学家和婚姻问题专家曾列举了大量的例子说明婚姻和家庭中的交换行为。比如在包办婚姻中,劳动力、彩礼和新娘的价格是婚姻中最常见的交换。在一般的婚姻行为中,权威和权力、夫妻关系、配偶的选择、亲属关系、性模式、亲子冲突和其他都可以进行交换。

美国的金斯利·戴维斯发现,在美国,黑人男性和白人女性的结合率远远超过黑人女性和白人男性的结合率,他认为这是黑人男性用较高的社会地位去换取白人女性"较高"的人种地位的结果。

(六)发展理论

发展理论起源于20世纪30年代,主张用动态的观点、发展的观点去研究各种社会现象,包括研究家庭。希尔和汉森讨论了发展理论的一些特点,指出它并不是一个精确的、专门的理论框架,而是一个想跨越几种方法综合其共同点,并使之成为一个统一体的框架。比如,它从农村社会学者那里借来了家庭生命周期的概念,从儿童心理学者和人类发展专家那里引来了发展需求和任务的概念,从社会学家的著作中采集了关于家庭的综合概念,从结构功能和符号互动论中借用了年龄和性角色、多元典型、功能决定条件和一些有关家庭作为一种互动组织的概念。

无论如何,发展理论还是有自己的特点,就是动态研究的特点。发展理论试图解释家庭现象中社会制度的互动合作和独立个性变化中的东西。它在很大程度上兼顾了宏观分析和微观分析两个方面。它在解释各个时期不同的家庭典型及其相互作用的同时,解释了不同时期家庭的变迁。[1]

(七)家庭现代化理论

家庭现代化理论运用现代化理论的基本框架、核心范畴和理论预设来研究家庭问题,在分析家庭变迁方面极具解释力。[2] 考虑到现代化理论内涵丰富、外延广阔,普遍被认为是进化论和结构功能主义理论的混合物,且该理论先验地认为"现代"比"传统"更具有价值,不乏学者对此提出批评,家庭现代化理论处于持续的反省与修正中。当民族、信仰、文化、历史等要素使得家庭变迁的样态愈加复杂多样时,家庭现代化理论逐步模糊传统与现代的对立,并

---

[1] 邓伟志、徐榕:《家庭社会学》,北京:中国社会科学出版社,2001年版。
[2] 马春华、石金群、李银河等:《中国城市家庭变迁的趋势和最新发现》,载《社会学研究》,2011年第2期。

接受这些复杂性和多样性成为自身理论的一部分,从而更好地服务于家庭研究。①

第三节 家庭社会学的分析方法

家庭社会学研究既是一项科学研究活动,也是一种研究社会的科学方法。这里说的方法是广义的,它实际上是由不同层次的方法组成的一套方法体系。

它自上而下包括三个层面:①方法论;②收集和分析资料的基本方式;③研究的技术和工具。下面分别予以讨论和阐释。

一、家庭社会学研究的方法论

关于家庭的综合研究往往包括演绎和归纳两个阶段:第一个阶段是将家庭社会学的基本范畴简化到系统经验的变量上;第二阶段是系统研究经验指标,并将其上升到理论概念的高度。② 至于方法论,则处于方法体系的最高层,是进行研究的指导原则、逻辑基础和评价标准,以及关于把它们体现和应用于研究的方法。方法论对于研究起着导向的作用,是研究的基础。

社会学研究最终是以研究者对人和社会性质的假设为基础的,这一假设指引着整个研究。历史地看,社会学存在着两种完全相反的方法论,即作为两个极端的实证主义方法论和现象学方法论,其基础在于研究者对社会性质所做出的截然不同的假设。家庭社会学也同样面临着这两种方法论的指导。

要具体评价哪一种方法论更适合于家庭社会学的研究似乎很难。实证主义方法论的缺点是忽视了人自身的因素,将人看成完全受社会系统安排、指挥和控制的机器。现象学方法论的缺点是一味强调人类行动的自由性,忽视外部力量,很少考察社会环境和体制。

这两种方法论虽然对研究对象的假定和观察角度不同,收集数据资料的方法不同,但以此为基础而建立的理论和学说,却都对现实社会进行了局部的反映,在一定程度上揭示了社会规律。

家庭社会学的研究应结合这两种方法论进行,不走极端。一方面要认识到家庭是社会的客观存在,是可被感知的。但家庭作为社会现象毕竟不同于自然客体,研究中应充分把握民族、地域、文化和历史等人文因素。在实际的研究过程中,应更重视现象学方法论,充分考虑人的因素;而在分析研究结果时,则应充分应用实证主义方法论。在研究实践中,实证主义方法论和现象学方法论并不是泾渭分明的,而是相互结合地运用于不同的研究和同一研究的不同阶段。

---

① 唐灿:《家庭现代化理论及其发展的回顾与述评》,载《社会学研究》,2010 年第 3 期。
② M. 马茨科夫斯基、张新梅:《论家庭社会学概念的系统化》,载《国外社会科学》,1987 年第 10 期。

二、家庭社会学研究的具体方式

这里的研究方式是指用来收集资料和分析资料的主要方法。家庭社会学的研究方式主要有个案法、调查法、观察法、比较法、历史法、实验法等。

(一) 个案法

个案法是从总体中选取一个或几个调查对象进行深入研究的方法,即以一个或数个家庭为研究单位,收集与它有关的资料,深入、细致地描述这个具体单位的全貌和具体的社会化过程。

由于个案法注重生活史的分析,因而在家庭社会学的研究中一直被广泛应用。研究者运用这种方法,通过对个别家庭的研究来了解整类家庭组织的情况。在个案研究中,可以通过观察、访问和文献研究等方法来收集资料。个案研究的价值在于通过对个案的详细描述和分析,进行个案间的比较,并从中发现重要的变项,提供有用的范畴,以帮助形成假设。

早期的个案研究只选取少量的个案单位。20 世纪以来,社会学家在增加个案数、结合社会背景两个方面对个案法进行改进。美国社会学家科马罗夫斯基在研究失业对家长地位的影响时,采用了个案研究法。她调查了 59 个失业的家长,在较长时间内定期向他们询问失业后的生活境遇和家庭关系。她的一般性结论是:失业对家长地位是否造成影响,与家庭关系的原有结构有关。当夫妇关系不平等、男人在家庭中占统治地位时,失业对男性家长地位和威望不产生影响。反之,当夫妇关系较为平等、妇女也具有经济地位时,失业常常导致男性家长威望的下降和家庭关系的恶化。

个案法的优点是:可以对选择的家庭个案进行深入的定性的研究,便于把握全貌;能了解家庭生活周期或发展的全过程,具体、详细地分析家庭中的个人行为,把握社会因素对家庭的影响。用个案法可对以上问题进行细致入微的观察,获得无法用尺度测量或数字表达的信息和资料。当然,在资料的代表性和推论总体方面,个案法还存在着局限。

(二) 调查法

调查分为普遍调查与抽样调查。普遍调查是对全体调查对象进行无一遗漏的调查。抽样调查指从调查对象的总体中抽取部分个体组成样本进行调查。抽样调查较为常用。

当前的许多家庭研究大多采用调查法。使用这种方法收集的资料具有全面性和代表性,并可运用统计的方法对大量资料进行分析,找出一般规律。调查法主要通过访问法、问卷法来获取资料。

近代的社会调查是随统计学的发展而产生并逐步展开的。较有影响的家庭调查有法国社会改革家 F. 勒普莱对工人家庭的调查。勒普莱从 1835 年起深入英、法、匈、俄、土耳其等国调查城市劳动和矿工,经过 20 年的努力写成《欧洲工人》一书,他以工人家庭为研究单位,调查重点是家庭收支。他使用了问卷法。中国早期社会学家潘光旦、李景汉和言心哲分别对中国城市和农村家庭进行社会调查,形成统计报告。20 世纪 80 年代由五大城市协作进行的"中国城市家庭现状及发展趋势调查"采用抽样调查法。社会调查已成为家庭研究最常用的方法。

无论是访问调查还是问卷调查，都适合获得有关家庭的基础资料。采集资料的面也较为宽泛，能够对家庭的一般状况做出精确描述，得出概括性结论，揭示社会现象的规律性。同时，标准化、结构化的资料收集方法的采用，也使对资料的定量分析易于进行，对研究结果有可能予以重复验证。但调查法收集资料的深度不够，难以把握家庭矛盾运动的具体过程和主观动机。

（三）观察法

观察法是研究者借助感官或仪器收集资料的方法。按观察者是否置身于观察对象的环境和活动，把观察分为参与观察和非参与观察。

参与观察是社会学中较早使用的方法，在家庭史的研究中应用较多。在研究中，观察者置身于观察对象的环境和活动中，使自己成为被研究群体中的一员，努力进行深入的探索并获得深层的隐秘的资料。英国人类学家 B. K. 马林诺夫斯基曾在澳大利亚的特罗布毕恩德群岛对土著居民进行历时 2 年的研究，了解当地包括家庭在内的各种制度。摩尔根几乎用了毕生的时间研究易洛魁人的生活。他在这些人中间生活了 40 年，并且被一个易洛魁人部落收养入族。经过多年的亲自调查考证，获得了研究人类家庭史方面的宝贵材料。这两例都是运用参与观察的方法研究家庭的范例。

观察法通过现场观察，了解社会现象发生和变化的过程及其特定环境，能收集到具有相当隐秘性的资料。观察法经常与个案研究相结合，考察社会现象发生和发展的全过程。但是观察法不适用于样本的研究，观察者个人的主观因素对研究结果的影响也难以估计。观察法对有关家庭私生活领域的微观研究亦不适用。

（四）比较法

比较法是比照两个或两个以上的事物，说明其相似或相异的程度及其原因的研究方法。运用比较法研究社会，被认为是实证科学的基础工具。

在家庭研究中应用比较法显得尤为重要。特别是对跨文化的家庭组织和制度的比较研究，通过比较法可揭示出不同地区或相同地区在不同时期的家庭在世界范围内的普遍性以及在特定社会中的特殊性。通过评价不同家庭的异同，可以更加全面、客观地认识家庭。比较研究为阐明家庭的历史变化以及与之相关的社会和文化变迁提供了一种新的角度。美国学者马克·赫特尔所著的《变动中的家庭——跨文化的透视》一书正是运用比较研究的方法，追溯人类家庭史，对各种家庭制度进行跨文化透视，对形形色色的家庭理论和观点进行客观评述。

家庭研究中的跨文化比较使研究者获得更开阔的视野，为把握问题的实质和规律性提供更大的可能。但在运用比较法时，要特别注意拟定客观有效的对比标准。

（五）历史法

历史法是用科学的方法收集、检验、解释历史资料，了解过去与现在的有关社会现象之间的关系及其规律性，判明社会历史发展的脉络和水平。在社会研究中，历史研究既是一种方法，也是一种研究角度。历史法多半与比较法、个案法和调查法相结合。

家庭研究也往往需要从档案、书刊和其他历史文献中收集资料，从中考察家庭结构、家庭制度的特征,在历史的框架中比较各种家庭类型,由此说明其未来发展趋势。家庭史研究中较多运用历史透视法和历史复原法。前者是对历史文献和其他证据进行间接研究,后者是对现存的原始民族状况进行直接研究。

运用历史法研究家庭,应注意鉴别和评价历史资料的真实性,去伪存真。同时要将历史的研究与现实的调查结合起来。

(六) 实验法

实验是指有目的地控制一定的条件或创设一定的情境引起被试的某些心理活动,探索自变量和因变量之间的关系的一种方法。实验法的思想根植于自然科学的实证主义范式,20世纪以后进入社会科学领域,主要应用于心理学研究之中,行为主义和以数字来测量社会现象的趋势推动了实验法在社会科学界的流行。实验法通常分为实验室实验法和自然实验法两种。前者在实验室内利用一定的设施,并借助专门的实验仪器进行研究,便于严格控制各种因素,具有较高的信度;后者是在日常生活等自然条件下进行研究,比较接近人的生活实际,易于实施,兼有实验法和观察法的优点。

可以看到,每一种研究方法都具有合理性和局限性。在家庭社会学的研究中,这些方法是相互补充、交叉使用的,并不是相互割裂、相互排斥的。因此,要把握这些方法的综合应用。①

第四节 家庭社会学的历史发展

一、家庭社会学的萌芽

早期的家庭社会学研究,深受达尔文"生物进化论"影响,其主要的代表人物有斯宾塞、巴霍芬、梅因和摩尔根等。

社会达尔文主义者的基本主张是:由于生物进化链是由一系列的阶段构成的,所以文化方面也具有同步的进程。他们试图把进化发展的思想运用于社会形态和制度中,并因此而形成了关于家庭和婚姻的进化图式。他们对文明人与原始人的家庭进行对比分析,多数人认为现代人的家庭是一夫一妻制的家庭,而原始人的家庭以多偶为特征。他们讨论的话题是人类社会最初是乱婚还是一夫一妻,人类社会在父权时期之前有没有母权时期。社会达尔文主义者称人类历史是由低级向高级不断发展的历史。

恩格斯说:"家庭史的研究是从1861年,即从巴霍芬的《母权论》的出版开始的。"

瑞士法学家巴霍芬认为,人类在更严格的两性关系前是"杂婚",他提出母权家庭在先的思想,认为历史上曾有过妇女统治社会的母系社会阶段。他对母权家庭如何转变为父权家

---

① 邓伟志、徐榕:《家庭社会学》,北京:中国社会科学出版社,2001年版。

庭做了宗教式的神秘解释,在他看来,并不是人们的现实生活条件的发展,而是这些条件在这些人们头脑中的宗教反映,引起男女两性相互的社会地位的历史性的变化。

巴霍芬的继承人是麦克伦南,1865年麦克伦南出版了《原始婚姻》一书,他也认为人类曾经历过乱婚阶段,并且认为母权家庭先于父权家庭存在,原因在于外婚制部落和内婚制部落的对立。

梅因持有不同的观点,1861年他出版了《古代法》一书,认为父权制是家庭的最初形式,母系社会在历史上纯属虚有,在上古社会,家庭就是以男子在家庭中处主导地位为原则来组织的。当时的男子享有最高的权力,他掌握着妻子、子女和奴隶的生死大权。随着罗马法律制度的变化,男性权威渐趋衰落,于是人们摆脱了其父亲的控制而获得了日益增加的自由。梅因提出了家庭成员的关系"从地位到契约"的重要思想。他认为在原始社会中,血缘关系规定了组织中的基本准则,在这种血缘关系占主导地位的社会中,群体关系和传统就决定了人们的权利和义务。后来,随着城市化运动的发展,血缘关系的纽带松弛了。这种差别最明显地表现在:古代社会的单元是家庭,而现代社会则是个体。

摩尔根是第一个具有专门知识而想给人类的史前史建立一个确定系统的人。摩尔根是一位美国人类学家,他和欧洲那些书斋里的进化论者不同,他曾在易洛魁族人和其他的美洲印第安人团体中进行实地考察,并用这些实地考证资料来证明自己的观点。他出版了《古代社会》一书,把整个人类社会进步的历史划分为三个主要阶段,即蒙昧时代、野蛮时代和文明时代,每个阶段都以人类借以获得生存的不同发明为特征,技术、政权、血缘和家庭模式以及其他制度的发展可以通过这些主要阶段的技术发展描述出来——蒙昧时代的技术发展包括渔业的发展、火的使用和弓箭的发明;野蛮时代的技术发展包括陶器烧制和动物畜养、玉蜀黍和其他植物的栽培、铁矿冶炼和使用铁器工具;文明阶段开始于语言文字的发明。他认为人类的家庭是一个历史范畴,是运动的、变化的,从较低阶段向较高阶段发展。人类家庭曾经经历了从母系氏族过渡到父系氏族,从母权社会过渡到父权社会,从群婚时代过渡到个体婚时代,其相应的家庭形式为:血缘家庭、普那路亚家庭(群婚的两种形式)、对偶家庭和一夫一妻制家庭(个体婚的两种形式)。摩尔根在解释家庭进化和演变的原因时说:"人类进步的一切伟大时代,是和生存资源扩充的各时代多少直接相符合的。"

马克思、恩格斯对于摩尔根的研究给予了很高评价。恩格斯又运用摩尔根《古代社会》一书提供的资料写成了不朽的著作《家庭、私有制和国家的起源》,从作为文明社会细胞的家庭,揭开了文明社会内部发展着的对立和矛盾,阐述了私有制、国家的起源和整个文明社会发展的历史,具有十分重要的意义。

二、家庭社会学的发展

(一) 19世纪:聚焦批判的家庭社会学

19世纪的欧洲,社会经历着深刻而巨大的变革。一方面,资本主义的工业革命带来了生产力的巨大增长;另一方面,亲属、乡村、社区和宗教方面的旧的社会秩序正在被抛弃,旧的政治制度受到工业主义和革命的民主政治这两种潮流的冲击,这种迅速彻底的变迁对家庭产生了特殊的影响。贫困、童工、遗弃、卖淫、私生子和虐待妇女等现象激增,这在那些新兴的工业城市尤为明显。在这样的社会背景下,开始了对现实社会批判的家庭社会学研究。

德国社会学家里尔以观察和询问所得到的现实资料为依据,提出家庭由于启蒙运动、自由主义、平均主义和工业发展而引起危机和解体。他主张进行"保守"的社会改革,以便通过改革重建"稳定"的家庭的家长权威结构。

法国社会改革家 F. 勒普莱受社会学创始人孔德的影响,研究了家长制血统家庭,他同意孔德将家庭描绘成保守的社会连续性的基本社会单位的理论。勒普莱和他的追随者在半个世纪里从事着艰苦的研究工作,对家庭及家庭与社区的关系进行了孜孜不倦的研究,特别是对家庭实证方面的研究。他创造了一整套收集资料的方法,包括社会调查、研究访问、参与观察、个案分析、历史研究等,并对 300 多个工人家庭进行了调查和对比分析,而这些家庭是从欧洲各国和亚洲部分地区进行抽样而得到的,具有一定的代表性。有人说勒普莱是应用科学方法实证研究家庭的先驱。

勒普莱的代表作是《欧洲工人》一书。这部书注重对家庭形式的探讨,力求论证任何社会的基本特征都受制于这个社会中家庭的类型,家庭是否具有高度的稳定性、是否接受传统约束并为个人提供保障等一些特征是划分家庭类型的依据。他认为,在法国,世俗主义和个人主义是破坏传统和社区的基本因素,它们切断了传统家庭的纽带关系。勒普莱在家庭结构研究方面的贡献是他提出了三种家庭结构的基本类型,即父权或扩大的家庭、不稳定或核心家庭、主干家庭,并把家庭结构和社会形态与变迁联系起来。在勒普莱看来,以上各种类型的家庭是同社区中其他种类的制度相辅相成的。他所探讨的重点是把家庭与社区中其他部分如宗教、政府、教育和经济联结起来的纽带,他把对家庭的分析同对它所赖以存在的社区的分析密切结合起来,是一种独特的社会学研究视角,在社会上有很大影响。但勒普莱属于保守的社会改革家,而与他同时代的马克思、恩格斯属于激进的社会改革家。

马克思、恩格斯也有关于对资本主义社会的现实的家庭问题研究。在马克思、恩格斯的著作里,我们不仅能看到对家庭史研究的有关成果,而且有对于现实家庭问题的论述。他们曾考察了由于工业和垄断资本主义的产生而引起的家庭关系的变化,认为这种新的经济制度迫使工作从家庭中分离出去,以小块土地和小本生意为主的家庭经营逐渐消失了,男子成为工厂中的挣工资者,工厂中的老板是他们的依赖,而他们又成为妻子和孩子的依赖,而那些最穷和不幸的妇女、孩子还得忍受剥削,为了那点有限的工资,作为附加劳动力到工厂和矿山干活。他们认为推翻资本主义,建立社会主义和共产主义的新秩序,才能实现男女和家庭关系的平等。

R. A. 尼斯比特曾对勒普莱和马克思的研究进行了比较,他认为两个人对于历史的制度性的成分的探讨都是富有创见的,但他们之间有很大的差别。马克思认为主要的制度是社会阶级;而勒普莱认为是亲属关系;不同的社会结构取决于组成它的不同的家庭类型。马克思憎恶私有财产;而勒普莱宣称它是社会秩序和自由不可或缺的基础。马克思认为宗教对于理解人类行为来说是多余的东西,是麻醉人们的鸦片;而勒普莱认为宗教对于人们的心理和道德生活正如家庭对于社会组织而言是不可缺少的。对于马克思来说,农业社会的图景是一种痴人说梦般的幻想,它是对人类思想的一种反动;而勒普莱对工业社会深恶痛绝,明显地表现出对农业社会的向往——它是安全的乐土,认为必须摧毁城市社会。马克思是个社会主义者;而勒普莱认为社会主义,连带着大众民主政治、世俗主义和平均主义统统应该铲除,他把这看成是他所处时代的罪恶——它们是社会退步的标志。

(二) 20世纪上半叶:规范研究的家庭社会学

19世纪末到20世纪上半叶,家庭社会学作为一个独立的学科出现并成熟了,其主要标志是社会学理论和方法在家庭研究领域中的运用,从而产生了家庭社会学理论和方法。

美国的芝加哥学派在美国社会学史乃至世界社会学史上都占有很重要的地位。

芝加哥学派的重要特征,是明确区分城市生活与农村生活,由于西方社会经历从农业经济转向工业经济的历史变化,经济生活与社会生产的性质发生了变迁。前工业化家庭中的家庭经济消失了,工厂制度的发展促使家庭功能变化。工业化和城市化带来了社会解体、人际关系疏远、许多社会关系丧失等一系列变化,因而引起了人们厌恶社区生活、厌恶城市社会的情绪。他们首先从区分农村与城市的不同生活方式的类别研究中看待家庭的变化。无论是滕尼斯对礼俗社会、法理社会的划分,还是迪尔凯姆关于"机械关联"和"有机关联"这两种社会关系的比较,都属于这种类型分析。

芝加哥学派的家庭社会学研究也正是建立在城市-乡村社会的类型学方法论基础之上,不同程度地包含着反城市的思想背景,其主要代表人物有 R. E. 帕克、K. W. 伯吉斯、E. F. 弗雷泽、L. 沃斯和 W. I. 托马斯等。他们从社会现实出发,把变迁中的城市和社区作为天然实验室,以社会问题为对象,开展社会学研究,创造了社会学中的独立学派和风格。他们的基本观点是:我们不仅要了解家庭,而且要明了城市化和工业化的发展所导致的后果,现有的问题亟待我们去解决,而家庭关系也等待着我们去巩固。

芝加哥学派对家庭研究的重心已从家庭制度理论转向具体的家庭及成员状况——私生子、卖淫、虐待子女以及其他方面的弊端。这些问题被看作无政府主义制度和城市体制所产生的恶果。他们中有的人认为,传统的生活模式正在被邪恶的城市化力量所破坏,社会的解体不期而至,家庭也深受其害。

以社会学家 W. F. 奥格本的观点为例。他关注的热点就是城市化和工业化导致的家庭功能的丧失。在他的著述里,列举了社会变迁引起的美国家庭的八大变化:第一,日趋增长的离婚率;第二,生育控制的广泛普及和家庭规模的缩小;第三,丈夫和父亲权威的下降;第四,日益增加的非婚姻性交;第五,妻子为薪金而工作的人数增加;第六,家庭成员的个人主义和自由的增强;第七,政府日益代替家庭的保护功能;第八,婚姻和家庭中宗教行为的减少。奥格本还认为上述变化不仅与工业化、城市化的过程有关,也与现代社会中的发现和发明有关,换句话说,与科学技术的进步有关,这些都会使美国的家庭经济、教育、娱乐、宗教和保护功能削弱,以致使美国的现代家庭迥异于早期的令人满意的、舒适的美国家庭。

E. W. 伯吉斯则着重探讨家庭成员的内部关系和角色构成。他运用社会心理学的研究方法探讨家庭互动的不同模式。他把家庭当作一个小范围的社会现象加以研究,认为家庭的传统功能已由外部机构替代,如家庭的经济、教育、娱乐、健康保护和宗教的功能正向其他机构转移,家庭正经历从机构到友伴的转移过程。根据他的理论,家庭被分成两类。一是机构型家庭,这类家庭具有权威性和专制性的特征,家庭成员忠于各自职责,恪守传统规范。家庭依靠外界的社区压力来影响和维持自身。二是友伴型或民主型家庭,这种新兴的家庭类型以情感为存在基础,家庭成员间形成相互爱护的亲密关系,相互平等并依据兴趣分工合作处理家务。家庭依靠成员之间的情感依恋来维持。

芝加哥学派的另一位代表人物 L. 沃思在1938年所写的论文《都市化生活方式》中提出

的理论成为论述都市生活的权威理论。沃思认为,现代城市的特征有:人际关系的相对萎缩,即人际关系的非个性化、匿名性、表面性、短暂性;社会结构的解体以及流动性、不稳定性。城市生活方式对传统家庭生活产生了消极影响:家庭的一些独特的历史功能丧失;亲属联系被削弱,家庭摆脱了更大亲属群体的约束;家庭成员追求其各自在职业、教育、宗教、娱乐和政治生活中的不同利益成为可能。

R. 瑞德菲尔德对家庭生活的比较研究具有特殊的重要性。作为一名人类学家,受芝加哥学派和早期经典社会学家的著作的影响,瑞德菲尔德通过对美国以外的广泛的实地调查,对部落村庄和大都市进行比较研究,认为俗民社会具有强烈的团结感和交往的亲切感,强调家庭亲属关系的重要性和风俗习惯的神圣性。

总体看来,这一时期的社会学家过于关注城市生活的社会解体方面,使他们对城市和城市生活,尤其是对城市家庭的影响持否定态度,因而忽视了城市作为社会整合体对人和家庭也具有许多积极作用。相比较而言,T. 帕森斯的结论则建立在较积极的观点之上。

帕森斯从结构功能主义模式的角度出发,对美国和其他地方城市家庭制度的特征进行了广泛的理论探讨。与其他理论家不同的是,面对其他社会机构担负了曾经归属于家庭的职能这一现实,帕森斯认为,家庭是更专业化的群体,它的功能应以儿童的社会化和为家庭成员提供情感依托为主。他提出"孤立的核心家庭"的概念,强调核心家庭的重要性。他指出孤立的核心家庭可能有益于满足工业化城市社会固有的职业流动和地域流动的需要,满足儿童社会化和情感交流两大功能,适合现代工业城市生活。相反,具有强制性的经济和居住权利、义务的传统扩大家庭制度关系被认为是与工业社会相抵触的。

这一时期还有一位重要人物,即 G. P. 默多克。他通过对家庭的抽样调查,研究了 250 个家庭,依其亲属关系将家庭分为三类,即核心的家庭、多婚的家庭、扩大的家庭。他首次提出了核心家庭的概念。认为核心家庭是现代社会的产物,具有以下四种社会功能:性功能、经济功能、生育功能、教育功能。

20 世纪上半叶,家庭社会学研究的主要问题是社会变迁对家庭模式产生的影响以及如何评价这种影响,关注焦点在家庭结构、家庭功能、家庭关系等领域。

(三) 20 世纪下半叶至今:多元发展的家庭社会学

20 世纪 50 年代以后,家庭社会学的研究向多元化方向发展,并重视通过研究解决本土问题。

第二次世界大战结束以后,西方工业社会的殖民统治迅速瓦解,不发达社会发生了相应的变化,而西方工业社会本身也经历着社会变迁的过程,反映在家庭问题上,是家庭模式的多样化。家庭社会学对社会变迁和家庭的跨文化比较研究产生兴趣,并向应用学科的方向发展。

W. J. 古德于 1963 年出版的《世界革命和家庭模式》一书,堪称一部以家庭为论题的现代化理论的代表作。古德广泛、系统地收集并分析了跨文化和历史的资料,驳斥了过去认为家庭制度是随工业和经济发展而发生变化的因变量的观点。认为工业化和家庭这二者的变化是个平行的过程,它们都受到社会、个人观念变化的影响。同时,古德还认为,伴随着迈向工业化和城市化的世界革命过程的变化,必然是不同类型的扩大家庭趋于向某种类型的夫妇式家庭制度转化。夫妇式家庭制度的观念与经济进步、工业化的观念是相互依存和适应的。

1973 年出版的 P.I. 伯杰、B. 伯杰和凯尔纳等人合著的《无家意识：现代化与意识》一书，也是运用现代化的理论，考察了第三世界的现代化过程及其对传统生活方式、亲属模式的影响，认为现代化有助于个人摆脱扩大家庭、亲属、部落的控制，为个人提供更多的选择机会。但现代化同时也导致了"无家"意识、绝望感、挫折感和社会失范的滋生。其中最主要的原因是生活领域的多元化和社会、个人活动领域的分离。而传统社会的生活领域相对统一，人们不会体会到现代生活的分裂感。依据他们的观点，社会和个人活动领域的分离是现代西方家庭制度的主要特征。对这一特征的分析为探讨社会变迁和家庭提供了新的角度。与古德一样，伯杰等人也得出了核心家庭占主导地位是现代社会的显著特征的观点。

与此同时，也有许多人质疑，认为现代化理论提出的历史上存在的庞大的扩大家庭最终将过渡到核心家庭的假设与事实不符。因为西方社会中核心家庭在过去 300 年来一直处于支配地位。P. 拉斯利特和研究人口与社会结构的牛津小组、对美国独立前家庭生活进行研究的小菲力普·J. 格雷文、对殖民地进行研究的 J. 迪莫斯都持这种观点。他们在研究中运用"家庭重组"技术，即根据从出生、死亡、结婚、遗嘱、土地转让记录中整理出来的人口统计资料来推定世系和亲戚关系，重建家庭和户的模式。他们承认家庭生活内容、家庭与工作及社会关系的变化是当代家庭的显著特征。而这些变化并不是由血缘式扩大家庭制度向夫妇式核心家庭制度的转化所引起的。核心家庭早在 300 年前就普遍存在，只有根据核心家庭价值观念取向的变化，根据家庭与工作、社会的关系的变化，才能准确把握家庭的现代化。

20 世纪 60—70 年代，对社会现代化与家庭现代化的跨文化比较研究一度成为家庭社会学领域的重要课题。

另有一些学者针对 20 世纪初芝加哥学派关于城市核心家庭中亲属关系失去活力的认识提出了异议。通过对城市家庭关系的研究，积累经验材料，他们论证了亲属关系依然是家庭的重要社会联系：城市核心家庭的亲属结构是互惠互利型的，以交换为基础。萨斯曼、伯奇纳尔的研究都证明了这一论断。H. 甘斯、J. 莫杰则对沃思等人关于都市生活与郊区生活的区分进行了重新评价，对城市生活将危害家庭的论点提出了疑问。这些研究实际上是对早期芝加哥学派关于城市生活方式导致社会解体的基本命题的重新讨论。

近 30 年来，各国的家庭社会学研究向应用学科的方向发展。在研究上具有三个明显的特点：①面向现实，把注意力集中在人们关心或争议的问题上；②运用多学科力量"综合治理"，如心理学、法学、经济学、人类学、人口学、历史学以及生理学和遗传学等各界学者，都从各自的角度去阐述家庭问题的一个侧面；③学术研究与政府政策的制定密切结合，政府也开始关心家庭问题，家庭社会学的研究出现了政府、学者、国民三方面彼此呼应、互相促进的局面。

研究内容更为广泛，研究议题面向未来，研究方法上的多学科、多层次，理论研究与应用研究相结合，是目前家庭社会学研究的显著特点。[①]

---

① 潘允康：《家庭社会学》，北京：中国审计出版社，2002 年版。

三、家庭社会学在中国

(一) 发展历史

中国家庭社会学的研究大体可划分为三个时期。

一是20世纪30—40年代。伴随新文化运动而起的学术繁荣时期,产生了一大批研究婚姻家庭问题的名家和名篇名著。

二是进入20世纪50年代,随着社会学学科被取缔,婚姻家庭研究进入相对沉寂的时期。

三是自1979年社会学学科恢复后,婚姻家庭研究再度兴起并持续发展的时期。这一时期又分为四个阶段:

1979—1990年,奠基阶段,婚姻家庭问题迅速成为研究的热点;

1991—1996年,发展成熟阶段,研究主题、方法和视角都进一步丰富;

1997—2000年,降温阶段,随着改革的深入,社会学研究的中坚力量转向关注其他更为重大和严峻的社会问题,著作文章明显减少;[1]

21世纪以来,加速发展阶段,随着社会改革的不断深化,各种家庭问题层出不穷,家庭社会学的研究主题更加多样,研究方法也更加成熟,整体呈现出多元发展的态势。

(二) 议题变迁

20世纪30—40年代,适逢中国早期社会学的繁荣,陈顾远、潘光旦、李景汉、徐启中、费孝通、孙本文等学者开始关注家庭、婚姻、家族、人口、生育等问题,并于部分地域开展实证研究,《中国婚姻史》《中国之家庭问题》《定县社会概况调查》《广州工人家庭之研究》《现代中国家族问题》《乡土中国》《生育制度》等名著相继问世;20世纪50年代初期,社会学学科被取缔,有关家庭的社会学研究也随之停滞,但各式家庭调查依然存在;[2]1979年,中国社会学重建以来,家庭社会学得以恢复并蓬勃发展,关于择偶、婚配、人口政策与生育模式的讨论成为热点,一系列以"婚姻""家庭"命名的杂志开始出现;至于20世纪80年代中后期,随着学者们开始关注更为宏观的结构转型、移民、治理等宏大话题,家庭社会学式微[3],但与此同时,早期研究者积累的理论与经验得以沉淀,研究内容从一般调查转向专题研究,研究水准稳步提升。

21世纪以来,随着中国经济和人口的发展,国内家庭社会学研究越来越意识到宏大叙事的疏漏,开始运用个体化理论讨论个人与家庭,关注家庭结构、家庭关系、婚恋抚育、家庭权力、父职母职、中国城乡家庭等。近年来,人口结构变动和生育政策变迁,学者对家庭政策的解读也趋于系统化,并尝试发展本土家庭理论。当然,很多学者关注非常规家庭及社会问题、空巢家庭、丁克家庭、同性伴侣家庭、家庭暴力、性别问题等,不一而足,研究议题向更微观、更具体的层次发展。

---

[1] 唐灿:《家庭现代化理论及其发展的回顾与评述》,载《社会学研究》,2010年第3期。
[2] 谭深:《家庭社会学研究概述》,载《社会学研究》,1996年第2期。
[3] 计迎春:《社会转型情境下的中国本土家庭理论构建初探》,载《妇女研究论丛》,2019年第5期。

（三）中国经验

经验研究可以说是中国家庭社会学发展的主要线索，也是学科建设的一条成功经验。① 追溯至源起之时，中国家庭社会学在曲折中前进，并于近年形成了一定程度上的繁荣，无论是研究议题，还是研究领域，都实现了内容的深耕和外延的拓宽，成果颇丰。至于具体的研究方法，杭苏红在梳理该学科的历史沿革时指出，国际与区域比较方法、定量研究方法、历史文献研究方法的运用，使得我国本土的家庭研究呈现出更为丰富、多样化的学术生态。② 就一门学科而言，中国家庭社会学还须加强与其他学科的勾连融合，在秉持从中国社会自身经验出发的学科传统的同时，加强理论提炼、深描中国故事，将"家"作为理解中国社会的窗口，重新重视"家"的功能，给予切实支持。

第五节　家庭社会学的研究意义

人离不开家庭，更离不开社会。

任何家庭都处在一定的社会环境中，以社会为舞台，以历史变革为背景，被社会经济、政治、法律、习俗、环境等影响和制约，形成与特定社会相对应的特定家庭形式。反之，家庭作为社会的基本组成单位，其职能和作用的发挥、结构和关系的变动，也会在一定程度上影响社会的巩固和发展。根据唯物主义观点，历史中的决定性因素，归根结底是直接生活的生产和再生产。但是，生产本身又有两类。一类是生活资料即食物、衣服、住房以及为此所必需的工具的生产；另一类是人类自身的生产，即种的繁衍。一定历史时代和一定地区内的人们生活于其中的社会制度，受着两种生产的制约：一方面受劳动的发展阶段的制约；另一方面受家庭的发展阶段的制约。因此，家庭在社会中居于重要地位，起着不容忽视的作用。它担负着生产、生育、教育、消费等各种重要的社会职能。研究和改造家庭对于研究和改造社会是完全必要的，也是非常有益的。

马克思列宁主义认为，研究家庭十分重要。马克思、恩格斯、列宁、毛泽东等都有研究婚姻和家庭的光辉论著。当代社会学也十分注重关于家庭问题的研究。新中国成立以来，党和政府对婚姻家庭、妇女等问题十分关心，带领群众批判了封建的、资本主义的婚姻家庭制度，制定了一系列法律和政策，有力地推动了社会主义婚姻家庭制度的建立，从根本上改变了我国的婚姻家庭面貌。1980年，第五届全国人民代表大会第三次会议通过的《中华人民共和国婚姻法》规定：实行婚姻自由、一夫一妻、男女平等的婚姻制度，保护妇女、儿童和老人的合法权益，实行计划生育等，充分体现了社会主义制度的优越性。

家庭社会学是当前西方十分重视的一门学科；在中国，家庭社会学也是方兴未艾的社会学研究的一个重要课题。

开展家庭社会学的研究，在目前仍是十分必要和迫切的。

---

① 雷洁琼：《家庭社会学二十年》，载《社会学研究》，2000年第6期。
② 杭苏红：《经验、历史与方法：家庭社会学七十年回顾》，载《中华女子学院学报》，2021年第4期。

首先,从家庭与人的关系来看,家庭作为一种社会组织,在人类发展的历史长河中,是人类社会生活的组织形式之一。

人的一生有很大部分是在家庭中度过的。人从出生起,就生活在家庭里,先是依赖父母,依靠父母的抚养和培育,并与家庭中的其他成员同居共处,相互间耳濡目染。在一个较长的生活依赖期中,人一方面接受来自生理上的照顾和关怀,另一方面也在家庭中接受广泛而深入的社会化训练,接受现实社会规定的生活方式、社会规范,学习、掌握生活与生产活动的基本知识和技能。人在家庭中逐渐成长为合格的社会成员以后,正式进入社会,择偶,组织自己的新家庭,生育子女,繁衍后代,承担文化传递的责任。即使到了垂暮之年,或者与配偶相互陪伴,或者依靠子女赡养,一般来说也依然在家庭中度过。在人们从幼到老的过程中,不管家庭周期会经历什么样的变化,人总归离不开家庭。个人要受家庭的影响,同时也会给家庭带来影响,这种相互影响的程度各人不一。我们固然不能认为家庭能决定个人的人生历程,但个人与家庭的关系是无法割断的。

在所有已知的人类社会进程中,家庭相当长时期地伴随着人类生活。虽然家庭的形式经过多次的演变,但家庭自起源以来就一直没有消失,就一直保留在人类生活中,成为与个人关系最为密切的社会组织形式。几乎每个人都不同程度、不同期限地生活在家庭权利和义务的网络之中。

其次,从家庭与社会的关系来看,社会是由家庭组成的,家庭是社会的基本单元,是社会的"细胞"。

人们从家庭步入社会,社会也由许多个家庭组成。家庭总是与社会密切联系在一起,家庭并不能游离于社会而独立存在,它总是要与其他社会群体和社会组织发生联系,家庭制度与其他社会制度一起构成人类社会活动的规范体系。任何家庭都处在一定的社会背景之下,受社会的制度、规范和环境因素的影响和制约,家庭的职能、性质、形式和结构相应地发生变化。同时,家庭结构和形式的变动、职能和作用的发挥,反过来又在很大程度上影响社会的巩固与发展。

再次,现实的家庭状况也迫切期待更多的研究成果。

如今,人类家庭正处于转折时期。在越来越注重个人选择的价值观念影响下,家庭也向着多元化的方向发展。面对与家庭相关的各种社会关系、人伦道德,以及家庭本身结构、功能的变化,人们需要用科学的眼光来分析和阐明,通过理论上的突破来应付现实中家庭所面临的各种局面。在当代,家庭对现代化的适应能力、家庭对各种社会危机的反应机制、影响家庭建立与瓦解的各种社会因素、出现的新的家庭结构形式、家庭内部固有矛盾的调整等问题,都亟待理论指导。

今天重提家庭问题的重要问题在于,家庭不仅是受社会变迁影响的被动研究对象,也可作为透视社会的研究视角。[1] 通过微观透视家庭的个体性行动,一定程度上能够对社会的整体发生逻辑有一个更加具体的洞察。要将"家庭"作为研究社会变迁等其他主题的一个具体而独特的"场域",最终实现本体论和方法论的融合,将家庭由单纯的研究对象向社会现象缩影的转变,进而为大国崛起积累人力资本、提高国民素质、提升国家竞争力。[2]

---

[1] 张婷婷:《透视社会的家庭:关于家庭研究的范式转换》,载《学理论》,2014年第22期。
[2] 孟宪范:《家庭:百年来的三次冲击及我们的选择》,载《清华大学学报(哲学社会科学版)》,2008年第3期。

第二章

家庭的产生与演变

> 家庭乃是社会之缩影,
> 事实上,家庭是具有自发维持能力的最小社会。
> ——康德

第一节 家庭的基本内涵

一、家庭的概念

家庭不是从来就有的,也不是一成不变的。它是一个社会历史范畴,是人类社会发展到一定历史阶段的产物。可以说,人的一生离不开家庭。我们应深入理解有关家庭的一切,理解其产生与演变的过程,更好地享受幸福美满的家庭生活。

那么,"家"到底是什么呢?这是家庭社会学首先要回答的问题。

(一) 有关"家庭"

在中国汉语言文字中,"家"是一个会意字。从甲骨文字形上看,上面是"宀"(mián),表示与室家有关,下面是"豕",即猪。古代生产力低下,人们多在屋子里养猪,所以,房子里有猪,就成了家的标志。家的本义是"屋内,住所"。

家庭一词是后起的,基本含义是指一家之内。如南朝宋《后汉书·郑均传》:"常称疾家庭,不应州郡辟召。"

家庭,也指以婚姻和血统关系为基础的社会单位,成员包括父母、子女和其他共同生活的亲属。唐刘知幾《史通·辨职》:"班固之成书也,出自家庭;陈寿之草志也,创于私室。"宋欧阳修《刘丞相挽词二首》之二:"平昔家庭敦友爱,可怜松槚亦连阴。"明邵璨《香囊记·义释》:"家荡散,业飘零。携筐还负筥,离家庭。两口无依倚,身如蓬梗。"

社会学家潘允康在其《家庭社会学》一书中追根溯源,分析了家庭的词源根基。我国古代的《说文解字》中有:"家,居也。从宀,豭省声。"《易·家人》释文:"人所居称家。是家仅有居住之意。"这是从居住的角度解释什么是"家"。有关"家"字的甲骨文考证说,"家"字,象征房子底下有一只猪。原来"家"字的本义最初就是养猪的地方,引申之则为畜牧点。因为这个时候畜牧业已经成为人们生活的主要保证。所以一群人居住的地方,一定要有一个"家"。

在国外,起初有些人甚至把家庭理解为"奴隶"。比如,在拉丁文中,家庭称"familla","家庭"在罗马人那里,不是指夫妻及其子女,而只是奴隶。"familius"的意思,是一个家庭的奴隶;而"familla",则是指属于一个人的全体奴隶。

也有人认为,家庭不过是人和人之间的生理结合。哈夫洛克·霭理士在《性心理学》里,开宗明义第一句话说:"婚姻,是性的关系的一种。"叔本华、弗洛伊德及其当代追随者们认为婚姻是"肉体的机能",家庭是"肉体生活同社会机体生活之间的联系环节"。

侧重于婚姻方面解释家,比如社会学家罗威说:"家庭是以婚姻为根据的社会单位。"《中华大字典》中则说:"有夫有妇曰为家。"

有人认为,必须同时说明婚姻和血缘两种家庭关系,才能说明"家庭"二字。马克思、恩格斯说:"每日都在重新生产自己生命的人们开始生产另外一些人,即繁殖。这就是夫妻之间的关系,父母和子女之间的关系,也就是家庭。"[①]

各种理论(结构功能主义、符号互动论、行为主义等)对"家庭"本身中心概念的解释不同,没有一致的看法。[②] 社会科学中既有的关于家庭的定义众说纷纭,难以获得完全的赞同和认可。

以往的家庭定义都不免存在一些疑问。如果说家庭仅仅依靠婚姻和血缘来维系,那么以领养关系或自愿组合而结成的生活共同体是不是家庭?如果说家庭是人类自身再生产的单位,那么自愿不育的夫妇是否组成了家庭?由于生物医学、遗传技术的发展和生育模式的改变,造成社会文化意义上的父母与生物学意义上的父母的分离,于是,通过试管授精、人造子宫生育的子女是否可以纳入家庭范畴?人工授精的精子提供者的身份又如何确定?另外,家庭与共同居住的人群有何异同?不存在婚姻关系的单人户或未婚母亲(父亲)与孩子的组合算不算家庭?

与那些宣称"家庭是一种普遍性的、必不可少的社会结构"的传统社会学者不同,一些社会学家认为,家庭从根本上讲是一种专制性的社会建构。从一个女权主义者的视角来看,"家庭"根本就不是一种自然的社会现象。家庭将"抚育"理想化的意识形态看作一种要素,这是因为在非个人化的、科层制的工业社会中它是稀缺的。这种意识形态是我们在19世纪反对过度工业化时所继承得来的。由于女性在生育过程中所扮演的角色,所以它特别强调女性的抚育作用,将女性与"家庭"联系在一起。这种关于家庭的意识形态的建构被认为是通过立法和执法的手段、由国家代理机构强加到现代社会之上的。因此,我们的注意力就应该从那个所谓的普遍性的"家庭"定义上移开,转向那些在特定的社会、特定的时间点上对家庭和家庭关系的法律定义上来。这样的定义被认为是开放性的,会随着政治运动的变化而有所改变。

其他的社会科学家(主要是从事民族方法学传统研究的社会科学家)也得出了类似的结论。他们认为,家庭的公共意义是在社会生活中不断地对这种建构的意义进行加工的结果。他们强调的是经常在现实中发生的模棱两可的情况,如日常家庭事件的本质是什么?家庭关系的本质是什么?

[①] 《马克思恩格斯选集(第一卷)》,北京:人民出版社,1995年版。
[②] 邓伟志、徐榕:《家庭社会学》,北京:中国社会科学出版社,2001年版。

家庭是一种由具有亲密私人关系的人所组成的群体,这种亲密的私人关系被认为是持久的并且是跨越代际的。家庭关系包括了个人在过去、现在和未来对亲密关系的社会性建构。这些关系通常包括婚姻关系和血缘关系,但是,它们或许也会包括其他关系,例如收养关系和特殊的仪式性关系。[1]

(二)对家庭认识的深入

对家庭含义本质的认识,是从近代才开始的。

马克思、恩格斯认为:"每日都在重新生产自己生命的人们开始生产另外一些人,即繁殖。这就是夫妻之间的关系,父母和子女之间的关系,也就是家庭。"

奥地利心理学家 S. 弗洛伊德认为,家庭是"肉体生活同社会机体生活之间的联系环节"。

美国社会学家 E. W. 伯吉斯和 H. J. 洛克在《家庭》一书中提出:"家庭,是被婚姻、血缘或收养的纽带联合起来的人的群体,各人以其作为父母、夫妻或兄弟姐妹的社会身份相互作用和交往,创造一个共同的文化。"

中国社会学家孙本文认为,家庭是夫妇、子女等亲属所结合的团体。

费孝通认为,家庭是父母子女形成的团体。

(三)对家庭的深层次理解

家庭是由婚姻关系、血缘关系或收养关系结合成的亲属生活组织。人们常把家庭称为社会的细胞,是构成人类社会的最小的单位。家庭成员共同居住在一起,共同进行生产和消费,而且根据血缘关系(亲与子、兄与弟之间的关系)相结合,也称为人类社会的生物再生产单位。

家庭是以男女间的经济分工为基础而形成的。[2] 包括在更高级的地区集团内,在同型的地区集团之间,以回避外婚和近亲婚为原则,并保持着近邻关系,是一种制度化的社会单位。因此,它是人类特有的普遍单位。

在动物社会中没有与家庭同一性质的单位。在动物集团中,亲代与子代在一定期间共存,而且两者之间存在着密切的相互作用,这种动物集团(动物的社会)也可被称为家庭或生物学的家庭(biological family)。动物由母亲和养育期的幼仔所形成的集团,以及社会性昆虫的变形大家庭集团等是典型的生物学家庭。由雌雄个体所形成的性的集团(mating association,pair-pond)虽然不能称为家庭,但有雌雄关系且随之而有亲代与子代间的养育关系,在此期间的动物集团也多被称为家庭。

社会设置,即组织起来满足一个社会基本需要的社会结构。从社会设置来说,家庭是最基本的社会设置之一,是人类最基本、最重要的一种制度和群体形式。从功能来说,家庭是儿童社会化、供养老人、性满足、经济合作,即普遍意义上人类亲密关系的基本单位。从关系来说,家庭是由具有婚姻、血缘和收养关系的人们长期居住在一起的共同群体。

在功能论者看来,在以前,家庭大多是自给自足、满足家庭成员的大多生理和心理需求

---

[1] 大卫·切尔著,彭铟旎译:《家庭生活的社会学》,北京:中华书局,2005年版。
[2] 杨善华:《家庭社会学》,北京:高等教育出版社,2006年版。

的单位、群体,有经济生产、安全保卫、教育、社会化、宗教等功能,进行物质、人口、精神财富再生产。如今,家庭的部分功能由教育、宗教等其他社会设置来分担了。但功能主义者认为家庭的社会化、感情陪伴、经济合作、性规范功能依然为社会的良性运行起到重要的作用。

在冲突论者看来,家庭是性别不平等的主要场所,因而是社会中许多别的不平等的基础。马克思主义者认为,男性主导的家庭,为社会提供了一些重要的不用付费的劳动形式,维持妇女的从属地位,极大地促进了资本主义的产生。所以如果资本主义制度不推翻,性别不平等就不可能减弱。

(四)家族、亲属和家庭

为了更好地了解家庭概念的内涵,我们有必要对亲属或家族、宗族和家庭的区别做一点细分。

亲属或者家族,是指具有共同的祖先、血缘,或具有姻亲关系、养育关系的人所组成的社会网络。亲属并不一定居住在一起、以群体的形式发挥作用,但是他们彼此承诺,承担一定的责任和义务。亲属网络中的确切成员是由特定的文化规范规定的。在中国,亲属或家族一般以五服为界。

宗族,则是同宗同姓同地域的家族结成的群体。

家庭,是亲属中较小的户内群体,是共同生活居住、共同经济核算、相互合作发挥作用的人组成的单位。我们一生中,大部分人属于两种家庭。出生并进行大多社会化的家庭是出身家庭;因结婚、生子而建立的家庭是生育家庭。现代社会人们主要忠于自己的生育家庭。

二、家庭制度

(一)家庭制度的定义

家庭制度是指被一定社会所公认并被人们普遍遵循的婚姻家庭关系的规范体系。家庭制度,是一定社会中占统治地位的婚姻家庭形态在上层建筑领域的集中反映,是将婚姻家庭关系用法律形态或根据社会习惯加以固定,使之成为人们共同遵守的行为规则。

家庭制度作为一种调整人们婚姻家庭关系的行为规范体系,在无阶级社会里,是由人们所共同遵守的习惯和道德规范所构成的,它体现的是社会全体成员的共同意志和利益。在阶级社会,婚姻家庭制度所体现的则是统治阶级的意志和利益,主要由国家通过法律予以确认,并辅之以道德、宗教、习俗等规范。考虑到现阶段有关家庭政策的研究越来越热门,在这里有必要将其家庭制度进行区分——制度泛指大家共同遵守的办事规程或行动准则;政策则是国家政权机关、政党组织或其他社会政治集团,为实现阶级利益与意志,以权威形式制定的准则,政策从属于制度。家庭政策是国家调整国家-家庭关系以及国家-个人关系的重要手段[①],包括狭义上的家庭法、家庭福利事业等直接以家庭为对象的政策,以及广义上的对家庭生活起到直接、间接的影响作用的诸政策,如社会保障政策、劳动政策、消费者政策、住房

[①] 陈映芳:《国家与家庭、个人——城市中国的家庭制度(1940—1979)》,载《交大法学》,2010年第1期。

政策、人口政策等。①

（二）家庭制度的基本特征

在家庭制度形成的过程中，既要遵循自然规律、不违背家庭的自然属性，又必须根据统治阶级的利益，对自然属性予以制约、引导、调控，使其有利于社会的稳定与发展。家庭制度可以是以个人主义为主旨的、也可能是以家庭主义为主旨的，同时还可能是以国家主义为主旨的，因而，只要不违背自然属性，统治阶级的意志与利益在制定家庭制度，特别是制定（婚姻家庭）法律的过程中，起着决定性的作用。

总的来看，家庭制度具有以下基本特征：家庭制度是社会制度的有机组成部分，具有社会制度的共性；作为社会制度组成部分的家庭制度，是建立在一定经济基础之上的上层建筑，具有上层建筑的共性；作为一定社会利益体现的家庭制度，是家庭的自然属性与社会属性的有机结合；作为上层建筑的家庭制度，是一定社会中占统治地位的家庭形态的集中表现。

为了阐明家庭制度发展变化的规律性，应当全面地考察它和经济基础以及上层建筑各个领域的关系，揭示其与整个社会制度的内在联系。

（三）历代婚姻家庭制度②

1. 远古时代

猿人刚刚脱离动物界，为了依靠集体的力量抵抗猛兽的侵袭，猿人过着群居的生活。生活在一起的一群猿人叫作一个原始群。群体内的性关系使猿人在交配上保留着动物的本能属性。他们智力低下，没有财产观念，彼此之间的感情也无从谈起，也不知道"婚姻"为何事。同一个原始群里，所有成年男子都是所有成年女子的"丈夫"，同样，所有成年女子也是所有成年男子的"妻子"。这种杂乱婚姻实质上是杂乱的性关系及血缘杂交。血缘杂交使性关系完全受自然属性支配，总体上仍属于动物交配的范畴，未能开创婚姻史。

劳动的锻炼、生产工具的逐步改进、活动地域的渐趋稳定以及食物的增加，促进了人体自身的进化、发展。猿人进化成为古人，古人的生活状况使古人的婚姻萌发了一点微弱的意识成分，母子间、父女间的性交开始被禁止。这样，婚姻关系也由猿人时期的杂乱婚姻发展成为古人时期辈分相同才能构成婚姻的血缘婚姻，即辈婚制。辈婚制把长、晚辈之间的性交关系从婚姻中排除出去，使人类跳出了动物交配的范畴，开创了自己的婚姻史，这就使得辈婚制成为人类历史上的第一种婚姻制度。

随着人类体质、智能的发展，人们逐渐认识到了血缘婚姻的危害性，并不断地采取措施加以限制。他们先用划分级别的办法来限制母亲同胞兄弟姐妹之间构成婚姻关系，这样便导致了氏族的产生，氏族是产生群婚制的社会条件，群婚制是适应于氏族制度之需要的婚姻制度，无母系血缘关系的一群人构成团体性的婚姻叫作群婚，群婚随母系氏族的产生而产生，随母系氏族的不断发展而渐趋完善。群婚制代替了血缘婚制，这是人类婚姻史上最大的变革之一。由于同母系血统的人不能构成婚姻关系，所以夫与妻只能出自不同的氏族。夫

---

① 青井和夫、增田光吉：《家族とは何か》，東京：講談社，1974年版。
② 顾鉴塘、顾鸣塘：《中国历代婚姻与家庭》，北京：中国国际广播出版社，2011年版。

与妻各自在自己的氏族内生活、居住、劳动,夫妻关系的基本内容就是性交关系,既没有劳动上的互助,又无经济上的义务及权利,也没有感情上的交流。

随着生产力的发展,母系氏族进入了繁荣时期,人们生活资料的来源比以前更可靠了,氏族成员已经有了自己的衣物和生产工具,私人所有的观念开始萌发,感情的幼芽便萌发在原始人的头脑里,反映在婚姻形态上,就是使得禁婚规则日益严格,从而使得集体婚配的规模不断缩小。在由集体婚配到个体婚配的发展过程中,又产生了俱乐部婚姻作为承前启后的过渡方式。由群婚制向对偶婚制发展的过程中,一个男子可以与同族的几个兄弟有一个共同的妻子,也可以与另外的几个兄弟有一个共同的妻子,又可以与几个远房的兄弟有一个共同的妻子,甚至还可以与几个朋友有一个共同的妻子,几个妻子可以分布在几个不同的氏族里。女子也是一样,可以与人有共同的丈夫,几个丈夫分布在几个不同的氏族里。这种俱乐部婚姻造成了婚姻圈子中的一方单一,另一方却由几个人组成团体,它使得一个人能够在几个婚姻圈子里过性生活,夫妻关系中既保留着集体性的旧习气,又萌发了单一性的新因素,所以属于群婚制向对偶婚制的过渡形式。人类大脑的复杂,意识性的增强,财产观念的萌芽及感情的产生,不但减少了婚姻圈子中的人数,而且使得由两个人暂时地成对配偶的现象开始流行,于是族外的群婚制便由族外的对偶婚制所代替。所谓对偶婚制,就是由一个男子和一个女子在一段时期内构成夫妻关系。对偶婚制产生于母系氏族的全盛时期。初始,夫与妻的关系仅限于两人间暂时性的同居,最后便发展为因婚姻关系而使丈夫迁至妻子的氏族,使丈夫和妻子、父亲和儿女互相有了经济上的义务和权利,对偶家庭开始产生,并萌发了经济上的意义。

随着生产力逐渐发展和社会分工的出现,打破了从前的法则,男子的劳动收获远远地超过了妇女,成为生活资料的主要提供者。男子创造财富能力的增强,经济地位的提高,使他们在氏族和部落中的地位不断提高,于是便要求妻子服从自己、子女继承自己,于是母系氏族公社逐渐转化为父系氏族公社,婚姻关系便开始由对偶婚制转变为单偶婚制。这时候的婚姻风俗既保留着对偶婚制的残余势力,又萌发了单偶婚制的新因素。

2. 夏商周时代

夏朝是我国奴隶社会的开端,可从后人的记载和传说中得知一些简略情况,那时父权制已经确立,政权以父亲血统相传是毫无疑义的。而在商代,一夫一妻制的婚姻已经确立,奴隶主贵族在一夫一妻的原则下,已有了妻妾嫔妃的区别。西周时代,自周文王的儿子姬旦创"礼"以后,社会制度逐渐完备。周礼将"昏(婚)礼"提高到"礼之本"的高度。

1)婚姻形式

由父权制大家庭向一夫一妻个体婚制演进经历了一个漫长、渐进的过程。我国的夏、商二朝就处在这个演进过程之中。夏第一代君王禹只有一个妻子,即涂山氏。在商代30多个国王中,多数也是一人一配。但到商朝后期,已实行一夫一妻多妾制度。到了周代,婚姻形式是以多妾制为补充的严格的一夫一妻制。

商周奴隶主贵族实行一夫一妻多妾制的婚姻,是与当时实行的媵嫁制度相联系的。媵就是诸侯女儿出嫁时随嫁的人。媵嫁制度规定,诸侯之女出嫁,要由她的妹妹(娣)、侄女(侄)随嫁。此外,还要由两个与女方同姓的诸侯国各送一女随嫁,称之为"正媵";正媵也要由娣、侄随嫁,这就是诸侯一娶九女。这种婚姻制度,既反映了原始婚俗的遗迹,又成了奴隶主贵族借联姻扩大政治势力的手段。媵嫁制实际上就是一夫一妻制名义掩盖下的多妻制。

在周代,妻妾的多寡同奴隶主的身份、地位、权力、财产等成正比。诸侯一娶九女,卿、大夫则是一妻二妾,即可以娶一妻两妾,只有在庶人阶层中才普遍实行真正的一夫一妻制。

2) 婚姻家庭制度

奴隶社会中的婚姻家庭关系,主要是由维护宗法等级制度的礼,以及为统治阶级所认可的习惯来调整的。周代是礼仪的创始时代。为了巩固周王室的统治,西周初年,贵族们就开始从政治到文化制定一系列完整的典章制度和礼乐规定,这就是"周礼"。周礼认为"昏礼,万世之始也"(《礼记·郊特牲》)。婚姻制度被视为社会制度的基础,一切的社会关系由此推展而出。婚姻家庭制度在礼制中占有重要的地位,同奴隶主贵族"家国一体"的政治观和伦理观、同利用血缘纽带维护宗法统治的实际需要都有着极为密切的关系。

《礼记·昏义》把"上以事宗庙,而下以继后世"和"合二姓之好"作为婚姻的最高宗旨。这正说明当时人们认为婚姻的实质就在于宗族的延续,也就是对婚姻生殖功能的重视。当然,当时除了强调婚姻的这种繁衍功能,还重视联姻在政治上的意义,"合二姓之好"就说明了周礼对择偶地位的注重,社会地位相近的二姓之间联姻,可以借此互相支持、互相依靠。

在周代,由于宗法制度的完备,在每一个家庭中,家庭成员之间的相互关系在礼制上都有明确的规定。家长在家庭中处于最高的地位,拥有绝对的权力。礼制要求子女恪遵孝道,对父母家长绝对服从。子女的主婚权也操于男女双方家长之手,成婚后的夫妻无论是否和睦,婚姻解除与否的最终决定权也操于家长之手。家礼对妇女的束缚较男子更甚,"三从四德"便发端于周礼,它要求妇女片面遵守一夫一妻制。与男性贵族多娶制度相反,女子只能嫁给一个丈夫而不能同时拥有两个及两个以上的丈夫,这种规定虽然没有形成文法,但它肯定了这种男女在婚姻地位上不平等的合理性,从而使这一不合礼的现象成为合法的制度。

嫡长继承制产生于商末而形成于西周。商朝后期,国王妻妾成群,众王子间争夺王位的事时有发生。于是,从武乙开始实行较严格的父死子继制度,而且有了首先由嫡长子继位的规定。确定嫡长子身份的准则是:在嫡子不止一人的情况下,以长为重;在嫡庶子并存的情况下,以嫡为贵;在均为庶子的情况下,有时立其长者,有时用占卜的方式来决定。

3) 婚姻成立条件

同姓不婚。商代在血缘关系上也强调近亲不婚,要五世以后方可以通婚。周礼对"同姓不婚"规定得非常严格,只要是同姓,"虽百世而昏姻不通"(《礼记·大传》)。不但娶妻要辨姓,就连买个无从知其姓氏的妾,也要用算卦的方式来解决这个问题。同姓不婚除生理原因外还有政治原因,贵族们可以借同姓不婚来联结权势和维护宗族伦常关系。

规定成婚年龄。商代以前成婚年龄已不可考。周代礼制规定男子20岁行冠礼,30岁成家;女子15岁行笄礼,20岁出嫁,如有特殊原因,可到23岁再嫁。在实际生活中,周代人的初婚年龄比礼制规定的要低。如春秋末年,勾践规定凡男子20不娶,女子17不嫁,要惩办其父母。

4) 贞节观

周礼提出了妇女要"贞"的要求。作为男子,可以同若干个配偶发生性关系,生育出自己的子女;而女性一方,则必须严守一夫制,只能为现在的丈夫生育子女,而不能生出其他任何人的子女。这就是周代对"贞"的解释,这是比较宽泛的,而且它没有对女子的改嫁、离婚提出限制。所以在周代,离婚再嫁属于寻常的事情,夫死不嫁、从一而终的观念在当时并未形成。不但夫死可以改嫁,夫未死也可以离婚再嫁。

那时还有"烝"和"报",烝是春秋时代家长制家庭的一种婚姻形式,专指子、侄、弟辈上娶父、伯、叔、兄的妻妾(除生母外)的一种婚姻行为,《左传》中将侄娶婶称作报。所烝或报的妇女也是很有地位的,这说明当时贞操观念是淡薄的。

3. 秦汉至唐代

我国从战国时代开始步入封建社会,封建土地所有制的格局基本确立,奴隶制的婚姻家庭逐步被封建制的婚姻家庭所代替。秦代是一个"以法为本"的封建专制国家,秦始皇巡游天下时就对婚姻家庭规范提出了要求。到了两汉时期,婚姻法规的内容已粗具规模。三国两晋南北朝,由于战乱不断、朝代更替频繁,造成人口大量流动和迁移,也使得各民族经济、文化交流融合,在这样的历史背景下,秦汉以来确立的封建婚姻家庭制度在得到继承和发展的同时,又有某些特点。婚姻家庭法规在唐代进入了全盛时期。《永徽律疏》中的《户婚律》极其权威,不仅成为唐以后各代户婚一类律法的蓝本,而且还远播海外。实际上,那些有关婚姻家庭的礼,也起着法的作用,是婚姻家庭法规的组成部分,以礼辅法、礼法并用地调节婚姻家庭关系。

1)婚姻形式

一夫一妻多妾制,是秦以后各代封建统治者在婚姻形式上对奴隶主贵族的继承。这种继承,贯穿于中国的整个封建社会,而且在秦汉至唐表现得十分突出,并被法律确认。当然,纳妾行为主要风行于统治阶级中,尤其是皇族男性,不仅有众多的后妃,还有数目庞大的宫女,唐玄宗时宫女数量达到极盛,约有四万人。贵族大臣也大批地养伎蓄妾,西晋太尉石崇不仅与同僚比富,还比谁拥有的姬妾多。中小官吏与平民中的富户人家也往往有妻有妾。南北朝时,由鲜卑族统治的北朝时期,由一妻多妾制衍生出多妻或有妻无妾制。

统治阶级在公开、合法纳妾的同时,从维护宗法统治的需要出发,十分重视嫡庶的区别。也就是说妾可以纳,但正妻只能有一个,法律不允许"乱妻妾位"。

秦汉、隋唐从统治阶级到文人富户一妻多妾制的盛行,破坏了性别比平衡,严重影响了平民的婚配,一些穷苦人家因此出现了兄弟共娶一妻的现象。

2)婚姻家庭制度

由战国起,经秦汉至唐,中国封建社会由发端而至鼎盛。婚姻家庭制度作为封建社会制度的一个重要组成部分,也得到了比较全面的发展和巩固。

封建社会实行以聘娶婚为方式的包办强迫婚姻制度。家长、父母对子女婚姻拥有不可争辩的主婚权和支配权,婚姻的成立则须以媒人为中介。秦律、汉律、唐律等一切封建法律都确认这种婚姻制度的合法性。包办、强迫婚姻在秦汉至唐的封建社会上升时期还尚未达到登峰造极的地步。特别是魏晋南北朝时期,由于儒术的独尊地位被冲垮,又由于那是个民族大融合的时期,在两汉时期婚嫁要显得自由些,男女青年在择偶问题上也有一定的自主权。

汉唐时期的封建家族组织主要是按姓氏、门第论高下的世家大族,比较严格地按照嫡长子继承制选立族长。家族的核心是亲属网络,由于以宗法制度为本,重男轻女,所以亲属以父系宗亲为主,还包括外亲和妻亲,但范围较小。

从汉朝开始,儒家思想成了封建王朝的正统思想。常说的"三纲五常"便在此时确立,它把父子关系、夫妻关系与君臣的尊卑、隶属关系同列,目的在于建立从封建朝廷到每个家庭的封建秩序,有效地维护封建统治。社会关系是家庭关系的自然延伸,家庭始于夫妻结合,所以统治者就通过礼法来稳定夫妻关系,这种稳定是把妻子变成丈夫的附属物,使妻子对丈夫绝对服从、宽容忍让。从汉代明确了"夫为妻纲"之后,这种男尊女卑的倾向更为明显,作为夫妻关系核心的"男外女内"也是反复被强调。汉唐时代,还出现了不少针对妇女的专门读物,对周礼的有关规定做了充分发挥,如西汉刘向的《列女传》、东汉班昭的《女诫》、唐代宋若莘的《女论语》等,都对妻子应遵从的妇德做了详尽的说明。夫妻关系的不平等最集中地体现在主要由丈夫独断专行的"出妻"制上。妻子如果犯了不孝、无子、淫乱、嫉妒、多言、恶疾、盗窃中的任何一项,丈夫就有权将她休弃。唐律沿袭了汉代以来的"七出"制,又规定了"三不去妻"的原则,即曾和丈夫共同主持过公婆丧事的妻子不能去、妻子没有归处的不能去、贫困时娶的妻子富贵后不能去。

秦汉以来,封建社会承袭商周奴隶社会的嫡长子继承制,唐律对此进行了严格的规定。

3)婚姻成立条件

严禁同姓为婚。秦汉至唐,禁同姓为婚仍十分严格,实行宗族外婚制,这是对周礼"同姓不婚"原则的继承。汉唐间也存在过不禁同姓为婚的短暂时期。汉末两晋,战祸连年,晋武帝允许同姓通婚。南北朝时期,由于强调门第,士族间通婚范围越来越窄,以致出现了为数不少的血缘异辈婚、中表婚。

严禁良贱通婚。即严禁有钱有势的人和无钱无权的人通婚。在严禁良贱通婚的同时,等级婚和门阀婚开始盛行起来。婚姻双方十分看重对方有没有与自己相近的经济地位,特别是有没有与自己相近的政治地位和社会地位。

为增加人口,中国封建社会在婚姻立法上都实行早婚。如唐贞观元年下诏令说:男子20岁以上,女子15岁以上未嫁娶的,都要由州县地方官员负责对他们以礼聘娶。因贫穷无力婚娶的,要由邻里亲近的富有之家资助成家。

4)贞节观

从秦汉到唐朝,中国封建社会处于上升阶段,由发展到鼎盛,多种社会因素相互作用、相互制约,一方面对男尊女卑和妇女贞节观的强调逐步系统化、理论化;另一方面,在实际生活中,男女交往与择偶改嫁在一定程度上、一定范围内仍旧呈现出相对自由与松懈的状态。

统治阶级不断地奖掖贞节,法律上对夫妻离异也做了种种规定。而且在圣贤的影响下,一些寡妇开始自觉守节,甚至出现了一些断发、毁容、誓不再嫁的"烈女"。但人们对女子的贞节还是看得比较淡薄,改嫁现象还是比较普遍的。如汉武帝就曾帮助其守寡的姐姐湖阳公主择婿。魏晋南北朝时期,统治者为增加人口,用行政命令迫使寡妇再嫁。行政手段加上较为开化的社会风气,使人们将寡妇改嫁视为寻常的事情。

4. 宋元明清时代

唐代以后,中国封建社会开始了由前期向中、晚期的转变,社会的政治、经济状况出现了很大的变化。政治统治上的高度集权,使得这一时期法律制度更趋严密、完备,而政治统治的需要,又使程朱理学和儒家思想成为官方意识形态而被纳入了法的轨道,这些都使得宋元明清时代在婚姻家庭立法、制度等方面表现出与以前历代有所不同的特点。

1)婚姻形式

封建社会统治阶级一夫一妻多妾制和平民百姓一夫一妻制的婚姻形式自宋代以后出现了一些变化。皇帝作为国家最高统治者,妻妾成群的婚制被视为天经地义,得到法律和礼制的保护和确认。一夫一妻多妾制的婚姻形式在民间则受到了一定程度的限制。主要有两重限制:道义上的限制指的是宋代随着程朱理学的兴起,妇女的贞节被强调到无以复加的地步,男子的再娶纳妾也在道义上受到了限制;法律上的限制是指法律按地位尊卑、身份特权规定娶妾的数量,而且特别强调娶妾是为了传宗接代,嫡妻到一定年龄不生育才准许娶妾。在妻妾关系和地位上,宋元明清也严禁妻妾失序和重婚。妾制是封建社会一夫一妻制的补充形式。中国封建社会中晚期,对妾的数量的限制和娶妾主要为生子的准则没有得到认真的实行。妾制是时代的产物,随着时代的发展,妾制的消亡是必然趋势。

2) 婚姻家庭制度

封建主义的婚姻家庭制度发展到宋元明清已日趋没落,但它凝固化、教条化的程度比唐以前各代是有增无减,对妇女的毒害和压迫在整个封建时代都达到了登峰造极的地步。

宋代婚姻立法基本因循唐代,规定聘娶制是婚姻成立的唯一合法方式,婚姻的主婚者为祖父母和父母。在聘娶婚这种包办、强迫的婚姻制度之下,充满落后、野蛮的气息,专以妇女为商品、为奴隶的典妻制和养媳制在这一时期也相继出现。典妻制起于宋元之际,典妻者是一些贫穷潦倒或负债的男子,迫于生计,在规定的期限内将自己的妻妾典与他人为妻,并收取一定的典金。典者则是一些为使宗族有后嗣而不惜出资借妻得子的人。直至清亡,典妻之风尤不绝于民间,此一点从柔石的作品《为奴隶的母亲》中可窥得一斑。养媳就是通称的童养媳,指的是从小由父母包办订婚,给婆家领养的媳妇。养媳制起于宋元,在元代养媳已相当普遍,清代一些地区还流行娃娃亲。养媳制的受害者主要是童养媳。她们成婚前身份如婢女丫头,成婚后侍奉公婆和丈夫。

宋代把"孝"推向了极致,"天下无不是之父母"这类愚孝的言论也出现了。统治阶级一方面宣扬愚孝,维护家庭内部关系的不平等,另一方面则利用法律保证家长权力的行使。夫妻关系方面与维护夫权至上的礼法的结合也是十分紧密的,事事都体现着夫贵妻贱的原则。前代"出妻"的制度继续被延续下来,只有元代由于较少受到封建儒家礼教的影响而有所不同。法律的苛严、礼教的专制,大大扭曲了明清时代妇女的人格和形象。压抑妇女、鼓吹夫权的观点不仅在行为方式上,而且在深层心理结构上,严重束缚了妇女的自主,家庭中丈夫与妻子在地位和权力上的差异更进一步拉大了。继承方面仍是嫡长子继承制。

3) 婚姻成立条件

禁同姓为婚。如以往历代一样,宋元明清各代仍将同姓为婚作为禁婚条令之一,只是到了清后期已大大松动。

严禁良贱通婚。封建婚姻制度是以公开的不平等为其基本特征的,家庭之间结姻有着鲜明的等级色彩。良贱不婚被宋以后各代封建王朝列为重要的禁婚条件之一。

同以往历代统治者一样,宋以后历代直至前清,法定婚龄都定得很低。如南宋嘉定年间,法定婚龄为男性16岁、女性14岁。这一婚龄规定以后一直为明清两个朝代所采用,直至清末才有变化。

4) 贞节观

宋代出了几个大儒,创立了以"阐释义理,兼谈性命"的方法治经的理学,使中国的学术思想以至风俗制度出现了很大的变化,同时对社会的婚姻道德也产生了极大的影响。北宋仁宗时的理学家程颐将贞节观念推向了极端,提出了"饿死事极小,失节事极大"。

有关妇女贞节观念的理学思想的形成、发展乃至成为一种体系是有个过程的。在北宋时代,当时社会上还是不讳妇女改嫁,在宗室、士大夫阶层妇女改嫁的事例很多。南宋初期以后,情况逐渐发生变化,理学家的贞节观念逐步形成系统。朱熹进一步发展了纲常学说,把所谓"夫为妻纲"提高到"三纲"首位。到明清时代,程朱的贞节观开始演变成迷信,成了天经地义、无可更改的教条,再加上统治者对节妇烈女极力褒扬,守贞、殉夫的妇女人数急剧增加。妇女备受封建贞节观念的摧残和毒害。

三、家庭结构

家庭结构即家庭的构成。它表现为三个层面:第一,家庭由多少成员组成;第二,家庭由哪些成员组成;第三,家庭成员按照哪种关系模式组织起来。(第四章将详细阐述,这里仅做概要性说明)

(一)家庭结构的分类

按家庭的规模划分,可分为:大家庭,指家庭人口数在5人以上的家庭;小家庭,指家庭人口数一般在4人和4人以下的家庭;单身家庭,可以看作变异家庭的一种,指只有一个人的家庭,如鳏夫独居、寡妇独居、离婚独居、孤儿或独身者的家庭。

按家庭成员配偶的人数和对数,可分为:多夫多妻制家庭、一夫多妻制家庭、一妻多夫制家庭、一夫一妻制家庭。

按家庭传袭规则,可分为:母系家庭、父系家庭、平系家庭、双系家庭。

按参与和决定家庭事务的权力,可分为:父权家庭、母权家庭、平权家庭、舅权家庭。

按家庭成员居住地,可分为:从妻居家庭、从夫居家庭、单居制家庭。

按家庭的代际层次和亲属关系,可分为:①核心家庭,即由一对夫妇及其未婚子女生活在一起而组成的家庭,家庭规模小,关系简单,只有一个核心,是最稳定的一种家庭结构。②主干家庭,又称直系家庭或扩大的核心家庭,是由一对夫妇与父母和未婚子女一起生活的家庭(由两代或两代以上夫妻组成,每代最多不超过一对夫妻,且中间无断代的家庭)。③扩大/联合家庭,即家庭中任何一代含有两对以上夫妻的家庭,如父母和两对或两对以上已婚子女及其孩子组成的家庭,或是兄弟姐妹婚后不分家的家庭。④变异家庭,又分为以下几种:夫妻家庭,指只有夫妻二人组成的家庭,包括夫妻自愿不育的丁克家庭、生育有子女但子女不在身边共同生活的空巢家庭以及尚未生育的未育夫妻家庭;隔代家庭,指由祖父母与孙代组成的家庭;单亲家庭,指由父母中的一方与子女共同组成的家庭;同性恋家庭,指两个同性基于性关系组成的家庭;未婚同居家庭,指没有履行法定结婚手续而存在性关系的两个异性组成的家庭;单身家庭,指只有一个人的家庭,包括终身不娶或不嫁的独身主义者与丧偶或离异后单独生活者,等等。

(二)中国家庭结构的变迁

在中国家庭结构的变迁过程中,以下五个特征尤为突出:一是户均人数下降;二是家庭结构日趋简单;三是初婚初育年龄推迟;四是离婚率逐步上升;五是家庭类型多样化。

关于家庭类型多样化,主要包括"联合国"式的家庭增多——自改革开放以来,社会开放程度不断提高,中国人择偶的范围相应扩大,跨国婚姻发展速度飞快;"周末夫妻"出现——平时算是朋友,周末做夫妻,崇尚"周末夫妻"者大都是30岁上下已婚的青年男女,他们有较高的文化知识、有较理想的职业,他们认为,选择分居不仅符合当今时代的工作生活节奏,而且能在一定程度上减少或避免婚后可能出现的危机态势,做到爱情、婚姻、家庭、事业四者兼顾,这是当代青年人力图对婚姻"围城"一种小小的突破性尝试;丁克家庭数有所增加,以及空巢家庭的增多。

四、家庭关系

家庭关系是指基于婚姻、血缘或法律而形成的一定范围的亲属之间的权利和义务关系。依据关系主体来分,家庭关系可以分为夫妻关系、亲子关系和其他家庭成员之间的关系。

(一) 夫妻关系

夫妻关系是指依据婚姻法的有关规定夫妻之间享有的权利和承担的义务。夫妻关系依据是否具有直接财产内容可以分为夫妻人身关系和夫妻财产关系两种。

古代的夫妻关系,立法采用夫妻一体主义。夫妻一体主义,也称夫妻同体主义,是指男女结婚后,夫妻合为一体,夫妻的人格相互吸收。但实质上,是采用夫权主义,妻子的人格为丈夫的人格所吸收,妻子的活动由丈夫代表,妻子丧失民事法律行为能力、诉讼行为能力,以及管理、用益和处分自己财产的能力等。

19世纪以后,西方各国的夫妻立法采取夫妻别体主义。夫妻别体主义是指夫妻结婚以后男女平等,各自保有独立人格,夫妻平等享有民事法律行为能力、诉讼行为能力、对财产享有所有权的能力、参加社会活动的能力,以及对个人财产拥有管理、用益和处分的能力等。但是现代西方资本主义国家立法在一定程度上仍然存在夫妻不平等的残余。

《中华人民共和国民法典》(2021年1月1日起施行,简称《民法典》)关于夫妻关系[①]的规定如下。

第一千零五十五条 夫妻在婚姻家庭中地位平等。

第一千零五十六条 夫妻双方都有各自使用自己姓名的权利。

第一千零五十七条 夫妻双方都有参加生产、工作、学习和社会活动的自由,一方不得对另一方加以限制或者干涉。

第一千零五十八条 夫妻双方平等享有对未成年子女抚养、教育和保护的权利,共同承担对未成年子女抚养、教育和保护的义务。

第一千零五十九条 夫妻有相互扶养的义务。

需要扶养的一方,在另一方不履行扶养义务时,有要求其给付扶养费的权利。

第一千零六十条 夫妻一方因家庭日常生活需要而实施的民事法律行为,对夫妻双方发生效力,但是夫妻一方与相对人另有约定的除外。

夫妻之间对一方可以实施的民事法律行为范围的限制,不得对抗善意相对人。

第一千零六十一条 夫妻有相互继承遗产的权利。

第一千零六十二条 夫妻在婚姻关系存续期间所得的下列财产,为夫妻的共同财产,归

---

① 参见《中华人民共和国民法典·第五编婚姻家庭·第三章家庭关系·第一节夫妻关系》。

夫妻共同所有：

（一）工资、奖金、劳务报酬；

（二）生产、经营、投资的收益；

（三）知识产权的收益；

（四）继承或者受赠的财产，但是本法第一千零六十三条第三项规定的除外；

（五）其他应当归共同所有的财产。

夫妻对共同财产，有平等的处理权。

第一千零六十三条　下列财产为夫妻一方的个人财产：

（一）一方的婚前财产；

（二）一方因受到人身损害获得的赔偿或者补偿；

（三）遗嘱或者赠与合同中确定只归一方的财产；

（四）一方专用的生活用品；

（五）其他应当归一方的财产。

第一千零六十四条　夫妻双方共同签名或者夫妻一方事后追认等共同意思表示所负的债务，以及夫妻一方在婚姻关系存续期间以个人名义为家庭日常生活需要所负的债务，属于夫妻共同债务。

夫妻一方在婚姻关系存续期间以个人名义超出家庭日常生活需要所负的债务，不属于夫妻共同债务；但是，债权人能够证明该债务用于夫妻共同生活、共同生产经营或者基于夫妻双方共同意思表示的除外。

第一千零六十五条　男女双方可以约定婚姻关系存续期间所得的财产以及婚前财产归各自所有、共同所有或者部分各自所有、部分共同所有。约定应当采用书面形式。没有约定或者约定不明确的，适用本法第一千零六十二条、第一千零六十三条的规定。

夫妻对婚姻关系存续期间所得的财产以及婚前财产的约定，对双方具有法律约束力。

夫妻对婚姻关系存续期间所得的财产约定归各自所有，夫或者妻一方对外所负的债务，相对人知道该约定的，以夫或者妻一方的个人财产清偿。

第一千零六十六条　婚姻关系存续期间，有下列情形之一的，夫妻一方可以向人民法院请求分割共同财产：

（一）一方有隐藏、转移、变卖、毁损、挥霍夫妻共同财产或者伪造夫妻共同债务等严重损害夫妻共同财产利益的行为；

（二）一方负有法定扶养义务的人患重大疾病需要医治，另一方不同意支付相关医疗费用。

（二）父母子女关系

父母子女关系，也称亲子关系，是指父母和子女之间的权利、义务关系。依据我国婚姻法的规定，父母子女关系可以分为婚生父母子女、非婚生父母子女、养父母养子女和继父母继子女四类。

《民法典》关于父母子女关系和其他近亲属关系①的规定如下。

第一千零六十七条　父母不履行抚养义务的,未成年子女或者不能独立生活的成年子女,有要求父母给付抚养费的权利。

成年子女不履行赡养义务的,缺乏劳动能力或者生活困难的父母,有要求成年子女给付赡养费的权利。

第一千零六十八条　父母有教育、保护未成年子女的权利和义务。未成年子女造成他人损害的,父母应当依法承担民事责任。

第一千零六十九条　子女应当尊重父母的婚姻权利,不得干涉父母离婚、再婚以及婚后的生活。子女对父母的赡养义务,不因父母的婚姻关系变化而终止。

第一千零七十条　父母和子女有相互继承遗产的权利。

第一千零七十一条　非婚生子女享有与婚生子女同等的权利,任何组织或者个人不得加以危害和歧视。

不直接抚养非婚生子女的生父或者生母,应当负担未成年子女或者不能独立生活的成年子女的抚养费。

第一千零七十二条　继父母与继子女间,不得虐待或者歧视。

继父或者继母和受其抚养教育的继子女间的权利义务关系,适用本法关于父母子女关系的规定。

第一千零七十三条　对亲子关系有异议且有正当理由的,父或者母可以向人民法院提起诉讼,请求确认或者否认亲子关系。

对亲子关系有异议且有正当理由的,成年子女可以向人民法院提起诉讼,请求确认亲子关系。

第一千零七十四条　有负担能力的祖父母、外祖父母,对于父母已经死亡或者父母无力抚养的未成年孙子女、外孙子女,有抚养的义务。

有负担能力的孙子女、外孙子女,对于子女已经死亡或者子女无力赡养的祖父母、外祖父母,有赡养的义务。

第一千零七十五条　有负担能力的兄、姐,对于父母已经死亡或者父母无力抚养的未成年弟、妹,有扶养的义务。

由兄、姐扶养长大的有负担能力的弟、妹,对于缺乏劳动能力又缺乏生活来源的兄、姐,有扶养的义务。

至于养父母和养子女间的权利和义务,《民法典》在第五编第五章"收养"②部分单独列出,具体规定如下。

第一千一百一十一条　自收养关系成立之日起,养父母与养子女间的权利义务关系,适用本法关于父母子女关系的规定;养子女与养父母的近亲属间的权利义务关系,适用本法关于子女与父母的近亲属关系的规定。

养子女与生父母以及其他近亲属间的权利义务关系,因收养关系的成立而消除。

第一千一百一十二条　养子女可以随养父或者养母的姓氏,经当事人协商一致,也可以

---

① 参见《中华人民共和国民法典·第五编婚姻家庭·第三章家庭关系·第二节父母子女关系和其他近亲属关系》。
② 参见《中华人民共和国民法典·第五编婚姻家庭·第五章收养》。

保留原姓氏。

第一千一百一十三条 有本法第一编关于民事法律行为无效规定情形或者违反本编规定的收养行为无效。

无效的收养行为自始没有法律约束力。

第一千一百一十四条 收养人在被收养人成年以前,不得解除收养关系,但是收养人、送养人双方协议解除的除外。养子女八周岁以上的,应当征得本人同意。

收养人不履行抚养义务,有虐待、遗弃等侵害未成年养子女合法权益行为的,送养人有权要求解除养父母与养子女间的收养关系。送养人、收养人不能达成解除收养关系协议的,可以向人民法院提起诉讼。

第一千一百一十五条 养父母与成年养子女关系恶化、无法共同生活的,可以协议解除收养关系。不能达成协议的,可以向人民法院提起诉讼。

第一千一百一十六条 当事人协议解除收养关系的,应当到民政部门办理解除收养关系登记。

第一千一百一十七条 收养关系解除后,养子女与养父母以及其他近亲属间的权利义务关系即行消除,与生父母以及其他近亲属间的权利义务关系自行恢复。但是,成年养子女与生父母以及其他近亲属间的权利义务关系是否恢复,可以协商确定。

第一千一百一十八条 收养关系解除后,经养父母抚养的成年养子女,对缺乏劳动能力又缺乏生活来源的养父母,应当给付生活费。因养子女成年后虐待、遗弃养父母而解除收养关系的,养父母可以要求养子女补偿收养期间支出的抚养费。

生父母要求解除收养关系的,养父母可以要求生父母适当补偿收养期间支出的抚养费;但是,因养父母虐待、遗弃养子女而解除收养关系的除外。

第二节 家庭演变的历史

社会一直处于变化发展过程之中。社会的政治、经济和文化等各方面的变迁对人类的家庭产生了相当大的影响。婚姻家庭是人类社会发展到一定阶段才出现的社会组织形式。家庭从来不是静止不动的,而是随着社会从较低阶段向较高阶段发展,从较低的形式进到了较高的形式。

大体上而言,家庭的演变经历了以下几个过程:血缘家庭、普那路亚家庭、对偶家庭和一夫一妻制的现代家庭。理解和把握家庭演变的历史,可以让我们更好地理解当代的家庭。

一、血缘家庭

在蒙昧时期,人对自然的改造能力是极其有限的。人类劳动能力的提高和劳动分工的产生,在客观上为在年龄和体质逐步接近的个体间建立两性关系提供了条件,从而也为客观上排除父母与子女之间的婚配关系提供了可能,由此开始的两性关系是建立在年龄接近的兄弟姊妹及不同辈分的年龄接近者之间。在更进一步的发展阶段,当完全排除不同辈分之间的婚配关系时,血缘家庭便产生了。

血缘家庭是在同辈分内部发生两性关系的婚姻集团。相同辈分的人互为夫妻,很自然地构成了一个以血缘为纽带的血缘家庭。这种婚姻家庭形式又称为等辈婚或兄妹婚,是群婚制的最初阶段。血缘家庭具有两个最基本的特点:血缘群婚和知母不知父。

血缘家庭就是兄弟姊妹之间的集体相互通婚,是人类婚姻家庭发展史上的第一种家庭形式,也是人类社会第一个社会组织形式。它的出现表明,人类不仅在物质资料生产方面摆脱了动物状态,而且在人自身生产方面也摆脱了动物状态,从而促进了人类社会的发展和人类自身的身体结构的显著变化。

二、普那路亚家庭

普那路亚家庭是人类家庭的第二种形式。由美国人类学家摩尔根命名,并把它作为群婚家庭的典型。普那路亚(punalua)是夏威夷语,意为"亲密的伙伴"。这个名称是从最早发现实行这种家庭形式的夏威夷群岛的土著人那里来的,共妻的一群丈夫互称"普那路亚";共夫的一群妻子也互称"普那路亚"。这种家庭制度是群婚发展的最典型的阶段。原始社会发展到旧石器时代的中、晚期,由于人工取火的发明、人类制作石器和狩猎活动,以及原始农业的进一步发展,促使了生产力水平的提高,人类居住地相对稳定下来;又由于人口的繁衍,一个血缘家族不得不分裂成几个族群。为了扩大物质资料生产,满足日益增长的人口的生活需要,族群之间必须保持一定的经济合作和社会联系,于是便产生了各族群之间的通婚。同时,在人类生产方面,经过长期生活经验的积累和自然选择规律的作用,人们逐渐认识到族外通婚对后代体质发育有益,并形成了同母所生子女间不应发生性交关系的观念,于是在家庭内部开始排除兄弟姐妹间的婚姻关系,实行两个族群之间的通婚,这就是普那路亚家庭形式。

这一家庭形式的特点是,绝对禁止集团成员(直系血亲)之间的性关系、婚姻关系,人们只能在集团之外寻找性伴侣或婚姻配偶。

普那路亚家庭是在自然选择原则的作用下产生的。人类在漫长的发展过程中,逐渐认识到血亲婚配的弊病,从而逐渐产生了禁止同胞兄弟姐妹之间通婚的观念。此外,另一个重要因素就是经济的发展。由于生产力水平的提高,出现了旧家庭公社的分裂和新的家庭公社的建立,普那路亚家庭就是通过这样或类似的途径从血缘家庭中产生出来的。

三、对偶家庭

对偶家庭是人类家庭发展的第三种形式,它产生于蒙昧时代和野蛮时代交替的时期,由普那路亚家庭发展而来。与之相适应的婚姻形式就是对偶婚。对偶婚是从多偶婚向单偶婚(一夫一妻制)的过渡,指的是一对男女在或长或短的时期内比较固定地同居,但双方能够轻易离异的个体婚。

对偶家庭往往呈现出以下特征——人类婚姻开始摆脱群婚状态,成对的配偶在或长或短的时期内能够保持相对稳定的同居;婚姻关系具有不稳定性。对偶婚的配偶同居很不稳定,男女双方的离异是经常、普遍的;婚姻的基础主要是生育和性生活的需要;女子仍是婚姻的主体,成为对偶家庭的主人,男子则是客人;对偶家庭没有自己的独立经济,许多对偶家庭在母系的联系下,过着共产制的经济生活;辨认父亲仍是困难的,但有一定的可能性。

四、一夫一妻制的现代家庭

一夫一妻制家庭是人类家庭发展的第四种形式,也是当今社会普遍存在的家庭形式。它最初产生于野蛮时代的中级阶段和高级阶段的交替时期,是从对偶家庭中产生出来的。它的出现是文明时代开始的标志之一。

在一夫一妻制家庭中,夫妻的地位发生了转变,男子在家庭中居于"统治"地位,丈夫在家中掌握了经济大权,形成了对妻子的统治权,子女按照父系继承财产;婚姻的不可离异性。一夫一妻制家庭较之对偶家庭要牢固得多,也持久得多,夫妻双方已经不能随意解除婚姻关系。

当论及一夫一妻制家庭何以成为主要家庭形式,主要有两个原因。一是由于社会分工的出现。随着生产力的发展,农牧业和手工业从旧式的生产活动中分离出来,并逐步代替了渔业狩猎,成为社会经济生活的重要内容,男子代替妇女成为生产的主要力量,成为社会财富的主要创造者,女子逐渐退居次要地位。这种变化反映在家庭关系中就是男子作为丈夫的地位的提高,成为一家之主,而女子已不再有往昔的地位和权威。二是由于生产资料私有制的产生。生产力发展的另一结果是社会财富的增多,财富逐渐集中于男子手中,男子已经不满足于传统的母系继承制,为了让自己的子女能够继承自己的财产,他们成为改变旧家庭形式的积极行动者和主要力量,并确立了按男系计算世系的办法和男系继承权,促使家庭形式发生了改变。

恩格斯说,一夫一妻制是不以自然条件为基础的,而是以经济条件为基础的,是私有制对原始公有制的胜利。一夫一妻制家庭是家庭自产生以来的最高形式,也是社会中存续时间最长、实行范围最广、对社会影响最大的家庭形式。

第三节 现代家庭的变革

当今时代,社会瞬息万变。社会的巨大变迁,对现代家庭产生了很大的影响。现代家庭较以往的传统家庭出现了许多新的变化。研究现代家庭的变革,对于我们全面理解现代家庭、构建和谐家庭生活与和谐社会均有重要意义。

对当代中国而言,1978年可以作为一个分水岭。1978年以前的中国社会,总的来说,处于缓慢前进的阶段。1978年以后,改革开放政策的确立与实施成为当代中国社会变迁的催化剂,中国社会进入了高速运行的时代,这也带来了中国家庭天翻地覆的变化。

总体而言,现代家庭的变革主要体现在以下几个方面。

一、现代家庭的观念变革

人是社会关系的主体,是家庭的载体。人的价值观念的更新可以成为家庭变革中的积极动因,也往往是家庭变革的先导。改革开放以来,随着中国社会由传统农业社会向现代工业社会转型,中国家庭成员的价值观念在西方外来文化大潮和国内市场经济观念大潮的冲击、渗透下发生着微妙而又深刻的变化。[①]

(一) 婚姻观的变迁

婚姻的目的由传统社会的"上以事宗庙,而下以继后世"转变为追求个人幸福。"男大当婚,女大当嫁",上百年来被视为人生的唯一选择,而今"男大不婚,女大不嫁"的现象比比皆是。由婚姻观的变迁衍生出来的择偶观的变迁更快、更明显。1949 年以前,择偶强调"门当户对",门第是择偶的主要标准。20 世纪 50—70 年代,家庭出身、政治面貌及社会关系成为人们择偶的重要标准,"工农兵"一时走俏。20 世纪 80 年代以来,伴随社会竞争的加剧,人们择偶过程中更多关注的是个人的品德、才干、社会关系等条件。

(二) 生育观的更新

在传统农业经济时代,生产力水平低下,主要靠体力劳动获得生活资料和生产资料,因而子女不仅是一种财富,也是一种保障。在"传宗接代""养儿防老""增加劳动力"等观念的支配下,多生是人们共同的、必然的自觉选择。而且由于遵循男性继嗣的原则,往往重男轻女。现代化进程摧毁了这种田园牧歌式滞缓的家庭劳作,技术取代了体力。"多子多福"的传统观念淡化,代之以"优生""少生"及"生男生女都一样"的新观念。现代人生子育女已不再只是为了延续香火,更是为了感受天伦之乐、充实家庭生活、巩固和发展婚姻关系。

(三) 离婚观的改变

"嫁鸡随鸡、嫁狗随狗","从一而终",几千年来都是中国女性严格遵循的座右铭。在传统观念中,离婚更多地被视为不道德、不光彩的行为。"宁拆十座庙,不拆一桩婚"便是这种认识的语言外化。因此不少人在社会舆论、传统道德的十字架的重压下,不得不在无感情可言、无共同生活基础的"围城"里苦度光阴。从 20 世纪 80 年代开始,市场经济的渐次引入,唤醒了人们的主体意识,人们对婚姻的认识也发生了相应的变化,"从一而终"的观念逐渐被摒弃。离婚成了那些感情不和的夫妻获得"新生"的一种方式,局外人对离婚行为也日趋理解和宽容。随着离婚观的转变,为解除"死亡婚姻"而导致的离婚数量与比例也逐年上升。

(四) 家庭伦理观的重新诠释

现代意义上的家庭伦理是对传统伦理价值的扬弃。家庭伦理在经历了众多波折,特别是改革开放以来的阵痛后,被赋予了新的含义,传统的人身依附或隶属关系转向现代的民主、平等关系。父权、夫权日趋淡漠,平等、民主成为现代家庭伦理中最鲜亮的"风景线"。在横向层面上表现为夫妻平等。多数夫妻有平等的财产权、支配权和继承权,夫妻共同决定家庭事务,分担家务劳动。在纵向层面上,一方面表现为亲子平等。家长的权威体系逐步倒塌,双亲影响子女的方式正由权威型转向平等型。子女升学、就业、婚姻等个人问题主要由

---

① 严建雯、罗维等:《家庭观念的变革及其人口、社会效应》,载《宁波教育学院学报》,2004 年第 1 期。

子女自己决定,或同父母商量决定,多数父母开始尊重子女的自主权。另一方面,老人在家庭中的地位边缘化,老年人受孝敬的地位被动摇。对父母绝对恭顺和孝敬的儒家思想是中国传统家庭伦理的核心,因而传统家庭往往以孝为本,以四世同堂为荣,伦理轴心是纵向的"尊老爱幼",且以孝敬老人为主。"独生子女"政策的推行,使当今家庭伦理的重心下移,转到孩子这个重心上来了。但从横向中西方比较来看,虽然从历史角度看,中国家庭孝顺老人的观念有所削弱,但与欧美其他国家比较起来,"尊老"仍为中国家庭观念的特色。

(五)家庭法制观念强化

家庭是因血缘关系和姻缘关系而联系在一起的。传统的中国家庭是一个依赖血亲关系而维系的宗法系统。家庭内部矛盾一般都在"血统观念"的调解下自我消化、自我解决,形成了稳固的家长式的仲裁系统。而今,工业经济带来的人的自主性和人口的流动性,不断冲击着传统的血亲关系,于是血统观念开始淡薄,血亲纽带日趋松弛。与此同时,我国的各种法律和制度不断建立和完善,并日渐渗透到家庭生活中。国家法律保障了妻子、女儿、外孙子女和丈夫、儿子、孙子女平等的财产继承权和相互的供养关系。法律成为解决家庭矛盾和冲突的最有效手段。子女状告父母、老人状告子女等现象屡见不鲜。另外,一些以前人们根本无法接受的婚前财产公证、尊重个人隐私权等成为越来越普遍的社会现象。

透析上述家庭观念变化的具体表现,我们可以清晰地感受到家庭观念变化的主旋律,概括起来,就是从"以家为本""家庭至上"向"以人为本"的现代观念转变。在现代家庭观念下,人们以鲜明的主体精神出现在家庭中,张扬个性,追求个人在家庭中的独立地位和自主发展,努力成为真正自由发展的人。正如加里·贝克尔在《家庭经济分析》中论述的:"在现代社会中,血缘关系远不如在传统社会中显得那样重要,原因是社会保险代替了家庭保险,家庭成员们各自分散去寻找他们最好的发展机会。"

二、现代家庭的其他变革

(一)家庭结构的多层变化趋势

首先是家庭小型化与核心化变化趋势,这是家庭结构变化的重要标志。与过去人员多、家庭关系复杂的扩大/联合家庭和主干家庭相比,由父母和一个或两个孩子组成的小家庭成为城市和农村家庭结构的主流。其次是家庭结构的深层变化,这主要表现在家庭本质关系的重新组合和变化,呈现由血亲主位转向婚姻主位的转变趋势。由于以爱情为基础的婚姻和婚姻自主的比例大大提高、传统的血统观念的淡薄、血亲纽带日趋松弛,婚姻关系在家庭关系中地位明显上升,而亲子关系、血缘关系成为次要关系。

(二)家庭功能的情感化趋势

随着家庭规模的小型化趋势和家庭成员素质的提高,人们更多地关心婚姻的质量。同时,家庭生活方式的现代化,也使家庭成员拥有了更多的时间和精力来关注情感,情感成为维系婚姻关系的重要纽带,情感交流日益上升为不可或缺的家庭功能,直接关系到家庭和婚姻的稳定。

（三）家庭类型的多样化趋势

家庭类型的多样化趋势是家庭变化中最为突出的变化。随着家庭观念的更新和社会环境的宽松，人们更多地拥有了选择自己生活方式的自由，具有个性化的家庭生活方式比以往更多地得到人们的理解和尊重，各种新兴的家庭类型有了自己生存的空间，单亲家庭、流动人口家庭、再婚家庭、单身家庭、分居家庭、丁克家庭、空巢家庭等以往被认为是"另类"的家庭，作为社会系统中的新成员，逐渐被人们接纳和认同。不过，新兴的家庭类型的出现在城乡间还存在很大的差距，在农村，对于新型家庭的认同程度明显低于城市。

（四）家庭关系的平等化趋势

无论是在城市还是农村，由于男女平等观念的普及以及女性社会地位和经济地位的提高，促使家庭中"男主女从""男尊女卑"的具有人身依附性质的传统婚姻关系模式开始向"男女平等"的现代民主平等关系转变。中国女性从业人员占总从业人员的比重不断扩大，女性收入占家庭总收入的比例不断提高。在家庭重大事务中，更多的是夫妻共同商量决策。男女平等的家庭关系模式在很大程度上得到普及。

三、现代家庭变革的成因

（一）计划生育政策解构和重塑了家庭观念

计划生育政策对我国的家庭结构与家庭规模产生了巨大影响，促进了家庭核心化的趋势，宣传和弘扬了男女平等的现代观念，让传统的男权意识日渐式微。

（二）经济发展改进了家庭关系

经济的发展使家庭的很多功能由社会承担，进而促进了家庭的经济化、核心化，同时促进了男女平等。

（三）全球化思潮改变了人们的观念体系

改革开放以来，全球化进程对我国家庭观念产生了深远影响。西方思潮涌入我国，人们受西方家庭观念的影响越来越深，尤其是"80后""90后"一代，接受了西方思潮的熏染，诸如婚前同居、试婚、自由恋爱、男女平等、独身主义等思想，对中国的年轻一代产生了一定的影响。

（四）中国传统家庭观念的式微

由于中国传统的家庭观念扩及家族、宗族，甚至氏族，中国家庭的活动是"延展的、多面的、巨型的"。在新中国成立以后的一段时间里，我国传统的家庭受到有史以来的第一次冲击，家庭原有的和家族、宗族、氏族的联系被逐渐打破，主要靠国家法律规范家庭，而不是靠宗族礼法。改革开放以来，这种趋势更加明显，家庭的个体化趋势日渐加强，家庭和宗族的联系已经大大削弱了。[①] 国家还第一次将男女平等写入宪法,男女平等得到了法律的保障。

四、现代家庭的发展趋向

进入 21 世纪后的人类婚姻家庭,形成了以下一些独特之处。

(一) 家庭结构小型化

每家 3~4 人。婚姻的期望随着小康生活的来临而变化,比如对收入的多少、对家务的投入、是否生育等不再受到格外重视。双方更注重的是保持亲热,遵守婚姻协议,互相谅解,创造舒坦、静逸的安乐窝。

(二) 晚婚晚育人数增加

单身不婚者增加,自愿不育者数量有上升趋势。很难把传统的"男主外,女主内"的观念套用在现代人身上,这种观念甚至已经被完全推翻。现代女性教育程度提高,工作经验丰富,加上大量吸收信息以及媒体的两性议题报道,让女性有"女人也能有自己的天地"的观念,所以在爱情的自主权提高之后,择偶以及结婚要考虑的事情就多起来。

(三) 性教育更科学普遍

随着社会的发展、社会风气越来越开放,性教育也更加普遍、更加科学。年轻人因好奇心导致的轻率性体验减少,婚前性行为更加慎重。

(四) 择偶重情趣轻经济

择偶更注重情趣相投,经济条件重要性降低。男女青年更希望对方与自己同属一个社会阶层。女青年心目中的理想伴侣,是富有幽默感、懂得尊重人、生活充满乐趣的人,而其经济条件、家庭背景的影响将淡化。

(五) 追求婚姻质量

在现代社会,婚姻质量成为人们追求的主要目标。多数家庭不再凑合。婚姻调适能力的提高,将使家庭生活更丰富、新鲜、幸福。婚姻中,男女更加平等,家庭暴力减少,丈夫与妻子共同承担家庭义务。

(六) 理财向 AA 制过渡

家庭理财方式将由一人为主向 AA 制过渡。婚前财产公证,婚后夫妇双方在银行开设账户,独立进行经济核算。按婚姻协议,夫妻各自承担自己在家庭生活中的经济义务。所谓夫妻 AA 制,是一种新的家庭经济承担模式。它大致有两种形式:一种是每月各交一部分钱作为"家庭公款",以支付房租、水电费等共同家庭支出,其余各自料理;另一种是请客、购物、

---

① 胡亮:《由传统到现代——中国家庭结构变迁特点及原因分析》,载《西北人口》,2004 年第 1 期。

打车等费用都自理，只在买房、投资之类大项目上夫妻平均负担。

（七）家务矛盾减少

家务劳动强度降低，夫妻因家务劳动导致的矛盾减少。家务劳动社会化，家用电器普及化，从而缩短了家务时间。

（八）理智离婚增多

协议离婚、试离婚成为理智分手的首选方式，但夫妻冲动、草率离婚的现象时有发生，离婚率连年居高不下。知识、文化水平越高的人，情感丰富的人，对爱情要求就越高、越多，也更有可能结束已经没有"爱情"的婚姻。如今，民法典规定离婚冷静期，夫妻在离婚时，政府强制要求双方暂时分开考虑清楚后再行决定是否继续离婚，其根本目的在于保障当事人的离婚自由，又能避免双方冲动离婚。

（九）婚姻自由度增加

婚姻不再是从众行为，结婚与否是个人经过深思熟虑后的选择，单身不婚、"丁克家庭"等生活方式可能成为多样化选择的内容。

第三章

婚　姻

> 结婚就意味着平分个人权益，承担双份义务。
> ——叔本华

婚姻是人生的重要组成部分。随着生产方式的变革及人们婚姻观念的转变，婚姻模式也处在不断变化之中。

有不少人把获得美满的婚姻视为自己一生最大的成功；也有不少叱咤风云的人物，一生却在糟糕的婚姻生活中苦苦挣扎，家庭生活一塌糊涂，不可收拾。

婚姻家庭与个人和社会密切相关，影响广泛。

因此，理智地认识婚姻家庭关系的本质特征和类型，对已经进入"城内"或准备"进城"的人来说，都是不无益处的。

第一节　婚姻的基本内涵

一、婚姻的概念与本质

（一）婚姻的概念

对于"婚姻"一词，我国古代的解释主要着重于婚姻的形式——嫁娶仪式，以及由婚姻这一事实而衍生开来的社会关系——夫妻关系和姻亲关系。

婚姻是最常见的社会现象之一。中国古时，"婚"指妇家，"姻"指婿家（夫家），且"婚"与"昏"是不分的。这是因为那时将婚礼看成阴礼，必在黄昏阳去阴来之时进行。所以东汉郑玄注《仪礼·士昏礼》时说："士娶妻之礼，以昏为期。因而名焉。"郑玄还说"女氏称昏，婿氏称姻"，即妻子与丈夫的父母称为婚姻。这是"婚姻"的原来词义，显然与现在的"婚姻"的词义不同。

从社会学视角来看，"婚姻"是男女两性之间一种特定的社会关系。"对一夫一妻制来说,结婚是由社会批准的男女之间的特殊社会关系,它是形成家庭的基础和家庭的核心。"①在《婚姻和家庭的起源》一书中,苏联学者谢苗诺夫则认为:"婚姻是两性关系的一定社会组织。它必须以结婚双方负有一定的为社会所承认的权利和义务为前提。凡未经社会核准的两性关系都不是婚姻,即使这种关系具有长久的性质亦一样。"西方则把婚姻关系看作一种契约关系,比如美国学者古迪纳夫认为:"婚姻关系是一种协议和有效契约,规定一个人建立起对某个女子在性方面的持续性权利,(除非在相同的协议下)该项权利优先于目前,或以后与她有性关系的任何人,该协议的时效直到由该协议所产生的契约终止为止。在此契约中,涉及女子可以合法生育子女。"②

因此,我们对婚姻作如下定义:婚姻是基于性爱基础之上的为社会或国家所认可的男女两性结合、维持适应和解体的过程,即婚姻过程。婚姻,是为一定的社会制度所确认的男女两性的结合。

从客观基础上看,首先,婚姻的生理基础是一个正常人达到一定的年龄和生理成熟阶段后,出现的对异性的向往和性的要求;其次,婚姻的心理基础主要指由男女遗传因素所决定的和生理因素而造成的性心理活动。主要包括男女性别角色的认同、性机能反应和性的欲望;再次,婚姻的社会基础主要表现在社会环境因素对婚姻关系生成、维持适应和解体的制约作用。主要包括性环境因素、个体的经济社会地位、社会意识形态和国家的政治法律制度等。

至于婚姻的过程,则主要包括择偶过程、嫁娶过程、维持适应过程和解体过程(离婚或自然解体)。这一过程往往通过一定的仪式以及由婚姻所衍生的社会关系具体表现出来。

(二) 婚姻的本质

婚姻作为一种社会现象、一种社会制度,是在人类男女两性关系发展到一定阶段后才出现的,夫妻关系及姻亲关系是它的产物。婚姻的本质表现为自然属性与社会属性的统一。

婚姻的自然属性主要表现在男女两性基于性爱的需要而实现性的结合,从而满足男女两性性生理和性心理的需求,以及通过婚姻这种形式繁衍后代的需要。

婚姻的社会属性主要表现在男女两性通过婚姻关系实现结合,从而在社会生活中实现人性的完美和统一。

人的社会性决定了人们必须克服男女两性行为的随意性,社会必须对人们的两性行为严格加以控制,人们的两性行为必须遵循一定的社会规范、要求。纵观人类婚姻的发展历史,任何阶段的婚姻,都离不开社会规范这个社会基础。社会对于婚姻进行规范的主要手段就是社会风俗和法律。因此,依照社会风俗或法律的规定,为社会风俗和法律承认的两性结合才是真正的婚姻。③

婚姻的本质主要通过其社会属性表现出来。因为,性虽然是婚姻的基础和主要内容,但并不等于婚姻的全部。除此之外,婚姻还包括由法律和习惯所固定下来的夫妻关系、姻亲关系等,包括权利与义务、自由与责任的统一。

---

① E.C.库兹明、B.E.谢苗诺夫著,卢盛忠译:《社会心理学》,杭州:杭州大学心理系,1981年版。
② 杨善华:《家庭社会学》,北京:高等教育出版社,2006年版。
③ 全国妇联妇女研究所理论室:《婚姻家庭学新编》,北京:红旗出版社,1993年版。

因此,在一定意义上,自然基础只是婚姻的生理要素;而婚姻的社会性,才是人类婚姻的本质。婚姻的社会基础在婚姻中起决定作用。

二、婚姻的动机与功能

(一) 结婚的个人动机

(1) 爱情。许多人把婚姻看作他们彼此相爱的终极表达——渴望在一个安全的、法律认可的、相互承诺的情感关系中共度一生。

(2) 个人成就。人们结婚的另一个原因是,人们认为这样做是一种个人成就的体现。我们出生在一个家庭中,希望创造属于自己的家庭。人们乐观地认定自己的婚姻会是一个好的婚姻,"执子之手,与子偕老"是人们的理想。

(3) 陪伴。结婚的动机之一就是在结构性的有固定陪伴的情感关系中,找到一个能伴你走过风风雨雨、共同面对艰难困苦的人。

(二) 婚姻的社会功能

婚姻最重要的功能就是将男性和女性结合在一起,生产并照顾他们的孩子,教育子女成为社会的成员。无论父母是否维持婚姻状态,婚姻都提供了强制父母对子女负责的法律约束力,从而有助于保护儿童。

婚姻的其他功能包括约束性行为,通过提供伴侣和"家庭咨询师"来稳定未成年人的性格。在过去,婚姻和家庭承担了保护、教育、娱乐等功能。但是,这些功能逐渐被警察、学校、娱乐行业等所替代。

婚姻关系中的伴侣从对方那里获得情感支持,仍然是婚姻最强烈和最基本的功能。在今天这样一个竞争激烈的社会,人们更需要一个情感寄托、一个温馨的港湾。

三、婚姻的制度与风俗

(一) 婚姻制度

婚姻制度属于一个社会中的具体制度。一般把婚姻制度理解为婚姻形式、婚姻形态或婚姻关系。例如,《辞海》中对婚姻制度的定义为:"一定社会中关于婚姻的成立、解除、条件、程序等的基本原则和规范的制度。由社会的经济制度和社会制度所决定,通常以法律的形式明确规定。"

从上述的定义中我们可以引申出几层意思:

(1) 婚姻制度是一定社会中两性结合的规范方式。

(2) 一定社会的婚姻制度不仅表现为社会确认何种男女两性的结合为正当,而且也表现为社会确认男女由此种结合所产生的种种关系(包括各种权利和义务)。

(3) 婚姻制度是一定社会中被社会形态所决定的、具体存在的、以某种婚姻形式为特征的婚姻状况,当然,这种婚姻状况是经社会认可的。

人类学家马凌诺斯基在《文化论》中提出了"任何社会制度都针对一种基本需要"①的观点,婚姻制度自然有它的功能。婚姻制度的功能,就在于保证满足种族延续和社会安定等需要。

所以,从满足人类社会生存和发展的需要这个目的出发,婚姻制度在其运行过程中,依靠其组织系统和设备系统,借助习惯和传统的力量,以有力的倡导和有力的制裁维护着它所包含的种种成文的和不成文的规范。

婚姻制度是一个历史范畴。从最终意义上来说,它的演变是生产方式发展的结果,即它是随社会发展而发展的。②

中华人民共和国成立后,我国婚姻法一直以单行法的形式颁行——颁布两部《中华人民共和国婚姻法》,也称1950年婚姻法和1980年婚姻法,《中华人民共和国婚姻法》的正式实施,是新中国成立后的第一部具有基本法性质的重要法律,废止了延续几千年的封建主义婚姻制度,正式提出"实行男女婚姻自由、一夫一妻制、男女权利平等"③;2001年,曾对1980年婚姻法进行修正。直至2020年5月28日,在民众期待、法学争论、立法研讨的背景下,《中华人民共和国民法典》经第十三届全国人民代表大会第三次会议通过,其中第五编为"婚姻家庭编",包括一般规定、结婚、家庭关系、离婚和收养,共计79条,此举不仅传承了婚姻法的立法传统,还实现了婚姻法的法典化回归,我国的婚姻制度得以进一步完善。④

(二)婚姻风俗

婚姻风俗是社会关于婚姻的不成文的行为规范。它是在婚姻上历代相沿而成的风俗习惯。婚姻风俗就其内容来说,大致可分为两类。一类在于婚姻关系本身,比如择谁为偶、从谁而居等。像传统的"叔接嫂""从夫居""招女婿""童养媳""换亲""拉帮套"等,都可归入这一类,所以,它是不成文的婚姻制度。

另一类是属于婚姻礼节方面的,比如以婚姻成立为例,它可以包括从定亲到完婚的全过程。这类风俗,在世界各国和各民族中可谓千姿百态,像中国就有"六礼""四礼"之分。

我国的婚姻风俗主要有继承性和社会性两大特点。所谓继承性,这是因为文化传统作为一种遗产,必然被后一代所继承。风俗是积久而成的,是一种习惯性的力量;它既然是从过去继承下来的,本身又较稳定,所以基本还会按照原来面貌传下去。比如举行婚礼时新郎新娘饮"交杯酒"这一风俗,在我国就至少有两千多年的历史;社会性则首先体现在风俗具有地域性上,即它是区域社会亚文化的一个组成部分,亦是在这区域社会中被普遍遵守的行为规范。如以方糕作为婚筵请柬分送亲友这一风俗,则可能仅在江苏吴江市江村一带才有。婚姻风俗的社会性的另一表现是婚姻风俗必然受到社会价值观念的影响和制约。任何一个社会(这里的"社会"不仅是指人类社会的各个发展阶段,而且还包括一定的地域社会),都会根据在这一社会中占统治地位的、反映其文明发展程度的主导价值观念,对过去传下来的婚姻风俗进行比较和选择,逐渐淘汰已经不适应社会主导价值观念的那些风俗,同时还会按照

---

① 马凌诺斯基著,费孝通译:《文化论》,北京:华夏出版社,2002年版。
② 杨善华:《家庭社会学》,北京:高等教育出版社,2006年版。
③ 江必新、戢太雷:《中国共产党百年法制建设历程回顾》,载《中南大学学报(社会科学版)》,2021年第4期。
④ 王歌雅:《民法典婚姻家庭编的价值阐释与制度修为》,载《东方法学》,2020年第4期。

这样的主导价值观念建立新的婚俗，或对某种婚俗的功能做出新的解释。①

在具体的婚姻形式方面，中国古代的婚姻形式非常复杂，多种形式错综并存，而非只流行某一单一的结婚形式。脱离群婚以后的个体婚，按主导形式划分，可分为前期嫁娶形式、礼制建立以后的礼聘婚以及与礼聘婚并存的一些落后的婚姻形式。

一夫一妻的单偶婚制从周秦时代开始，两千年来，一直是中国婚制的主流，但同时，婚姻的构成又呈现多样性。就我国汉族和少数民族的风俗来说，在婚姻缔结方面大致有掠夺婚、师婚、服役婚、买卖婚、表亲婚、交换婚、转房婚、招养婚、典妻婚、童养婚、指腹婚、冥婚等形式。

掠夺婚是父系社会的产物，是一族抢夺另一族的女子成亲。师婚在古代指作战胜利后掠妇为婚。服役婚是一种古老的婚姻形式，它是以男子到女方家服役为结婚条件的。买卖婚是男方家庭用相当数量的财物为代价换取女方为妻的婚制。表亲婚又称姑舅表亲婚，是一种近亲之间的婚姻，即姑表、姨表、舅表兄弟姐妹之间缔结婚姻。交换婚是两个氏族男方协议互换姊妹为妻或互换女儿为媳。转房婚是古代夫兄弟、妻姊妹共夫共妻的残余形式，其特点是兄亡嫂嫁给弟，姊亡妹嫁给姐夫，嫡子继承父妾等。招养婚，民间俗称"招养老女婿"，即男方婚后进入女方家庭生活，并承担赡养女方父母的责任。典妻婚又叫"承典婚"，是买卖婚派生出来的临时婚姻形式。童养婚有两种形式：一是家中有子，抱养或买进别家幼女为养女，长大后与本家儿子成婚；二是婚后暂时无子，抱养或买进养女，待生子再将养女转为子媳。指腹婚俗称胎婚，当两家女人怀孕时，便指腹相约，若以后产下一男一女，便结为夫妻。冥婚俗称鬼婚，它是男女双方的家庭为已死的儿女联姻婚嫁。②

四、婚姻的类型与关系形态

（一）婚姻类型

婚姻关系可以分为两类：一是"爱情型"，二是"功利型"。

"爱情型"婚姻在我国属于比较晚熟的婚姻类型，它是妇女的经济独立和社会地位得到确认后的产物，"爱情型"又可以分为"性爱型"和"情爱型"两个亚型。

所谓"性爱型"婚姻，主要指择偶动机是出于被对方强烈的性魅力所吸引而缔结的婚姻关系，常见的如男子钟情于女性的美丽动人、女子倾倒于男性的英俊潇洒等，均属于这一类。这种婚姻关系通常表现为男女双方一见钟情，迅速坠入爱河不能自拔，双方爱得死去活来，较少考虑其他因素，理智成分较少。不少这类婚姻在缔结之初就孕育着潜在的危机因素，随着时光的推移、美貌的消逝，其问题往往逐渐显现，正所谓："桑之未落，其叶沃若……桑之落矣，其黄而陨。"当昔日的靓丽美人被人间烟火熏成黄脸婆的时候，这句话可能是非常贴切的婚姻结局的写照，故这种类型的婚姻关系特别需要注重追求和提高内在质量。

所谓"情爱型"婚姻，是指择偶动机主要起源于对方的人格魅力，其中包括对方的性格、思想、品质、才华、学识、修养、人生追求、处世能力等因素，这种婚姻类型由于深入认识了对

---

① 杨善华：《家庭社会学》，北京：高等教育出版社，2006年版。
② 李薇菡：《婚姻家庭学》，广州：华南理工大学出版社，2007年版。

方的本质特征,为对方那些比较稳定的人格内涵所吸引,所以婚姻关系缔结之后,夫妻双方常有比较持久的幸福感,婚姻基础较为稳定、扎实。

"功利型"婚姻是指婚姻动机带有明显的利益追求动因,情感因素退居次要地位的婚姻关系,这类婚姻包括以下四个不同的小类。

一是所谓"政治功利型"。"政治功利型"婚姻也可以叫作权势型婚姻关系,婚姻缔结的动机主要是贪图对方的权势和地位,目的是希望能够以此为靠山,改变现有的社会地位,其婚姻前途会因对方权势地位的浮沉而充满危机。在"文革"期间,这类婚姻的数量最多,后来的离婚率也相当高。

二是所谓"经济功利型"。"经济功利型"婚姻指缔结婚姻的决定性动机是对方钱财的多寡,这种婚姻其实质就是买卖婚姻的翻版,所谓"只看钱袋不看人"或"重看财产轻看人"就是这种婚姻动机的最好写照。

三是所谓"生活依托型"。"生活依托型"婚姻的择偶动机主要是受生活所迫,目的是找个吃饭的地方,是为了基本的物质生活需要得到解决或经济来源上有所依靠。所谓"嫁汉嫁汉,穿衣吃饭",就是这种缺少感情动机的婚姻关系的最好写照。现代社会生活,这种婚姻关系又有所抬头。当代社会中,人们对某些人的所谓"傍大款"行为的形容,跟对这种婚姻类型特征的认识有关。

四是所谓"传宗接代型"。这是一种古老的婚姻类型的遗留,主要表现为男子或男子家庭方面的意愿,在农村表现较多,其婚姻关系能否顺利维系,取决于女方能否生育或能否顺利生出男孩。这种婚姻类型实际上是以血缘关系结成的宗法家族社会的产物,是男权社会的产物。婚姻关系中女性扮演的是"生育机器"的角色,但女性在家庭中的地位有时会因为男性家族生育目的的达到而得到一定的改观。目前在一些城市男子当中也存在着重男轻女的生育观,就是这种婚姻类型的残留。

(二)婚姻关系形态

婚姻关系形态主要有四类。

第一类是"一体型"关系。这是目前社会学家公认的、最为理想的婚姻关系类型,指的是夫妻双方在众多方面具有的一致性和相似性,包括双方生活经历的一致性、出身背景的一致性、性格品质的一致性、人生理想和追求的一致性、人生观和价值观的一致性、生活习惯和业余爱好的一致性等。夫妻双方能够在各个方面高度适应、高度投合,夫妻关系结成严密的整体,不可分离,形成所谓新时代的"白头偕老"。这种类型的婚姻关系在社会中数量较少,能够得之,实属人生一大幸事。

第二类是"建设型"关系。这种家庭可以分为生活三部曲,分别是:创立家业;养育子女;发展家业。这类家庭中,夫妻双方具有比较实际的物质生活目标,也有着较强的家庭生活责任感,物质建设和改变孩子的生活质量是夫妻双方的共同追求,家庭总是不断地设计出新的物质建设目标,最初可能是一台电脑或一套音响,后来可能是一辆汽车或一套商品房。在不同的阶段实现某些物质生活质量的改变,在家庭中实行所谓的目标管理,当夫妻双方的具体物质发展目标明确时,夫妻双方会齐心协力,赚钱省钱,为目标的实现而努力奋斗。但是这类家庭往往缺少比较丰富的精神生活,一旦物质生活建设目标实现,在新的目标尚未确立之时,家庭生活往往会出现空虚寂寞,而在家庭的一系列物质目标实现之后,人生往往已经过去大半。晚年时夫妻生活的空虚是这类家庭的通病。目前我国大部分城市家庭属于这种类型。

第三类是"维持型"关系。无论结婚时有无感情基础,婚后面临生活现实,逐渐失去新鲜感,没有物质生活目标,又对精神生活缺少设计能力,无力改变和调整生活现实,情绪逐渐厌倦,整日无精打采,但没有离婚的决心和勇气,对家庭生活持得过且过的凑合态度,常对工作和社会事业表现出异乎寻常的热心(包括整日泡在网络上),这其实是掩饰对家庭生活的怠倦和失望。这样的家庭关系在生活中也比较常见。

第四类是"分裂型"关系。无论婚姻基础如何,婚后感到理想与现实相去甚远,夫妻分歧无法消除,并难以谈心交流,甚至长期处于"冷战"状态,以致彼此逐渐疏远,或正在家中分居而处,双方心态转凉,心中暗暗叫苦,只因恐惧社会舆论或另有苦衷而不敢贸然提出离婚,婚姻关系早已名存实亡。

第二节 婚姻的选择

一、择偶行为

(一) 有关"择偶"

择偶是婚姻过程中一个十分重要的环节,它不仅是婚姻缔结、家庭建立的前提,而且直接影响婚姻的质量和家庭的形式;同时它又是婚姻制度中较易受到外部社会环境影响的环节,特别是择偶标准,它总能率先反映社会经济文化的变迁。

首先,择偶是双方的互动。这里的"选择"与找工作一样,是相互选择。因此一方觉得如意,另一方可能不见得如此。男女双方一见钟情结为夫妻的情况,在现实生活中是不多见的。其次,择偶要求具有功利性。这是因为在择偶时一方总对另一方有所要求,希望对方的长处能对自己有所补益。择偶要"如意",这里的"意"体现了当事人的主观意图和要求,体现了当事人理想配偶的标准,因此也反映了个人的价值观念(而个人的价值观念则受时代、社会、文化传统、出身阶级与阶层、家庭背景与个人所受教育的制约),并带有功利主义色彩。比如封建社会士大夫阶层择偶讲郎才女貌,即对男重才、对女重貌。男女双方都对另一方有所求,这就是一种功利主义。传统社会中,农民择偶首先看家庭经济状况,其次是看对方健康状况。因为女方嫁到男方家要过日子,要从事生产,要生儿育女,经济与健康自然就变成最重要的条件。再次,择偶标准会随一定社会政治、经济状况及主导价值观念的变化而变化。这反映了一定社会的政治、经济状况的变化对婚姻文化模式的影响。比如中华人民共和国成立之后中国城乡的择偶标准就几经变化。20世纪50—60年代重政治进步,党员、干部是优先考虑的对象;20世纪60—70年代重家庭出身和阶级成分,军人、工人在择偶中占有明显优势;改革开放后城市中崇尚物质条件;20世纪80年代学历受到重视,大学生、研究生受到青睐。

(二) 择偶方式

(1) 根据配偶选择的主体来分,一般分为自由择偶和包办婚姻两类。自由择偶中,择偶者有着充分的自由权,可以按照自己的择偶标准来选择自己理想的配偶;包办婚姻中,未婚夫妇对自己的婚姻基本没有自主权。

(2) 根据择偶范围来分,择偶方式可以分为族内婚(endogamy)和族外婚(exogamy)。前者要求个体在本族内部选择配偶,后者要求个体与非本族的成员结婚。

(3) 费德曼根据社会阶层与择偶标准的关系,把择偶分为三个模式:社会分层与择偶行为绝对相互独立,即择偶行为完全随机;社会分层与择偶行为绝对相互依存,即择偶行为完全由社会阶层所决定;某一社会阶层内的随机择偶,即择偶范围不会超出个人所处的阶层,但在阶层内是随机的。李银河认为中国传统社会的情况属于第三种。

(三) 择偶标准

择偶标准是一个不断变动的综合指标。不同的社会形态有不同的择偶标准,社会的变化决定着人们择偶标准的变化;即使是同一社会形态,也不可能有一个固定的、刻板的择偶标准。择偶标准是一个变动着的指标,并非说择偶标准的全部内容都是变动的,其中一部分内容具有稳定性、连续性和一致性,由婚姻自然属性决定的那部分择偶标准,如人们的身高、长相、健康状况等自然条件是任何社会、任何朝代、任何地区的人们择偶都要考虑的。除这些自然条件外,择偶标准呈现不断变动趋势,这是由婚姻的社会属性决定的。婚姻的社会属性决定了人们择偶必然要受社会的政治、经济、文化、宗教等诸多因素的影响。

择偶的主要影响因素包括政治因素、经济因素、文化因素,以及社会风俗、伦理道德因素。

(1) 政治因素。择偶标准受政治因素的影响是阶级社会不可避免的现象,尤其是在封建社会和资本主义社会中表现得更为明显。

(2) 经济因素。恩格斯指出:"当父权制和专偶制随着私有财产的分量超过共同财产以及随着对继承权的关切而占了统治地位的时候,结婚便更加依经济上的考虑为转移了。"经济是家庭生活的基础,俗话说"民以食为天",没有经济保障,夫妻情爱、家庭和睦必然会受到严重影响。因而,择偶时,人们不得不考虑经济因素。

(3) 文化因素。文化有广义和狭义之分。广义上讲,包括宗教、社会习俗、伦理道德、教育等多方面。狭义的文化仅指受教育程度。这里所指的文化因素的影响,是从广义上来讲的。受不同文化的影响,人们的择偶标准也不同。如宗教这一因素作为一种意识形态,在一定程度上影响着人们的择偶标准。宗教对择偶还有很多限制,如基督徒不能与犹太教徒结婚等。

(4) 社会风俗、伦理道德因素。比如,我国婚配大多实行男大女小,一般是男方比女方大一到三岁,这就是社会风俗对婚配年龄的影响。[1]

---

[1] 全国妇联妇女研究所理论室:《婚姻家庭学新编》,北京:红旗出版社,1993年版。

二、婚姻市场

婚姻是"两性依一定的法律、伦理和习俗的规定所建立起来的合法夫妻关系"。①

婚姻关系的本质是一种社会关系,一种制约着合法的两性结合以及相应的生育行为的社会关系。婚姻市场在婚姻关系的形成过程中起到了至关重要的作用。婚姻市场是指适龄期男性和女性择偶关系的总和。它属于社会领域的范畴,不是严格意义上的经济市场,只是将经济分析方法引入对社会行为的分析。它表现为一定时间和范围内,在婚姻领域婚姻配偶的供给和需求的关系,是一种假设的婚姻"交易场所"。

由于每个人择偶标准的巨大差异,以及婚姻坡度和婚姻挤压等因素的存在,使得婚姻市场供求失衡,导致婚姻适龄人群婚配成功率下降,给他们的婚姻带来了一定的困境。

目前,我国晚婚现象突出,婚姻形成延迟化。2018 年中国家庭追踪调查的数据显示,我国在 2017 年进入初婚的男性平均结婚年龄为 26.9 岁,女性为 25.8 岁;②此外,从我国的结婚登记对数和结婚率看,从 2013 年到 2020 年,我国结婚登记对数从 1347 万对的历史高点持续下滑至 813 万对,2020 年同比下降 12.2%;粗结婚率从 2013 年的 9.9‰降至 2019 年的 6.6‰。③ 与此同时,在我国婚姻市场,择偶标准呈现出多元化趋势,在高等教育扩张、生活成本攀升、双职工家庭大量存在的社会背景下,两性择偶标准更加务实;④在自由主义、个性主义和性解放观念的影响下,人们对于婚前同居和婚前怀孕的行为包容性更高,同居在我国逐步成为较为普遍的家庭行为。⑤

第三节 婚姻的达成

一、婚姻的总则与限制

如前所述,2020 年 5 月 28 日,第十三届全国人民代表大会第三次会议表决通过了《中华人民共和国民法典》,自 2021 年 1 月 1 日施行。《中华人民共和国婚姻法》同时废止。在民法典中,有关婚姻家庭的法律制度是最具伦理属性、民族特性和人文主义精神的,与国家发展、社会进步密切相关。⑥

---

① 《中国大百科全书(社会学)》,北京:中国大百科全书出版社,1991 年版。
② 於嘉、赵晓航、谢宇:《当代中国婚姻的形成与解体:趋势与国际比较》,载《人口研究》,2020 年第 5 期。
③ 任泽平:《中国婚姻报告 2021》,2021 年 2 月 23 日。https://mp.weixin.qq.com/s/nSMn4hZpXONCXmEYL4k7Sg。
④ 贺光烨、张瑶、吴晓刚:《教育程度越高,结婚就越晚吗?婚姻市场上本地户口的调节作用》,载《社会》,2021 年第 2 期。
⑤ 杨菊华:《生育政策与中国家庭的变迁》,载《开放时代》,2017 年第 3 期。
⑥ 夏吟兰:《民法分则婚姻家庭编立法研究》,载《中国法学》,2017 年第 3 期。

在《中华人民共和国民法典》第五编"婚姻家庭"中,第一章"一般规定"①包含6个法律条文,其中有3条直接指涉婚姻,具体内容如下。

第一千零四十一条　婚姻家庭受国家保护。

实行婚姻自由、一夫一妻、男女平等的婚姻制度。

保护妇女、未成年人、老年人、残疾人的合法权益。

第一千零四十二条　禁止包办、买卖婚姻和其他干涉婚姻自由的行为。禁止借婚姻索取财物。

禁止重婚。禁止有配偶者与他人同居。

禁止家庭暴力。禁止家庭成员间的虐待和遗弃。

第一千零四十三条　家庭应当树立优良家风,弘扬家庭美德,重视家庭文明建设。

夫妻应当互相忠实,互相尊重,互相关爱;家庭成员应当敬老爱幼,互相帮助,维护平等、和睦、文明的婚姻家庭关系。

中国社会转型对婚姻家庭的影响是全面而深刻的。②《民法典》"婚姻家庭"编中有关"结婚"的内容与社会发展同步,回应社会需求,例如将男女法定婚龄降低至自然人成年年龄、从赋权角度调整夫妻共同生育行为、更加尊重当事人的意愿和选择等,从强调形式平等到关注实质平等,保持着正确婚恋观念的引领,呈现出婚姻家庭法学的"弱者关怀"③,第二章"结婚"④的具体内容如下。

第一千零四十六条　结婚应当男女双方完全自愿,禁止任何一方对另一方加以强迫,禁止任何组织或者个人加以干涉。

第一千零四十七条　结婚年龄,男不得早于二十二周岁,女不得早于二十周岁。

第一千零四十八条　直系血亲或者三代以内的旁系血亲禁止结婚。

第一千零四十九条要求结婚的男女双方应当亲自到婚姻登记机关申请结婚登记。符合本法规定的,予以登记,发给结婚证。完成结婚登记,即确立婚姻关系。未办理结婚登记的,应当补办登记。

第一千零五十条　登记结婚后,按照男女双方约定,女方可以成为男方家庭的成员,男方可以成为女方家庭的成员。

第一千零五十一条　有下列情形之一的,婚姻无效:

(一)重婚;

(二)有禁止结婚的亲属关系;

(三)未到法定婚龄。

第一千零五十二条　因胁迫结婚的,受胁迫的一方可以向人民法院请求撤销婚姻。

请求撤销婚姻的,应当自胁迫行为终止之日起一年内提出。

被非法限制人身自由的当事人请求撤销婚姻的,应当自恢复人身自由之日起一年内提出。

---

① 参见《中华人民共和国民法典·第五编婚姻家庭·第一章一般规定》。
② 薛宁兰:《社会转型中的婚姻家庭法制新面向》,载《东方法学》,2020年第2期。
③ 薛宁兰:《与立法相伴前行:七十年来的婚姻家庭法学研究》,载《暨南学报(哲学社会科学版)》,2019年第10期。
④ 参见《中华人民共和国民法典·第五编婚姻家庭·第二章结婚》。

第一千零五十三条　一方患有重大疾病的,应当在结婚登记前如实告知另一方;不如实告知的,另一方可以向人民法院请求撤销婚姻。

请求撤销婚姻的,应当自知道或者应当知道撤销事由之日起一年内提出。

第一千零五十四条　无效的或者被撤销的婚姻自始没有法律约束力,当事人不具有夫妻的权利和义务。同居期间所得的财产,由当事人协议处理;协议不成的,由人民法院根据照顾无过错方的原则判决。对重婚导致的无效婚姻的财产处理,不得侵害合法婚姻当事人的财产权益。当事人所生的子女,适用本法关于父母子女的规定。

婚姻无效或者被撤销的,无过错方有权请求损害赔偿。

二、婚姻的程序与途径

婚姻的达成是有条件和程序要求的。在中国社会,婚姻的达成有必须经过的法定程序。此外,中国几千年的传统文化对中国人的婚姻也产生了深远影响。在中国,婚姻还有一套与各地民俗相适应的各种婚礼和仪式。

(一)结婚的法定程序

结婚程序是指结婚必须办理的法律规定的手续。在我国,《中华人民共和国民法典》《婚姻登记条例》《婚姻登记规范》[①]规定的办理结婚登记的办法如下(详见《婚姻登记条例》第二章"结婚登记"[②])。

第四条　内地居民结婚,男女双方应当共同到一方当事人常住户口所在地的婚姻登记机关办理结婚登记。

中国公民同外国人在中国内地结婚的,内地居民同香港居民、澳门居民、台湾居民、华侨在中国内地结婚的,男女双方应当共同到内地居民常住户口所在地的婚姻登记机关办理结婚登记。

第五条　办理结婚登记的内地居民应当出具下列证件和证明材料:

(一)本人的户口簿、身份证;

(二)本人无配偶以及与对方当事人没有直系血亲和三代以内旁系血亲关系的签字声明。

办理结婚登记的香港居民、澳门居民、台湾居民应当出具下列证件和证明材料:

(一)本人的有效通行证、身份证;

(二)经居住地公证机构公证的本人无配偶以及与对方当事人没有直系血亲和三代以内旁系血亲关系的声明。

办理结婚登记的华侨应当出具下列证件和证明材料:

(一)本人的有效护照;

[①] 中华人民共和国民政部:《中华人民共和国民法典》《婚姻登记条例》《婚姻登记工作规范》《民政部关于贯彻落实〈中华人民共和国民法典〉中有关婚姻登记规定的通知》,2021年1月7日。http://www.mca.gov.cn/wap/article/fw/bmzn/hydj/flfg/。

[②] 参见《婚姻登记条例·第二章结婚登记》。

（二）居住国公证机构或者有权机关出具的、经中华人民共和国驻该国使（领）馆认证的本人无配偶以及与对方当事人没有直系血亲和三代以内旁系血亲关系的证明，或者中华人民共和国驻该国使（领）馆出具的本人无配偶以及与对方当事人没有直系血亲和三代以内旁系血亲关系的证明。

办理结婚登记的外国人应当出具下列证件和证明材料：

（一）本人的有效护照或者其他有效的国际旅行证件；

（二）所在国公证机构或者有权机关出具的、经中华人民共和国驻该国使（领）馆认证或者该国驻华使（领）馆认证的本人无配偶的证明，或者所在国驻华使（领）馆出具的本人无配偶的证明。

第六条 办理结婚登记的当事人有下列情形之一的，婚姻登记机关不予登记：

（一）未到法定结婚年龄的；

（二）非双方自愿的；

（三）一方或者双方已有配偶的；

（四）属于直系血亲或者三代以内旁系血亲的；

（五）患有医学上认为不应当结婚的疾病的。

第七条 婚姻登记机关应当对结婚登记当事人出具的证件、证明材料进行审查并询问相关情况。对当事人符合结婚条件的，应当当场予以登记，发给结婚证；对当事人不符合结婚条件不予登记的，应当向当事人说明理由。

第八条 男女双方补办结婚登记的，适用本条例结婚登记的规定。

第九条 因胁迫结婚的，受胁迫的当事人依据婚姻法第十一条的规定向婚姻登记机关请求撤销其婚姻的，应当出具下列证明材料：

（一）本人的身份证、结婚证；

（二）能够证明受胁迫结婚的证明材料。

婚姻登记机关经审查认为受胁迫结婚的情况属实且不涉及子女抚养、财产及债务问题的，应当撤销该婚姻，宣告结婚证作废。

需要注意的是，上述第九条是根据《民法典》的规定，对婚姻登记有关程序做出的调整[①]：婚姻登记机关不再受理因胁迫结婚请求撤销业务。《民法典》第一千零五十二条规定："因胁迫结婚的，受胁迫的一方可以向人民法院请求撤销婚姻。"因此，婚姻登记机关不再受理因胁迫结婚的撤销婚姻申请，《婚姻登记工作规范》第四条第三款、第五章废止，删除第十四条第（五）项中"及可撤销婚姻"、第二十五条第（二）项中"撤销受胁迫婚姻"及第七十二条第（二）项中"撤销婚姻"表述。

（二）缔结婚姻的途径

1. 什么是缔结婚姻的途径

家庭社会学中所谓"缔结婚姻的途径"，是指男女双方通过何种形式来达到相互结识并缔结婚姻关系的目的。纵观1949年以来我国青年缔结婚姻的途径，无非三类：①自己认识；

---

① 参见《民政部关于贯彻落实〈中华人民共和国民法典〉中有关婚姻登记规定的通知》。

②中间人介绍,但经当事人双方同意(在农村还有中间人介绍,父母征求当事人同意这一类);③父母包办。事实上,"自己认识"这一类,还可分成自己认识自己缔结婚约和自己认识但托中间人帮助订立婚约这两种。

2. "婚姻中间人"的沿革

因为婚姻中间人(marriage broker)历来在婚姻缔结过程中起着重要作用,所以有必要将婚姻中间人的沿革做简要介绍。

对于婚姻中间人,现在通行的说法是介绍人,过去则称为媒人。根据史料记载,"媒"早在周朝已经成为一种制度。《周礼·地官·媒氏》中有媒氏掌媒合男女之事的记载。《说文》中释媒为"媒,谋也,谋合二姓者也";"妁,酌也,斟酌二姓者也"。因此,媒在当时是作为礼制的一部分出现的,其功能一是维护"同姓不婚"制度,二是在不违背"同姓不婚"制度的前提下,为需要婚配的男女撮合婚姻。

在封建礼制下,媒人成为婚姻是否合法、是否取得社会承认之必不可少的见证。《诗经·卫风·氓》中有"匪我愆期,子无良媒"一说。另一方面,宗法制度下,女子须经"明媒正娶"才能取得"妻"之地位。因此,"媒"在此成了缔结婚姻的必经程序,成了礼制的一种象征,并在某种程度上是作为一种社会权威出现的。比如,江村风俗中,媒人分坐媒与行媒两种。坐媒通常由舅舅担当,他是当然的媒人,如果没有坐媒婚姻就不合法,所以舅舅的权力很大。可以认为这是母系氏族的一种残余痕迹。

1949年后,虽然自中央人民政府于1950年颁布第一部《中华人民共和国婚姻法》起就规定了男女婚姻自由,但是由于种种原因,城乡青年男女仍不可能获得更多的通过广泛的自由交往结识与选择未来配偶的机会。所以,当这些未婚青年男女进入择偶阶段时,他们中的大多数仍然需要中间人"牵线搭桥",只是现在的"中间人"不能像过去的媒人那样操纵他们的婚姻,所起的作用也仅仅是"搭桥"而已。近些年来,由于社交媒体的发展与丰富,人们交往的途径进一步增多,"婚姻中间人"的地位和作用日益下降。

3. 婚礼

婚礼是指结婚时所举办的庆贺仪式,或称结婚典礼,是我国传统文化中一种重要的习俗。婚礼和婚约一样,不是结婚的必需程序。在我国现实生活中,大多数人进行结婚登记后,往往举行一定形式的婚礼,以示庆贺,才算完成结婚的全过程。

婚礼有广义和狭义之分。广义的婚礼是指男女双方建立婚姻关系整个过程中的一切仪式和礼节。如中国封建社会的"六礼":纳采(择偶,今称"提亲")、问名(报姓名通)、纳吉(问卜)、纳征(下彩礼聘定)、请期(定迎娶之日)和亲迎(迎娶成婚)。狭义的婚礼,是指行结婚典礼时的礼仪,这里采用狭义婚礼的概念。①

一般来说,婚礼的功能大致有以下几点:向社会宣告男女双方婚姻关系的确立和新家庭的诞生;借此取得社会和亲友的承认;借此实现男女双方角色身份的转变,新郎、新娘扮演新的角色(夫、妻、婿、媳等),并享受由此产生的应有的权利、承担由此产生的应有的义务。

从婚礼形式的变迁上看,婚礼形式受到一定社会的政治、经济和文化状况的制约,随社会政治、经济、文化的变迁而变迁,并与一定社会的婚姻制度相适应。传统婚礼形式包括拜

---

① 杨善华:《家庭社会学》,北京:高等教育出版社,2006年版。

天地、祭祖宗、入洞房。洞房花烛是通行模式,这一模式有千年以上的历史。如前所述,这样的传统形式的婚礼还有"明媒正娶"、确定妻子身份的功能。五四运动之后到中华人民共和国成立之前还有文明结婚、集团结婚、登报声明乃至教堂婚礼等形式。1949年后,政府倡导移风易俗,实行婚礼改革,提倡简朴的婚礼,婚礼形式也随之多样化,常见的有婚宴、旅行结婚、集体婚礼、茶话会等。现在则普遍采用婚宴仪式。

中国封建社会中的婚礼形式显然是维护一夫一妻多妾这一制度的。魏晋以来,为了维护封建的等级制度和门阀观念,曾以耗费财物的多少为依据,规定了统治阶级内上自帝王下到一般士大夫的婚礼规模和等级,后来对百姓的婚礼也做出规定,严禁逾越各自的婚礼等级。因此,那时的婚礼还反映出当事人社会地位的高低,具有相当浓厚的政治色彩。当然,婚礼形式作为一种社会规范也有一个变迁的过程。像迎娶"坐花轿",现在在绝大多数农村地区已经看不到了;"茶话会"这种形式在20世纪50年代和70年代曾经在相当广的范围内被采用过,但是现在也销声匿迹了。这种变化显然与当事人的经济条件、他们对婚礼如何办的看法以及社会的控制程度有关。

三、婚姻的经济学分析

(一)中国千年的婚姻习俗,实际上就是一种产权交易

婚姻,如果从经济学观点来看,就是丈夫和妻子之间产权的执行和转移,牵扯了多方面的价值和决定。因此,从古至今,从没有过其他哪种合约,比婚姻受到的约束更多了。

中国古代的婚姻,是最适合产权交易的,虽然婚姻大多由父母做主,但由于父母对子女拥有产权,因此研究婚姻,必然研究子女产权执行中的成本和收益。

中国古语云:"君要臣死,臣不得不死;父要子亡,子不得不亡。"这句话其实是一个经济合约,这里面说明了一种人身依附的关系:臣,是君的财产,君有权力处分臣的一切乃至生命;子,是父的财产,父有权力处分子的一切,乃至生命。有了子后,一般都是父母来包办婚姻,这是因为,子作为财产,在投资期(小时候)过后,应该进入收益期,进入再生产阶段,这个再生产,或许就包括传宗接代。新娘子是作为交易的另一方投入的财产。由于婚后女方一般都从属于男方,那么女方的家族实际上是失去了一部分财产,这部分财产的补偿,就要由男方以彩礼的形式给予。

在这种交易中,基本没有子女参与的份,如果子女参与,这种交易就要变得复杂得多,因为哪个小伙不爱美女呢?哪个姑娘不爱帅哥呢?如果子女参与,往往会破坏这种等价的交易,所以,在中国古代,很多时候都是"盲婚",也就是说,在婚前双方是没有机会见面的。

(二)中国古代婚姻合约

新娘、新郎本身不参与婚姻的寻找,寻找由父母完成,成本也由父母支付;婚姻合约是不受控的市场合约,而不像今天那样受到法律的严格控制;"盲婚"合约下的产权转移,是一种彻底的买卖关系。

彩礼的价格由新娘的价值确定。新娘越不容易逃跑、越能干活,则价格越高,因此,古代从小就开始教育女孩子不能乱跑,要"三从四德",要忠于丈夫和娘家。这表面是一种道德教

化,实质是对产品进行质量控制。

裹脚在最大可能上防止了妇女的逃跑,虽然损失了部分劳动力,但经过权衡,还是值得的。因为家庭劳动大多裹脚妇女也能完成,而重体力劳动,即使不裹脚,女性的优势也不明显。

从这个角度来说,为什么是嫁女儿,而不是嫁儿子,就能解释清楚了。除去传宗接代的考虑(其实也可以用经济解释),男人更容易逃跑,看守的成本太高。其实就是由男女两性本身的物质属性决定的。

在子女婚后,对于家庭来说有个最大的风险和危机,就是分家。分家意味着财产的永久损失而且没有任何补偿。为了避免这种产权执行中的成本的产生,在传统社会,经常用道德来约束人们不得分家,不断地强调孝顺的美德,斥责分家的行为。

(三) 现代经济学认为的婚姻的"四大收益"

其一,可通过劳动分工实现比较利益和递增报酬。比如女主内男主外,或女主外男主内,要比每个人既主内又主外效率要高。

其二,互相提供信用,协调人力资本投资的收益,比如一人工作供养另一人读书,最后共享荣华富贵。

其三,可分享家庭共有品,如养儿育女的天伦之乐。此外还有彼此的知识和智慧,也是可分享的共有品。所以人们常发现,妻子教育程度提高,有助于提高丈夫工资。

其四,防灾保险,如生病不至于无人照顾。若问在印度和中国农村,女儿一般远嫁外地,为的是什么?一个合理的解释是为了更有效地防范农业歉收的风险。

婚姻有这么多收益,可以解释为什么大部分的人都选择了"结婚"而不是"独身"。

第四节 婚姻的困境

从社会交换理论的观点来看,婚姻市场中的男男女女应该都有同等的概率找到婚姻伴侣并达成公平的交易。但事实不然,婚姻市场存在的一些现象使得一些群体拥有优势,另一些群体落入劣势,造成不同群体之间择偶概率之差异,较普遍的现象有"婚姻挤压"和"婚姻坡度"。

"婚姻挤压"和"婚姻坡度"的存在,让一部分人在"围城"之外徘徊而不得入。如果不能进入婚姻殿堂的人越来越多,必定会带来一定的社会问题。为此,全面研究"婚姻挤压"和"婚姻坡度",解决其带来的社会问题,具有深远的意义。

一、婚姻挤压

在一夫一妻制下,由于婚姻市场供需失衡,即婚姻市场可供选择的男性和可供选择的女性人数相差较大,比例失调,由此导致了男性或女性不能按传统的偏好择偶,婚姻行为发生了较大的变化,这一现象即是婚姻挤压(marriage squeeze),也称为"婚姻拥挤"①或"婚姻压缩""婚姻剥夺""结婚难"等。

婚姻挤压有狭义和广义之分。狭义的婚姻挤压只考虑人口学因素如男女人口数量的匹配和年龄差规范的规定性,作为供求对象的婚龄人口,除性别差异外,其他方面假定是等同的,在这种条件下,只要男女相对性别比均衡,婚姻市场(供求关系)就是均衡的。而广义的婚姻挤压不仅考虑男女数量的匹配和年龄差规范的规定性,也考虑社会婚姻实施中实际存在的社会、经济、文化、民族等各种婚姻规范的规定性。

婚姻挤压既与个人因素有关,也受到社会结构变迁的影响,不仅在性别上有所差异,城乡之间的差别也显而易见。农村女性面临的婚姻挤压要比城镇女性小。婚姻迁移和社会对于男女两性的期望不同会对婚姻挤压产生进一步的影响。②

出现婚姻挤压的原因很多,主要有男女出生性别比失衡、经济问题、人口迁移、婚姻迁移等。其中,男女出生性别比失衡是一个主要原因。重男轻女的观念和男高女低的婚姻梯度模式(年龄男比女大;社会经济地位、职业阶层男比女高)是出现婚姻挤压的另两个原因。

根据性别将婚姻挤压分为男性婚姻挤压和女性婚姻挤压。当男女出生性别比出现不均衡时就会导致婚姻市场中婚姻挤压现象的出现。婚姻市场中,男性供给大于需求时,就会出现男性成婚难的情况,此时便产生了男性婚姻挤压。反之,女性供给大于需求时,便产生女性婚姻挤压;根据婚姻挤压的年龄段可分为整体婚姻挤压和局部婚姻挤压。当人口从整体上看每个年龄段都出现了婚姻挤压时,称为整体婚姻挤压;当出现婚姻挤压的群体只是整体中的一个部分时,称为局部婚姻挤压;根据婚姻挤压的状态分为动态婚姻挤压和静态婚姻挤压。动态婚姻挤压是指将人口中未婚人口或未婚与离婚、丧偶人口纳入可供婚姻市场选择的范围,这种情况下的婚姻挤压称为动态婚姻挤压。相反,将人口中所有男性和女性人口都纳入可供婚姻市场选择的范围,不论其婚姻状态,此种情况下的婚姻挤压称为静态婚姻挤压。

从个体角度来看,婚姻挤压直接对青年人的婚姻产生影响,迫使一些人改变择偶标准,在婚姻中委曲求全,影响婚姻的质量和稳定性,给部分青年及其家庭带来巨大压力;从社会角度来看,婚姻挤压会引起社会问题,影响社会稳定和发展。有着正常性需求的年轻人由于婚姻挤压而未能通过正常婚配渠道配对,当个体的需求得不到满足时,可能引起生理健康、性侵犯等公共卫生或社会问题,进而危及社会的稳定和发展;从人类社会发展的角度来看,婚姻挤压给人口再生产带来障碍,造成人口萎缩,影响人口素质的提高;女性婚姻挤压的发展,可能直接影响女性社会地位的提高。③

二、婚姻坡度

社会交换理论虽然强调相称对等的交易行为,但因为人们对于两性角色的期待不同,使得婚姻市场中经常出现男女双方社会经济地位不对称的现象。我们称这种现象为婚姻坡

---

① 郭志刚、邓国胜:《中国婚姻拥挤研究》,载《市场与人口分析》,2000年第3期。
② 倪晓锋:《中国大陆婚姻状况变迁及婚姻挤压问题分析》,载《南方人口》,2008年第1期。
③ 唐美玲:《"剩男"与"剩女":社会性别视角下的婚姻挤压》,载《青年探索》,2010年第6期。

度。就女性而言，这种不相称的结合包含两种情况，一种是"上嫁婚配"(hyper gamy)，另一种是"下嫁婚配"(hypo gamy)。

"上嫁婚配"是指女性以那些社会经济地位比自己高的男性为择偶对象。例如，月薪5000元的女性，欲以薪资高于她的男性为择偶对象。相反，"下嫁婚配"指女性以社会经济地位低于或相等于她的男性为择偶对象，比如，研究生学历的女性以高中学历的男性为择偶对象。

由于传统父权体制下，女性的社会地位和经济资源都依赖她所嫁的男性，丈夫也借着妻子的依赖而居一家之主的地位，因此，男性大多愿意以其较高的学历、职业阶层或经济收入来换取年轻与有外貌吸引力的女性，婚姻市场中充满了"上嫁婚配"的现象。现代社会渐渐重视女性经自身努力所获得的社会地位，但"下嫁婚配"仍是婚姻市场上较少见的现象。

由于婚姻坡度的存在，"上嫁婚配"普及的结果使得本身社会地位较高的女性，在婚姻市场中择偶的范围较窄，配对成功的概率大大降低了。"上嫁婚配"在数量上的积累，可能会导致很多人婚姻配对失败，进而给婚姻适龄人员带来困境，让他们更难找到自己的婚姻。

总的来看，婚姻挤压和婚姻坡度的存在使得婚姻市场上一些群体拥有优势，另一些群体落入劣势，造成不同群体之间择偶概率之差异，导致很多婚姻适龄人群无法找到配偶，给他们的婚姻带来相当大的影响。这也进一步威胁社会的和谐与稳定。因此，应该采取切实措施，逐步解决婚姻挤压和婚姻坡度问题，提升婚姻适龄人群的婚配成功率。

第五节　离婚与再婚

一、离婚

随着社会的发展，人们婚姻观、价值观以及道德观念的转变，离婚率呈现逐年上升的趋势。离婚，已经成为不可轻视的社会问题。离婚往往给当事人、孩子和社会都带来一定的影响。但是，没有爱情的婚姻与充满战争和冲突的不和谐家庭生活，给夫妻双方的人生带来的痛苦往往并不弱于离婚带来的痛苦，对孩子的身心健康影响也很大。因此，离婚往往成为婚姻不幸的夫妻的无奈选择。

（一）离婚的概念

有婚姻的成立就有婚姻的解除。婚姻解除的方式有自然解除与离婚。因配偶一方死亡或法律认定的出走等原因的婚姻解除为自然解除；在配偶生存期间，通过法律手段解除婚姻关系称为离婚。离婚是指夫妻双方通过协议或诉讼的方式解除婚姻关系，终止夫妻间权利和义务的法律行为。按照我国婚姻法的规定，如感情确已破裂，调解无效，应准予离婚。夫妻"感情确已破裂"是判决离婚的法定条件。

(二) 离婚的原因

社会学家强调,导致离婚的社会背景是离婚的首要原因。离婚率上升是现代化的必然结果,对个人权利的日益强调,使得婚姻不再被定义为一种社会义务或经济上有利的结盟关系,而成为一种个人满足的来源。① 其中,宏观层面的因素包括以下方面。

(1) 妇女经济独立性的提高。过去,不就业的妇女在经济上要完全依赖丈夫,即使婚姻不幸福,也很难离开丈夫。而在家庭以外找到工作,无疑给女性提供了离开丈夫的可能性,为一些女性逃离不幸福的甚至是受虐待的婚姻提供了一条道路。

(2) 家庭功能及结构改变。家庭的很多功能,例如庇护、教育和娱乐等功能已经被外部机构替代。与传统内向型的需求满足方式不同,现在的家庭成员更多地向警察寻求庇护,在学校接受教育,在商业场所进行娱乐。其结果是,尽管情感需求仍是家庭的主要功能,但让家庭成员待在一起的理由却越来越少。

(3) 日益减少的道德约束和信仰约束。中国目前正处于社会转型期,长期过度地追求经济的发展,导致人们道德和信仰在不同程度上的迷失。旧的观念、旧的道德规范被打破,但与此同时,新的观念、新的道德规范尚未确立。体现在婚姻方面,离婚越来越为人们所接受,所谓"二奶"、婚外情、一夜情等日渐增多,离婚率激增。

(4) 更多离婚模型。当社会中离婚的人越来越多时,一个人接触的离婚的人越多,对这个人来说离婚也就越正常。一个人越把离婚看成是正常的事情,当其自己的婚姻遇到问题时,其离婚的可能性也越大。

(5) 流动性和匿名性。人口流动可能会增加夫妻之间的矛盾或减少夫妻之间的共享时间,从而降低婚姻满意度,使得婚姻稳定性下降。② 同时,流动引起匿名性的增加,离婚的配偶一旦离开各自的家庭及朋友圈就会发现,他们身边的人并不在乎他们的婚姻状态。当赞成结婚的社会期待慢慢消退时,离婚的情况也就越来越多。另外,流动性和匿名性还会导致能够帮助夫妻双方解决婚姻问题的具有连续性的支持系统的缺失。

(6) 离婚手续的简化。婚姻越是容易解除,人们对婚姻的承诺就会越少。尽管现行法律增设了30天离婚冷静期,但离婚登记制度的设立依旧简便了离婚程序,加速了处于上升发展期、矛盾持续增多的已婚青年走向婚姻解体的过程。③

对于现代社会人们离婚的具体原因,据李银河所著《中国人的性爱与婚姻》一书分析,导致人们离婚的原因大概有以下几点:婚姻基础不好,特别是建立在金钱、地位等不纯动机上的婚姻比较脆弱;婚后一方或双方发生过失,例如婚外恋、家庭暴力、精神虐待等;性格不合,没有共同的人生观、价值观。夫妻从小不同的家庭成长环境和教育背景、不同的生活方式、不同的子女教育方式等都可能导致感情甚至婚姻的破裂;性生活不和谐,性冷淡,发生矛盾后对配偶进行性剥夺惩罚,性生活中自私、不够体贴等。④ 进而,从微观层面上看,促使夫妻接触婚姻关系的因素主要包括以下方面。

---

① 文森特·帕里罗等著,周兵等译:《当代社会问题(第4版)》,北京:华夏出版社,2002年版。
② 刘汶蓉:《青年离婚变动趋势及社会原因分析》,载《当代青年研究》,2019年第6期。
③ 理查德·A.波斯纳著,苏力译:《性与理性》,北京:中国政法大学出版社,2002年版。
④ 李银河:《中国人的性爱与婚姻》,郑州:河南人民出版社,1991年版。

(1) 不再相爱。夫妻双方感情破裂、不再相爱,是导致离婚的一个很重要的因素。很多人在被问到维持婚姻的理由时都提到了爱情、尊重、友谊和良好的沟通。

(2) 负面举动。人们预期可以从婚姻中得到比单身状态更多的回报,所以他们才会结婚。在求爱时期,双方都会高频使用那些积极语言(恭维话)和非言语行为(如眼神交流和身体接触)。这些积极行为在伴侣之间产生美好的感觉,激励他们通过婚姻来长期"锁定"这种感觉。就像爱情的感觉是基于伴侣之间的积极行为一样,负面的感觉也会通过伴侣之间过多的负面行为产生,一旦负面感觉增多,离婚的想法就会随之产生。

(3) 婚外情。那些有婚外情的配偶在缺乏甚至没有性生活的家里感觉不到爱情。卷入婚外情可能带来爱情和性,但同时也加速了离婚。另外一种可能就是在家的一方感觉到愤怒并要求配偶离开。婚外情会削弱夫妻间的情感联系,因此很少会倾向于继续维持一段婚姻。与有婚外情的配偶生活在一起会感觉遭到了背叛,并最终结束婚姻。

(4) 缺乏解决冲突的技能。有效处理婚姻生活中的冲突和矛盾,是维持婚姻的必备技能。有些人缺乏处理冲突的技巧,可能抨击、责骂对方,这很可能导致双方感情的破裂而走向离婚。

(5) 价值观发生改变。在人生的不同阶段,人是会改变的。婚后,人们可能经历根本的价值观的改变。类似"跟我嫁给他之前相比,他几乎变了个人"这样的话经常可以听到。随着个人价值观的改变,某个人在某个阶段选择的配偶,可能是其在另一个阶段根本不可能选择的,这很可能会演变为离婚。

(6) 厌腻。厌腻往往和熟悉相连,指一种刺激由于重复出现而失去了它的价值。配偶可能会厌倦对方。他们没有新的故事可讲,他们也不像恋爱时那样吸引对方。一些人感觉被一成不变的厌倦所困,进而选择离婚,回到单身状态追求他们认为能让他们更兴奋的事情,比如一个潜在的伴侣。

(三) 离婚的程序

《民法典》婚姻家庭编的编纂争议,多集中在"离婚"一章。[①] 为了实现离婚制度的优化,民法典进一步完善了离婚立法,其中,增设了离婚登记的冷静期、明确了离婚后抚养子女的原则,并拓展了家务贡献补偿的适用范围,具体规定如下(详见《中华人民共和国民法典》第五编第四章"离婚")。

第一千零七十六条　夫妻双方自愿离婚的,应当签订书面离婚协议,并亲自到婚姻登记机关申请离婚登记。

离婚协议应当载明双方自愿离婚的意思表示和对子女抚养、财产以及债务处理等事项协商一致的意见。

第一千零七十七条　自婚姻登记机关收到离婚登记申请之日起三十日内,任何一方不愿意离婚的,可以向婚姻登记机关撤回离婚登记申请。

前款规定期限届满后三十日内,双方应当亲自到婚姻登记机关申请发给离婚证;未申请的,视为撤回离婚登记申请。

[①] 王歌雅:《民法典婚姻家庭编的价值阐释与制度修为》,载《东方法学》,2020年第4期。

第一千零七十八条　婚姻登记机关查明双方确实是自愿离婚,并已经对子女抚养、财产以及债务处理等事项协商一致的,予以登记,发给离婚证。

第一千零七十九条　夫妻一方要求离婚的,可以由有关组织进行调解或者直接向人民法院提起离婚诉讼。

人民法院审理离婚案件,应当进行调解;如果感情确已破裂,调解无效的,应当准予离婚。

有下列情形之一,调解无效的,应当准予离婚:

(一)重婚或者与他人同居;

(二)实施家庭暴力或者虐待、遗弃家庭成员;

(三)有赌博、吸毒等恶习屡教不改;

(四)因感情不和分居满二年;

(五)其他导致夫妻感情破裂的情形。

一方被宣告失踪,另一方提起离婚诉讼的,应当准予离婚。

经人民法院判决不准离婚后,双方又分居满一年,一方再次提起离婚诉讼的,应当准予离婚。

第一千零八十条　完成离婚登记,或者离婚判决书、调解书生效,即解除婚姻关系。

第一千零八十一条　现役军人的配偶要求离婚,应当征得军人同意,但是军人一方有重大过错的除外。

第一千零八十二条　女方在怀孕期间、分娩后一年内或者终止妊娠后六个月内,男方不得提出离婚;但是,女方提出离婚或者人民法院认为确有必要受理男方离婚请求的除外。

第一千零八十三条　离婚后,男女双方自愿恢复婚姻关系的,应当到婚姻登记机关重新进行结婚登记。

第一千零八十四条　父母与子女间的关系,不因父母离婚而消除。离婚后,子女无论由父或者母直接抚养,仍是父母双方的子女。

离婚后,父母对于子女仍有抚养、教育、保护的权利和义务。

离婚后,不满两周岁的子女,以由母亲直接抚养为原则。已满两周岁的子女,父母双方对抚养问题协议不成的,由人民法院根据双方的具体情况,按照最有利于未成年子女的原则判决。子女已满八周岁的,应当尊重其真实意愿。

第一千零八十五条　离婚后,子女由一方直接抚养的,另一方应当负担部分或者全部抚养费。负担费用的多少和期限的长短,由双方协议;协议不成的,由人民法院判决。

前款规定的协议或者判决,不妨碍子女在必要时向父母任何一方提出超过协议或者判决原定数额的合理要求。

第一千零八十六条　离婚后,不直接抚养子女的父或者母,有探望子女的权利,另一方有协助的义务。

行使探望权利的方式、时间由当事人协议;协议不成的,由人民法院判决。

父或者母探望子女,不利于子女身心健康的,由人民法院依法中止探望;中止的事由消失后,应当恢复探望。

第一千零八十七条　离婚时,夫妻的共同财产由双方协议处理;协议不成的,由人民法院根据财产的具体情况,按照照顾子女、女方和无过错方权益的原则判决。

对夫或者妻在家庭土地承包经营中享有的权益等,应当依法予以保护。

第一千零八十八条　夫妻一方因抚育子女、照料老年人、协助另一方工作等负担较多义务的,离婚时有权向另一方请求补偿,另一方应当给予补偿。具体办法由双方协议;协议不成的,由人民法院判决。

第一千零八十九条　离婚时,夫妻共同债务应当共同偿还。共同财产不足清偿或者财产归各自所有的,由双方协议清偿;协议不成的,由人民法院判决。

第一千零九十条　离婚时,如果一方生活困难,有负担能力的另一方应当给予适当帮助。具体办法由双方协议;协议不成的,由人民法院判决。

第一千零九十一条　有下列情形之一,导致离婚的,无过错方有权请求损害赔偿:

(一)重婚;

(二)与他人同居;

(三)实施家庭暴力;

(四)虐待、遗弃家庭成员;

(五)有其他重大过错。

第一千零九十二条　夫妻一方隐藏、转移、变卖、毁损、挥霍夫妻共同财产,或者伪造夫妻共同债务企图侵占另一方财产的,在离婚分割夫妻共同财产时,对该方可以少分或者不分。离婚后,另一方发现有上述行为的,可以向人民法院提起诉讼,请求再次分割夫妻共同财产。

根据《民法典》上述第一千零七十六条、第一千零七十七条和第一千零七十八条规定,离婚登记按如下程序办理。①

(1)申请。夫妻双方自愿离婚的,应当签订书面离婚协议,共同到有管辖权的婚姻登记机关提出申请,并提供相关证件和证明材料。

(2)受理。婚姻登记机关按照《婚姻登记工作规范》有关规定对当事人提交的上述材料进行初审。

(3)冷静期。自婚姻登记机关收到离婚登记申请并向当事人发放《离婚登记申请受理回执单》之日起三十日内(自婚姻登记机关收到离婚登记申请之日的次日开始计算期间,期间的最后一日是法定休假日的,以法定休假日结束的次日为期间的最后一日),任何一方不愿意离婚的,可以持本人有效身份证件和《离婚登记申请受理回执单》(遗失的可不提供,但需书面说明情况),向受理离婚登记申请的婚姻登记机关撤回离婚登记申请,并亲自填写《撤回离婚登记申请书》。经婚姻登记机关核实无误后,发给《撤回离婚登记申请确认单》,并将《离婚登记申请书》《撤回离婚登记申请书》《撤回离婚登记申请确认单(存根联)》一并存档。

(4)审查。自离婚冷静期届满后三十日内(自冷静期届满日的次日开始计算期间,期间的最后一日是法定休假日的,以法定休假日结束的次日为期间的最后一日),双方当事人应当持《婚姻登记工作规范》第五十五条第(四)至(七)项规定的证件和材料,共同到婚姻登记机关申请发给离婚证。

(5)登记(发证)。婚姻登记机关按照《婚姻登记工作规范》第五十八条至六十条规定,

---

① 参见《民政部关于贯彻落实〈中华人民共和国民法典〉中有关婚姻登记规定的通知》。

予以登记,发给离婚证。

(四) 离婚的影响

离婚,是一个有效婚姻契约在法律上的终结。有三种方法可以测量离婚在我们这个社会发生的程度:①粗离婚率(crude divorce rate),即某一年离婚总对数除以该年中包括男女老少的总人口数。粗离婚率最容易获取和计算,也是最简单的离婚指标。通过对粗离婚率的分析比较,可以在一定程度上反映离婚率的高低及其变动趋势。但是,粗离婚率本身具有很大的局限性。粗离婚率的分母包括男女老少的总人口数。总人口数中处于未婚状态的少年儿童与青年,以及处于丧偶状态的中、老年人,都不具备离婚的风险。因此,粗离婚率对真实离婚情况的反映不是那么准确。②精确离婚率(refined divorce rate or the divorce rate),即某一年离婚总对数除以该年中已婚夫妇总对数。精确离婚率剔除了不具备离婚风险的儿童、未婚青少年和处于丧偶离婚状态的人口数,因而能够更准确地反映离婚的真实情况。但是,这一指标很难获取,只有在人口普查时才能得到已婚夫妇对数等数据。③以离婚告终的婚姻百分比,即通过识别那些结婚的人最后有多少走向了离婚。这种统计方法存在的问题是,在确认那些离婚的人时所考虑的时间段中,五年内离婚的比例总是比十年内的低。

尽管离婚的社会包容度增加,离婚的社会和文化约束力减弱,我们依旧需要正视离婚带来的影响。首先,对于孩子而言,离婚容易滋生自卑感、被遗弃感、怨恨感等消极情绪,致使其心理和人格的正常发育和形成受到不良影响,可能导致严重的性格缺陷,影响孩子正常的学习生活;但是如果父母因此回避离婚,名存实亡的婚姻依旧会损伤孩子的身心健康。其次,对于夫妻而言,离婚带来的消极影响包括生活质量的下降、责任压力的加大(主要是抚养孩子的一方感到责任压力大)、感情伤害和孤独、影响前途与发展、社会舆论的压力、住房困难等;其积极影响则表现在离婚者可以对自身的价值有了新的认识,重新拥有自由,并得到了再婚的机会。最后,对于社会而言,离婚本是个体行为,之所以会对社会产生影响,是因为离婚行为在量上的积累最终会导致对社会质的影响。离婚对社会的正面推动力主要表现在离婚反映了现代人自由观念和自我意识的加强,法制观念的增强,以及对感情和婚姻的重视。至于负面影响,离婚率的升高,反映了现代人传统家庭观念的淡薄,会导致家庭和社会的不稳定,造成社会秩序的混乱和社会风气的恶化;离婚妇女经济困难和再婚困难,对于社会稳定也有一定影响;离婚率的升高导致人们对于结婚的畏惧感增强;离婚会导致对社会法制力量的极大消耗。

家庭是社会的细胞,只有家庭的和睦,才有社会的和谐。婚姻稳定是社会稳定和家庭幸福的重要标志之一,许多家庭的不安定因素会波及社会,形成对社会的危害。由离婚及其带来的诸如争夺子女监护权、争夺财产等一系列问题,对家庭和社会稳定产生了一定影响。社会付出一定的人力、物力来处理家庭离婚,就会增加过多的支出,就要为此多付出一定量的社会资源,这无形中增加了社会的负担。另外,离婚心理与行为对社会风气的负面影响也不容低估。在一个文明社会里,如果离婚随便而成风,那也不能算是一种文明与进步,只能算是一种倒退。

二、再婚

有结婚就有离婚;同样,有离婚就有再婚。经历一次失败婚姻的人再次踏进婚姻的殿堂时,他们可能更能体会人生的韵味,更能领略婚姻的真谛,他们也更可能寻找到真正幸福的婚姻。在现代人看来,离婚固然是个人生活中的危机,危及个体幸福,但离婚带来婚姻解体的同时也提供了新的可能性[1],例如通过再婚"发展新的情感""建立新的亲密关系""重新塑造自我""超越先前的能力"。

(一) 再婚的概念

再婚,顾名思义,即再次结婚。很多再婚的人是离了婚的而不是寡居的。在选择新配偶的过程中,很明显的一个特征就是同质性原则——没有结过婚的倾向于找没有结过婚的人,离了婚的人倾向于找离了婚的人,寡居的则倾向于找寡居的。大多数离婚的人考虑再婚的时候都会涉及很多与第一段婚姻类似的原因——爱情、伴侣关系、情感上的安全度等。再婚也有一些其他原因,包括经济上的安全(对带着孩子的女性更是如此),帮助养育孩子,为孩子找一个"社会性的"爸爸或妈妈,逃离与"离婚者"标签相关的"污名"。

从离婚到再婚的转变,并不是婚礼开始到婚礼结束这样一个简单的过程。再婚过程中需要解决很多问题,比如需要处理第一次婚姻中前配偶和子女的问题等。当再婚者为了防止在与新伴侣的相处过程中发生问题而保持情感上的距离时,他或她必须考虑为了对他们的亲生孩子进行更好的培养,他们之间应该如何相处。

(二) 再婚的相关事项

再婚意味着开始在一段新的关系中信任一个人、爱一个人。这种感觉会因为第一段感情的负面经历而进展得很慢。应努力克服前一段婚姻的不良影响,争取在感情上和再婚配偶融为一体,在感情上再婚。那些考虑再婚的离异者可能会觉得放弃单身状态的自由和"自治"挺难的,并且难以产生一种有助于夫妻双方结合的心理定式。对于那些想通过离婚来寻求个人成长和"自治"的人来说,这一转变尤其困难。这些人会觉得再婚对他们来说,可能会带来很多不想要的约束。从社区意义上看,再婚意味着社会关系的重点发生了转变——从单纯的朋友走向新的伴侣并与社区中的其他人发生互动,离婚期间建立起来的友谊是十分珍贵的,因为他们在个人陷于危机时给予了支持,应该努力维护这些友谊;从养育意义上看,再婚很多时候会涉及孩子,必须努力解决与别人的孩子相处的细节问题,一般而言,母亲会得到孩子的监护权,这意味着继父要开始适应配偶的孩子,反之亦然;那么,从经济和法律意义上看,第二次婚姻开始时,第一次婚姻的经济责任可能还没有履行完。第一次婚姻中的赡养费和抚养费会威胁第二次婚姻的稳定、和睦甚至是婚姻能否持续。再婚家庭中的经济问题可能以另一种形式表现出来。再婚后的妻子如果不能从前夫那里得到足够的孩子的抚养费,并且需要资金来维持孩子的生活,就有可能向新配偶要求一部分费用。与新伴侣结合的

---

[1] 彭大松:《个人资源、家庭因素与再婚行为——基于 CFPS2010 数据的分析》,载《社会学研究》,2015 年第 4 期。

各阶段见表3-1。

表 3-1　与新伴侣结合的各阶段(再婚过程)

关系转变	定义
开始约会	父母开始约会
介绍孩子	子女与父母的约会对象见面
认真相爱	对于恋爱,父母在孩子面前表现得很严肃
一起过夜	孩子在场的情况下,家长和对象一起过夜
婚前同居	家长和伴侣组成了家庭
严肃关系的中断	关系经历暂时或者长期的中断
新关系中的怀孕	计划的或者意外的怀孕
订婚	家长向子女宣布再婚的计划
再婚	家长与新伴侣之间缔结法律的或世俗的婚姻关系

(三) 再婚家庭的概念

再婚家庭,又叫混合家庭(blended)、双核家庭(binuclear)或重组家庭(reconstituted family)。再婚家庭的常见类型有父或母将在婚前家庭中的孩子带到新组建的家庭里,或者在新家庭里生下他们自己的孩子等。

再婚家庭在很多方面都与核心家庭有所不同。首先,核心家庭中的孩子的父母都是孩子的亲生父母,而再婚家庭中,对于孩子来说只有一方关系是亲生关系。此外,在核心家庭里,生父与生母都与孩子一起生活,但在再婚家庭里只有亲生父或母和其孩子一起生活。还有一种情况是,孩子轮流与亲生父母一起生活。

再婚家庭一般都经历过爱情、伴侣的失去过程,这会带来痛苦。再婚家庭中的夫妻双方同样经历过与曾经相爱的人在情感上的终结和空间上的分离。再婚家庭成员很可能还有其他失落感,比如,搬出曾经住过的房子,相应地失去了原有的邻居和朋友圈子等。再婚家庭成员在心理上仍然保持着与家庭单元外部的联系。核心家庭中的孩子生活在更为一致的信念、价值观和行为模式系统中。一旦孩子进入再婚家庭,他们将会"继承"继父或继母的新的价值体系和信念体系,以及在家庭单元中新的生活方式。同样,继父或继母要和受过不同家庭教育的孩子生活在一起。

另外一个特殊方面是,亲生父母与孩子之间的关系比再婚家庭配偶之间的关系更长久。核心家庭中亲生父母与孩子之间相处的时间比再婚家庭中的其他关系更长。孩子与继父或继母之间关系的短暂历史,是孩子进入青春期后两者关系冲突增加的很重要的因素。孩子一旦和继父或继母建立了感情,他们会怀疑自己对亲生父母是否不再忠诚。再婚家庭中的孩子与核心家庭中的孩子相比的另一个特殊之处在于,后者认为自己只有一个家,前者则会认为自己有两个家。在一些共同监护的案例中,孩子每周会有几天跟父亲待在一起,另外的时间跟母亲待在一起,他们在两个不同的家庭接受两套不同的成人家长教育模式。

前配偶的财务状况是再婚家庭冲突的另一个来源。在一些再婚家庭中,前配偶会被要求向获得子女监护权的一方支付子女抚养费。如果前配偶不能支付孩子的抚养费,这很可能给再婚家庭带来矛盾和危机。再婚家庭中的新关系会经历持续的变化。新组建的再婚家庭中的每个成员都需要进行很多调整。需要解决的问题包括配偶怎么看待另一方从以前家庭中带来的子女,子女怎么看待继父或继母,再婚配偶如何看待对方对前配偶支付子女抚养费和配偶赡养费这一行为。再婚家庭同样会被污名化。再婚歧视假设再婚家庭比亲生父母家庭低等。再婚歧视与种族主义、性别歧视和年龄歧视一样,都与偏见和歧视有关。因此,需要一些支持再婚家庭的社会变革。

(四) 再婚家庭的关系重构

发展性任务是一种技巧,如果可以掌握并加以运用,就能让再婚家庭像有机单元那样成长。如果缺乏这些技巧,则会逐渐把再婚家庭推到解体的边缘。应该熟知以下一些技巧,并在现实生活中加以运用。

1. 承认失去与变化

再婚家庭的成员都曾经历过失去配偶或亲生父亲或母亲。这些损失关系到的都是重要人物。这些损失有时候还会因家庭、学校、邻居和工作的变化而加剧。必须认识到关于这些损失的情感是极其重要的。千万不要强迫孩子喜欢他或她的继父或继母,这种感情是通过生活慢慢培养的。保持最开始的关系有助于减少孩子的痛苦。如果亲生父亲或母亲经常跟孩子在一起培养再婚家庭活动之外的关系,这对孩子来说是很有意义的。这会减少孩子的失落感和对新继兄弟姐妹的妒忌感。

2. 培育新的婚姻关系

对于再婚家庭的配偶来说,培育相互之间的感情并形成一个比较牢固的家庭单元至关重要。因为没有孩子出生前的自由期,不太容易建立一个共同的夫妻关系基础,因而夫妻之间的二元关系比较脆弱。一旦夫妻双方建立起一个核心关系,他们就可以在新的混合家庭中交流、合作并在处理各种各样的问题中开始磨合。这个培育过程包括:单独与对方相处,分享对方的生活,和对方一起玩。

3. 让继父(母)融入孩子的生活

对继子女感兴趣并肯花时间和孩子待在一起的父亲(母亲),会较好地融入继子女和再婚家庭的生活中。继父(母)和继子女都能从中受益,他们之间可以建立密切的情感联系。如果继父(母)能和继子女打成一片,孩子的母亲(父亲)也会感觉到和新配偶更亲近。

4. 让再婚家庭有更多时间培育伴侣和孩子之间的感情

多抽时间和孩子待在一起,多和孩子一起参加一些活动,比如旅游等,多和孩子进行情感交流,增进彼此间的感情,让孩子在情感上接受继父或继母。

5. 抱有现实的理想

再婚家庭中包含了很多复杂的关系,因此有必要现实地看待再婚家庭。如果再婚一开始就期待一个快乐的大家庭,最后得到的可能只有失望、苦涩、妒忌和内疚。对再婚家庭应抱有比较现实的理想。

6. 接受继子女

与其盼望自己的继子女与众不同,不如尝试接受他们的特点,接受他们更具有建设性作用。所有的孩子都有正面品质,应尽力去发现这些品质,把自己的注意力集中在这些品质上。继父(母)可以通过口头表扬、正面和亲切的语言和手势沟通来理解、接纳孩子,可以通过参与一些活动如旅游等来和孩子进行沟通。

7. 建立家庭自己独特的例行活动

核心家庭的一个组合元素就是例行的仪式活动。再婚家庭可以通过不同的仪式活动，比如度假等来整合各种各样的家庭成员。

8. 建立合理的家庭财务制度

金钱是再婚家庭的一个潜在的冲突来源，应该建立一个合理的家庭财务制度，合理地分配金钱，尽量避免家庭成员因为争夺金钱而爆发冲突。

9. 与孩子的亲生父(母)合作，一起培养孩子

亲生父(母)和继父(母)合作，共同培养孩子，对孩子和父母来说是一种双赢行为。否则，孩子可能继续处于冲突养育模式的交叉火力之间。

10. 支持孩子与不在场的家长的关系

支持孩子与亲生父(母)之间保持持续不断的关系，对孩子的情感健康非常有利。前配偶和继父(母)应该鼓励、支持孩子与亲生父(母)保持正面关系。

11. 支持孩子与祖辈之间的关系

鼓励和支持孩子保持与祖父母、外祖父母之间的关系。这种关系在孩子不断变化的成人关系中，相对于其他关系，更具稳定性，有助于孩子的成长和健康。

第四章

家庭的结构与功能

> 家庭是个能动的要素，
> 随着社会的变动而从低级阶段发展到高级阶段，
> 从低级形态发展到高级形态。
> ——摩尔根

在生物学概念中，细胞是有机体的基本单位和组成部分。如果我们将人类社会比做一个生命有机体的话，家庭就是这个有机体的组成细胞。

鲍尔在1974年曾经说过，"家"(the household)和"家庭"(the family)是两个在逻辑性质上完全不同的范畴，相对于"家"这个空间概念而言，"家庭"更指向于由血缘和婚姻关系连接起来的群体。[①] 家庭中人们之间的相互关系，就构成了家庭结构。家庭有其结构，必然有其功能。家庭的结构与功能是家庭的两个不同方面：结构体现家庭内部关系的联系和作用，功能则体现家庭与外界社会环境之间的联系和作用；结构表现家庭的存在方式，功能则表现家庭的活动方式。同时，两者又是辩证统一的，家庭的内在结构十分复杂，外在功能也多种多样。家庭功能受内在结构和外在社会环境的双重制约。

当前，家庭内在结构发生了多层次的变动，外在社会环境也出现了多层次的变化，家庭功能也必然发生全方位转换。研究家庭这一社会有机体的细胞，自然而然需要从其结构与功能入手，从而把握家庭的演变与发展趋势。

第一节 家庭结构的基本内涵

一、家庭结构的概念

"结构"在汉语中的古代用法，意为建造房屋。"结构"是一种观念形态，又是物质的一种运动状态。结是结合之意义，构是构造之义。这是人们用来表达世界存在状态和运动状态的专业术语。

[①] 艾略特著，何世念等译：《家庭：变革还是继续?》，北京：中国人民大学出版社，1992年版。

作为社会的基本单位,我们每一个个体所生活的家庭,也有自己的独特结构。

社会学奠基人奥古斯·孔德首先将人类社会与自然界中的生物体进行了类比,认为人类社会与自然界的生物体相似,是一个有功能、有结构的有机体。他认为:"如果我们采用了生物学中最为确定的观点,那么我们就可以将结构解剖成要素、组织和器官。对社会有机体也将如此,也许甚至用同样的名词……我们将把社会有机体分别分解成家庭、阶级或种族以及城市和社区。其中家庭是社会真正的要素或者称其为细胞,阶级或种族是社会的组织,城市和社区是社会的器官。"①

从现代社会系统观念来看,人类社会是一个由诸多基本要素组成的、结构十分复杂和功能多样的有机系统。家庭正是其中的一个子系统,家庭人口是构成家庭最重要和最基本的要素,而家庭人口之间的相互联系、相互作用又决定了家庭的基本结构。

目前,在我国有关社会学、人口学的辞典中,对家庭结构这一概念存在着多种相近的说法。例如有下面几种说法。

"家庭结构是指由家庭成员之间社会关系构成的类型。具体说来是指夫妻、血缘、亲属等标识所反映的家庭成员的组合状况。家庭结构首先是建立在家庭关系基础上的……"②

"家庭结构就是家庭成员之间的组合状况以及由此形成的家庭模式和类型。……家庭成员的不同组合构成了不同结构的家庭。家庭结构不同,从而也表现出家庭角色、家庭功能、家庭关系、家庭生活管理等方面的不同。"③

家庭结构"是指家庭成员的组合方式,或者说家庭构成形式。包括家庭成员的属性、他们相互之间的关系以及家庭类型等。它是随着社会经济发展而变化的,在不同的社会中,家庭的结构是不同的"。④

在《人类学辞典》中,则给家庭结构下了一个较全面的定义——"家庭结构"(family structure)亦称"家庭构成",指家庭成员的组合状况,即家庭中人与人之间相互联系的模式。家庭成员间的相互排列与组合,相互作用与影响,以及由此形成的家庭规模和类型,就是家庭结构的整体形态。家庭结构是家庭存在的社会表现形式,它同家庭职能、家庭内部人际关系是相互影响、相互制约的。家庭内部的人口流动、成员生死、角色变换等都直接影响着家庭结构形态的变化。在人类历史上,在不同的社会生产方式下,由于家庭内部各种因素的相互矛盾运动,形成了不同的家庭结构。家庭结构的不同,决定了家庭功能、家庭观念等方面的变化。亲属构成和家庭成员人数是家庭结构中的两个基本因素。⑤

对于中国传统的家庭结构究竟是以大家庭还是以核心家庭为主,尚需进一步探讨,但万变不离其宗的是,结构是家庭组织的基础,包括人口要素(即家庭规模)和模式要素(即家庭成员之间怎样相互联系以及因联系方式不同而形成的不同家庭模式)。⑥ 2020年,我国家庭户4.94亿,相比2010年的4.02亿户,增长了23.1%,年均增长2.08%;在实施计划生育政策后,平均家庭规模持续变小,2020年,我国家庭户户均人口2.62人,相比2010年的3.10

---

① 刘宝驹:《社会变迁中的家庭——当代中国城市家庭研究》,成都:巴蜀书社,2006年版。
② 向洪、邓明:《人口管理实用辞典》,成都:成都科技大学出版社,1990年版。
③ 廖盖隆、孙连成、陈有进等:《马克思主义百科要览(下卷)》,北京:人民日报出版社,1993年版。
④ 马国泉、张品兴、高聚成:《新时期新名词大辞典》,北京:中国广播电视出版社,1992年版。
⑤ 李鑫生:《人类学辞典》,北京:华艺出版社,1990年版。
⑥ 唐灿:《中国城乡社会家庭结构与功能的变迁》,载《浙江学刊》,2005年第2期。

人,减少了 0.48 人①;1 人户和 2 人户的占比持续上升,3 人户的占比明显下降,其中,1 人户的比例已经从 2010 年的 14.53%增加到 2019 年的 18.45%②,家庭结构呈现出简化和多样化的样态,其多样化则体现在单身家庭、非婚同居家庭、丁克家庭、隔代家庭、空巢家庭等新型家庭结构不断增多。

二、家庭结构的划分

社会学、人类学家从不同的角度对家庭有着不同的结构类型划分。最常见的一种笼统的划分方法即二分法,其标准为:①构成家庭成员的人数;②家庭成员排列组合情况,划分依据为夫妻对数、代际层次排列成的家庭结构类型的种类和数量。这种划分方法是基于家庭结构所包括的两个基本方面。一是家庭人口要素:家庭由多少人组成,家庭规模大小;二是家庭模式要素:家庭成员之间怎样相互联系,以及因联系方式不同而形成的不同的家庭模式。在不同历史时期,家庭的结构与规模皆有所不同,因此,可以采用不同的划分标准。纵观我国家庭演变的历史,可以按以下八种标准对家庭结构进行详细的划分。③

(一) 按家庭人数或代际层数的多少划分

一般是按照家庭人口数量划分家庭的大小,人口比较多的家庭称为大家庭,人口比较少的家庭称为小家庭。也可以按家庭中的代际层次划分家庭的大小,只包含一代人或两代人的家庭称为小家庭,包含两代人以上的家庭称为大家庭。

也有学者认为,所谓大家庭是指家族意义上的家庭,所谓小家庭就是作为生活单位的家庭。《红楼梦》《四世同堂》里描述的家庭就是一般意义上的大家庭。

按照这种划分标准,一般而言,历史上的家庭多是大家庭,今天的家庭多是小家庭;随着社会的发展,我国现代家庭越来越小型化、核心化。

赵孟营在其所著的《新家庭社会学》中,按照人口数量将家庭分为三种类型,除了上述的小家庭和大家庭,还有一种就是一人家庭。不过作者也提到,一个人能否称为家庭,这是有争议的。因为相对于"家庭是一个群体"而言,一人就不能组成一个家庭。但另一方面,如果这个人是从某个家庭中分离出来的,他(她)依然延续着某些家庭关系或有着某些家庭关系的遗存,那么他(她)也可以被看作一个家庭。关于一人家庭,在家庭统计学中有四种类型:鳏夫、寡妇、孤儿、独身者。赵孟营在书中提到,因为这四种类型是四种完全不同性质的一人家庭,提出一人家庭概念是有一定研究意义的。④

(二) 按配偶人数的多少划分

一群男女互相为配偶的家庭称为"多夫多妻制家庭",一个女人有多个丈夫的家庭称为

---

① 陆杰华、林嘉琪:《中国人口新国情的特征、影响及应对方略——基于"七普"数据分析》,载《中国特色社会主义研究》,2021 年第 3 期。
② 国家统计局:《中国人口和就业统计年鉴(2019)》,北京:中国统计出版社,2020 年版。
③ 潘允康:《社会变迁中的家庭:家庭社会学》,天津:天津社会科学院出版社,2002 年版。
④ 赵孟营:《新家庭社会学》,武汉:华中理工大学出版社,2000 年版。

"一妻多夫制家庭",一个男人有多个妻子的家庭称为"一夫多妻制家庭",男女专一、互为配偶的家庭称为"一夫一妻制家庭"。其中,一夫一妻制家庭是人类迄今为止最晚出现的家庭形式,亦称单偶制家庭。

(三) 按决定和参与家庭事务的权利划分

按照家庭中事务的决定者、控制者来分,可以分为父权制家庭、母权制家庭、舅权制家庭以及平权家庭。其中,舅权制是父权制代替母权制的中间环节。

(四) 以家庭因子传袭的系统规则为标准划分

母系家庭(matriarchy)是血缘和财产皆以母方来确定的一种氏族、家庭制度,存在于原始社会早期;父系家庭(patriarchy)是血缘和财产皆以父方来确定的一种氏族、家庭制度,在原始社会随着生产力的发展,代替了母系家庭;平系家庭,男女两系平等计算家庭财产或者任何一系都可以;双系家庭,家庭财产与后代同时属于母族和父族。

(五) 以家庭分子居住地为标准划分

从妻居家庭,也称为从母居,指夫妇婚后与妻子的父母生活在一起或住在附近的一种居住模式,也就是招女婿或者称为入赘。从夫居家庭,指夫妇婚后与丈夫的父母生活在一起或住得很近的一种居处模式,即在一个家庭中女儿婚后要离开原来家庭,儿子结婚后则留在家中,这是中国最常见、最传统的一种家庭类型。单居制家庭,指的是夫妻婚后不会与任意一方父母同住,而是自立门户,单独住。这种家庭结构类型在现代社会中有日益增多的趋势。

(六) 按家庭代际层次和亲属关系划分

(1) 核心家庭,是指一对夫妻与其未婚子女所组成的家庭,也包括只有夫妻二人的家庭、夫妻一方与其子女所组成的家庭。这种家庭的特点是只有一对夫妻,因此只有一个中心,也称其为核心,叫作核心家庭。

(2) 主干家庭,又称直系家庭。即由两代或两代以上夫妻组成,每代最多不超过一对夫妻,且中间无断代的家庭,如父母和已婚子女组成的家庭。从传统习惯和传统观念的角度上看,主干家庭符合传统社会中人们的家庭伦理观念,也是实际上真正的中国传统家庭模式。

(3) 扩大家庭,也称为联合家庭。指父母和多对已婚子女共同居住生活的模式,是由核心家庭或主干家庭加上其他旁系亲属组成的家庭。《四世同堂》中祁老太爷的家庭,以及《红楼梦》中宁国府、荣国府的家庭,都是这种扩大家庭结构。

(4) 变异家庭,即上述三种主要家庭结构以外的其他结构。例如因打工潮造成的留守家庭中的隔代家庭,因夫妻一方丧偶或因离异而形成的单亲家庭。

(七) 按照家庭中夫妻对数及相互关系划分

(1) 不完整的核心家庭,即一对夫妻也没有的家庭,这又有两种情况:夫妻一方丧偶而子女未婚,或者是父母双亡的未婚子女。

(2) 两代重叠的核心家庭,子女成婚后继续和父母一起生活。

(八) 按照家庭成员的完整情况划分

完整家庭,即一个家庭中每一代际中的成员都完整;残缺家庭,即家庭中某一代际出现成员不完整,单亲家庭就是一个典型的例子。

以上八种划分方法中,标准三可以说是标准四的一个细分,而标准七又是从核心家庭这一概念出发,对家庭结构进行了更加细化的归类。可以说,对家庭结构的分类标准多种多样,各种分类又相互交叉。

除了上述常见的几种分类外,还有家庭教育专家按照家庭教育指标把家庭分为溺爱型家庭、放任型家庭、控制管制型家庭、教育修养型家庭等。在学术理论界,最常见的分类方法还是按照家庭结构的两个基本组成即家庭人口因素、家庭模式因素来划分的。

第二节 家庭结构的几种类型

一、传统的家庭结构类型

由于我国和西方国家的传统和社会环境差异较大,所以要在我国找到一个模式和西方国家家庭完全相同的家庭是不可能的。但是根据第一节按照家庭的代际层次和亲属关系这两个基本标准划分,将我国传统的家庭结构划分为核心家庭、主干家庭、扩大家庭,以此来进行研究也是有益的。

(一) 核心家庭——现代家庭的主要形式

核心家庭(nuclear family)是指一对夫妇与未婚子女所组成的家庭。它是最基本的家庭状态。这种家庭模式是由婚姻和血缘两条纽带联系的,规模小,家庭关系简单,是一种较稳定的家庭结构。[1]

美国人类学家 G. P. 默多克首先提出了核心家庭概念。他在1949年出版的《社会结构》一书中认为,从亲属关系着眼可把人类家庭分为核心家庭、复婚家庭、扩大家庭等三种基本单位,其中核心家庭是其他几种家庭形式赖以扩大的基本单位。核心家庭这一概念被人类学、社会学广泛使用。[2]

核心家庭中包含着两种最基本的家庭关系,即夫妇关系和亲子关系,所以又称夫妇家庭或血缘家庭。核心家庭以已婚夫妇离开父族、母族独居为开端。

核心家庭可以进一步分为以下几种。

①夫妇核心家庭——只有夫妇二人组成的家庭;

②一般核心家庭——又称标准核心家庭,指一对夫妇与其未婚子女组成的家庭;

---

[1] 胡亮:《由传统到现代——中国家庭结构变迁特点及原因分析》,载《西北人口》,2004年第2期。

[2] Murdock G P. Social Structure. New York: The Macmillan Company, 1949.

③缺损核心家庭——又称单亲核心家庭,指夫妇一方和子女组成的家庭;

④扩大核心家庭——父母与已婚子女组成的家庭,或者是已婚的兄弟姐妹及其子女与未婚的兄弟姐妹组成的家庭;

⑤过渡核心家庭——指父母与结婚不久的儿子或女儿组成的家庭。①

核心家庭的特点是对亲属网络的依赖性较小,独立性、灵活性、机动性较大,具有性爱、生育、教育、经济、娱乐、情感交往等功能。这种家庭一方面有利于形成家庭中的平等关系、平等权利、平等嗣系,简化家庭人际关系,减少家庭生活中的矛盾和纠纷,实现家庭中的民主,有利于培养青年人的独立性,满足不同代人对不同生活方式的追求。但另一方面它削弱了两代人之间的关系,不利于两代人在家庭生活中相互帮助和救援,在老人赡养和儿童抚育方面带来一些实际问题。核心家庭是现代都市和工业社会最主要的家庭模式。

《英国大百科全书》中提及,核心家庭是一种最古老的家庭形式,它的历史可以追溯到人类最早的祖先。大概在50万年前或更早些,当时人们分成小帮而居住,他们的孩子出生间隔为一年或者两年,但在孩子们能独立之前,母亲需要从父亲那里获得帮助一同抚养孩子,这样一对父母和自己的孩子就形成了稍微稳定的核心家庭。

全世界的家庭结构都有从扩大家庭向核心家庭转化的趋势。中国人在家庭观念上一直崇尚大家庭模式,也就是在前面提到的多重代际住在同一屋檐下的联合家庭或是扩大家庭。但是近年来,随着社会变革,政治、经济等各种原因造成了地理位置的分化,传统概念的"几世同堂"的大家庭数量在不断减少,城市中的减少速度要超过农村。不论是在城市还是乡村,随着大家庭的减少,核心家庭的数量相对大量增加。中国的家庭在经历着一个小型化、核心化的过程。②

(二)主干家庭——传统家庭模式的代表

主干家庭(stem family),是由法国社会学家勒普莱(又译雷柏莱)于1830—1880年在实地研究中欧、斯堪的那维亚半岛各国和西班牙等国家家庭组织的基础上提出来的。

主干家庭又称直系家庭,即由两代或两代以上夫妻组成,每代最多不超过一对夫妻,且中间无断代的家庭,如父母和已婚子女组成的家庭。也有学者认为,所谓主干家庭就是指多子女家庭,在子女结婚后父母身边只留一个已婚子女组成的家庭,亦称母家庭。其余子女结婚后另立门户,组成核心家庭,亦称子家庭。这两种家庭保持着紧密的联系,父母关心和支援子女,如帮助子家庭照顾孩子、拆缝衣物等;子女尽赡养义务,在劳务上和精神上给予帮助和安慰,在节假日一般都聚集于父母身边(即来到主干家庭内)共享天伦之乐。③

主干家庭在许多方面都是比较理想的家庭形式,它具有高度的稳定性和内聚力,并能在一定程度上培养代际的同情心,联络代际感情。它也能在赡老、抚幼和管理家务上提供一些便利。主干家庭的缺点是家庭中有两对夫妻、两个中心,因而由谁执掌家庭权力问题难以解决,婆媳冲突就是一例。

在中国,随着社会的发展,几代同堂的联合家庭已失去存在的基础,而核心家庭日益增

---

① 王跃生:《中国当代家庭结构变动分析:立足于社会变革时代的农村》,北京:中国社会科学出版社,2009年版。
② 潘允康:《社会变迁中的家庭:家庭社会学》,天津:天津社会科学院出版社,2002年版。
③ 李鑫生:《人类学辞典》,北京:华艺出版社,1990年版。

多，主干家庭的相对稳定的优越性更充分地体现出来，它将成为主要的家庭形式。从传统习惯和传统观念的角度来看，主干家庭更符合传统社会中人们的家庭伦理观念，也是实际上真正的中国传统家庭模式。

勒普莱把19世纪欧洲的家庭分为三大类：父权制家庭、不稳定家庭、主干家庭。他所谓的主干家庭的原意只包括父系男性继承的情况，即父亲只和已婚子女中的一个及其子女在一起组成的家庭。而在实行母系的地方和民族，他们的主干家庭自然是由母系，即家庭中的女性所继承，这恰恰与勒普莱所说的情况相反。

中国社会学家潘光旦在《中国之家庭问题》一书中称主干家庭为"折中制家庭"，认为它"有大家庭之根干，而无其枝叶"，是大家庭和小家庭间的折中形式。从观念上讲，主干家庭是事实上的传统家庭模式，是较为普遍存在于人类社会的家庭结构。

在中国、日本、朝鲜等东方国家，主干家庭的数量要比欧洲多得多。

（三）扩大家庭——核心家庭的扩大化

扩大家庭（extended family）这一概念由美国人类学家G. P. 默多克首先提出。当前我国学术界对扩大家庭的理解和概念使用不尽一致，一些学者把"大家庭"都视为"扩大家庭"，认为只要家庭成员众多、超过了核心家庭都可称之为扩大家庭。我们也常常会看到这样的描述："扩大家庭，又叫联合家庭……"

美国社会学家埃什尔曼在《家庭导论》一书中这样写道："所谓扩大的家庭，是指家庭结构在核心家庭基础上的扩大。作为一个家庭单位，扩大家庭可能比核心家庭有较多的成员。有时扩大家庭也常被称为血亲家庭或联合家庭。血亲家庭是指联合几个有血缘关系基础的核心家庭，或者说在一个家庭里基于共同血缘关系，由共同的祖先及其数代子孙所组成的扩大家庭。其主要区别是强调血缘关系超过婚姻纽带。……联合家庭概念，通常是指有血缘关系兄弟相联合的血缘家庭，扩大到兄弟媳妇和他们的子女生活在一起。"①

关于联合家庭的解说，赵孟营在《新家庭社会学》的定义和埃什尔曼的定义基本相同：联合家庭是一个家庭中任何一代有两对夫妻的家庭，是两个核心家庭共同平行组成一个大家庭性质的家庭。联合家庭与扩大家庭、核心家庭有质的不同。②

基于此，我们可以认为，单从概念上讲，联合家庭是扩大家庭的一种子形式，或者说扩大家庭中包含联合家庭这一形式。也有学者将扩大家庭与联合家庭并列，同核心家庭、主干家庭一样看作家庭结构的不同类型。

扩大家庭除了有特殊结构功能之外，还有使用和心理之双重价值。其中亲密的感情联系（特别是祖孙之间）是非常重要的，扩大家庭对改善亲子关系有很大的帮助。同时，家庭中的亲属能成为重要的社会认同和学习的客体。因此，扩大家庭在家庭内稳定地传播思想观念和价值体系方面发挥很重要的作用。

可以说，核心家庭、主干家庭、扩大家庭是现代社会家庭主要的三种家庭结构。其中，核心家庭是最基本的家庭结构形式，是其他几种家庭结构形式赖以扩大的基本单位；主干家庭是由扩大家庭向核心家庭过渡的一种家庭结构，是传统家庭模式的代表；扩大家庭是核心家

---

① 埃什尔曼著，潘允康、张文宏、马志军等译：《家庭导论》，北京：中国社会科学出版社，1991年版。
② 赵孟营：《新家庭社会学》，武汉：华中理工大学出版社，2000年版。

庭的扩大化,在我国封建社会普遍存在。

二、非传统的家庭结构类型

与三种传统的主要的家庭结构相对的,就是非传统的家庭结构类型。同传统家庭结构分类一样,对非传统家庭结构的分类也是多种多样的,结合中外家庭模式的具体情况,按照家庭中成员结合形式将非传统家庭结构划分为以下几种类型。

(一)独身家庭

主要包括丧偶以后不与子女共同生活的夫或妻、孤儿,以及终身不嫁、不娶又不愿与其他亲属共同生活的独身主义者。目前这种家庭在世界各国都有,但西方国家较多。据统计,法国有四分之一的家庭属于独身家庭,巴黎的独身家庭占家庭总数的二分之一。

(二)同性恋家庭

同性之间发生的肉体关系,是反映在性行为上的一种非常态现象。目前,部分国家已经开始从法律上对同性恋这种特殊家庭形式表示许可和保护,截至 2020 年 11 月,同性婚姻在全球各大洲都得到合法化,全球范围内实现同性婚姻合法化的国家和地区达到 37 个。

(三)丁克家庭

这种家庭模式最早出现在欧美国家,近年来,在日本、中国等亚洲国家也不断出现。虽然这种丁克家庭是现代城市社会家庭生活中的一种新模式,依据夫妻双方个体差异,丁克家庭分主动自觉型和被动消极型。前者指夫妻双方有生育能力,但自愿不育的家庭;后者指夫妻一方或双方不具有生育能力而造成没有子女的家庭。

(四)空巢家庭

空巢家庭一般是指家庭中因子女外出工作学习而使老人独居的一种现象。所谓"空巢",是指子女长大成人后从父母家庭中相继分离出去,只剩下老年一代人独自生活的家庭。近几年,空巢家庭中的成员呈现一种从老年化向中年化转变的趋势。

(五)留守儿童家庭

所谓"留守儿童"(the "left-behind" children),是指父母双方或一方外出到城市打工,而自己留在农村生活的孩子们。他们一般与自己的父亲或母亲中的一人,或者与上辈亲人,甚至父母亲的其他亲戚、朋友一起生活。[①] 有留守儿童组成的家庭称为留守儿童家庭。

关于非传统家庭结构类型,有学者认为除了上述五种类型外,还存在着非婚家庭、群居家庭、现代偶婚家庭这三种分类。所谓非婚家庭,是指男女双方在非正式结婚的情况下,在一定时间内同居生活的家庭;群居家庭,是指一定数量的人共同生活在一起,组成不伦不类

---

① 段成荣、周福林:《我国留守儿童状况研究》,载《人口研究》,2005 年第 1 期。

的家庭形式,有同性群居和异性群居之分;现代偶婚家庭,是指在形式上维持一夫一妻制的同时,夫妻双方还各自同自己喜爱的异性同居。

但是,基于"家庭是以婚姻、血缘关系为纽带的社会生活的组织形式"这一概念,我们认为非婚同居只能算是基于爱情基础的一种居住形式,因缺少血缘和婚姻这两个基本要素而不能称其为家庭结构。至于群居家庭,从划分的标准上来看,又有着传统扩大家庭的影子,其界限模糊。至于与传统道德观念相违背的现代偶婚家庭,在社会上尚属少数,在此也不将其作为主要的非传统家庭结构类型介绍。

非传统家庭结构的出现有着深刻而多重的社会原因,同时也带来了很多社会问题。在我国,丁克家庭逐渐增多,独身家庭时有出现,由此而带来的生育率下降、对婚姻的逃避以及单亲家庭的子女教育问题越来越受到社会各方面的关注;空巢家庭的增多以及空巢家庭呈现的年轻化趋势,向我国的社会保障体系提出了严峻的挑战。

在中国社会中,还有两种特殊的家庭类型值得一提。

一是网络家庭,也有学者称其为"家庭网"。其定义为:有亲属关系的家庭之间所形成的社会网络。就多数情况而言,它是由可能组成联合家庭的几个独立核心家庭组成的一种特殊的社会组织,具有特殊的结构和功能。作为社会网的一种,它源于亲属关系,但区别于其他社会网,其间具有较密切的关系和较强的凝聚力。当代家庭网也不同于旧式封建家庭,既不同居共财,也不被置于封建家长统治和封建伦理观念束缚中,处于家庭网中的每一个家庭都是相对独立的。在核心家庭、空巢家庭越来越多的现代社会,家庭养老、继承都面临着问题,从某种意义上说,家庭网的出现,是对家庭小型化、核心化的必然补充。[①]

二是宗族式家庭。宗族式家庭是以有可能同时存世的几代直系成员及其祖辈至本辈旁系成员为户主的家庭所形成的男系血缘共同体。这些家庭单元之间,除了网络家庭外,主要联系体现在婚丧嫁娶、祭祀等仪式活动中,彼此之间没有经济支持、生活照料义务。

三、家庭结构的多元化趋势

伴随着经济的发展、社会的转型、西方文化观念的引入、生育政策的实施等,上述提及的传统的家庭结构都经受着一定程度的挑战。概括来看,当下的家庭结构主要呈现出家庭规模小型化、家庭代数减少化、家庭形式稳定化、居住安排多样化等特点。那么,在家庭结构的多元化发展过程中,也出现了所谓的反常家庭现象,即在一定历史时期偏离家庭发展的既定目标,背离家庭正常运行和发展趋势的家庭现象。这种家庭现象多发生于家庭变革时期,既不同于过去的家庭,又不代表未来的家庭,是人们在特定社会条件下任意选择的生活组织形式。

当代的反常家庭现象多种多样,其中主要有以下几种。

一是独身户。这里所说的独身户,并非由某种客观原因而造成的一人户,而是现代的独身者,即达到结婚年龄而自愿不结婚,将独自生活作为一种新的生活方式来选择的人。

二是未婚同居家庭。指男女未经正式结婚而生活在一起,组成一种未经法律认可的、非

---

① 潘允康:《社会变迁中的家庭:家庭社会学》,天津:天津社会科学院出版社,2002年版。

永久性的、无约束力的生活联合体。

三是未婚单亲家庭。它是由未婚生育造成的,也就是由未婚母亲和她的私生子女组成的家庭。

四是同性恋家庭。即由同性恋者组成的家庭。在同性恋去病化不断发展和同性婚姻在全球逐渐合法化的今天,同性家庭成为当今社会家庭的一种新型的组成方式。

五是群居家庭。指彼此熟悉的若干同性和异性的人自愿居住在一起,集中财力共同吃、用,共同分担公共事务,内部成员频繁进出,经常更换,构成一种不稳定的短期生活关系。

这些生活组织形式并不是严格意义上的家庭,只是家庭的一些特殊样态。

第三节 家庭功能的基本内涵

一、家庭功能的概念

作为社会这个系统的一个重要的子系统,家庭是人类社会中基本的生活组织单位。人类社会的生存与发展,都具体地体现在每一个家庭的生存和发展之中。显然,家庭也就必然具有与之相适应的基本行为活动,也就形成了家庭相应的功能。

从社会构成上看,在人类社会的婚姻家庭制度出现之后,家庭不仅成了社会的基本组织形式,而且还成为承担社会基本功能的单位。所以,家庭不论被认为是人类社会最基本的组织,还是被视为一种群体,不仅能够满足每一个人的需要,同时也能够满足社会的需要,发挥种种作用。

家庭功能(family functioning)又称家庭职能,是指家庭在人类生活和社会发展方面所能起到的作用,即家庭对于人类的功用和效能。

家庭的功能不是单一的,而是多方面的,它能满足任何社会的各种需求,这是其他任何一个社会组织所不能比的。家庭作为一个动态因素,其功能随着社会生产方式的发展变化而逐渐变化着。家庭功能的正常发展,会促进社会的安定和发展。

家庭结构有着较为清晰的内涵和外延,而家庭功能却无明确边界,所以有关家庭功能的界定往往莫衷一是,但达成共识的是,家庭功能的正常施行是家庭维持常态化运行和社会正常运转的基础。[1]"各种类型的家庭都提供以下便利:性的满足,生儿育女,儿童的抚养以及儿童的社会化,给予各成员心理以及物质上的安全感。……所有家庭组织对社会的具体贡献为:向社会输送人口,传播社会习俗,向从属社会单位输送青年,分配商品与调节公共设施,在重要领域调节青年与老人、男子与妇女间的关系。为了达到上述目标,家庭组织必须保持同非家庭组织的联系。"[2] 目前,对家庭功能的界定建立在家庭功能的理论基础上,并呈现出两种取向:结果取向和过程取向。结果取向的家庭功能理论认为,可以把家庭功能发挥

---

[1] 杨菊华、何炤华:《社会转型过程中家庭的变迁与延续》,载《人口研究》,2014年第2期。
[2] 潘允康:《家庭社会学》,重庆:重庆出版社,1986年版。

的结果是把家庭划分为不同类型,有些是健康的类型,有些则是需要治疗和干预的类型;过程取向的家庭功能理论认为,家庭实现其功能的过程越顺畅,家庭成员的身心健康状况就越好,反之,则容易出现各种家庭问题与危机。①

二、家庭的主要功能

(一)家庭的基本功能

20世纪30年代,在西方国家普遍存在着"家庭消亡论""家庭退化论",而这些理论的出发点是家庭传统功能的减弱甚至消退。关于家庭的传统功能,社会学家龙冠海在《社会学原理》中也进行了归纳。他认为,"家庭系唯一一个能够满足人们各种需求的团体,换言之,家庭具有多种功能",并从以下七个方面划分家庭功能。

(1)生物方面,如性欲的满足、生育传代、小孩的保护及老人的照料等。

(2)心理方面,如个人各种心理态度及行为的养成、人性及人格的发展,情感的发泄,爱情的培植与表现以及精神的安慰等。

(3)经济方面,家庭是最小的经济组织单位,包括生产、分配、消费及解决个人的衣、食、住等内容。

(4)政治方面,家庭单位如同一个小型政府,家长为统治者,权威的观念及服从的习惯是在父母子女关系中养成的。

(5)教育方面,家庭是人类最初最小的学校,担负传授知识、灌输伦理道德观念、指导行为及使人社会化的责任。

(6)娱乐休息方面,家庭是人类基本的娱乐休息场所,是家庭成员共同娱乐、享受天伦之乐的地方。

(7)宗教方面,家庭是人类最初的教堂。②

从学者对家庭功能所做的概括中,我们可以看出:家庭虽然不能满足人的一切需要,但是能够满足人的多种需要。家庭对人类社会不可或缺,具有重要的作用。家庭功能是家庭存在的社会依据。综合中西方国家中家庭在社会发展中所发挥的作用,我们将家庭的基本功能进一步划分为以下七种。

1. 生产功能——其他家庭功能的物质基础

广义上说,家庭的生产功能包括家庭中的生产、分配、交换和消费。家庭是生产资料的占有单位、生产劳动的组织单位、劳动产品的分配和交换单位,更是消费单位。

家庭消费(family consumption)是家庭的基本功能之一,指家庭收入和支出的水平及安排状况。在原始社会,家庭既是生产单位,也是消费单位。家庭生产的产品几乎全部用于其成员自己的消费,很少用于交换。奴隶社会乃至封建社会,以家庭为单位的生产和消费格局无根本改变。进入资本主义社会以后,家庭虽不再是社会生产的基本单位,但仍然是社会消

---

① 方晓义、徐洁、孙莉等:《家庭功能:理论、影响因素及其与青少年社会适应的关系》,载《心理科学进展》,2004年第4期。

② 龙冠海:《社会学》,台北:三民书局,1969年版。

费的基本单位,家庭消费形式也由自给自足变成以货币形式交换为主。需要注意的是,在现代化社会,发展的公共服务业在一定程度上接替了部分家庭功能,或是与家庭共同承担,其中,社会化最为明显和彻底的就是家庭的生产功能,①但生产功能依旧是家庭的首要功能,也是家庭发挥其他功能的物质基础。

2. 生育功能——家庭是生育的基本单位

家庭,从人类进入个体婚制以来,一直是一个生育的单位,是种族绵延的保障。贝克尔说:"结婚和家庭的主要目的是生儿育女。"②费孝通认为:"生育制度是人类种族绵续的保障。"③米特罗尔、西德尔在《欧洲家庭史》中认为:"人类的生育阶段是由生物学和社会文化因素共同引起的。……职能实际上是最坚固的核心。"④

生育包括"生殖"和"抚育"。家庭是完成这一职能的基本单位。同时,人们只有生儿育女、传宗接代,才能绵延人类种族和社会,否则人类和社会都无法延续和生存。家庭通过发挥生育功能满足这一基本需求。然而,生育这种私域行为也受到了公共制度的入侵,比如,在西方,子女数量的减少是个人和家庭自行选择的结果;在中国,子女数量的快速下降则与独生子女政策的实施紧密相关,家庭的生育功能一定程度上出现了异化特征。⑤

3. 抚养和赡养的功能——家庭的基本功能

在家庭的生育功能中我们提及"抚育",从代际关系上讲,抚育是父母对子女生活上的供养。表现为上一代对下一代人的责任和义务。家庭中的抚养是指夫妻之间的相互供养、帮助和救援,表现为同代人的责任和义务。赡养则是指子女对父母(晚辈对长辈)的供养和照顾。同生育功能一样,抚养和赡养功能同样是延续人类社会所必需,正因为此,许多国家对家庭中的这一功能进行了法律上的规定。现阶段,抚幼赡老的责任主要由家庭中具有劳动能力的人承担,但由于人口年龄结构的失衡,抚养和赡养功能,尤其是家庭的赡养功能出现萎缩化趋势,并逐步由社会各类专门组织或志愿组织承担。人口年龄结构和抚养比见图4-1。

4. 教育功能——家庭是第一所学校

家庭是人生的"第一课堂",又是一所"终身制"的学校。家长是儿童的第一任教师。马克思曾经说过,家长的行业就是教育子女。家庭教育担负着传授文化知识、培养道德品质、指导行为规范等使人实现社会化的责任。家庭教育的作用随时都在发生,家庭教育职能发挥得如何,将直接关系到提高人口质量的社会问题,它不仅关系到下一代的前途,也关系到社会的进步和发展。从家庭教育的功能效果来看,家庭教育对人一生所产生的作用,是人类社会其他形式的教育行为活动包括学校教育和社会教育所无法替代的。

5. 家务劳动功能

这一职能能否正常、有效地发挥,直接关系到家庭的稳定和亲属间的感情。2001 年,我

---

① 池丽萍、辛自强:《家庭功能及其相关因素研究》,载《心理学探新》,2001 年第 3 期。
② 加里·斯坦利·贝克尔著,王献生、王宇译:《家庭论》,北京:商务印书馆,1998 年版。
③ 费孝通:《乡土中国 生育制度》,北京:北京大学出版社,1998 年版。
④ 米特罗尔、西德尔著,赵世玲、赵世瑜、周尚意译:《欧洲家庭史——中世纪至今的父权制到伙伴关系》,北京:华夏出版社,1987 年版。
⑤ 张原、陈建奇:《变迁中的生育意愿及其政策启示——中国家庭生育意愿决定因素实证研究(1991—2011)》,载《贵州财经大学学报》,2015 年第 3 期。

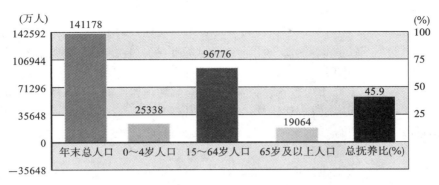

图 4-1　人口年龄结构和抚养比（2020 年）

数据来源：国家统计局，https://data.stats.gov.cn/easyquery.htm? cn=C01&zb=A0301&sj=2020。

国《婚姻法》修改时，立法机关根据家务劳动多由女性承担的社会现实，增设了家务劳动补偿制度，但该制度以分别财产制为前提，在具体实践中的适用受到严格限制；2020 年，《民法典》将适用前提扩大到共同财产制，进一步通过法律对劳动性别分工予以纠正，承认了家务劳动的经济价值。①

6. 娱乐、情感慰藉功能——家庭是重要场所

家庭是人的娱乐场所之一。家庭娱乐对于家庭成员有着重要的意义，能够增加家庭生活乐趣，丰富家庭生活内容，调剂家庭成员的智力和体力，满足家庭成员的心理和生理要求。同时，家庭是家庭成员思想感情交流最充分的场所，家庭给人一种安全感、归属感，家庭是感情交流的地方。随着生产力的大发展和社会的现代化，家庭娱乐和社会一样进入了电子时代，现代通信技术的发展为非同住的亲子提供了便捷的交流途径，但是远程交流无法取代面对面交谈，情感联络被冲淡，家庭的情感慰藉功能弱化。

7. 政治、宗教功能——上层建筑领域

在信奉宗教的国家和地区中，家庭可以说是人类最初的教堂。宗教信仰的发生和传授、宗教仪式的学习等，多半是从家庭开始并以家庭为中心的。历史上的家庭不仅是一个生产单位，而且还是一个"小型政府"，在家庭中，家长是统治者，不仅负责组织家庭成员进行生产，而且负责召集家庭成员议事，并持有奖惩家庭成员的权力。所以有人说，权威的观念和服从的习惯最初是在家庭中养成的。这种职能存在于特定的时期、特定的环境、特定的家庭中。在一定历史时期内特定的历史条件常常能导致家庭职能的变化。

在上述的家庭诸多功能中，生育功能、抚养和赡养功能以及教育功能是家庭的首要功能；生产功能则是基础功能；其他诸如娱乐、政治、宗教功能等都是派生功能。

（二）家庭对社会的功能

根据本章开头摩尔根有关家庭介绍的描述，以及上述关于家庭基本功能的分类，我们可以看出，家庭作为社会的细胞，对其所存在的外在社会大系统以及内在家庭成员小个体单位都发挥着重要的功能，即家庭对社会和个人有着双向功能。

第一，家庭通过人口在生产和提供社会化的最初环境等来维护社会的延续、继替和传

---

① 李勇：《民法典"唤醒"家务补偿制度》，载《中国妇女报》，2021 年 9 月 14 日。

承。这是家庭对社会最主要的功能。

家庭和社会是从最原始的合一状态逐渐发展到现代社会的分离状态的。人们依照历史惯例,通过长期摸索和经验积累,把生产社会人口的职能赋予了家庭,家庭在很长时期内是唯一合法的人口再生产机构。

与社会延续相关,家庭还承担着社会继替功能,而这一功能的实现是依靠家庭提供社会化基本环境这一机制来达成的。现代社会世代交替的内容十分丰富复杂,因此要在家庭中全部完成继替任务是不可能的,家庭的继替功能有所减弱。但是日常生活的经验和人际关系的调试仍是在家庭内部完成的。

此外,家庭还承担着文化传承的功能。在传统社会中,家庭是社会最重要的文化载体,也是社会成员习得文化最重要的场所。在现代社会中,文化传承的功能已经从家庭中分离出来,家庭文化传承功能就仅限于日常生活方式这一方面。

第二,家庭通过对家庭成员的管束而实现社会控制功能或者说家庭承担社会控制协同者的职能。

广义的社会控制是指社会将自己的力量施于社会生活的各个方面,协调社会同各个组成部分之间、社会整体和社会成员之间的关系,从而保证社会的和谐、稳定发展的诸多机制。狭义社会控制是社会对社会成员的越轨行为进行约束和惩罚的机制。

在现代,社会需要将个人从家庭中解放出来,在此过程中,家庭仍然通过提供道德、继替意识等内在性控制工具来协助社会控制。尤其是对未成年的家庭成员而言,家庭仍是最重要的社会控制工具,家庭通过父母对子女的权威实现了社会对其成员的支配与控制。

第三,在某些特定背景下,家庭能够发挥推动社会变迁的功能。

社会变迁的根本动力在于社会生产方式的变迁,但在此过程中,作为社会生产的基本单位,家庭发挥着传递变迁动力的作用。

第四,家庭既是社会宏观交换的重要参与者,又是社会微观交换的重要机构。

社会交换是人类社会生活的基本内容,也是社会系统的一个重要基础。社会生活的秩序和社会系统的运转也只有通过社会交换才能得以维系:在社会宏观交换中,政府或政治组织、经济组织、社会控制组织和家庭是四个最基本的参与交换的社会组织和群体。家庭在参与交换中提供非常重要的两个"产品"作为其他组织和群体所获得的报酬:一个是其他组织所需要的组织成员,另一个是全社会需要的"忠诚和信任"。离开家庭的参与,社会实现交换就会因缺少一个重要组成部分而产生混乱。

社会微观交换更是大量地发生在社会日常生活事件中。社会微观交换的机构有很多种,工作单位、公共场所等都是,而家庭则是其中最重要的机构之一,因为社会成员的大量活动都是在家庭中完成的。

虽然家庭在社会发展的过程中起着诸多积极的推动作用,但是在社会变革时期,某些家庭也会起到阻碍变革、因循守旧的消极作用。但从总体上来讲,对于既存的社会而言,家庭是构筑其结构的基石,家庭永远是社会的一个组成者与维护者。

(三)家庭对个人的功能

纵观历史,家庭对个人的功能与其对社会的功能有很大的不同。家庭对社会主要是发挥积极的、维护的功能,而对个人则具有双重性:既有维护社会成员个人的积极功能,也有压抑甚至迫害社会成员个人的消极功能。[1]

家庭对个人的积极功能主要有：地位获得的功能；提供个人基本物质生活需要的满足和保障功能；提供适当的两性生活形式和合法出生机构的功能；为其成员提供融入社会生活的基本经验和基本规范的功能，即社会化功能；对个人具有情感满足功能。

上述五个方面是分析家庭在历史上和现实中对个人具有的正面的功能。而家庭对家庭成员个人的消极作用在于：家庭有时发挥消解人的个性独立的负面功能；家庭曾经发挥着剥夺其成员个人生活选择权利和生活隐私的负面功能；某些家庭通过对不平等现状的维护，剥夺了家庭成员之间个人平等的权利。

家庭对社会和个人都发挥着极其重要的作用。对社会而言，家庭是构成社会有机体最基本的单位；对成员个人而言，家庭是其存在、发展、实现社会化的第一个也是最重要的组织。

第四节　家庭的演变

今天，现代化浪潮席卷全球，家庭变革已经不是某一个国家和民族的事情。它最先起于西方发达国家，然后向东方蔓延，20 世纪 60 年代后演变为全球性的家庭变革。中国的家庭变革，就是在这场全球性家庭变革的高潮中发生的，并成为它的一个重要组成部分。虽然中国家庭变革受到西方的影响，但是现代化过程中的社会转型，以及由此引起的社会经济制度、政治体制，以及人们的生活方式、行为方式、价值观念、心理状态等各方面的变化则是其根本动因。

一、家庭结构的演变

在不同历史时期、社会形态下，家庭的结构经历着不同的演变。

例如，在原始社会，主要是以群居为主的大家庭，其中经历了母权制家庭（母系社会）—舅权制家庭—父权制家庭（父系社会）。到了封建社会，在宗法制度与传统观念的影响下，主要是以扩大家庭为主的多重代际同居一处的大家庭。近现代以来，世界范围内几乎所有国家，在社会政治、经济、法律等多重宏观因素的影响下，家庭都出现了小型化趋势，家庭平均人口正在减少。[2] 王跃生指出，当代中国家庭结构的变动主要呈现出三种状态：一是相对稳定的家庭类型，以三代直系家庭为代表；二是明显上升的家庭类型，独生子女政策使得夫妇核心家庭提高幅度显著、隔代直系家庭增长率最高、单人家庭增长；三是以下降为表现形式的家庭类型，缺损核心家庭明显减少、标准核心家庭有所下降，家庭结构的简化会促使家庭功能及家庭成员关系发生改变，进而对整个社会产生影响。[3]

---

[1] 赵孟营：《新家庭社会学》，武汉：华中理工大学出版社，2000 年版。
[2] 王跃生：《中国当代家庭结构变动分析：立足于社会变革时代的农村》，北京：中国社会科学出版社，2009 年版。
[3] 王跃生：《当代中国家庭结构变动分析》，载《中国社会科学》，2006 年第 1 期。

随着社会进步和时代变迁,特别是改革开放以来,我国城乡社会经济体制发生了巨大而深刻的变革,城乡家庭也发生了巨大的变化。主要表现在以下方面。

(一)家庭结构小型化、核心化

我国自改革开放以来,家庭小型化的趋势日益明显。"四世同堂"的家庭已基本成为历史。特别是在我国实行计划生育之后,新生儿数量下降,独生子女增多,与传统的几世同堂相比,现代家庭人口少、规模小,人际关系简单,父母和子女成为家庭关系中的稳定三角。随着家庭结构的变化,家庭的重心发生转移。传统家庭的重心是血缘关系(父子关系),男性是家庭生活的主宰,家庭谱系和事业是父子继承,各种家庭关系的重要性依次是父子、兄弟、夫妻,血缘重于姻缘。现在家庭的重心已转移到姻缘关系(夫妻关系),夫妻是家庭生活的主持者,是家庭经济的主要来源,是对外活动的代表。夫妻关系是家庭的基础,其他关系如血缘、亲缘关系都是由夫妻关系派生的,一切家庭活动都是围绕着夫妻关系这一重心来扩展和运转的。[①]

近30年来,家庭规模的小型化是我国城乡家庭结构变化的重要特征之一;与此同时,家庭结构还呈现出以核心化家庭为主、小家庭式样愈益多样化的趋势。

那么,为什么核心家庭日渐增多呢?其主要原因有以下几个。

第一,家庭的经济问题。现在大多数家庭已不是生产单位,而是生活消费单位,这就使经营大家庭的必要性减小了。

第二,家庭人际关系问题。大家庭中,层次多、成员多,关系复杂,因此,矛盾纠葛也多,大家庭分化为小家庭就避免了这些矛盾。

第三,两代人的差异。这种差异表现在思想、性格、兴趣、爱好、价值观等各个方面,由于这些差异,两代人有时就会出现隔阂和分裂。

第四,青年人要求独立的心理。青年人在经济自立、达到结婚年龄时,都想独立地组织一个由自己支配的小家庭。因此,在青年人的心目中,大家庭的价值越来越低。

第五,住房问题。由于各种原因,我国的住房问题很紧张,尤其是城市居民,即使儿女结婚后仍想和父母生活在一起也并不总会具备条件,因此,已婚子女不得不离开父母另寻住房,大家庭自然会分解。

第六,社会流动。现代社会工业发达,交通便利,行业众多,社会流动性大。家庭成员需要走出家庭,去上学、就业、参军,达到结婚年龄时,他们就在学习和工作地点附近落户,这在很大程度上破坏了大家庭,减小了大家庭成立的可能性。[②]

(二)扩大家庭趋于消失,主干家庭数量逐年下降

这在城乡都有不同程度的表现,只是数量下降的速度不同而已(见图4-2、图4-3)。与城镇不同的是,农村主干家庭仍占有一定的地位,数量下降得比较缓慢,近年来甚至有不降反增的趋势,主要原因有:中国传统和道德观念根深蒂固;经济问题在一定情况下促成分家,另外有可能维持大家庭;住房压力对主干家庭有维持作用;老年人的心理因素的影响。同时,

---

[①] 周智娟、康祥生:《当代中国家庭变革走向》,载《求实》,2000年第10期。
[②] 潘允康:《家庭社会学》,重庆:重庆出版社,1986年版。

扩大家庭仍有少量存在,这是与农村根深蒂固的传统观念分不开的。随着时间的推移、社会生产力的发展、生活方式的个性化以及生育子女数量的减少,扩大家庭会渐渐出现内部成员分散的趋势。

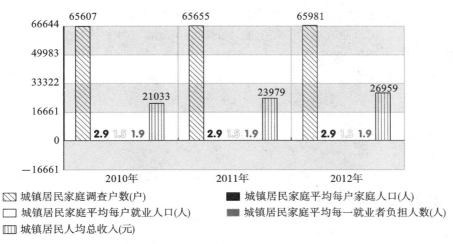

图 4-2　城镇居民家庭基本情况(老口径)

数据来源:国家统计局,https://data.stats.gov.cn/easyquery.htm? cn=C01&zb=A0301&sj=2020。

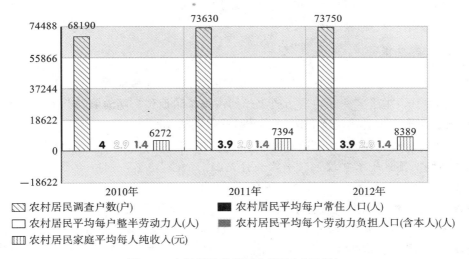

图 4-3　农村居民家庭基本情况(老口径)

数据来源:国家统计局,https://data.stats.gov.cn/easyquery.htm? cn=C01&zb=A0301&sj=2020。

(三)多样化家庭即非传统家庭同时并存

现代人们有更大的自由选择适合自己的家庭形式,除上述家庭形式外,家庭结构又呈多样化的趋势,丁克家庭、单亲家庭、同性恋家庭、单身家庭、空巢家庭、同居家庭、跨国家庭、网络家庭、隔代家庭等多样化的家庭形式同时存在于我们的生活中并被社会所接受。

在城市里,丁克家庭逐渐增多,单身家庭经常出现,由此而带来的生育率下降、对婚姻的逃避以及单亲家庭的子女教育问题越来越受到社会各方面的关注;隔代家庭所造成的亲子关系的疏离以及未成年子女教育问题也引发了一系列的思考;空巢家庭的增多以及空巢家庭呈现的年轻态趋势,对我国的社会保障体系提出了严峻的挑战;带有"改革开放"色彩的跨国家庭的出现以及随之而来的因价值观念不同而造成的离婚率上升,也值得我们思考。

总之,多样化的家庭结构一方面说明社会的宽容度在提升,人们有选择更广泛的家庭生活方式的自由;另一方面也在昭示着将有更多的现实问题需要我们去面对和解决。

从总体上看,在我国,无论是城镇还是乡村,核心家庭、直系(主干)家庭为基本结构的状态将继续保持,仍然呈现出以核心家庭为主、直系(主干)家庭居次、其他家庭结构作补充的格局。

二、家庭功能的演变

家庭的功能是多样的,且伴随着社会的发展而不断地调整和变化。中国传统家庭作为社会的中心承担了大部分的社会功能,如经济、宗教、教育、娱乐功能等。伴随着时代的发展、家庭结构的变迁和人们生活需求的日益增长,传统家庭功能的部分内容已失去了效用。

有些学者认为,在今天,社会化大生产和市场经济下的专业化分工,以及家庭结构和家庭制度的变迁,已经使家庭的许多基本社会功能出现萎缩、下降或被取代。[1]

近半个世纪以来,特别是改革开放以来,中国现代化进程的加快、经济变革和社会发展都带来了家庭功能的重大变化。

(一)生育功能

中国传统的"多子多福""不孝有三,无后为大"的生育观带来的是对家庭生育功能的强化,崇尚累世同居,主干家庭在中国历史上长期占据统治地位。随着我国计划生育政策的实施,生育已经超出了家庭的局限,有了社会性,社会将人口发展纳入整个经济的发展规划之中,对生育进行积极干预,生育已经不是一个家庭的私事而成为社会责任。[2]

国家强制实施独生子女政策以来,"一对夫妇一个孩"已被人们所接受并认可。现在新婚夫妇基本上都只要一个孩子,甚至有越来越多的夫妇选择了不育。提倡"少生优生"、注重婚育检查等,也体现了人们在生育上更加理性,更加注重生育质量。[3] 2021年5月,中国有两件人口大事,一是国家统计局发布了第七次全国人口普查主要数据结果,二是中央政治局召开会议,提出进一步优化生育政策,实施一对夫妻可以生育三个子女的政策及配套支持措施,以期实现适度生育率,为不同人群多样化的生育需求提供空间。[4]

(二)生产功能

经济高度发达的当今社会里,自给自足的家庭生产模式已没有了生存空间。在城市,社

---

[1] 唐灿:《中国城乡社会家庭结构与功能的变迁》,载《浙江学报》,2005年第2期。
[2] 邓伟志、徐新:《当代中国家庭的变动轨迹》,载《社会科学》,2010年第10期。
[3] 潘泽泉:《现代家庭功能的变迁趋势研究》,载《学术交流》,2005年第1期。
[4] 陈卫:《中国的低生育率与三孩政策——基于第七次全国人口普查数据的分析》,载《人口与经济》,2021年第5期。

会分工使交换成为人们生活的必需,社会化的生产方式改变了传统家庭生产,社会化生产已成为人们的共识。在农村,随着农业产业结构的调整、分工的细化以及剩余劳动力转移,社会化的生产也已普遍存在。

(三) 生活消费功能

经济的高度发达和信息技术的发展,不仅使大量的、多样的、高质量的、多功能的外国商品进入了我国市场,而且发达国家的生活方式、消费方式、伦理观念也开始影响我国人民的家庭生活。伴随着生活水平的提高,人们有了相对充足的时间和金钱去休闲和消费,现代人的生活态度和消费观念已深深地影响了其在家庭生活消费上的取向。在现代家庭中,家庭成员之间消费观念的差异已越来越明显,消费行为也越来越个性化。总之,多元化的生活消费样式已走进寻常百姓人家。①

(四) 赡养功能

传统的养老方式受到现实生活的挑战,单纯依赖家庭养老也已不现实,社会化养老已成为大众趋势。这使得现代家庭在赡养功能上有一定的弱化表现。

一是社会竞争压力的加大以及家庭结构的小型化,使现代家庭中难以找到在时间和精力上都允许的专门赡养老人的家庭成员。再加上一些人养老意识淡薄,家庭养老困难重重。二是社会上提供了灵活多样的养老机构,为走出家门、实现社会化养老提供了便利。

但与西方国家相比,家庭赡养模式仍是中国家庭的特色。在实现家庭民主化和现代化的过程中,中国家庭赡养老人的义务有了长足的发展,家庭养老的执行主体仍是家庭,而且随着老年人生活质量的不断提高,家庭的养老功能更应该强化,而不是减弱。尤其是在人口老龄化趋势日趋加剧的背景下,在相当长的时期内,如何发挥家庭赡养老人的功能,使老人颐养天年,仍是摆在国人面前的一项重要课题。②

(五) 养育功能

家庭是个人实现社会化、走向社会的起点。现代家庭比以往更加注重家庭养育,一方面,由于独生子女的原因,人们对孩子的抚养更加重视;另一方面,虽然教育更多是在学校和社会中完成,但是家庭教育已被越来越多的家长重视,且形式多种多样,在城市家庭明显出现了诸如请家教等新的教育形式。家庭教育作为学校教育和社会教育的补充,将会延续相当长的时间。

(六) 娱乐功能

现代服务业的高度发达,形式多样的娱乐形式和场所不仅极大地丰富了人们的娱乐生活,而且也使人们能够走出家门进入更为广阔的娱乐空间。人们在这一空间里既享受着身心的愉悦,又对家庭有了重新的认识。家庭的娱乐功能出现了部分的外移。

随着高科技的发展,出现了家庭影院、音乐厅、舞厅,在家里自娱自乐的娱乐方式能够进

---

① 邓伟志、徐新:《当代中国家庭的变动轨迹》,载《社会科学》,2010年第10期。
② 潘泽泉:《现代家庭功能的变迁趋势研究》,载《学术交流》,2005年第1期。

一步加强家庭成员的接触和联系,深化家庭情感。与传统中国家庭的娱乐方式相比,家庭已成为一个必不可少的娱乐中心。①

(七)情感慰藉功能

家庭情感慰藉功能在现代社会尤为强大,这是因为社会节奏的加快,人际交往的复杂,以及工作紧张、竞争激烈,使人们在生活中感到异常的不安、困惑、孤独、焦虑时有发生,此时家庭成员的关爱就显得弥足珍贵。随着社会的现代化、物质生活的充裕、人们生活质量的提高,情感交流功能愈来愈占支配地位,家庭成为一个"心理联盟"。② 这时的家庭不仅可以激发个人情感,而且还可以和谐家庭氛围。此外,家庭的性功能同样有强化的趋势,感情和性爱成为家庭的主要功能,这具体体现在性生活满意度和感情交流满意度的提高上。

三、家庭演变的动因

当前的社会转型,对家庭的影响是多方面的。我国家庭的演变既取决于家庭内部功能和结构的内在矛盾性,也取决于家庭所处的外在客观环境。社会的政治、经济、文化三者的合力及其与家庭的互动作用推动着家庭的变革,此外,也不可忽视科学进步和全球化的影响。它们从内外不同层面对家庭变革产生了直接的、深远的影响。

(一)经济与社会的同步发展是家庭变革的根本动力

根据唯物史观,家庭形态的发展变化,归根结底是由物质生产的发展水平和社会经济关系所决定和制约的。因此,家庭的所有变化,首先要从社会经济关系的变化中来说明。

第一,经济的发展,社会分层和社会流动的日益明朗化、动态化带来了个人收入的变化。在代际关系层面,成年子女的收入水平不断提高,相应地,其对家长的经济依赖性逐渐减弱,也就使传统的家长式经济控制减弱,亲子间趋于平等。在性别层面上,女性收入占家庭总收入的比例不断提高,一方面,使妻子的经济独立性增强,夫妻间日益平权;另一方面,也促使家庭消费功能的增强,这既表现为消费水平的普遍提高,也表现在消费方式的多元化。

第二,市场经济的发展,促使婚姻自主、平等意识和风险意识等观念逐步深入人心,功利主义的文化及评价机制被引入家庭,家庭成员的价值观念开始更多地向个人倾斜,家庭观念从"家本位"向"人本位"转移,由"家庭至上"逐步向"社会至上"过渡。人们越来越依靠社会取得资源,家庭结构的小型化、核心化和多样化势在必行。

(二)社会与家庭的互动是现代中国家庭变革的动力源泉

家庭是社会的组织,家庭的演变是社会发展的缩影。社会对家庭的决定和制约作用不仅通过社会生产方式和经济制度,还通过社会政治法律制度、思想、道德等因素同时发生作用。

首先,社会政治是家庭变革的保障性因素。新中国成立后,政府所推行的一系列政策,

---

① 潘泽泉:《现代家庭功能的变迁趋势研究》,载《学术交流》,2005年第1期。
② 罗萍:《论21世纪中国家庭变迁大趋势》,载《长沙水电师院社会科学学报》,1995年第4期。

或多或少地变革了传统的家庭制度,并取得了一定的成效。如《婚姻法》《妇女儿童权益保护法》等法律的颁布和男女平等作为一项基本国策的提出,为婚姻自由和男女平等提供了法律和政策的保证。又如20世纪70年代以后,国家提出了控制人口的计划生育政策,使传统的生育观大为改观,家庭结构也有了新的调整。再如各种社会保障制度的建立和完善,在很大程度上改变了家庭的保障功能和赡养功能。

其次,社会文化是促使家庭变革的价值性因素。党的十一届三中全会以后,经济的发展、社会的开放,促使人们的价值观念向开放性和多元化转变,改革开放以来,大量的西方思潮涌入我国,年轻一代受西方家庭观念的影响越来越深,西方家庭观念中强调"自我独立"对于青年成年以后自立小家庭有很大的影响。[1] 现代民主思想与封建家长制的战斗已取得压倒性的胜利,婚姻家庭观念不断更新,如自主意识的增强,崇尚婚姻自由、个性独立;务实观念的增强,追求家庭幸福、生活富裕;重视知识的价值,关注子女的教育等,所有这些同改革的需要结合起来,产生了巨大的力量,直接影响着家庭成员的道德关系、思想关系和情感关系,推进了家庭的变革。

(三)科学技术的不断进步是现代中国家庭变革的催化剂

科学技术的变革导致当代中国家庭功能的转移,改变了家庭观念和家庭成员间的关系。比方说,避孕技术和避孕药物的引进和发展,使生育成为可供选择的行为,传统的"传宗接代"的生育观大为改观。

现代生产技术逐步深入人们的家庭生活,大大缩短了家务劳动的时间,为家庭内的性别平等创造了条件,也增强了家庭的文化娱乐功能。而家庭生产功能的社会化和生育功能的减弱,家庭的赡养功能逐步由社会来承担,也在一定程度上改变了"养儿防老"的传统赡养观。

但在惊喜于科技进步为社会发展、家庭进步带来福祉的同时,也应该清醒地认识到科学技术是把双刃剑,它在给人们的生活带来便利的同时,也不断地对家庭的伦理提出严峻的挑战。

譬如,人工授精、试管婴儿的出现,改变了人类的生育过程,这既能为不能生育的夫妇带来了福音,但同时也对传统的生育制度造成了巨大的冲击,传统的父母观念和家庭关系将在被赋予新的内涵的同时不可避免地受到破坏。

(四)全球化是现代中国家庭变革的助燃剂

目前,全球化正以前所未有的速度推进着,世界各国越来越整合为一个经济、政治和环境系统,在相互依存中共同发展。外来文化的影响,成为左右中国家庭变革的"看不见"的手。

家庭结构与家庭功能是研究家庭这一社会有机体的细胞的两个重要方面。因社会发展而带来的家庭基本功能的转变,使人们开始重新思考家庭存在的价值。20世纪30年代,西方国家对家庭的未来发展方向提出了"家庭消亡论""家庭变革论""家庭振兴论"等。作为

---

[1] 胡亮:《由传统到现代——中国家庭结构变迁特点及原因分析》,载《西北人口》,2004年第2期。

家庭振兴派的代表,美国未来学家阿尔温·托夫勒则乐观地认为:当代科学技术革命的结果不是家庭的消亡,而是家庭的振兴,人们将重回家庭中去,家庭的社会地位将大大提高。科技所带来的便利将使传统家庭转化为"工作家庭",这不仅会影响家庭结构,还会改善家庭内部关系。①

如果我们用马克思主义的观点来分析家庭,应该看到家庭是不可能消亡的。因为这违背社会和自然的发展规律,建立在婚姻关系和血缘关系基础之上的传统家庭是社会的天然基础,是不可摧毁的。有关家庭功能的重要变化,塔尔科特·帕森斯曾强调指出,家庭的功能可能会发生转移,一个单位的某些功能的"丧失",也可能意味着其转化为其他功能,因此,随社会变革而出现的家庭基本功能的演变,不是"消失",而是一种"自然"的转移。②

从这个意义上讲,家庭作为社会最基本的单位,仍对社会和个人发挥着极其重要的作用。当然,现代科技文明的发展会使人类生活和家庭形态发生重大的变化,但是,作为社会有机体的动态的子系统,家庭会适时地、更好地与社会变革相适应。

---

① 阿尔温·托夫勒著,朱志焱、潘琪、张焱译:《第三次浪潮》,北京:生活·读书·新知三联书店,1984年版。
② 埃什尔曼著,潘允康、张文宏、马志军等译:《家庭导论》,北京:中国社会科学出版社,1991年版。

第五章

家庭关系

> 父子笃,兄弟睦,夫妇和,家之肥也。
> ——《礼记·礼运》

家庭关系既是一种具有法律效力的社会关系,也是一种精神上、道义上的人际关系,感情色彩浓厚,基本上没有根本的利害冲突,内聚力较强。它受法律和伦理道德的影响较深,规范化程度也较高。影响家庭关系的因素很多,最根本的是社会生产关系。

第一节 家庭关系的基本内涵

家庭关系对人们的生活具有深刻的影响。透彻地把握家庭关系,形成良性合作的家庭关系,对我们建构和谐幸福的家庭生活、享受家庭带来的天伦之乐,具有积极和建设性的意义。

一、家庭关系的概念

家庭关系(family relationship)是指家庭成员间的人际互动或联系。包括夫妻关系、亲子关系、兄弟姐妹关系、婆媳关系、妯娌关系、祖孙关系、姑嫂关系、叔侄关系等,属于社会关系的一种。[①] 法律上,家庭关系是指基于婚姻、血缘或法律拟制而形成的一定范围的亲属之间的权利和义务关系。

从家庭结构的角度看,家庭关系包含三个要素:人口数量、代际层次和夫妻对数。

首先,在人口数量方面,家庭成员越多,关系越复杂。美国学者波沙特(J. H. S. Bossard)提出,家庭关系的种数和家庭人口数量之间的关系可以用下列公式表示:

$$N=\frac{X^2-X}{2}$$

式中 N——家庭关系的种数;
X——家庭人口数。

其次,在代际层次方面,家庭关系中的代际关系将家庭成员划归为不同层次,代际关系

[①] 杨菊华、何炤华:《社会转型过程中家庭的变迁与延续》,载《人口研究》,2014年第2期。

既表现了家庭关系的连续性,又表现了家庭中的自然隔阂——代沟。家庭中代际层次多,则关系复杂;反之,则关系简单。

最后,在夫妻对数方面,夫妻关系是家庭的中心,在家庭中有一对夫妻则有一个中心,有两对夫妻则有两个中心,有多对夫妻,则有多个中心。中心越多,离心力越大,家庭越不稳定,常见的婆媳冲突、妯娌不和就是例证。只有一对夫妻的核心家庭,关系最容易协调。

二、家庭关系的特点

家庭关系的特点很多,概括起来主要有以下几点。

一是姻亲变得越来越重要。以婚姻、血缘为联系纽带,表现为有婚姻、血缘关系的人之间的关系(包括由收养关系建立起来的准血缘关系),其中以婚姻关系为纽带的人之间称为姻亲,以血缘关系为纽带的人之间称为血亲。传统社会注重传宗接代,血亲重于姻亲;现代社会注重婚姻质量,注重夫妻感情,姻亲变得越来越重要,与此同时,女性观念和经济能力的变化引起了婚姻内权力结构关系的调整。

二是经济利益的高度统一,家庭是消费的基本单位。

三是频繁、直接、全面的人际互动。和其他社会关系相比,从一定的意义上说,家庭关系最为密切、深刻。它包括生活、经济、情感、性、生育、赡养、事业、政治、道德伦理等多种关系。家庭成员之间自然地产生一种彼此容忍、顺应和合作的需要。

四是一定的利他主义行为倾向。

三、家庭关系的影响因素

(一)家庭成员的生理、心理、道德和文化等方面的素质

家庭成员的生理、心理、道德和文化等方面的素质无疑会对家庭成员之间的关系产生影响。比如,家庭某个成员有生理缺陷,这可能导致其本人有一定的心理负担,同时家庭其他成员必须花一定的时间来照顾她(他),有的成员可能乐意照顾,有的成员则不一定。道德高尚、文化素质高的家庭成员,可能比较善于处理家庭成员之间的矛盾;相反,较低的道德与文化素质则可能影响家庭成员之间矛盾的解决。

(二)家庭成员间的区位距离

家庭成员间的区位距离较远,在交往和沟通上必然出现困难,就会减少联系的频率和次数,疏远家庭成员之间的关系;但是,家庭成员间的区位距离太近,接触过于频繁也会出现很多的矛盾和纠纷。有人认为家庭成员间既要有适当的接触频率,又要保持一定的区位距离,以使家庭关系处于最佳状态。

(三)外部社会环境,包括社会经济、政治条件和道德风尚等

不同的生产方式会有不同的家庭关系,不同社会的伦理道德和风俗习惯对家庭关系也会产生不同的影响。中国的传统是主张家庭养老的,就相邻的两代人来说,不仅上一代人要

抚养和教育下一代人,下一代人也要赡养上一代人,两代人的关系呈现如下"反馈"模式:

$$A \rightleftharpoons B \rightleftharpoons C \rightleftharpoons \cdots\cdots$$

西方国家大多没有家庭养老的传统和习惯,上一代人要对下一代人负责,下一代人却不必对上一代人负责,两代人的关系呈现如下"接力"模式:

$$A \to B \to C \to \cdots\cdots$$

(四)社会的法律、宗教等因素也对家庭关系产生不同程度和不同性质的影响

如中国法律规定父母有义务抚养子女,子女有义务赡养父母,这就从法律上保证了两代人间的密切关系。有些宗教禁止离婚,信奉该宗教的家庭便相对稳定。

人们大多以家庭关系和谐为理想目标。现代社会的变迁使家庭关系发生了变化,家庭成员间相互依赖性减弱,独立性加强,矛盾增多。矛盾和冲突的结果包括两个方面:一方面可能使家庭不和谐,甚至使家庭分裂解体;另一方面可能给家庭带来新的平衡、和谐与生机。

第二节 家庭关系的种类

家庭关系包括姻亲关系(如夫妻、婆媳、姑嫂、叔嫂、妯娌等关系)、血亲关系(如亲子关系、兄弟姐妹关系等)、收养关系(如养父母和养子女的关系)。家庭成员的数目越大,家庭规模越大,家庭关系也就越复杂;家庭成员的数目越少,家庭规模越小,家庭关系也就越简单。家庭关系是个历史范畴,具有社会性。

一、夫妻关系

(一)夫妻关系的概念

夫妻关系在家庭中占有特殊的地位,虽不一定是自古如此,但至少可以说自有家庭以来就如此。而随着奴隶社会、封建社会、资本主义社会和社会主义社会的相继诞生与更替,这种特殊地位显得日益重要。有关夫妻间权利与义务的划分,第二章第一节已阐述,这里不再赘述。

对夫妻关系的重视,其实在中国儒家学说中早有议论,不过说来说去,意在传宗接代的为多,这就有了夹层。明末大思想家李卓吾先生晚年作《初潭集》,定"夫妇"关系为全书之首,而且足有四卷之多,引旧论而为新说,开篇便道:"夫妇,人之始也。有夫妇然后有父子,有父子然后有兄弟,有兄弟然后有上下。夫妇正,然后万事万物无不出于正矣。夫妇之为物始也如此。极而言之,天地,一夫妇也,是故有天地然后有万物。"虽是"极而言之",讲重要性算讲到家了。是否真的如此,无须细考。但看现代家庭的分类情况,核心型家庭越来越多,

也表示了夫妻关系在现代社会中所占的重要位置。[①]

(二) 幸福夫妻关系的原则和要求

在现代社会,关于如何构建幸福夫妻关系,有五条基本原则,即"真、善、美、和、乐",具体如下。

1. 真

真表示真诚。真诚即真实诚恳,亦即诚信;诚信是中华民族的传统美德。孔子曰:"言必先信,行必中正。"孟子云:"诚者,天之道也;思诚者,人之道也。"现代幸福的夫妻关系要求夫妻双方在诚信的基础上,真诚相待,获得彼此的信任。

2. 善

善即道德。对于中华民族的传统道德美德,应取积极态度;夫妻之间还应提倡"互容互信,互爱互助,互敬互让,互学互补"。什么叫互容互信?互容,就是承认对方有存在某些缺点的权利。要承认别人有存在缺点的权利,彼此才能互容。那种苛求别人一点缺点也没有的想法,本身就是一大缺点。互信,就是建立稳定的信任感。夫妻关系最忌猜疑,猜疑的后果十分严重。只有相互信任,才能幸福长久。什么叫互爱互助?这里的爱,不仅指爱情,更着重指相互爱抚与关心。夫妻生活不能没有关心,相互关心,才有温暖。互爱之外,还要讲互助,互爱是互助的一个原因,互助是互爱的直接结果。只讲互爱,不讲互助,未免有言行不一致之嫌;"天有不测风云,人有旦夕祸福",我们需要另一半的帮助。什么是互敬互让?夫妻生活属于人类文明的一部分,夫妻之间理应相处以敬;夫妻生活难免发生些矛盾,解决矛盾的最有效办法之一,就是互让。什么叫互学互补?夫妻也有短长,取长即为互学,避短就是互补。

3. 美

按照康德的观点,美是主管情感的。他认为,意志有伦理学对应,智慧有逻辑学对应,那么情感呢?就应该由美学来对应。欧洲早期的许多哲学家也曾认为美的本质在于它的形式。但这里的美讲的是有关夫妻关系的美学价值。相对于夫妻关系而言,美是一种趋向、一种文化、一种追求、一种风格和一种特别的幸福。

4. 和

和即和睦。夫妻关系有了真、善、美,不过是有了一个基础。尽管有真、善、美,如果彼此不和,一样各走各的路。所以在夫妻关系上比之真、善、美更关键的,还是和,"和为贵"。但"和"各有不同。有天作之"和",有人身依附之"和",有凑合之"和",有忍气吞声之"和"。这里主张的"和",第一要平等,平等才能和之长久;第二要文明,文明才能和得健康;第三,要讲究夫妻关系和睦相处的技术与艺术。

5. 乐

乐即快乐。快乐包括夫妻间相亲相爱的快乐。世间虽有快乐,但肯定不如烦恼多。聪明人善于寻找快乐,愚蠢者只会自寻烦恼。快乐好比一位可爱的恋人,你不去努力,恋人怎能与你结合?只有以同样快乐的精神,才能得到她的青睐和爱抚,从而由一方的快乐转化为

[①] 史仲文、何长华:《家庭关系学》,北京:书目文献出版社,1989年版。

双方的快乐。可以这样说,甜蜜的微笑是夫妻关系的保护神。纵然一时不能甜甜蜜蜜,也是笑比哭好。

幸福夫妻关系的构建,对夫妻双方在素质、角色和技术这三个方面分别提出了要求。

所谓的素质要求,即幸福的夫妻关系离不开夫妻双方较高的个人综合素质的支撑。具体来说,夫妻双方个人的综合素质可以细分为德、智、体、美、劳几个部分。①德。夫妻双方应有良好的思想品德和较高的道德素质,用良好的道德品质来引导自己的行为。②智。即个人的才能、学识和技能等素质。夫妻双方的才能、学识会影响到他们处理夫妻关系的能力和技巧。③体。即身体健康,包括身心健康两个方面。健康的身体是生活的必需,也是处理夫妻关系的基础条件之一。④美。道德方面的不断进步,智能方面的全面发展,身体方面的健美形象,这三者加在一起,就是我们关于美的理想。⑤劳。劳即劳动,包括劳动观念和劳动技能两个方面。夫妻双方愿意劳动是基础,会劳动是关键。比如家务,夫妻双方首先要愿意做家务,其次,要会做家务。

在角色要求方面,构成丈夫和妻子的角色要求有三大要素:一是社会的制约与需求;二是角色的自身发展与创造;三是以男女性别为基础的先天性生理限制和要求。为什么要强调最后一点,因为夫妻关系所记录的就是男女关系的历史文化形式,没有男女,焉有夫妻?这三大因素既属于一个统一的系统,又常常处于不平衡状态,作为历史过程一般要经过一系列无序过程达到新的有序统一。第一,爱情。在现代社会,不论什么形式,不爱不成婚姻,这就等于说,丈夫或妻子履行自己角色的第一要务,就是去爱,去爱自己的——按照中国的说法——爱人。爱人无爱,则这爱人就不可爱了。不论您地位多么显赫、囊中有多少金钱,一样不可爱。你可以统率千军万马、可以富甲一方、可以美如天仙、可以才高八斗,但是在履行丈夫或者妻子角色方面,如果没有爱,头一条就不合格,而且这一条一旦不合要求,其余种种条件都等于无用。第二,理解。爱是一种感性的情感,理解则属于理性。情、理自然不能完全分开,却又是同一件事情。大抵说来,没有情感的就不能成婚;而不能理解的,即使成婚了也不能持久。理解是爱的深入,深入的结果又进一步加深着爱。这一点,也正是现代研究夫妻心理关系的书籍大为畅销的一个主要原因。第三,条件选择。爱情固然重要,但它现在还不能是无条件的;理解固然重要,但理解也是有条件的。所谓条件既和本人的追求有关,又和社会的普遍心理有关,合二为一,就会成为一种时尚。

幸福夫妻关系的技术是指为建立幸福的夫妻关系,夫妻双方采取的、处理婚姻生活中各种问题的技巧。幸福的夫妻关系要求夫妻双方掌握较高的处理婚姻生活中出现的各种问题的技巧。婚姻生活中,难免会遇到一些矛盾。这些矛盾处理得好,会给夫妻关系带来积极的影响;处理得不好,则有可能影响夫妻和睦。婚姻生活中的一些细节问题,比如学会道歉、换位思考等,是夫妻关系的润滑剂,细节问题处理得好,能够给夫妻关系锦上添花;相反,则可能导致夫妻关系的恶化。

(三)夫妻关系的协调

夫妻交往是经常的、互动的,也是频繁的,在夫妻漫长的生活道路上,会遇到很多意想不到的事情,也就是说,再好的夫妻也难免遇到一些矛盾。这就要求坚持不断地调适夫妻关系,使夫妻双方的心理、生理等各方面的需要不断得到满足。调适夫妻关系要做到以下几点。

1. 要相互理解

恋爱期间的男女交往,都极力表露自己的优点和长处,夫妻关系确立之后,各自的习惯就会不知不觉地显露出来。比如,丈夫爱抽烟,妻子有吃辣的嗜好等,这就需要彼此间理解对方,修正自我。如果夫妻双方都觉得对方有怪癖,都想修正对方,就可能结成感情疙瘩。要理解对方,就需要多交流和沟通感情,努力消除影响情感的因素(唠叨、固执、猜疑等)。

2. 要不断深化感情

婚后,夫妻双方要继续保持爱情的热烈,丈夫不能因为工作、因为朋友忘了妻子,妻子不能因为孩子、因为琐事丢掉了对丈夫的温柔和钟情,要尽力给对方以体贴和关心,使双方的情感不断更新和深化。

3. 要相互补充、相互适应

俗话说,世界上找不到两片相同的树叶,人也是一样。夫妻双方志趣、性格、经历、文化素质、爱好等都可能有很大的差异,两人之所以能共同生活在一起,主要就靠两人的互相补充,靠适应对方的个性。当然,互相适应和补充,不仅表现在性格上和生活上,还应在事业上、心理上都主动放弃一些个性,多为对方着想,使夫妻关系更为融洽,感情更为深厚。

4. 要互相信任

既然结婚了,二人就应当同舟共济,以诚相见。所以,在交往中双方要相互信任,绝不能因为对方结识异性朋友,就去寻根问底,或者耿耿于怀,给双方思想上造成阴影。应该尊重配偶,信任配偶。

5. 要善于解决夫妻间的矛盾

夫妻间存在的小问题,如果不妥善加以解决,也可能由量变到质变,产生大的矛盾。解决矛盾冲突最聪明的办法是保持幽默,防止针尖对麦芒、互不相让。

6. 要注意性意识的交流

和谐的性生活是夫妻关系健康发展的激素,夫妻间性意识的交流,不仅指性交,拥抱、亲吻也是性生活的内容。一般来说,夫妻双方都希望对方主动来和自己亲近。所以,夫妻间性意识的交流,绝不是可有可无的,它是建立和谐美满夫妻关系的一个重要组成部分。

二、亲子关系

(一) 亲子关系的概念

亲子关系即父母子女关系,在法律上是指父母和子女之间的权利和义务关系。父母和子女是血缘最近的直系血亲,为家庭关系的重要组成部分。

亲子关系比较复杂,决定其复杂性的因素有很多,例如社会因素、素质因素、文化因素、民族因素、区域因素等,但最直接的还是这样三个因素:代际形式(即家庭类型)、人生阶段、家庭职能社会化程度。从亲子关系的特点上看,这是由血统承继相连接的人际关系,是无法选择、不可解除的关系。

从亲子关系延伸看代际关系,家庭代际关系是指家庭中不同世代家庭成员之间的关系[1],其本质是一种情感和资源的交换关系[2],是家庭不同世代成员基于抚养、照护、资源传递而形成的关系,且代际的支持是一个双向的转移过程[3]。在中国的家庭代际关系具有独特性,无论是基于传统孝道的反馈模式[4],还是基于功利的交换模式[5],都无法完全概括和解释中国本土代际关系的流变性、多维性和复杂性。

具体来看,民法典在第五编第三章"家庭关系"中详细厘清了"父母子女关系和其他近亲属关系",相关内容已经在本书的第二章介绍过,此处不再赘述。

那么,以父母对子女的权威性程度为依据,可将亲子关系划分为四类。第一,权力型。父母对子女实行严格的控制,强调家庭规范,但也重视子女的个人意愿,承认孩子的自主性,鼓励其参与家庭决策。第二,独断型。父母强调服从,限制子女的个体性,用处罚来控制孩子,要求子女把父母的话当作"圣旨",严格遵循父母的意见和命令。第三,放任型。父母除了在人身安全方面对子女有所要求外,认为孩子应该在所有方面都是自由的,而父母则成了孩子达到自己愿望而随意支使的"工具"。第四,民主型。父母有威严而不外露,父母与子女的关系平等,父母尊重孩子,支持孩子的自我管理,启发孩子的创造性。

不同类型的亲子关系的好坏直接影响到子女的独立性、自主性或从属性、依恋性的强弱以及竞争能力的高低等。

(二) 亲子关系的协调

1. 子代婚前亲子关系中的"代沟"问题及其协调

所谓"代沟"是指两代人因年龄、生理、心理和社会经历的差异而产生的影响相互交流与沟通的"鸿沟"。在家庭中"代沟"普遍存在着,甚至可能导致矛盾和冲突,是影响家庭关系和谐的因素之一。子代婚前亲子关系中的"代沟"问题是普遍的、客观存在的,协调亲子两代人关系的方式方法也是多方面的。亲代要随着子代年龄的增长,不断调整教育子女的方法、内容和方式,在子代成长、成熟,要求自立时,不失时机地让他们独立,是协调好子女在青春期和青春期以后亲子关系的关键。这个时期亲子关系中矛盾的主要方面在亲代。

2. 子代婚后亲子关系中的"代沟"问题及其协调

亲子关系中的"代沟"问题不仅在子女结婚前存在,而且在子女结婚后依然存在。由于子女结婚后,家庭中增加了新的因素,增添了新的角色,亲子之间不仅有"代沟"问题,还有新的婆媳关系问题。它使两代人之间的关系更加复杂化了。从现代社会生活角度看,亲子之间、婆媳之间保持距离的交往,比较容易协调关系。要协调好儿女婚后的亲子关系,一方面,

---

[1] 吴帆、王琳:《中国家庭多代代际关系网络的图景与形态——基于 6 个典型家庭的分析》,载《人口研究》,2021 年第 4 期。
[2] Marcoen A. Parent Care: The Core Component of Intergenerational Relationships in Middle and Late Adulthood. European Journal of Ageing, 2005(3).
[3] Cooney T M, Uhlenberg P. Support from Parents over the Life Course: The Adult Child's Perspective. Social Forces, 1992(1).
[4] 费孝通:《家庭结构变动中的老年赡养问题——再论中国家庭结构的变动》,载《北京大学学报(哲学社会科学版)》,1983 年第 3 期。
[5] 王跃生:《中国家庭代际关系的理论分析》,载《人口研究》,2008 年第 4 期。

要在亲子之间、婆媳之间提倡和发扬中国传统美德,子女长大成人,要尊敬和赡养父母,两代人之间要互相帮助,互相尊重,互相热爱;另一方面,则要建立现代家庭模式,比如用"家庭网"取代大家庭。保持距离的交往,常见常新,是维持代际情感、减少代际矛盾的客观规律。

3. 孙代出现后亲子关系中的"代沟"问题及其协调

子代婚后生育孙代,原来的亲子关系中出现了新的因素。此时,尽管亲子关系中还有"代沟"问题、婆媳关系问题,但新的祖孙关系可能成为亲子关系的黏合剂。相比较而言,隔代家庭关系中的祖孙关系总是比较容易协调的。祖代对孙代的出现总是很高兴的。其一,大树生了根,家庭"香火"延续下来了,传宗接代的理想实现了。其二,祖孙很好相处。俗话说老人是"老小孩"。"老小孩"和小小孩在一起,总是欢乐多,纠纷少。其三,对于祖代来说,由于"代沟"问题、婆媳关系问题等失去的亲子之情,也能在祖孙关系中得到一些补偿;亲子两代的矛盾和纠纷,也能在祖孙关系中得到化解。当然,在隔代家庭关系(祖孙关系)中也有与邻代关系(亲子关系)交叉的问题。孙代出现后亲子关系中也会出现新的矛盾,比如因祖代溺爱孙代,亲子两代抚养和教育孙代的观念、方式和方法不同等,而出现的新的矛盾。但总的来说,孙代的出现,可以减缓亲子两代的矛盾和冲突。现在,我国许多家庭中的年轻夫妇把自己年幼的子女托付给父母看管,既实现了两代人互相帮助和救援,也联络了两代人之间的情感。

对于处在现代化后期发展阶段和快速人口老龄化阶段的中国而言,家庭多代代际关系网络已经成为常态,无论如何,和谐的家庭亲子关系对于建设和谐家庭很重要,是和谐家庭建设的重要组成部分。要协调好亲子关系,就要研究和把握在家庭生活和家庭生命周期不同阶段中亲子关系的不同特点,研究影响亲子关系的各种家庭因素和社会因素,只有按客观规律办事,才能协调好亲子关系,建设和谐家庭。

三、家庭中的其他人际关系

(一) 婆媳关系

婆媳关系,顾名思义,指的是婆婆和儿媳之间的关系。自古以来,婆媳关系都是家族关系中较难相处的一环。形成这种局面的根本原因:婆媳各不相让,相互敌对,婆婆认为"我的儿子"当然该听我的,媳妇则认为"我的丈夫"自然最疼爱我。于是,在恶劣的婆媳关系中,那位可怜的"儿子"兼"丈夫"便成了出气筒。当前,社会的巨大变迁导致了中国家庭结构的巨大变化。当今的中国社会,一个家庭中一对夫妻生两个及以上儿子的情况很少,独生子女或只有一子一女的家庭越来越多。这种家庭结构的巨大变迁,同时也给婆媳关系带来了一定的变化。[①]

在构建良好的婆媳关系之前,要先剖析婆媳矛盾的诱因。第一,经济开支方面。例如媳妇花钱不称婆婆的心,婆婆花钱又不合媳妇的意;或者,媳妇给娘家钱没与婆婆商量,婆婆给自己姑娘钱没告诉媳妇。这些最易引起婆媳矛盾。第二,家务劳动方面。婆婆把家务都推

[①] 申剑、罗晓莉、申小辛:《当代家庭关系》,北京:当代中国出版社,2000年版。

给媳妇,当"甩手婆婆";或者媳妇全然不理家务,当"甩手媳妇";或者婆媳都做家务,但是一方做得不合另一方的心意,都会引起矛盾。第三,教育孩子方面。婆婆总是比较溺爱孙子或孙女,婆媳文化修养一般不同,管教方法自然也就不同,所以容易引起矛盾。尤其是在媳妇借打骂孩子来向婆婆出气时,便会使矛盾尖锐化。第四,在对待家庭成员不同态度方面。如果婆婆对儿子、女儿不平等,厚此薄彼,那么就容易引起媳妇不满。媳妇对此最敏感,往往非常注意婆婆是否"薄"了自己。

婆媳问题产生之初往往是因为沟通不当。婆媳沟通的障碍首先因为婆媳两人间有代沟,对很多问题不能达成共识。再者,婆媳都想坐家庭中的第一把交椅,谁也不想屈居下风。于是,摩擦和不快便很容易产生。婆媳之间由于没有血缘关系,她们的纽带只是那个身兼儿子与丈夫双重身份的男人,她们的关系实际上是很脆弱的。所以,婆媳之间的相处无论如何亲密,都不要忘了掌握一个"分寸"。换言之,千万不要捅开那张维系"分寸"的纸。所谓分寸,无非一点"距离"和"礼仪"。

至于如何改善婆媳关系,以下策略可以借鉴。

1. 互相尊重

婆媳双方都要承认对方有独立的人格、独立的经济地位,谁也不要支配谁,谁也不要完全听命于谁。全家的事情要商量着办,经济开支方面,集体讨论;属个人范围的事,则要做到互不干涉;管教孩子主要是父母的事,祖母不要多插手,即使父母管理不当,祖母也不要当着孩子面去干涉,可事后提;媳妇要尊重婆婆,因其管家有经验;婆婆也要尊重媳妇,因其比较符合时代潮流,而自己的"老框框"可能不合时宜。

2. 互相谅解

媳妇要体谅老人心理,老人所想的不可能和年轻人完全一样;婆婆也要体谅媳妇的心理,年轻人所处的环境和自己年轻时不一样了,未必要学自己的样。婆婆对子女要一视同仁。但即使婆婆对某个孩子稍好些,媳妇也要谅解,因为真正做到一碗水端平是很困难的。媳妇要多照顾婆婆,但即使她对丈夫照顾多,对婆婆有些照顾不周,婆婆也应谅解。在家务劳动中,媳妇要照顾婆婆年老,自己多做些;婆婆要考虑媳妇工作忙,自己也尽力做些力所能及的活。这样就会使矛盾易解决。

3. 父子要起缓冲作用

在婆媳矛盾中,双方的丈夫一定要站稳脚跟,慎重对待。最好的办法是,不管谁是谁非,父子都要保持"中立",进行调解。等婆媳双方情绪平静下来以后再理论。

4. 精神上的安慰和物质上的照顾相结合

媳妇对婆婆多问寒问暖,当老人身体不好时要多加照顾;婆婆对媳妇也要像对自己的孩子一样关心,特别是当媳妇孕期和分娩时,要多加照顾,关键时刻的照顾会对婆媳关系起到极大的加固作用,而关键时刻的疏忽也许会造成难以弥补的裂痕。双方都要注意对方的爱好,特别是爱吃什么,在力所能及的情况下,给对方弄点爱吃的东西,这不仅是物质上的照顾,而且是精神上的安慰。切记,婆媳双方无论为对方做多少好事,都不要常常挂在嘴上,不要对亲友、邻居宣扬,不要在闹矛盾时"算账",历数自己为对方做的好事,说对方"没良心",等等。总之,婆媳之间容易产生矛盾,但是婆媳关系又完全可以处理得好。关键在于双方共同努力。

(二) 妯娌关系

弟兄的妻子之间的关系，就是妯娌关系，所以妯娌关系其实是弟兄关系的一个延伸。如果弟兄之间关系很好，相信妯娌的关系也坏不了；反之，如果弟兄之间有矛盾，那么妯娌之间恐怕也很难相处。中国人很讲究脸面，也很重视人际关系。但是一提起某些词组，例如婆媳、姑嫂、妯娌，我们都会发出会意的微笑。因为婆媳、姑嫂、妯娌最基本的共同点就是几个女人围绕着一个或者几个男人斗智斗勇。有种说法是"每一个成功的男人背后都有一个能干的女人"，套用一下这种说法，我们不妨改为：每一对不和的婆媳、姑嫂和妯娌背后，都有一个或者几个沉默的男人。妯娌间原本生活环境和家庭教养各不相同，两人之所以"亲"，乃是因为嫁了同一家族的兄弟。

事实上，妯娌之间是毫无血缘关系的，也是最容易产生矛盾的。原因在于：其一，互不了解，互有猜疑。妯娌之间不像兄弟姐妹那样从小生活在一起，感情基础不像兄弟姊妹那样深厚，互相之间的脾气、爱好、特长也不像兄弟姐妹那样互相了解，容易抱有戒心、产生猜疑。加之她们主持家务多，互相接触多，容易暴露放不到桌面上的思想，从而发生矛盾、产生摩擦。其二，自私心理重，遇事爱计较。有人一当上媳妇，一迈进婆家的大门，首先想到的不是如何维持和发展这个大家庭，而是想如何早一点分家另过。她们常想：反正要分家，不能当傻瓜。于是，和妯娌之间斤斤计较，公用东西不多置办，食用东西不多买，能抠就抠，能拿就拿，光想占"大家"的便宜。有的妯娌唯恐自己吃亏、受气，处处事事都想占上风，一点都不肯让步。经常你嫌她干得少，她嫌你出钱不多；你说婆婆偏心眼，她说公公心眼偏；你骂她孩子缺教养，她骂你孩子缺根"弦"。一桩小事，就能唠唠叨叨个没完。甚至指桑骂槐、顶嘴吵架。互相之间矛盾套矛盾，变成了死疙瘩，最后确实无法生活在一起，只好分家。

关于如何处理妯娌关系，首先，要帮助妯娌之间建立深厚感情，恰当地解决好她们之间的矛盾。这就要当兄弟的多做工作，教育自己的爱人开阔胸怀，不要斤斤计较个人得失，正确对待妯娌之间容易产生矛盾的问题。比如，父母年老时，帮助儿媳们做一些力所能及的家务事和带养孩子，很难做到"半斤八两"一样平，在这种情况下，不应只顾自己，只算自己的小账，不应去说三道四挑矛盾。又如，做父母的往往会对生活困难的儿媳帮助多一点，对此应该理解父母的这种善良心肠，不要眼红，不要计较。此外，在兄弟分家时，对分配家产、供养父母及其他各种关系的处理，都要教育自己的爱人发扬风格，乐于吃亏。这样，妯娌之间的矛盾自然会减少，情感自然会融洽。

其次，妯娌之间要将心比心互相体谅，要与人为善、多为对方着想。妯娌之间，贵在谦让。人都是有自尊心的，妯娌之间的自尊心则更强。如果都想讨便宜占上风，那就会出现针尖对麦芒的局面，必然会把关系搞僵。如果都能体谅谦让一些，事情就好办了。比如，家里的重活脏活抢着干，遇到好事尽量让给对方；有了好吃的东西，不妨让对方多吃点；有了好衣料，宁肯自己不要也让给对方做衣服；戏票、电影票少了，就让对方去看；公婆为对方买啥给啥，不打听、不妒忌；公婆为对方看孩子、送钱，不多嘴、不计较，等等。这不是软弱，而恰恰说明自己的风格高尚。俗话说，"人心换人心"，"你敬我一尺，我敬你一丈"。

最后，妯娌们从不同的家庭走进了一个家庭，她们的生活习惯、性格爱好等都不尽相同，有的甚至差距很大。但这不能成为彼此不好相处的理由。一个家庭也是一个小集体，大家都应该齐心协力维护这个小集体，把这个家建设成为友好温暖的小集体。这就需要妯娌们讲格局、少猜疑、少计较、互相关心、互相尊重。做到是妯娌，又是姐妹，也是同志，和睦相处，友好相待。即使需要分家，也应该和和气气地分开，亲亲热热常来往。

（三）姑嫂关系

姑嫂关系指妻子和丈夫的姐姐（大姑子）、妹妹（小姑子）之间的关系。大姑子、小姑子与嫂子相互对应，叫作姑嫂关系。姑嫂关系不大好处，有句俗语说"小姑子多舌头多，大姑子多婆婆多"，意思是说，小姑子容易引起事端，大姑子好管娘家的事。要想当好大姑子、小姑子，就得以以公心，不偏不向，在母亲和嫂子之间维持和睦，有句俗话说"会当的两头瞒，不会当两头传"，说的就是小姑子应摆正自己的位置，在家中处理好姑嫂关系。

姑嫂关系，可以说是家庭关系中比较容易出现矛盾的一个环节。如果处理得好，将会促进家庭团结和睦。反之，就会闹得一家人不安宁。

关于如何处理姑嫂关系，首先，要豁达大度，不斤斤计较。姑嫂间出现矛盾，多数是因为鸡毛蒜皮的小事。比如，家务活谁干得多谁干得少呀、家里好吃的东西谁多吃了呀、嫂子说话刺耳呀、公婆对小姑偏心……其实只要克服私心，遇事不计较，互相谦让，多为对方着想，你敬她，她敬你，大事化小，小事就化了。

其次，不搬弄是非。有些姑嫂间之所以闹矛盾，就是因为互相搬弄是非。因此，切忌私下传话，飞短流长。要与人为善，互相体谅。如果对方真的做了什么错事，说了什么错话，应该持宽宏大量的态度，善意提出。

另外，丈夫和小姑发生矛盾时，嫂子应多批评丈夫；或嫂子与哥哥发生矛盾时，小姑应多劝说哥哥，以化解矛盾。有的嫂子总是"夫唱妻和"，丈夫与小姑发生矛盾时，不管丈夫对错，总是站在丈夫一边。也有的小姑，当哥嫂与公婆发生矛盾时，不去化解，而是煽风点火、扩大矛盾，这怎能处理好关系呢？因此，嫂子也好，姑姑也罢，都应从团结愿望出发，相信一定能够和睦相处。

（四）兄弟姐妹关系

兄弟姐妹关系是由父母的夫妻关系而衍生出来的一种近亲血缘人际关系。在所有形式的亲属关系中，兄弟姐妹之间的密切关系仅次于父母与子女的关系。兄弟姐妹关系是一种长期关系，是所有关系中最长久的关系之一。兄弟姐妹的和睦相处，对家庭的和谐、幸福是十分重要的。兄弟姐妹间虽没有父母子女间那种抚育赡养的义务，但负有一方需要时提供帮助、保持联系的义务。兄弟姐妹间的活动与朋友间的活动有明显的差别，其活动内容主要包括互相探访、交谈、交流家庭信息、家庭聚会和提供各种形式的帮助。兄弟姐妹间具有一种感情上的依附性。

兄弟姐妹如手足，兄弟姐妹一家人。共同的遗传基因是联结兄弟姐妹关系的自然生理基础，共同的生活环境是联结兄弟姐妹关系的社会性条件。

兄弟姐妹之间和睦相处，需要各方努力协调。首先，哥哥和姐姐应时刻注意以身作则，不与弟弟妹妹斤斤计较。平时，哥哥姐姐要主动多做些家务，关心和爱护弟弟妹妹，尤其是当她们进入青春期后，多关心她们的身心健康；当弟弟妹妹做错事时，不要动不动就在父母跟前"告状"，多个别给予帮助。结婚分开生活以后，也要多来往，帮助解决遇到的困难。千万不要有了对象多了心眼、结了婚就各人顾各人。在赡养老人上，经济条件好的可以多负担点,差的要尽力而为。父母故去需要处理遗产时,兄弟姐妹之间应互谅互让,协商解决,父母有遗嘱的可按遗嘱办,不要认钱不认亲。

其次,作为弟弟妹妹,要尊敬哥哥姐姐,讲文明、讲礼貌,不能因为父母宠爱自己,而不听哥哥姐姐的劝导,更不要顶撞;与哥哥姐姐发生争执时,要认真检查自己,自己错了要向他们认错赔礼。成家立业之后,在同哥哥姐姐的交往中,在赡养老人和遗产分割等方面,应当互谅互让,商量解决,以不伤和气为准则。

最后,兄弟姐妹之间在协调关系时,都要做好各自配偶的工作,使他们成为促进兄弟姐妹关系密切的力量。

第三节 我国家庭关系模式

一、横向家庭关系与纵向家庭关系

根据关系主体之间辈分上的关系,家庭关系可以划分为横向家庭关系(同辈之间)和纵向家庭关系(不同辈分之间)。

(一)横向家庭关系与纵向家庭关系的区分

家庭是社会的细胞,是社会生活的基础,通过家庭形成的各种关系是最基本的社会关系。家庭关系可以简单地概括为两种基本类型的关系:一种是纵向关系,包含代际的各种联系,如父母子女之间、婆媳翁婿之间以及祖孙之间的关系;另一种是横向关系,包含同辈之间的各种联系,如夫妻关系、兄弟姐妹关系、姑嫂关系以及郎舅连襟关系等。相对于血缘关系,夫妻关系又不如父母子女之间的关系稳定,可能会随着感情的破裂和婚约的解除而结束。

(二)中国的纵向家庭关系[①]

雷蒙德·弗思认为:"社会结构中真正的三角是由共同情操所结合的儿女和他们的父母。"这个"三角"理论提到了家庭中的纵横两种关系,横向关系为夫妻关系,纵向关系为亲子关系。严格地说,在家庭这一三角结构中还有另一种横向关系——兄弟姐妹关系。这在多生多育的家庭中十分普遍。

中国的纵向家庭关系,是指在家庭三种基本的关系中(夫妻关系、兄弟姐妹关系和亲子关系),纵向关系(亲子关系)是主要的、本质的。它代表了家庭关系的主要方面和主要方向。这种关系有四个基本特征和表现形式:结构上纵向重于横向,横向靠纵向支配和维持;观念上父系传统,崇尚孝道;功能上以传宗接代为本,纵向双向交流;区位上从父居。这些基本特征和表现形式的核心是家长制。

---

① 潘允康、林南:《中国的纵向家庭关系及对社会的影响》,载《社会学研究》,1992年第6期。

从结构上看,中国的纵向家庭关系中,纵向重于横向,横向靠纵向支配和维持,这体现在亲子关系和夫妻关系相比,亲子第一,夫妻第二,夫妻关系靠亲子关系支配;亲子关系与兄弟姐妹关系相比,亲子第一,兄弟姐妹第二,兄弟姐妹关系靠亲子关系支配;从观念上看,中国家庭关系的纵向性在观念上表现为崇尚孝道,特别强调尊敬和孝顺父母,以及崇拜祖先;从功能上看,以传宗接代为本,实现"香火"的延续,在家庭关系中,亲子间的双向交流对家庭的发展有重要影响;从区位距离上看,是从父居传统,中国的传统婚姻是娶妻嫁女,男性不离开本家,娶进外姓女子,成为本姓人,女儿嫁到外家,成为外姓人。与其说传统婚姻是从夫居,不如说是从夫家父居,因为儿子结婚后常常还和父亲在一起,从而形成扩大/联合家庭与主干家庭模式。这种从父居形式也从一个侧面表明了中国家庭关系的纵向特征。

中国的纵向家庭关系与中国社会的政治、经济和社会结构有着千丝万缕的内在联系。无论从政治、经济还是从社会的角度看,中国的纵向家庭关系所产生的负面影响都较大。因此,在现代化的进程中,纵向家庭关系的解体和家庭观念的淡化已成为一种趋势。进一步分析其中的联动可知。

1. 纵向家庭关系和中国的社会结构

旧中国纵向家庭关系的核心是父系家长制,男性家长在家庭中居于至高无上的统治地位,具有独裁性和绝对权威性。这种封建的家长制在很大程度上影响了从地方到中央的政治结构。换句话说,封建的君主制就是扩大的封建家长制。中国家庭的纵向关系不能不对中国的政治国情产生影响,主要表现为纤弱的民主意识和传统。封建意识对中国的影响是很深的,在中国发展民主政治,一方面有发展和健全民主生活和制度的问题,另一方面也有民主意识的强化、民主热情的激发和民主生活的训练问题。这要有一个发展过程,绝不是一蹴而就的。

2. 纵向家庭关系和中国的经济结构

中国的纵向家庭关系影响了中国的政治结构,也必然影响中国的经济结构。这种影响是多方面的。首先,中国家庭资源的转移规则既有别于西方的英国,也有别于东方的日本。家庭资源有两种,一种是权威,另一种是财产。在中国极重家长权威。在一个家庭中父亲在时,由父亲说了算,父亲有绝对权威,指挥一切,众兄弟共同孝顺其父,但他们为了自身的利益,有时却相互猜忌。父亲死后长子继承权威,而不是与众兄弟分享权威,横向联系很弱。诸子平均分割财产的原则,也不利于家庭财产的集中和资本的积累。其次,现代中国私营企业如果还沿袭家庭的"父传子"模式,势必带来诸多不利因素,甚至会导致企业的衰落和垮台。

3. 纵向家庭关系和中国的其他社会关系

中国的家本位和浓重的家庭观念使得家庭关系不能不在社会关系中占据重要的位置,并对社会和社会关系发生深刻的影响。中国家庭关系的核心是亲子关系,亲子关系支配其他家庭关系,当然并非说其他家庭关系不重要。我们可以从人们对亲属关系的依赖(亲属关系在社会生活中的实际作用)和亲属关系的社会影响中来说明这点。

事实上中国的纵向家庭关系已在解体之中,具体表现为:家庭正在小型化,三代以上同堂的大家庭正在解体;家庭关系中夫妻关系越来越重要,有超越亲子关系之势;家庭中生育数量的减少和少生、优生观念逐步形成;青年人婚后独居、自立门户者增加等。至于血亲观念的淡化,则需要一个较长的过程,然而,它是一个不可改变的趋势。历史发展规律证明,与落后生产力相联系的是发达的血缘关系和不发达的业缘关系,与先进生产力相联系的是不发达的血缘关系和发达的业缘关系。在社会走向现代化之时,各种业缘关系的充分发展,将导致家庭关系的松弛和家庭观念(血亲观念)的淡化。

二、我国家庭关系模式的历史演变

我国家庭关系模式的历史演变可以分为三个阶段。

(一)新中国成立以前的家庭关系模式,与封建宗法制度相吻合,以父权和夫权为主要特征,是一种封建型的家庭关系

家庭纵向关系是父母或家长居于最高地位,长辈拥有绝对的统治家庭权力;家庭横向关系是男尊女卑,妇女与男子的关系是一种未嫁从父、既嫁从夫、夫死从子的人身依附关系,其家庭地位是很卑贱的。中国妇女唯一能够品尝权力滋味的途径是生儿娶媳当婆婆,用媳妇更为卑微的家庭地位来达到自己"翻身做主"的心理满足。从某种程度上来说,来自婆婆的家庭压迫更为深重。这种封建家庭关系模式的另一个特征是,家庭纵向关系的稳定和延续体现了封建社会的价值观念和道德法律,也是家庭的最高原则,家庭横向关系的发展必须服从纵向关系的利益。建立或维持没有感情基础的婚姻是为了顺从父母的主婚权,竭尽传宗接代的家庭义务;忍痛休掉自己的爱妻是为了不违反父母之命,保孝子之名。封建型家庭关系的约束和控制,不仅酿成许多家庭悲剧,也使妇女低下的家庭地位和社会地位长期得不到改变。

(二)新中国成立以后到20世纪80年代,我国家庭关系进入半平权型的模式

家庭纵向关系依然是上下走向,父母继续保持家庭事务决策人的重要地位,并通过对家庭财产所有权和家庭收入的控制,对家庭其他关系进行纵向干预,传统的家长制仍然在家庭管理过程中起主要作用。同时,社会舆论对家庭养老扶幼职能的强调和尊老敬贤传统美德的突出宣传,使得许多家庭在处理家庭横向关系时强调兼顾家庭纵向关系或以纵向关系为重。这个时期的家庭横向关系也发生了明显的变化。新中国对提高妇女在家庭和社会的地位所采取的一系列措施,包括立法、教育、就业、提倡晚婚节育、制止父母通过纵向关系对子女人身自由和婚姻大事的无理干涉等,都有效地改善了夫妻之间的横向关系,使夫妻在人身关系和财产关系等方面都日趋平等,夫妻关系由原来的单向被动型改为双向互动型。这个时期家庭关系模式的特点是:逐步得到重视和改善的夫妻横向关系仍然保留明显的被家庭纵向关系所支配的痕迹,家庭成员之间还没有彻底消除等级观念和与年龄、性别、辈分相关联的不平等待遇,在家庭的劳动分工、消费品分配、智力投资、婚生安排等方面还存在家长制的影响和性别歧视。

(三)从20世纪80年代开始,我国家庭关系模式变化的总趋势是往"假封建型"的方向发展

随着我国只生一胎的人口政策的推广,"子女优先、子女偏重"和"望子成龙、望女成凤"的观念开始左右我国家庭关系,甚至改变着这些关系的性质。在城市家庭或者生了儿子的农村家庭里,独生子女一跃成为家庭"小皇帝"、家庭活动的中心、众人共同保护的重点对象。往日居高位的爷爷奶奶,为了小宝贝,也不顾身份和身体,自愿承当十分称职、不计报酬的"高级保姆"。做媳妇的有时也挟"小皇帝"的威风挤压婆婆、支使丈夫,从原来和公婆有上下辈之分、与丈夫平起平坐的位置上升到仅次于"小皇帝"的地位。这种类型的家庭关系当然也有例外,在只生女儿的农村家庭里,妻子已经争取到的平等地位突然丧失,大都承受很大的心理压力,有的甚至遭受不同程度的虐待;女儿的处境也不一定比妈妈好,她们得不到应有的家庭温暖和照顾,有的甚至被遗弃。总之,这一时期的家庭关系模式的特征:一是家庭纵向关系的地位回升,独生子女受到过度溺爱,十分不利于他们的正常成长,也给其他家庭关系的处理增添困难;二是家庭横向关系再次处于从属位置,真正的平等并没有实现,夫妻之间,或丈夫主宰或妻子包揽,子女之间,重男轻女;三是夫妻关系以子女为转移,随生男生女发生变化,缺乏配偶之间的精神需要和情感追求。这种模式的家庭关系实质上是严重倒退,又回到封建形态,称为"假封建型"的家庭关系模式。

以上几种家庭关系模式表明,我国家庭关系变化的全过程基本上是围绕家庭纵向关系展开的,纵向关系一直优越于横向关系,夫妻关系作为家庭关系的主体和核心的地位始终没有得到确认,家庭成员之间没有建立一种双方互动的平等关系。这些模式都不符合开放和民主的精神。因此,我们必须认真进行家庭关系变革,建立具有时代气息的现代家庭关系模式。

三、现代家庭关系模式的建立

在现代家庭,夫妻关系承接上下、沟通左右,是整个家庭关系网络的轴心,是家庭机器正常运行的原动力,家庭的稳固主要取决于夫妻关系的和谐与融洽。良好的夫妻关系不仅给家庭的其他成员带来心理上的安全感和归属感,而且还使家庭成员有心思和能力去照顾家庭的纵向关系,积极担负起养老扶幼的社会职能。所以,现代家庭关系模式需要真正地突出夫妻关系的核心地位,坚持把它作为考虑其他家庭关系的基本前提。另一方面,中华民族有尊老敬老、赡养老人、潜心教养下一代的传统美德,在建立社会主义市场经济体制以后,过去建立在计划经济基础上的社会保障制度逐步解体,适应市场经济体制的新制度尚未形成和完善,家庭的养老扶幼职能就更为重要。经济市场化还引起教育费用显著增加和家庭对子女教育投资需求扩大,加上社会结构的变迁带给妇女更多的直接参与生产经营和社会活动的机会,家庭为教育子女的实际成本和机会成本都大大提高了。因而,现代家庭关系模式还必须从我国国情出发,充分体现和发挥养老扶幼社会职能的特色。

根据以上思路,我国今后家庭关系发展的模式,即现代化家庭关系模式中,夫妻关系是整个家庭关系网络的中心,夫妻关系的质量和稳定状况是考察家庭关系问题的重点,是协调处理其他家庭关系的基础。夫妻关系的性质是双向和平等的,是在平等的家庭地位上通过积极的互动和沟通,来调节彼此之间的关系,及时解决可能产生的摩擦、冲突等关系问题,使夫妻各自的生活爱好、共同的努力目标以及照顾老人和培养子女等家庭事务都能和谐地被兼顾。这种平等互动的原则也适用于建立家庭的其他横向关系。同时,现代家庭模式中的纵向关系亦是双方互动的,不管是上辈还是下辈,都是家庭的一名成员,在人身人格上都应该独立而平等,不应该有高低之分和主从之别。因此,任何形式的家长制统治、未婚同居、婚外情恋、唯老独尊、倚老卖老、鄙视、虐待、抛弃老人,以独生子女为贵等观念和行为都是错误的。

如前所述,夫妻关系只是一种姻缘关系,相对于那些建立在血缘关系基础上的家庭关系而言,它的稳定系数较小,还可能会随着感情的破裂和婚约的解除而终止,所以,它的存在又具有暂时性。这种不稳定性和暂时性随社会改革、开放和发展力度的加大而逐步显现,而在现代社会,表现得尤为突出。由于社会经济和科学技术的迅速发展,家庭这个社会细胞越来越难以自我封闭、自成一体。它受外部社会经济文化诸方面的直接或间接的影响越来越多,也与社会的其他组织发生愈益密切的联系。经济市场化加大了社会开放幅度,加快了社会流动频率,使夫妻双方各自在外部世界的交际范围扩大,可供人们比较和选择的机会增多,夫妻在家庭和家庭以外的时间、精力、开支、情感的投入比重悄然发生微妙变化,更容易发生"感情危机"。随着国际交流日益频繁和扩大,家庭还受到外来文化观念和生活方式的冲击,夫妻关系首当其冲。近年来,我国离婚率增高,家庭解体现象增多,与西方的"性自由""性解放"的观念和生活方式的影响不无关系,而家庭不稳定,势必诱发高犯罪率、道德败坏、青少年失教,影响社会的安定团结和健康发展。因此,如何善用家庭外部因素的正面影响,抵制其负面影响,确定夫妻关系的最佳模式,以增强夫妻关系的稳定性和持久性,是现代家庭必须考虑和解决的重点问题。

那么,为了加快我国家庭关系向现代型模式转变,提高夫妻之间横向关系的稳定性,个人、家庭、社区以及整个国家需要做些什么呢?

就个人而言,男女双方在组织家庭的过程中,在对待不同阶段的关系上要多花点心思,在处理手法上多讲究一点艺术性。爱情是夫妻关系发展过程的基础和原动力,婚姻可能随爱情的死亡而终结,坚持正确的择偶标准,奠定感情基础是日后处理夫妻生活和各种家庭关系的前提条件。男女双方要以理智和道德去经历爱情的三个阶段,即初恋、热恋和平稳期,要清醒地认识夫妻关系的可变性和暂时性,防止把这种关系看成是永恒不变的,以致忽视了对它自觉的、经常的关心、爱护和培育;要避免用其他家庭关系,特别是与子女之间的关系来挤压夫妻关系,为了方便照顾年幼的子女而让他们和父母同床是一种不可取的安排,在周末总是把所有的闲暇时间花在子女身上也是一种危险的做法。此外,还要注意增加夫妻关系的弹性,彻底消除"大男子主义"或"妻管严"的意识和做法。

在家庭方面,既要满足物质生活的需要,又要注重家庭文化建设。尤其是长辈们应该抛弃父母为先、长辈为重的观念,尽量为子女的婚恋美满和夫妻关系稳定着想,不要把自己的意志强加给子女,更不要把子女的婚恋大事作为家庭某种交易的手段,少一点封建式的粗暴干预,多一点亲情式的婚恋与性爱教育,多一分朋友式的理解和商量;作为晚辈,多想一想自己的晚年希望受到什么样的待遇,就不会容忍对老年长辈的歧视、虐待、抛弃等各种忤逆行为,并为自己的子女做出尊老敬老养老的表率。

从社区看,社区应该从更加务实的角度为当地青年男女创造更多的公共娱乐场所,增加他们彼此接触了解的机会,及时给予初涉爱河的青年人以引导和帮助;可以通过养老托幼工作的社区化,减轻年轻夫妻的家庭负担,增加他们单独相处的时间;提供家庭婚姻咨询服务,努力做好家庭调解工作,尽量减少夫妻离异、家庭解体的随意性;安排专线旅游,推广共同承担家务劳动、丈夫陪产、家庭产房或病房等做法,让夫妻一起品尝家庭生活的苦辣酸甜,增进了解和合作,提高对家庭的责任感。

对于整个国家来说,应该通过舆论宣传工具提供正确的社会导向,在全社会树立正确的恋爱观、婚姻观和家庭观,论证理想的婚恋年龄,在鼓励自由恋爱的同时,引导青年一代在择偶时重德重才。预防早恋、未婚先孕;在制定有关政策和规定时,尽量从有利于稳定和发展家庭关系的角度考虑,减少人为的或政策性的夫妻两地分居现象;加快"民居工程"建设,改善家庭居住条件;充分建立社会保障制度,缓减家庭的各种后顾之忧;在人口和家庭等科学研究的规划中,有计划地发展对家庭关系特别是夫妻关系的理论研究,可以在高等院校的社会学系开设家庭关系学、夫妻关系学等课程。

我们相信,经过社会、社区、家庭以及个人持之以恒的协同努力,必将大大地提高家庭夫妻关系的质量,促使家庭成员之间建立一种平等民主的双向互动关系,稳固家庭组织,让亿万人民群众生活在更美满幸福的家庭环境中,使我国避免步西方社会之后尘,堕入令西方国家困惑的家庭问题陷阱。

第四节 家庭中的权力

家庭作为一种社会组织,其成员之间必然有一定的权力关系。家庭中的权力对家庭成员之间的关系、对整个家庭的存在和发展会产生相当的影响。

一、家庭权力

(一) 有关(家庭)权力的研究[①]

在社会学和政治学领域,对权力的定义或研究大抵有两种路数或传统:其一,是由霍布斯、马基雅维利以降至韦伯到罗伯特·达尔的传统,他们认为如果 A 用一种违背 B 的利益的态度影响 B,就有权力出现。这种观点将权力关系看作不对等的,是一种"零和"(zero sum)的关系,这种关系涉及主体间潜在的抵抗和冲突。其二,可以追溯到柏拉图和亚里士多德,在当代的代言人主要有帕森斯和阿伦特。他们采取一种"非零和"(non-zero sum)的权力观,认为权力是从和谐的共同组织结构中产生的一种共同能力。

在家庭权力研究领域,基于对韦伯定义的认同,权力被大多数研究者看作在特定社会关系中个人即使遭到对方反对也能行使自己意愿的能力。大多数研究者都同意如下假定:权力是一种旨在实现某种目标或结果的能力;权力是一种系统能力,而不是个人的贡献;权力是动态的,而非静态的;权力既是潜在的也是行动的现象;权力总是涉及不对称关系;权力是多维度的,包括社会结构、互动和结果等成分在内。

克伦威尔和奥尔森则对家庭权力进行了总结式的概括,他们勾勒出家庭权力的三层结构:家庭权力的基础、实施过程和结果。家庭权力的基础最初由个人所占有的资源组成。家

---

① 郑丹丹:《中国城市家庭夫妻权力研究》,武汉:华中科技大学出版社,2004年版。

庭权力的实施过程集中体现于家庭成员之间的相互影响,包括家庭讨论、决定事情、解决问题、处理纠纷和处理危机等方面。家庭权力的结果包括谁做决定和谁取胜。①

福柯主要采取一种关系或事件的视角来分析权力现象,以回避所谓的物化权力观。在他看来——权力是多形态的,而不是同质的;权力渗透在整个社会生活之中,在各个领域有不同的运作方式;权力是作为关系出现的策略,而不是所有物;权力是生产性的实践或网络,而不是压制性的外在控制;作为生产性实践的权力体现了其事件的一面,具有复杂多变的形态,通过社会机体的各个不同的局部点,体现为形形色色的灵活策略,而不是死板的规则;作为生产性网络的权力,则体现了权力作为关系的一面,这种关系不断地创造出社会成员关系之间的崭新联系,在不同的社会组织形式之间建立新的相互作用线;权力与知识之间存在着微妙复杂的关系:在一个社会的特定历史时期,如果发展构成一种特定的知识形态,以及在这种知识形态中认可哪些陈述为真理,这些过程都是一些与权力运作有着密切联系的知识条件;应充分考虑权力的微观运作:权力不仅涉及社会的微观层面,还具有一种微小实践的特质,具有多变的形态,不断流动,从不局限于一时一地;权力和反抗是密不可分的。福柯认为,应该从权力运作的角度来研究权力。他认为那种以集中或分散形式而普遍存在的权力并不存在,权力不是放弃自由,也不是权力的让渡,它只存在于行动中。暴力直接针对他人或事物,权力并不直接针对他人,而是针对他人的行动:是针对一种行动的行动,针对现在或将来可能出现的系列行动的系列行动。支配则是一种对立的双方长期的对抗。②

(二) 国内有关家庭权力的研究

综观国内关于家庭权力的研究,我们发现,尽管研究者大多没有明确地就权力问题提出理论框架,但他们基本上都遵循资源理论的研究路数。这些研究比较关注家庭中不同成员对资源的占有以及这种对资源的不同占有所导致的结果——对家庭事务的控制能力的差异,认为这种表现为决策权的差异就是家庭中的权力格局,这种权力格局会影响资源在两性间的进一步不平等分配和家庭责任(比如家务劳动)承担的差异。比如说,杨善华、沈崇麟从家务分工、家庭日常开支的支配与对家庭中的实权持有的评价、夫妻的交流和相处等方面考察中国的城乡家庭关系,关注家庭中夫妻关系的性质:到底是一种主从型的还是平权型的关系;③陶春芳用家庭中妇女的自主权、自决权,对家庭事务的决定与参与,家庭资源分配中的性别倾向,以及夫妻对家庭义务的承担状况等指标来衡量妇女在婚姻家庭中的地位;④金一虹明确将权力界定为"一个人或一群人对其他人(或群体)产生预期影响的能力",她认为"构成权力的三个要素为权威、决策和影响,一般来说,权力和资源总是联系在一起的";⑤左际平等认为家庭权力并不由外部力量——比如经济资源或父权制规范——决定,而是在家庭中夫妇间的交换过程中产生的。他们认可家庭权力是"即使对方反对也能按自己意愿行事"的能力,将中国家庭的决策拓展至包括夫妻间决策、征求意见和讨论商量的过程,提出理解夫

---

① 郑丹丹、杨善华:《夫妻关系"定势"与权力策略》,载《社会学研究》,2003年第4期。
② 米歇尔·福柯著,刘北成、杨远婴译:《规训与惩罚:监狱的诞生》,北京:生活·读书·新知三联书店,2003年版。
③ 杨善华、沈崇麟:《家,在时代中变化》,载《人民日报》,2010年7月29日。
④ 陶春芳:《对妇女观与社会发展观的浅见》,载《妇女研究论丛》,1992年第1期。
⑤ 金一虹:《女性文化素质现状及未来发展设想》,载《学海》,1992年第3期。

妻间的权力关系时必须考虑到家庭的制度脉络,认为中国城市家庭以集体化家庭为主,其特征是家庭成员间的高度相互依赖,他们强调间接的互惠及关系的和谐,并且有一种把家庭责任作为家庭决策中主要权力来源的趋势。交换中的间接模式赋予夫妇双方中承担更多家庭责任的一方(通常是妻子)以更大的权力。[①]

(三)家庭权力

身在社会网络中,家庭是个人社会化的最初的团体单位,社会学学者致力于探讨谁在家庭中行使权力、控制、权威。不论东西方,在传统的家庭里都给予男性相当大的权力,以下就家庭权力的理论检视家庭权力的来源与行使。奥尔森和克伦威尔将权力定义为"在社会系统中一个人潜在的或实质的改变其他成员行为的能力"。把上述定义延伸到家庭,家庭权力是一名家庭成员改变其他家庭成员行为的能力。为何一名家庭成员比其他家庭成员拥有改变他人的行为和价值的权力,以下将综合多位学者的观点解释家庭权力理论。

1. 资源理论

1960年,罗伯特·布拉德和唐·沃尔夫在其著作 *Husbands and Wives* 中发展了家庭权力的资源理论(resource theory of family power),他们认为婚姻中权力平衡与每对夫妻在其关系里拥有的资源相关。两位学者将焦点集中在金钱、教育水平和职业声望等资源上,在关系里拥有最多资源的人拥有最大权力。夫妻在其婚姻关系中,拥有更多资源的一方,就能取得较大的婚姻权力;相对地,持有较少资源的另一方,在婚姻关系中拥有较小的婚姻权力且依靠另一方的经济支持、职业选择、休闲管理、资源分配与家庭贡献等。许洁雯在其论文中提出学者海曼·罗德曼于1967年和1972年所发表的有关文化脉络下婚姻权力的跨国性比较研究。罗德曼比较了美国、法国、希腊、南斯拉夫四国,从这四国的比较研究,来探究与检视影响夫妻之间权力分配的因素。许洁雯指出,在美国与法国,丈夫的社会经济地位越高,则他在婚姻关系中拥有的权力就越大。另一方面,相反的结果是,在希腊和南斯拉夫的丈夫,其权力与社会资源呈负相关,也就是说当丈夫的社会经济地位越高时,他在婚姻关系中所拥有的权力就越小。夫妻权力分配受到不同文化与资源的交互影响,因此除了金钱、教育水平和职业声望等作为婚姻权力的指标,不同文化对夫妻婚姻关系和婚姻平等的解释相异,同时也影响夫妻婚姻权力。

2. 关系理论

以物质的资源来评定家庭的权力是直接明确指标,而家庭内的成员,特别是夫妻关系不仅是物质的满意,情感面向如令人喜欢的个人特质、外表、幽默感、专门技能以及人际关系等不同的事情里也有其价值指标。另一项家庭权力非资源因素为社会心理学者华勒所提出。他认为对维持关系最不感兴趣的个人拥有最大权力,如果一个人比另一个人依赖或比较关心关系的持续,较有兴趣的一方可能会顺从那些不感兴趣的另一方。简而言之,最没有兴趣维持关系的一方将拥有较大的权力,即其所称"最低兴趣原则"(the principle of least interest)。

3. 交换理论

交换理论(exchange theory)的方法用于人类学、经济学、社会学、社会心理学,交换理论

---

① 左际平:《从婚姻历程看中国传统社会中家庭男权的复杂性》,载《妇女研究论丛》,2012年第3期。

的主要论点与基本假设是在维持一段社会关系的稳定时,人们的选择朝向最大的报酬(reward)或最小的成本(cost)。以婚姻关系为例,交换的东西不仅仅包括实际的物质财富,如金钱、房屋等,同时也包括非物质的东西如关爱、吸引力、满意度、尊重互惠等。1998年,Sprecher提到社会交换模式三种婚姻满意的模式,分别是投资模式(investment model)、公平理论(equity theory)、产出互赖理论(outcome interdependence theory)。投资模式认为,个人发展和维持一段亲密关系时,首先要付出成本(如金钱、时间、自我开放),再从双方互动过程中获得回报(如快乐满足、亲密);公平理论认为,夫妻保持良好夫妻关系的积极性,不仅与个人从良好夫妻关系中获得的实际好处有关,而且与其对这些好处的分配是否感到公平更为密切。产出互赖理论是个人比较互动关系中期待及产出,如果从目前彼此关系的产出预期能获得产出之最佳的选择,婚姻关系中双方会感觉到依赖并做出承诺。

二、家庭决策

所谓的家庭决策,指家庭中的讨论、问题解决、冲突化解、危机管理期间的互动、由谁最后决定以及谁最终掌有控制权,愿意经常遵循某一家庭成员的请求的成员越多,这个家庭成员拥有的控制力和权力就越大。Raven、Enters和Rodrigues研究认为,家庭权力的来源有六种形式。①合法权力,又称权威,基于个人合法或被标准规范权力来改变其他人的行为,即谁可做决定,例如,单身女性有权决定是否要堕胎。合法的权力起源于个人角色关系的接受,相信其他人有权请求服从。②酬赏权力,是提供行为改变酬赏的能力。③强制权力,基于如果被要求的行为不发生,处罚将发生的看法,例如孩子因为帮忙做家务受赞赏,否则就被处罚。④参考权力,基于另一人的认同或吸引,有参考权力的人是角色典范或身上对他人有吸引力,家庭里参考权力的来源为尊敬或爱。⑤讯息权力,是个人使用解释和其他有说服力的沟通改变他人行为的能力。讯息权力使拥有特殊讯息者,即使非专业人士,也能使目标人信服或印象深刻。⑥专家权力,基于个人在特定的领域有优良的知识、能力及引领他人到最好的结果的理解力和技能,例如,太太是一位理财咨询家,则遵循她的有关家庭财务管理事务的建议。

Herbest根据一个古典模型,认为在婚姻方面的权力平衡可用四种基本的特色模式。①丈夫主导的权力组型(husband dominant power pattern),男性基本上是居主导地位,父系家庭的权力结构,其成立基础来自丈夫为家中经济主要供给者之观念。②妻子主导的权力组型(wife dominant power pattern),女性基本上是居主导地位,母系家庭的权力结构。在现代社会,因为女性教育程度提高、经济收入增加且以女性为主的单亲家庭结构的增加,可以体现以女性当家的形态。③合成权力组型(syncretic power pattern),权力被分享且在共同努力的基础上做决定,家中夫妻具有相等的决策权,家庭事务多由夫妻协商后决定。④自主权力(autonomic power pattern),每个配偶在生活的不同领域拥有相等自主权,家庭事务决策上夫妻拥有绝对自主式的平等权力,做决策无须征求另一方的意见或得到其认同,而各行其是。

三、夫妻权力问题

中国自古有"男主外,女主内"的安排,西方有"父权制"的说法。不考虑少数超越这些制度安排的个体,总的来说,在传统社会,夫妻间的权力安排问题基本无须探究,因为家庭秩序受到封建家庭观念的严格束缚而"秩序井然",并无太多模糊空间。

近代以来对家庭权力的研究逐渐成为家庭社会学和性别研究等领域的重要议题,这正是世界范围的社会转型造成的。这里存在一个失范的背景:传统的家庭秩序遭到瓦解,新的秩序尚未确立,夫妻关系、权力模式建构成为需要夫妻双方共同参与、努力的事情,是需要去"做"、去"完成"的工作。夫妻双方,乃至其他家庭成员,需要"逐鹿中原"以确定"霸权",这样一个无比丰富的过程值得学界深入探讨。

(一)失范与夫妻权力问题

对于夫妻权力关系,已有研究主要集中在:到底谁控制了局面?控制局面的人是否具有群体特征(比如说性别)?为什么会由这一群体而非另一群体控制家庭局面?

因为家庭权力模式的转变总体上是一个男性份额减少、女性份额增加的过程,依据不同的衡量标准,男女两性往往有不同的感受:男性可能认为女性的地位已经太高,家庭已经失控,女性已经不像女性;女性则觉得女人家庭地位高是假象,男女并未实现真正的平等,还须进一步提高女性的地位。

这些争论需要经验材料予以澄清。学术界基本都用家庭决策来衡量夫妻间的权力对比,而具体到选择哪些决策事项,有不同的看法,而不同的选择得出的结论也会有所不同。更进一步,具有女权主义视角的学者提出,研究者需要警惕笼统谈论家庭决策或者只计算能参与决策的数量所容易导致的问题:决定购房买车和决定买米买菜对家庭权力的影响能一样吗?为解决这个问题,学者们提出要将决策进一步区分为重大决策和日常决策,认为它们对家庭权力分配的影响是不同的。在此框架中,中外学者对家庭中夫妻权力对比进行了大量研究,基本上得出的结论比较类似:尽管家庭中的权力分配趋向平等,但平等的程度和发展进程不像人们所想象,事实上,女性在总体上依然处于弱势地位。

究其原因,资源理论归为资源的可得性;女权主义者则用父(男)权制来解释家庭中的权力现象,认为社会中普遍存在的父权制规范才是影响家庭中权力分配的根本原因。如果采取后来很多学者所持的泛化资源观,把父权制看作一种规范资源,实际上两种理论解释具有同质性,争论的焦点转化为哪一种资源在决定家庭权力分配时占优先地位。

(二)夫妻权力模式的构建过程

实际上,只考察最终权力结果的做法往往自觉或不自觉地导致一种认识:一方"拥有了"权力,另一方被控制并"丧失了"权力。似乎权力是一种物品,只能由一方拥有,关系双方因争夺权力隐隐具有"你死我活"的意味。

实际上,个体在其成长的生平情境中,会形塑出一系列生活的"基础知识",这既包括深深寄寓于身体的以习惯为表现形式的"身体知识",也包含针对日常生活典型情境的、表现为自然态度的知识,以及程度不同的理性行动。在大多数情况下,个体会根据生活的"基础知识库"自发行事。

在婚姻生活中,在夫妻互动中,夫妻双方都按各自原有的自然态度行事。在不同情境下成长起来的夫妻双方,他们的生活的"基础知识"必然有不同的地方,因此会有诸多的日常冲突。在一系列的事件和互动过程中,夫妻双方会针对家庭日常生活形塑出新的生活的"基础知识",并形成关系的一种动态平衡。手头知识是指导个体行为的参考框架,关系"定式"则是处理夫妻关系及其互动的参考框架,它有一定的稳定性,但绝非僵化不变;它有一定的指导性,但并非可以处处照搬。

在这种关系"定式"的形塑过程中,以及在维护或突破这种关系"定式"的种种努力中,夫妻双方(有意无意地)进行着一系列权力的微小实践,运用各种权力策略和技术,形塑夫妻关系形态。因为夫妻关系涉及"主体间性"问题,涉及不同个体之间的理解和对情境的(共同)定义,因而夫妻互动中的权力主要体现在操纵情境定义的诸种手段。

具体说来,个体可能通过"场景界定"进行有选择的关注和忽视,通过建立范畴类型确立行为规范以及通过质疑对方资格能力确立优先资格等权力技术,在互动中形塑出有利于自己的关系"定式"。

(三) 社会文化与夫妻关系定式

从互动、形塑、权力运作乃至博弈的角度来考察夫妻权力问题,容易进入另一个误区,似乎夫妻权力关系就是两个人钩心斗角的过程,是完全微观、个体乃至琐碎不堪的事情,最终结果如何全看个人的权力技术。实际上,夫妻权力关系值得研究的前提就是社会转型,家庭中具体男女两性的权力关系并非完全无章可循,也并非纯属私事,完全是个人博弈的结果。

作为夫妻关系定式形塑之基础的个体生平情境概念本身,就包含了历史和社会维度,互动的夫妻双方在其成长过程中构建的生活的"基础知识库"既有个性,也会有文化共同影响而导致的群体性特征。性别社会化作为个体成长的一个重要内容,会形塑出性别分化的行为方式和思维模式,这其实就是所谓父权制性别规范影响夫妻权力格局的具体过程:它不是一种教条和外在的影响,而是深入个体的自然态度中不知不觉地产生影响,唯有如此,其影响往往是隐晦深刻而难以改变的,才需要学者通过研究对之问题化,进而获得改变的可能性。

在整个现代化过程中,各种制度和观念都在发生裂变,呈现多元共存态势,家庭中关于性别的制度安排与观念亦不例外,"男主外,女主内"等"父权制"制度安排和观念在形式上遭到瓦解,"男女平等""独立自主"等启蒙口号成为日常话语的一部分,但是后者并未在真正意义上完全取代前者。

从人的解放或者女性解放的角度看,启蒙过程尚未彻底实现,因此在家庭领域中各种思想混杂出现,往往被具体的个体功利性地利用,使得家庭中的性别关系呈现复杂不明之势。有一些男性在经济上要求"男女平等"以减轻自己的责任和压力,但在思想上并不能真正将女性作为独立的个体来尊重。也有的女性以"男女平等"口号要求格外的尊重,但并未做好与男性承担同样家庭责任的准备;一旦自己真的和丈夫平等,甚至在地位、收入上高于丈夫,其心理落差就会很大,愤愤不平,觉得丈夫无能。也就是说,不仅男性并未真正做好尊重女性作为独立个体的思想准备,女性也大多没有真正做好与男性平等的思想准备。

第六章

家庭生命周期

> 树欲静而风不止，子欲养而亲不待也。
> ——《孔子家语卷二·致思第八》

任何一个家庭都有其建立、发展和解体消亡的过程，这就是家庭的生命周期。家庭生命周期的变化，实际上是由家庭中人口数量的变化引起的，而生育率和死亡率的变化直接导致了家庭中人口数量的变化。

家庭生命周期也反映一个家庭从形成到解体呈循环运动的过程。对家庭生命周期的研究强调家庭会随时间发生各种变化，解释家庭在不同时期的变迁，以此说明家庭在不同发展阶段上的各种任务和需求。

第一节 家庭生命周期理论

家庭生命周期(family life cycle，FLC)理论产生于 20 世纪初，最早由英美的社会学家和人口学家提出，是社会学和人类学研究的重点范畴。在研究有关家庭教育、家庭消费、婚姻及消费者行为等社会、经济问题时，家庭生命周期都作为一个重要的变量而得以应用。[①]

一、家庭生命周期理论的概念

家庭生命周期是指从一对夫妇的婚姻形成家庭开始，经历扩充、扩充完成、收缩、收缩完成等阶段，直至消亡的动态发展过程；家庭生命周期理论利用家庭人口变化、子女离家、家庭发生重大变故等标志性事件对家庭进行阶段划分，具有形成、扩展、稳定、收缩、空巢和解体 6 个基础阶段，多用于研究家庭结构和发展。[②] 如同人的生命的发展阶段一样，家庭也有一个从成立到消亡的过程，处于不同生命周期的家庭，在家庭结构、消费支出以及核心需求方面存在显著差异，[③]通过研究家庭生命周期变化，可以有效刻画家庭资源配置和家庭效用变化

---

① 于洪彦、刘艳彬：《中国家庭生命周期模型的构建及实证研究》，载《管理科学》，2007 年第 6 期。
② Glick C. The Family Cycle. American Sociological Review，1947(1).
③ Wells W D，Gubar G. Life Cycle Concept in Marketing Research. Journal of Marketing Research，1966(4).

的过程。[①]

二、家庭生命周期理论的沿革

(一) 西方学者关于家庭生命周期的研究

家庭生命周期研究起源于西方。最初的雏形是1903年Rowntree用来解释贫困是如何产生的。修正家庭生命周期概念的工作开始于20世纪30年代,这时有关家庭生命周期的基本概念已被建立起来了,第一个家庭生命周期模型也在此出现,Sorokin、Zimmerman、Galpin等人根据家庭内成员的组合改变建立起模型。与他们同时期的Kirkpatrick按子女的受教育情形将模型进行重新定义。

20世纪40—50年代是家庭生命周期模型的拓展阶段,此时的家庭生命周期模型融入新的建模变量,更多的生命周期阶段被予以界定。如,Bigelow根据子女的入学和家庭的支出情况将模型定义为七个阶段等。Paul C. Glick是第一位将家庭生命周期内容给予清晰界定的学者,其模型虽然受到不少批评,但迄今为止仍然是家庭生命周期研究的基础,而后的研究大多是在此基础上的扩展和修正。

Wells和Gubar的家庭生命周期模型、Murphy和Staples的家庭生命周期模型、Gilly和Enis的家庭生命周期模型是西方学者有关家庭生命周期研究的几个主要理论模型。[②]

(二) 我国学者对家庭生命周期的研究

我国学者关于家庭的研究对推动整个家庭社会学的研究发挥了重大作用。

唐灿综合了近现代家庭研究的理论和经验,认为中国家庭社会学的研究大体可划分为三个时期。第一,20世纪30—40年代伴随新文化运动而起的学术繁荣时期,产生了一大批研究婚姻家庭问题的名家和名篇名著。如潘光旦的《中国之家族问题》、李景汉的《五百一十五农村家庭之研究》、孙本文的《现代中国家族问题》、费孝通的《生育制度》和《乡土中国》,等等。第二,进入20世纪50年代,随着社会学被取缔,婚姻家庭研究进入相对沉寂时期。第三,1979年社会学研究得以恢复后,婚姻家庭研究再度兴起并进入持续发展的时期。有人将这一时期又分为三个阶段:①1979—1990年,被称为奠基阶段,婚姻家庭迅速成为热点研究问题;②1991—1996年,被认为是发展成熟阶段,研究主题、方法和视角都进一步丰富;③1997—2000年,则是研究降温阶段,随着改革的深入,社会学研究的中坚力量转向关注其他更为重大和严峻的社会问题,著作、文章明显减少,但主题更加多样化,研究方法更加成熟。

家庭研究的高峰已经过去,但事实上,随着中国社会多元化发展趋势,中国家庭研究反而迎来了一个新的家庭研究的高峰。根据中国知网的统计,以家庭为内容的文章数量在2000年之后出现了明显的增长,但研究论文的质量和水平却没有出现同步增长的状况,反

---

① McAuley W J, Nutty C L. Residential Preferences and Moving Behavior: A Family Life-cycle Analysis. Journal of Marriage and Family,1982(2).

② 田丰:《中国当代家庭生命周期研究》,中国社会科学院博士学位论文,2011年。

而鲜有观点鲜明、资料丰富的文章和著作。

尽管如此,中国家庭变迁的过程还是受到众多社会学家、经济学家、历史学家和人口学家的关注,在研究中形成了不同的研究结论和观点,这与中国地域辽阔、社会经济发展水平不一、民族众多等客观原因有密切关系,也与学者们所处的学科角度不同、运用的理论分析和经验分析的工具和方法有一定的联系。家庭作为社会单位和社会组织,居于个人与社会之间,便于使用不同层次的理论视角进行观察和分析,所以能够形成多种多样、特点鲜明的研究结论。纵观近年来中国的家庭研究,尽管研究视角、理论架构和方法工具各有不同,相关的家庭经验研究成果不断充实,家庭研究理论也得到进一步的拓展。

三、家庭生命周期理论的意义

家庭生命周期理论重视家庭发展中的阶段性,家庭生活中的转折事件对家庭生活的影响,不同时期的家庭任务和家庭规范,不同家庭成员在家庭中的位置和角色的认知及其适应性调整的重要性。

对于整个家庭发展而言,家庭生活各个阶段是前后延续的,后面阶段将受到前面阶段的影响;每一个阶段都有其特别的发展任务,若重点的发展任务不能得到很好的执行,或者家庭不能因阶段之间的转折而相应做出调整,不仅容易遭遇家庭关系的紧张和家庭矛盾,而且会影响到下一阶段的家庭生活;阶段之间的转折过渡时期是最容易导致家庭关系紧张、家庭成员焦虑的时期,也是需要家庭成员加倍投入精力、努力进行适应和调整的关键时期,应该给予特别的重视;对家庭生命周期理论的了解有助于家庭社会工作者进行家庭评估,以便确认个案家庭处在哪种发展阶段以及处在这种发展阶段可能面临的压力。

第二节 家庭生命周期的划分

家庭生命周期理论按照一定的标准,将家庭所处的生命周期分为不同的阶段。了解这些划分标准和不同的家庭生命周期阶段,分析家庭生命周期不同阶段的影响和特征等因素,可以让我们更好地选择合适的家庭生命周期模式,更好地处理有关家庭教育、家庭消费、婚姻及消费者行为等社会、经济问题,更好地享受生活、享受家庭带来的乐趣。

一、家庭生命周期的划分标准

(一) 现代家庭的发展及分布

随着时间的推移,家庭会经历一系列不同的阶段。在各个阶段,家庭的人数、家庭成员生理状况与心理需求都具有不同的特点,由此使家庭消费呈现不同的模式。

家庭规模是指在家庭中所包含的人口数。世界性的调查表明,家庭规模总体上呈缩小的趋势。人口学者唐灿 2003 年在《中国科学院院报》发表的《中国城乡社会家庭结构与功能的变迁》一文中提出,家庭规模的小型化是中国城乡家庭结构变化的重要特征,家庭结构呈现出以核心化家庭为主、小家庭式样日益多样化的趋势。除核心家庭外,其他非核心化的小家庭式样,如空巢家庭、丁克家庭、单身家庭、单亲家庭等,正在构成中国城乡家庭结构的重要内容。① 家庭结构是指家庭总成员的人数、年龄及性别构成。单身家庭、主干家庭、扩大/联合家庭等不同家庭形式均有各自不同的结构。家庭核心化与老年人是否与子女分开居住密切相关,与子女共同生活的老人越多,核心家庭就越少,反之则越多。

大多数家庭都会经历结婚成家、生儿育女、儿女成人自立门户、夫妻退休、丧偶等阶段,家庭发展过程中所经历的这一系列不同阶段被称为家庭生命周期。家庭生命周期概念虽然非常有用,但也受到不少批评,原因是不同的个体所经历的可能并非同一类型的家庭生命周期。虽然如此,学术界大多数人觉得用它来表述人生所经过的那些可资识别的历程或时期,仍是非常有价值的。

(二)家庭生命周期的演变

传统的家庭生命周期理论将家庭的发展大致划分为 5 个阶段。

1. 单身阶段

要么在大学读书,要么刚出校门开始工作。

2. 新婚阶段

这一阶段始于新婚夫妇正式组建家庭,止于他们的第一个孩子出生。为了形成共同的生活方式,双方均需要做很多调整。一方面,共同决策和分担家庭责任,对新婚夫妇是一种全新的体验;另一方面,双方会遇到很多以前未曾遇到和从未考虑过的问题,如购买家庭保险、进行家庭储蓄等。这一群体在人口中占的比重并不大,然而这类家庭大部分有双份收入,相对于其他群体较为富裕。

3. 满巢阶段

从第一个孩子出生,到所有孩子长大成人和离开父母,被称为满巢阶段。由于这一阶段持续时间很长(一般超过 20 年),可以进一步分为满巢Ⅰ、满巢Ⅱ和满巢Ⅲ三个阶段。

(1) 满巢Ⅰ。这一阶段通常是指年幼小孩(6 岁以下小孩)和年轻夫妇组成的家庭。第一个孩子的出生常常会给家庭生活方式和消费方式带来很多变化,带来很多新的需要,从而使家庭负担有所增加。

(2) 满巢Ⅱ。这一阶段中,最小的孩子已超过 6 岁,多在小学或中学念书。因为孩子不用大人在家照看,夫妻中原来专门在家看护孩子的一方也已经重新工作,这样,家庭经济状况得到改善。在我国,这一阶段的家庭基本上以孩子为中心。

(3) 满巢Ⅲ。通常指年纪较大的夫妇和他们仍未完全独立的孩子所组成的家庭。此一阶段,孩子中有的已经工作,家庭财务压力相对减轻。由于互助及配偶双双工作,加上孩子也不时能补贴一些家用,所以家庭经济状况明显改善。

4. 空巢阶段

空巢阶段始于小孩不再依赖父母,也不与父母同住,这一阶段延续的时间也比较长。很

---

① 唐灿:《中国城乡社会家庭结构与功能的变迁》,载《浙江学刊》,2005 年第 2 期。

多父母可以做他们以前想做但由于孩子的牵绊而无法做的一些事情。这一阶段,也许是经济上和时间上最宽裕的时期。空巢后期,户主到了退休年龄,经济收入减少,此一时期,家庭支出更多侧重于健康类产品与服务。

5. 解体阶段

当夫妻的一方过世,家庭进入解体阶段。如果在世的一方身体尚好,有工作或有足够的储蓄,并有朋友和亲戚的支持和关照,家庭生活的调整就比较容易。由于收入来源减少,此时在世的一方,过上了更加节俭的生活。而且,这样的家庭会有一些特殊的需要,如更多的社会关爱和照看。

在西方,传统上大部分家庭都会经历前面所描述的家庭生命周期。然而,随着各种新型家庭形式的大量出现,传统的家庭生命周期理论正面临着挑战。一种普遍的现象是非家庭型住户,即由独身者或没有血缘或婚姻关系的个体组成的住户涌现。以前,这种类型的住户比较少,不普遍,因此在讨论家庭生命周期时可忽略或作为特例来处理。但现在它们占的比重很大,而且有上升的趋势。表6-1描述了非传统的(或修正了的)家庭生命周期的各个阶段。

表 6-1 非传统的家庭生命周期

家庭生命周期各阶段	定义/评论
家庭型住户	
无小孩的夫妻	由于推迟结婚或一方重事业的缘故,暂不要孩子
30岁后结婚的夫妻	以事业为重,夫妻生活在一起,可能要很少的孩子甚至不要
有第一个小孩的夫妻	可能较以往的家庭要更少的孩子
单亲父母1	年轻的有小孩的单身父母,高的离婚率部分导致单亲父母的增加
单亲父母2	离婚的中年男性或女性,家有未成年的孩子
单亲父母3	未婚者抚养一个或多个孩子
扩大/联合家庭	单身成年子女在着手建立自己事业生涯时,为避免独居的生活开销而与父母同住; 离异的子女带着其儿女回家与父母同住; 不能自理的年迈父母搬到孩子家住; 新婚夫妇与父母同住
非家庭型住户	
未婚同居者	社会对异性或同性同居采取越来越宽容的态度
无小孩的离婚者	高的离婚率导致家庭解体,但双方没有孩子
鳏寡独居者	期望寿命的延长尤其是女性寿命的延长,使75岁以上的独居者住户增多

资料来源:Schiffman L G. Consumer Behavior. New York:Prentice-Hall,1995。

二、家庭生命周期阶段的划分

一般把家庭生命周期划分为形成、扩展、稳定、收缩、空巢、解体六个阶段。标志每一阶段的起始与结束的人口事件如表 6-2 所示。六个阶段的起始与结束,一般以相应人口事件发生时丈夫(或妻子)的均值年龄或中值年龄来表示,各段的时间长度为结束与起始均值或中值年龄之差。例如,如果一批妇女的最后一个孩子离家时(空巢阶段的起始),平均年龄为 55 岁,而她们的丈夫死亡时(空巢阶段的结束),平均年龄为 65 岁,那么这批妇女的空巢阶段为 10 年。

表 6-2 家庭生命周期阶段的划分

阶段	起始	结束
形成	结婚	第一个孩子的出生
扩展	第一个孩子的出生	最后一个孩子的出生
稳定	最后一个孩子的出生	第一个孩子离开父母家
收缩	第一个孩子离开父母家	最后一个孩子离开父母家
空巢	最后一个孩子离开父母家	配偶一方死亡
解体	配偶一方死亡	配偶另一方死亡

三、不同阶段的主要消费特征

(一)单身阶段

单身阶段的消费者指已参加工作但尚未成婚的青年人。年轻的单身男女大多有自己独立的收入,尽管收入水平不太高,但由于没有什么经济负担,可支配的收入比较多。单身青年大多具有以自我为中心的消费倾向,喜欢按照他们喜欢的方式去独立生活,其消费和开支比较随心所欲。

1. 消费观念特征

冲动性购买;追求新颖时尚,重视品牌;注重情感与直觉,热衷于尽情享受现代生活;喜欢反映个性特征的商品和生活方式。

2. 消费状况特征

娱乐休闲:单身者主要的娱乐场所集中在一些花费较少的地点,如公共广场、书店等,这是因为他们收入不高,但又有较多时间外出休闲;也有不少大中城市知识文化程度较高的青年人喜好电影、音乐会及舞会等;有很多人每年会有一两次的旅游度假。在休闲活动方面,单身者表现出极大的热情,同事、同学聚会是他们主要的娱乐方式。

购物:单身者中有相当多的人通常选择在大型超市和专卖店购物,这些场所对收入有限的单身者来说较为合适。在选择自身所关注的商品时,他们重视的是商品的质量、品牌和款式,因此相对其他家庭生命周期阶段,代表着时尚与潮流前沿的明星们对单身者的影响最为显著,"灿烂星光"是他们最直接的模仿对象。

投资:这个阶段的群体的投资意识已经比较强烈,由于对自己未来收入有很高的预期,因此敢于使用多种理财方式,而不是单纯地将钱存入银行,债券、基金、股票这些金融品种的持有比例大体相当。除了各类金融品种的投资,单身者还十分在乎"教育投资",相当多的人对职业消费非常重视,在这个知识竞争的时代,"充电费"的支出对年轻人来说十分必要。

(二) 新婚阶段

新婚阶段指从准备结婚至新婚、无子女的期间,这是一个完整家庭诞生的最初阶段。我国的传统观念十分看重结婚成家,因而对结婚用品的筹办不遗余力。新婚家庭往往代表了最新的家庭消费趋势,对其他已婚家庭是一种消费冲击和诱惑。

1. 消费观念特征

心理需要鲜明、强烈;消费重点分为两极。

2. 消费状况特征

(1) 娱乐休闲。

在中国,"蜜月旅行"已被经济较发达地区的许多年轻人视为时尚。而对于经济不够宽裕的年轻人,新婚期是比任何时期都更有可能去旅游的时期。

(2) 购物。

新婚阶段因为家庭所需的全套用品都要重新购买,购买时间集中、消费量很大,如家用电器、家具陈设、床上用品、厨具,以及结婚时的服装、礼品、食品等,一次性、突击性的消费行为比较明显,往往要耗去双方多年的积蓄。同时他们对家庭消费品的购买有一定的冲动性和随意性,其消费需求处于易变不稳的状态。

(3) 投资。

年轻夫妇这时已经有了治家和理财的意识。他们是住房需求的主体,其中有很多人准备积蓄购房,虽然他们的财力不足以一次性付清房款,但有按揭房款和小户型房源的支持,因此他们购房很踊跃。除了买房以外,为未来孩子的培养积蓄,以及为旅游积蓄是他们的储蓄重点。同时年轻夫妇敢于尝试,将储蓄与各类金融投资相结合,将相当一部分资产用于购买股票、基金、债券等金融品种,并且愿意借债消费,推动了我国金融行业的发展。

(三) 青壮年独居阶段

这个阶段的消费者以青壮年的离婚者、分居者和丧偶者为主。目前中国离婚率居高不下,还有攀升之势,加上因各种原因分居的人群,以及部分的青年丧偶人群,使这个阶段的群体数量比较大。

1. 消费观念特征

消费意愿年轻化;对物质的追求强烈。

2. 消费状况特征

(1) 娱乐休闲。

青壮年独居者的娱乐生活也比较匮乏,他们要独自承担照顾老人与小孩的义务,面对的压力很大,因此其经济与时间都难以支持他们有过多的娱乐活动。他们倾向于在无人认识的场所中逗留,这样的环境很适合他们思考和放松,也可以在这里结识经历相似的朋友。同时他们的旅游机会也有限。

(2) 购物。

青壮年独居者要经历一个新的社会角色转变的过程,当他们想要适应一种新的生活方式时,这种转变经常会引起他们对与原来角色有关的物品的处置和对能帮助表达新身份物品的需求。他们会有意识地关注心理方面的信息,如书籍、影片、网络资料等,以寻求咨询帮助。受经济条件的限制,他们有部分人关注商品的价格,购买更具有计划性和周期性。

(四)满巢阶段

"满巢"是指子女尚未单独居住,而与父母同住,这一阶段的消费者群体数量最多,消费量也最大。由于这个阶段的周期长,有很多的相似特征,但家庭消费结构变化也大,因此将它分为满巢Ⅰ、满巢Ⅱ、满巢Ⅲ三个阶段。调查发现,这部分群体收入高、资产殷实,也是汽车、住房的购买主体,每个阶段都有一定比例的家庭打算购买高档消费品。

1. 消费观念特征

满巢Ⅰ:这个阶段是指青年夫妇生育后而子女未足6岁,尚未入学的一个家庭发展时期。夫妻初为父母,开始感受到一个完整家庭所带来的喜悦,他们的生活很充实,几乎没有孤独感,并将重心转向孩子,开始关注孩子的发育和成长,花大量的时间来照顾孩子,并且更加努力工作。有时间的话,父母会自学更多东西,以期为孩子创造更好的生活条件,而对自己的消费支出减少了。这一阶段,夫妻对生活质量的认同度也是各阶段最高的,因此忠诚于好的品牌、认同好的品牌,并愿意增加对自己认同的品牌的消费。同时因为有了孩子,夫妻更关注生活质量,关注商品的质量和家人的健康。

满巢Ⅱ:这个阶段指子女已足6岁,子女接受教育并逐渐成人的家庭发展时期。这是时间最长的一个阶段,长达10年以上。因此,满巢Ⅱ和满巢Ⅰ阶段的特征有部分重叠,特征不太明显。这时,子女仍是这一时期家庭消费的中心,家庭消费支出偏重孩子的教育费用和娱乐费用。本着"望子成龙,望女成凤"的思想,孩子从小学到大学的教育与培训费用十分可观。夫妻二人在这个阶段的收入比较稳定,积蓄也较多,理财经验逐渐成熟。其消费心理特点以经济实惠、讲究实用和计划性为主,购买行为由冲动型、情感型转向经验型、理智型。

满巢Ⅲ:这个阶段是指有子女已经参加工作,但仍未独立,且与父母同住的家庭发展时期。由于子女的经济相对独立,且可以时常补贴家用,家庭的经济压力有所减轻,夫妇可以多考虑一些自身的消费问题,在满巢Ⅱ阶段因为财力限制而未能实现的消费计划,可以在这一阶段完成。这个时期也是家庭储蓄欲望最高的阶段,同时对购买更加谨慎。这一方面是由中国人传统消费习惯决定的,另一方面也许是父母想为未成家的子女多留些积蓄,以便做子女结婚时置家之用。同时,子女可能会更多地参与到家庭决策中,影响父母的消费计划,使家庭购买呈现年轻化趋势。

2. 消费状况特征

(1)娱乐休闲。

满巢Ⅰ:处于满巢Ⅰ阶段的家庭主要消费行为集中在满足儿童吃、用、玩的需要方面,孩子的出现使夫妻外出娱乐、旅游的支出以及娱乐时间大大减少,大部分精力都用于照顾孩子。孩子的年幼使得家庭出行极为不便,不大可能考虑远途旅游。在这期间,举家出游的情况不多,选择的场所多集中在餐厅或家庭附近的公园、动物园。

满巢Ⅱ:相对于满巢Ⅰ阶段,处于满巢Ⅱ阶段的家庭旅游机会有所提高,孩子进入学龄期,教育成了家庭的主题。旅游也成了对孩子进行教育、让孩子扩大视野的一个重要途径,多数家庭会增加出游次数。家长会有意识地趁节假日带孩子外出旅游,而对旅游目的地的选择非常慎重,多以博物馆、纪念地、历史文化名城等人文景观为选择对象,使旅游活动为教育子女服务，旅游方式多是一家三口同时出游。

满巢Ⅲ：满巢Ⅲ阶段的家庭中，孩子已自立，并且父母也多有固定的收入，可被看作消费水平最高、购买能力最强的家庭。这种家庭成员外出娱乐、旅游的潜力很大，但同时因为子女与父母相对独立，使得完整家庭一同外出的机会变少了。满巢Ⅲ阶段的家庭具备旅游成员搭配比较灵活的特点，有一家三口集体出游、年轻人单独出游、父母双双出游、父母之一与孩子一起出游等多种方式。

（2）购物。

满巢Ⅰ：这个阶段也是购物的高峰期，孩子的出现使儿童用品（儿童服装、玩具、食品、文化教育用品等）的消费大幅上升，而且城市里的家庭大多重视对子女的培育，对儿童用品的购买不过多地考虑价格因素，舍得花钱，因此，儿童用品的消费水平呈现"相对高消费"的特征。这个阶段的流动资产少，由于家具、电器等用品在新婚阶段基本购置完成，而满巢Ⅰ阶段的家庭对耐用品的需求不大，也难以再有多余的资金来购买大件、昂贵的商品。

满巢Ⅱ：处于满巢Ⅱ阶段的家庭购买倾向受孩子需求的制约较大，为了营造一个健康的教育环境，很多家庭不惜花费很多的精力和金钱，但以子女教育为目的的储蓄的比例较高。由于家庭耐用品在此阶段一般也到了更新期，家庭公用品的开支比重有所加大，家庭用品的消费量也较大，对售后服务的需求较满巢Ⅰ阶段呈现逐步上升态势，同时由于消费经验趋于成熟，比较关注耐用品的性价比，对自身的奢侈品的需求比较抑制。

满巢Ⅲ：处于满巢Ⅲ阶段的家庭经济比较宽裕，会考虑购买一些大件耐用品，如新潮电器或家具等。由于父母年龄大了，因此对奢侈品的欲望已不再像过去那么强烈，而是将注意力转向自身健康之上，在医疗、保健上的消费比较大，同时子女们在家也会比较关注父母的健康，并参与到家庭决策中来。

（3）投资。

满巢Ⅰ：处于满巢Ⅰ阶段的家庭投资意识有所增强，但投资渠道还比较单一，储蓄和股票投资占据整个资产的比例最高，这是因为家庭收入相对有限，制约着他们向多领域投资。虽然他们多向投资的愿望较为强烈，但夫妻二人积蓄比较少，难以达到真正的投资目的。

满巢Ⅱ：处于满巢Ⅱ阶段的家庭有了一定的储蓄，投资意愿呈现多元化趋势，投资渠道也越来越丰富，是家庭投资的主要时期。虽然夫妻储蓄比例仍然较高，但由于资产量大，因此购买国债、保险的积极性有所增强。还有一定比例的家庭将资产用于做生意、购买不动产，以谋取更多回报。

满巢Ⅲ：处于满巢Ⅲ阶段的家庭虽然没有什么经济负担，但考虑退休在即，对自己的收入预期也较低，不愿意过多尝试高风险的投资，保险、国债是首选。这一阶段，部分家庭会为子女购置新的住房。

（五）空巢阶段

这是子女完全独立、不再与父母同住，从而核心家庭遭到"破坏"的阶段。目前空巢家庭的开始时间提前，因为现在家庭的子女都很少，甚至是独生子女，一旦孩子结婚或者外出上大学，空巢就立刻形成。

1. 消费观念特征

空巢Ⅰ：空巢Ⅰ阶段是指子女完全独立而父母还有人在工作岗位的家庭生命周期阶段。

这个时期,子女已经自立门户,家庭成员又恢复为夫妻二人,但情况发生了很大的变化,失落感渐升,老年化的特征还不明显,但比较关注自身健康,以医疗保健为目的的储蓄量比满巢Ⅲ阶段上升,购买心理比较理智。

空巢Ⅱ:空巢Ⅱ阶段是指子女完全独立,而父母都已完全退休的阶段。这个阶段,夫妻二人的收入减少,家庭开支也随之缩减。夫妻二人已经不轻易接受新事物、新商品,开始追求宁静、平淡、温馨的家庭生活,基本排除广告和宣传刺激的影响,对商品讲求方便、舒适、经济、实用、可靠,有益于身心健康,而受流行时尚、外观款式的影响较小。因为子女在这时都有了一定的经济基础,会时常关注老人的生活,因此商家会将销售对象转向子女。

2. 消费状况特征

(1) 娱乐休闲。

空巢Ⅰ:子女的独立使父母孤独感加剧,他们渴望重新融入一个新的环境内。由于还没有退休,收入还比较稳定,而工作强度减轻许多,他们常会选择与同事交流、家庭聚餐、周末出游,借以打发日子;他们还喜欢在公共广场散步,以结识新的朋友,同时他们的旅游欲望还比较强。

空巢Ⅱ:退休后休闲时间会大大增多,同时,支出少使城镇的老年人们常有剩余的资金。结合旅游活动的特点来看,旅游是最适宜"有闲+有钱"阶层人士的活动,而在所有年龄阶段的人中,最符合这一条件的就是城市离退休人员。同时夫妻二人会刻意培养自己新的兴趣来填补失去工作的空白,绘画、书法、收藏、运动等是退休人士的最爱,这时的老年人又进入一个新的学习阶段。

(2) 购物。

空巢Ⅰ:在某种程度上,处于空巢Ⅰ阶段的家庭与他们的新婚阶段有些相似,消费比较注重享乐。但又不是新婚阶段的简单重复,因为出于养老的目的,消费也讲求适度。他们对商品的购买讲求方便、舒适、经济、实用、可靠,并有益于身心健康,而受流行时尚、外观款式的影响较小。夫妻二人对自身的健康十分重视。他们特别在意产品新鲜、绿色的属性,关注健康杂志,对时下流行的健康活动兴趣很大。

空巢Ⅱ:在空巢Ⅱ阶段,家庭对穿、用以及奢侈品的需求明显减少,储蓄的大部分都用于养老和医疗保健,因此消费需求相对简单而集中,主要表现在滋补食品、药品、医疗器械、老年健身娱乐品、"代劳力"品、劳务消费方面以及各种能够给人带来舒适与方便的商品上,如助听器、老花镜、软椅等。消费结构日渐呈现老年化特征,反映出其身体机能的下降和对健康长寿问题的关心。

(3) 投资。

空巢Ⅰ:在金融投资方面除了主要选择储蓄外,对股票、基金等投资渠道的涉足程度依然比较高;这证明处于空巢Ⅰ阶段的家庭对高风险的投资还比较有兴趣。

空巢Ⅱ:对风险性高的投资方式已不再热衷,一部分家庭选择储蓄、国债等有稳定收益的投资,同时为了不让子女担心自己的生活,他们会选择购买养老保险和年金保险等具有储蓄性质的险种。

(六) 鳏寡独居阶段

鳏寡独居阶段指丧失老伴的单身老人阶段。失去老伴后,老人们或与子女同住,或去养老院,但在生活方式和心理上都会有较大的变化,他们通常已经退休,身体机能下降,而子女又不能长时间陪伴,因此这时期的"老年问题"最为严重。

1. 消费观念特征

处于鳏寡独居阶段的群体的老年特征最明显,他们有强烈的孤独感,几乎对外界的新鲜事物不感兴趣,不崇尚潮流,甚至拒绝、排斥。他们很少在衣食住行以外的领域消费,其消费行为较为被动、谨慎,对年轻人的价值观念也持怀疑态度。由于需要有人帮助料理生活,这使老人们认为自己不被社会所需要,常有懊恼和自厌的感觉。

2. 消费状况特征

(1) 娱乐休闲。

老伴的去世会大大降低老人对娱乐的积极性,从而加剧他们的孤独感。他们中有的懒于外出,有的则常独自外出散步,有的阅读书报、看电视,或是帮子女照顾年幼的孙子孙女,以打发晚年时光。老人们都希望能时常和子女在一起,某些人还有可能与"同病相怜"的异性产生感情,但又难以向子女启齿,心理问题较为严重。

(2) 购物。

由于身体活动不便,收入有限,加上市场上针对老人的产品也不多,其购买行为大为减少,同时生活消费水平的下降让他们成为价格敏感者。老人们多购买医疗保健品、食品、书报等商品,对别的潮流产品几乎不感兴趣,但对劳务服务的要求大大增加,希望得到周到方便的服务,只是相关产业还没有或不够成熟。

第三节 空巢家庭及其社会问题

空巢家庭是近年来逐渐形成的一种特殊的家庭形式。伴随我国第一代独生子女的成长,空巢家庭在形成因素、年龄结构、家庭关系和社会心理等方面呈现出新的特征。社会需要在父母、子女、社会公共服务等方面积极跟进和通力配合。[1]

充分认识空巢家庭并妥善处理其带来的各种社会问题,是保证空巢老人生活质量的前提,也是构建和谐社会的必然要求。

一、空巢家庭的基本内涵

空巢家庭(empty nest)就是子女不在身边的老年人家庭。这是形象地用小鸟羽毛丰满后离开母巢来形容人类社会里子女长大成人后从父母的家庭中分离出去,独立门户,只剩下年老一代人单独生活的家庭。[2]

目前,国内有关空巢家庭的定义有以下四种。

第一种空巢家庭的定义为:空巢家庭是指无子女或虽有子女,但子女长大成人后离开老

---

[1] 王静珊:《城市"空巢"家庭的新特征》,载《重庆工商大学学报(西部论坛)》,2007年第4期。
[2] 石燕:《以家庭周期理论为基础的"空巢家庭"》,载《西北人口》,2008年第5期。

人生活,剩下老人独守"空巢"的家庭。

第二种定义是以空巢的比喻义为基础进行的。如陈晓敏等就认为"空巢家庭是以'鸟儿长大,离巢飞去,鸟巢空留'为比喻,意指子女长大成人后纷纷离去,只剩下父母留守'空巢'的家庭"。

第三种定义是从家庭生命周期的角度去界定空巢家庭,认为空巢期是家庭生命周期的最后一个阶段,而处于空巢期的家庭被界定为空巢家庭。

第四种定义仍然是从家庭生命周期的角度界定空巢家庭,但只是认为空巢期是家庭生命周期的一个阶段。空巢家庭通常是指最小的子女离家后,仅由父母组成的家庭。该类空巢家庭也可细分为两类:一类将中年夫妇独立居住的家庭包括于空巢家庭之中;另一类则认为空巢家庭仅指老年夫妇独立生活的家庭。

目前,我国已进入人口老龄化时代,老年人口基数大、需要照料的老人比例明显上升,空巢家庭数量一直呈上升之势,预计到 2030 年,空巢老人家庭的比例将达到 90%。[1] 我国空巢家庭主要以城市居多。农村家庭一般不止一个孩子,老人一般都有子女照顾,但是,近年外出打工的农村人口很多,一定程度上使得农村的空巢家庭数量逐渐增多。在农村地区,子女因务工、求学、婚嫁等原因,从原生家庭迁出或正在迁出,从而出现由中年父母(年龄并未达到 60 岁、身体尚可、生活自理)组成的"新空巢"家庭。[2]

二、城市空巢家庭

(一)城市空巢家庭的特征

1. 形成因素多元化

随着社会的不断发展,诸如"父母在,不远游"等传统观念的束缚正在逐渐被打破,子女越来越多地离开家乡到异地成家。传统的男娶女嫁的习俗仅仅造成了纯女户的空巢家庭,而现代婚嫁观念的转变,使男方到女方家落户也成为可能,部分有子家庭也可能形成空巢;观念的转变及出于现实情况的考虑,使得越来越多的青年人在组成家庭时既不到男方家也不到女方家落户,而是脱离双方父母居住的城市,转而选择新的地方"自立门户",造成了大量双空巢家庭的形成;近年来,中国公民出国留学人数保持了较快的增长速度,大批青年的出国,一定程度上也导致国内空巢家庭数量的增长。

2. 年龄结构年轻化

与非独生子女空巢家庭相比,如今城市空巢家庭的成员大多是独生子女的父母,他们年龄大多集中在 45 岁左右,这类空巢家庭中大部分父母的社会角色出现很大变化,不再是原来单一的离退休人员,而是存在不同的状态:有的正处于事业的黄金阶段,有的可能处于离职、下岗状态等。

3. 家庭关系多样化

一方面,相比原先的空巢家庭,如今城市空巢家庭的子女有较重的经济和精神负担,由

---

[1] 王志宝、孙铁山、李国平:《近 20 年来中国人口老龄化的区域差异及其演化》,载《人口研究》,2013 年第 1 期。
[2] 刘庚常:《我国农村新"空巢"家庭》,载《人口研究》,2004 年第 1 期。

于家庭结构向"四二一"方向发展,城市空巢家庭的子女须同时担负养老和继续抚养下一代的重任,他们往往需要赡养四位老人。然而,有的城市空巢家庭的子女虽然离家,但可能并没有完全脱离与家庭的经济关系,例如子女外出求学等,仍需要父母给予经济支持。另一方面,原先空巢家庭的家庭关系的改变有一个逐步渐进的过程,从主干家庭到空巢家庭要经历一个由第一个孩子到最后一个孩子离家的过渡阶段,而如今,城市空巢家庭的家庭关系的改变就没有这个过渡阶段,是骤变,猛然由核心家庭转变为空巢家庭。

4. 心理特征的变化

40~50岁的城市空巢家庭父母还处于比较年轻的状态,他们与社会还有很密切的联系,他们在生活上不需要社会的照顾,也不会觉得是社会的弃儿,更不会有儿女不养老的思想。对于空巢家庭的到来,他们需要调整好的是适应突如其来的家庭变化的心理状态。

(二)城市空巢家庭的成因

1. 居住条件的改善

我国在过去相当长的一段时期里,由于住房条件的限制,有很多家庭迫于无奈三代甚至四代同堂。随着我国居住条件的进一步改善,大部分家庭子女有能力和条件摆脱父母的庇护单独居住,从而使得代际分离居住必然有所增加。此外,社会经济的发展,使得职业竞争愈演愈烈,子女经常随工作跨地域迁徙甚至是出国,这也是城市空巢家庭产生的主要原因之一。

2. 计划生育政策的推行

计划生育政策的实施,使得家庭子女人数受到相当大的控制。据中国产业信息网调查数据显示:我国独生子女的数量在20世纪70年代实行计划生育政策后开始大幅增长,到2010年独生子女总量约为1.5亿人,2020年将突破2亿人,据预测,到2050年独生子女总数将突破3亿人;与此同时,2015年我国60岁以上人口占比达16.15%,同比增长0.61%,至2025年,我国60岁以上人口占比将高达21%。这就造成了这样一种现实:对于那些由独生子女联姻所组成的家庭,很难同时满足双方父母与子女共同生活的要求,必须至少有一方父母主动或被动地独立生活,从而导致一部分城市空巢家庭的产生。

3. 社会代际关系的变化

自古以来,晚辈靠长辈庇荫,老人靠儿女送终,这是农业社会以家庭为单位的小生产形成的双向依赖。随着社会的进步以及思想观念的日益开放,这种代际关系发生了根本性变化:大家庭解体,青年人离"巢"自主创业、就业,老年人依靠社会化保障和服务度过余生。此外,现代商品经济打破了地域藩篱,异地求学、就业不仅是青年人的向往,也是长辈对晚辈的期盼。

4. 个人及家庭观念的变迁

首先,一部分经济上能够独立自主、精神生活较为丰富、身体状况较好的低龄老人希望独立生活,在晚年拥有更多的自由和私人空间。其次,有些老年人虽然希望与晚辈住在一起,但由于双方价值观念、生活方式等存在差异,难免产生代际矛盾,为避免冲突,这些老年人宁愿选择独居。再次,一方面城市空巢家庭的子女由于学习或工作的原因不得不住在外地,而中老年人对久居的社区有了深厚的感情,不愿意离开熟悉的环境;另一方面,子女由于学习或工作的压力,也无暇照顾父母,父母也不愿加重子女的负担而选择独居。这些个人及家庭因素是城市空巢家庭形成的又一重要原因。

(三) 城市空巢家庭的影响

1. 夫妻精神空虚

城市空巢家庭的父母大多为40～50岁的中年人,还处于比较年轻的状态,生活不成问题,但对子女离家后造成的精神空虚还难以适应。从结婚到小孩离家前20年左右的时间,孩子是家庭的中心,一切都已习惯。可是现在子女离开家庭进入大学,父母突然失去生活中的主要精神寄托,很多城市空巢家庭的父母不能很快适应。由于缺乏跟子女和亲友之间的交流,父母会在感情上和心理上失去支柱,容易产生焦虑不安、悲观失落、惆怅抑郁等情绪,这些情绪强烈或持久的反复体验即成为一种长期的精神刺激,对空巢家庭父母会产生不同程度的影响和伤害,严重的还有可能导致内分泌、中枢神经和免疫系统功能的紊乱,引发生理和心理疾病。

2. 夫妻关系失衡

中国家庭的生活重心往往在孩子身上,孩子是维系父母感情的纽带。子女长大离家后,家庭生活重心失衡,夫妻20多年的生活方式和交流内容改变,在他们单独朝夕相处时难免显露出一些不协调或格格不入的局面。如果缺乏有效的沟通手段,再加上社会外因的影响,往往容易出现新空巢家庭问题,例如婚外恋等。

3. 引发心理危机

在传统的多子女家庭中,空巢期多出现在夫妻晚年;而今子女离家的时间越来越早,使许多夫妻难以适应,容易产生焦虑等心理问题。家庭问题是常见的心理刺激来源之一,处于40～50岁这个年龄段的女性正碰上生理上的更年期,面对家庭结构和环境的骤变,加上生理原因,很容易让她们迷失自己的方向,产生变异的性格或者出现一些生理病变。40～50岁的男性从心理、生理和社会功能角度而言,都处于比较成熟和干练的时期,但由于他们肩负着社会和家庭责任的重压,加上其他生理功能的逐渐衰退和老化,容易产生心理上的"中年危机"。

4. 社会适应问题

很多老年人在离退休以后,与社会和同事朋友的接触骤然减少,生活由以事业为重心转向以家庭为重心,由面向社会转向面向家庭。而此时子女又不在身边,家庭仿如一个"空巢",由于缺乏与外界的接触、沟通、交流,使老年人的社会适应能力下降,容易产生"离退休综合征""空巢综合征"等不良情绪。

5. 健康问题

由于年龄大,老人们的身体健康状况普遍欠佳,很多老人面临各种疾病的威胁。空巢家庭的老人,特别是单身老人,生了病以后感到特别无助。随着年龄的增长,老年人的生理功能逐渐衰退,对他人帮助的依赖性越来越高,生理机能越来越脆弱。如果老年人身边缺少监护人,他们与家人及社会之间的信息沟通就会发生断层。

（四）城市空巢家庭的调适

1. 城市空巢家庭父母的自我调适

城市空巢家庭父母要重新合理分配情感和时间，积极融入生活。城市空巢家庭的中年化和长期化特点决定了家庭必须寻找一个新的生活重心。夫妻两人在对家庭的多年辛苦经营之中，往往忽视了彼此的亲密交流，空巢期来临时正好重拾婚姻生活，重塑两人的关系。"空巢"可以给中年人更多的时间和空间安排自己的学习、工作和生活，夫妻两人也可以充分享受情感的交流。例如培养共同的兴趣爱好，一起钓鱼、跳舞、打乒乓球，或早晨散步、做简单运动，或一起看电影等。

2. 城市空巢家庭子女的共同努力

城市空巢家庭的子女要保持与父母的亲情交流，常回家看看。现代社会生活节奏快，年轻人的确非常忙碌，这些父母都理解。但是子女不要把忙碌当成不回家的理由，更不要以为给父母买些东西或给他们钱就可以"敷衍了事"，还是应该努力"常回家看看"，这才会让父母感到高兴，从而避免一些心理疾病的产生。可以说，子女对于满足父母的感情交流与精神需要的作用远大于非家庭成员，甚至是非家庭成员所不可替代的。子女对长辈心理或精神上的慰藉是必不可少的。因此，子女在尽赡养义务的同时，还须注重对长辈的精神赡养，多与父母进行一些沟通和交流，多给父母一些理解和支持。

3. 社会公共服务职能的不断完善

首先，加强公共文化建设。城市空巢家庭生活重心的转移增加了对城市公共文化的需求，这就要求社会要为这样的一群人创造适宜的文化环境，给他们提供学习、工作、生活和增进感情的健康空间、场所和方式。其次，完善社会服务体系。目前，我国多注重青少年和儿童的市场需求，致使中老年人的消费需求受到一定程度的压抑，巨大的消费需求难以满足。空巢家庭的大量出现就意味着要有一个相关产业来解决空巢家庭所面临的相关问题。这就要求各级政府充分认识城市空巢家庭的特征，重视这类家庭的需求，注意调整城市公共服务设施的类型，增加为中老年人提供服务的设施。例如，提供专门家庭服务的机构，为中年人提供学习和就业培训的机构，组织中老年人的旅游团队，设立适合中老年人的体育、文化、娱乐场所，以及金融咨询、保险机构，法律服务机构，心理咨询机构等。

三、城市空巢家庭与养老

（一）城市空巢家庭的养老问题

1. 自主养老的局限

自主养老是有前提的，要么需要有良好的经济基础，要么需要以劳动能力做保障；生活的自我照料则需要较好的身体状况和自理能力；精神的自我慰藉也必须以良好的身体状况和心理调节能力做基础……这些前提决定了自主养老的局限性：随着年龄的增长，空巢老人的自我供养能力将日趋减弱，其自我照料具有不稳定性和阶段性，并存有较大风险。

2. 家庭养老功能弱化

城市空巢家庭作为现代化背景下家庭小型化、核心化的产物，其家庭养老功能弱化甚至缺失是不言而喻的,在现实中这种弱化有过之而无不及。家庭养老主要依赖配偶、子女和亲属,而这些来自配偶、子女和亲属的养老支持都出现了不同程度的弱化。

其一,配偶支持养老的可能性不断下降。由于自然规律,随着年龄的增长,老年人群中丧偶的比例在不断增加,而有配偶人群的比例在不断下降。

其二,子女支持养老面临诸多困难。首先,子女难以承受养老负担之重。在我国低出生率的背景下,"四二一"家庭模式日益普遍,子女的人均养老负担加重。一对年轻夫妇要赡养四个或更多的老人,纵使再有孝心,也难以承受精神、生活上的过重负担。其次,在社会竞争愈演愈烈的现代社会,子女迫于社会竞争压力,往往"忠孝"难两全,无暇顾及空巢老人的需求,更难以恪尽对老人床前膝下、呼之即到的养护之职守。再次,城市中青年人跨地域的职业流动加大,对于老人与子女不在同一居住地的空巢家庭来说,随着距离的不断扩大,子女支持养老也是鞭长莫及,以电话等现代通信方式进行的精神交流亦是隔靴搔痒。最后,新老两代人在价值观念、生活方式等方面存在的代际差异,以及"重幼轻老"的代际倾斜,也直接影响和弱化了子女养老的质量。

3. 社会养老功能不足

真正意义上的社会养老应该是经济供养、生活照料和精神赡养三个方面的结合,要达到这种要求需要具备许多条件,包括相对完善的社会保障体系、一定水平的专业化工作人员队伍和相应的机构管理制度等,而这既要奠定于较高的经济发展水平之上,又需要时间和经验的积累。然而,同世界上其他老龄化国家相比,我国是在经济不发达的情况下迎来了人口老龄化,进行社会养老所必需的强大经济实力尚未奠定,加之社会养老还处于不断探索之中,致使我国社会养老保障机制还不健全、社会养老覆盖面较小、社会养老保险水平较低等,而这就导致我国社会养老功能发展不足。

其一,养老金处于低水平状态。在我国"未富先老"的背景下,加之我国养老保障制度存有不足,我国养老金水平仍然不高。

其二,机构养老难以普及。机构养老作为社会集中供养的一种方式,是空巢家庭养老资源缺乏的有效补充,但由于供给能力、供养质量等方面存有弊端,使其难以普及。首先,从供给能力上看,我国老年人福利设施严重不足。其次,从供给质量上看,多数养老院的制度有待完善,服务内容有待丰富,工作人员专业素质有待提升,机构管理的理念仍然是以行政为本,而忽视老人的需求和利益。最后,从老年人支付能力上看,目前养老机构的收费标准普遍高于老年人的实际收入,机构养老的成本偏高,低收入空巢老人难以承担。

其三,社区老年服务仍处于探索阶段。由于我国社区养老刚刚起步,还有很多矛盾和问题亟待解决。在资金方面,目前社区养老的经费主要以政府财政投入为主,缺乏多渠道的社会资金筹集,甚至一些地区所需经费主要来源于街道的补助、社区办公经费的补贴及募集,经费的短缺导致社区养老工作发展缓慢。在服务内容方面,目前服务项目偏重日常生活护理和家政服务,而医疗保健服务设施较少,精神慰藉服务尚未引起足够的重视。在服务质量层面,从事社区养老服务的人员主要是下岗工人和外来打工人员,虽然他们经过一定的培训,但也只是基础培训,只能达到家政服务的一般水平,缺少护理照料方面的专业知识,更不用说其他高层次的社区养老服务要求,致使服务质量无法满足空巢老年人越来越高的要求。①

(二) 城市空巢家庭的养老对策

养老问题直接关乎老人的生活质量和晚年幸福。通过分析国外的养老实践经验,我们可以得到的启示是:社区在养老中的功能和地位日益凸现;家庭、社区、政府成为养老体系的三大支撑点;完善经济支持、生活照料、精神慰藉三大养老支持力。随着老龄化程度的加深和家庭结构的简化,我们趋于建构多元化居家养老体系。

所谓居家养老,既不同于传统的由家庭承担全部养老责任的家庭模式,又不同于"全托式"的机构养老,而是结合这两种养老方式优点的新型养老方式。其主要含义如下。①在经济上,仍以社会供养为主,家庭供养和自养为辅。如前所述,城市空巢老人一般都有退休金或养老金,而各种形式的城市居民补贴、福利也为经济供养提供了条件。②在居住方式上,空巢老人仍居住在家。在我国采取居家的方式养老,既可以节省资金,缓解当前资金不足的矛盾,又迎合老年人的心理,易于被接受。③社区向社区内的空巢老人提供尽可能多的、立体化的养老服务。④以各种养老制度为保障。

所谓多元化居家养老体系,即空巢老人的养老体系中应具有多个支撑点,而不是单个的家庭或政府,从而实现养老支持力来源的多元化。城市空巢老人的养老问题不能仅仅由个人或家庭来承担,也不能将责任全部推向政府或市场,西方国家由机构养老向社区养老、家庭养老回归,也启示我们要实现养老支持力的多元化。多元化居家养老体系正是基于这一点,力求调动社会各方面的力量,构建一个最符合老年人意愿的、最有利于保持和加强老年人自立能力的、切实可行而又有效的以空巢老人自身为起点、以家庭为基础、以社区养老服务网络为外围、以养老制度为保障,并由政府支持、引导家庭和社会共同参与的为居家空巢老人提供三大"养老支持力"的养老体系。

多元化居家养老体系,力求激活、调动空巢老人自身、家庭、社区和政府乃至全社会的力量,为空巢老人提供一个立体化的、涵盖经济支持、生活照料和精神慰藉等方面的养老体系。该体系符合空巢家庭的养老特征,实现了老人"养老不离家",从形式上仍然保持着传统家庭的养老格局,但在内涵上却实现了从传统模式向现代模式、从单一养老方式向立体化养老体系的转变,具有不可替代的优越性。

第一,多元化居家养老体系着眼于激活空巢老人自身、家庭、社区、政府乃至全社会的能量,优化自我养老、家庭养老和社会养老的资源配置,从而实现不同养老方式之间的扬长避短、优势互补,为空巢老人提供一个立体化的养老体系。

第二,多元化居家养老符合我国"未富先老"的国情。西方发达国家几乎是在工业化和积累社会财富之后,社会有了足够的能力维持养老保险制度,才进入老龄化社会的。即使在这样的情况下,伴随着老龄人口增多,养老压力增大,西方发达国家的养老模式也逐渐由机构养老向家庭养老、社区养老回归。

第三,多元化居家养老适应空巢老人的生活习惯和心理特征,能够取得更佳的养老效

---

① 陈媛媛:《空巢问题的跨文化比较研究——以西方与中国空巢问题的比较研究为例》,载《兰州学刊》,2018年第1期。

果。

第四,多元化居家养老有助于推动社区建设和提供就业岗位。社区在多元化居家养老体系中是提供生活照料和精神慰藉的重要支撑点,而这有利于充分利用社区资源,挖掘社区发展潜力,增强社区的实用性,从而推动社区建设。同时,社区照顾需求量的增长,也可以提供新的就业岗位,帮助解决就业问题。

四、农村空巢家庭

随着农村第一代独生户或双子女户的子女逐渐迁移离家(包括求学、就业、结婚等),我国广大农村家庭结构逐渐发生改变,一批值得关注的农村空巢家庭已经出现。

(一) 农村空巢家庭的养老问题

1. 农村家庭养老功能弱化

家庭养老作为我国传统的养老方式,为解决我国农村老年人的养老问题提供了很好的途径。但是农村家庭养老由于各种原因出现了弱化的趋势,给农村空巢家庭的养老带来了很大的危机。具体表现如下。

第一,土地保障功能弱化。由于种种原因,我国农村土地收益日益减少,农民收入长期处于低水平,而且大多用于基本生活和再生产的投入,很少有剩余作为自己晚年生活的养老金。第二,家庭规模小型化。由于城市化和现代化的推进,传统家庭模式已基本不复存在。市场经济的冲击,使部分人的价值观念产生偏离,重视金钱、淡漠亲情,再加上家庭中日渐扩大的代沟,更加速了老少两代的分居和老年人家庭户的增长。家庭规模的小型化、核心家庭的出现,给农村老年人居住安排、生活照顾和精神慰藉带来了诸多困难。第三,人口外迁给农村空巢老人的生活照料和情感慰藉带来困难。外迁的人口大部分是18~40岁文化程度较高的年轻人,导致从事传统农业的劳动力的短缺和老龄化,加重了老年人的负担。这样不断增加的人口迁移可能导致家庭养老质量的降低。第四,孝道观念弱化。在社会转型过程中,人们追求个人发展的方式和途径增加,子女人格独立化,家庭重心下移和平移,老人在家庭中的地位逐渐下降,女性的地位正逐步上升。社会观念的急剧变革,尤其是西方生活方式的影响,已经或正在改变着年轻一代的价值观念和生活方式。这些因素的综合作用必然使传统的孝道观念受到严峻挑战,某些传统的伦理道德规范逐步退却或让位,因此出现有些道德缺位的现象,作为道德之本的"孝心"也有弱化。亲子有余、尊老敬老不足的家庭在农村比较普遍,有些家庭甚至出现侮辱、诽谤、殴打、虐待和遗弃老人的现象。

2. 农村社会养老保障机制不健全

作为"社会安全网"和"减震器"的社会保障体系是社会主义市场经济体制的重要支柱,是21世纪全面建成小康社会和和谐社会的有力保障。从总体上看,我国广大农民和农村人口真正享受到的社会保障很少。与城镇社会保障相比,城乡差异明显,表现为城乡二元结构和不平等的国民待遇。目前,我国农村养老发展缓慢,我国农村老年社会保障主要指社会养老保险、医疗合作和社会福利救济,现在部分农村实行的最低生活保障线制度以及对贫困地区的扶贫救助,使部分贫困老年人的基本生活得到了保障。但随着改革开放的不断深化和社会主义市场经济的发展,农村社会保障出现了诸多问题:第一,农村社会养老保险制度问题很多,不能有效地解决农民的养老问题;第二,农村医疗保险制度还不健全,难以满足农村老人的医疗需求。

3. 农村老年空巢家庭负担重

由于收入途径的有限性以及子女外出打工收入的不确定性,农村空巢家庭的生活来源处于不确定的状态中,经济负担重。受到文化、年龄、体力等因素的影响,农村空巢老人的生活仍以种养为主,而当前土地收益日益减少,因此农村老人收入不高。虽然外出务工的收入高于种地收入,外出务工的子女对老人的经济支持却往往很有限。农村很多外出务工子女打工所得的收入仅够维持自己的生活,有的甚至连自己的基本生活都难以保障,他们对老人基本上没有提供多少经济支持,有的甚至还要求父母给予支持。在很多农村地区,子女上学、求职、结婚、买房等依然需要父母的经济支持,这对于不富裕的农村父母而言,无疑是个沉重的负担。这样,农村父母很少有剩余资金作为自己晚年生活的养老金,有的甚至还会因为建房和子女结婚背上沉重的债务。与非空巢老人相比,农村空巢老人的经济负担还体现在孙辈的日常生活开销上。因为不少外出打工的子女将孩子交给父母照看,孙辈日常生活花费的负担也理所当然地落到了老人肩上。这也是目前比较普遍的年轻一代"啃老"现象。

4. 农村空巢老人生活照料处于真空状态中

农村老年人的生活照料是家庭养老与社会养老的重要内容。在传统社会,老人一般都能得到良好的照料,能安享晚年。但在农村空巢家庭中,老人处于"照料真空"之中。也就是说,在农村空巢家庭中,空巢老人实际上没有得到别人生活上的照料,他们只能自己照顾自己。处于"照料真空"之中的老人的生活质量很容易下降,其健康状况也容易变糟。这对我国原本就很薄弱的农村养老保险体制和医疗卫生制度提出了挑战。

首先,农村空巢老人的照料需求增加。年龄与健康有着密切的关系。农村老龄化速度的加快将会出现越来越多的需要提供生活照料的农村老年人。随着年龄的增大,农村老年人机体的结构和生理功能不可避免地会出现老化,生活自理能力逐渐下降,迫切需要得到他人和社会的照顾。而且空巢家庭的老年父母大都年事已高,容易受多种疾病的困扰。如果身体健康状况良好的话,生活尚能自理,一旦出现疾病,由于子女不在身边,生活上缺乏照顾,不利于老人的康复。尤其当老人独居家中突然发病时,他们的生命常常会受到威胁。

其次,农村提供照料者的数量减少、意愿减弱。由于传统农业经济条件的限制和城乡二元体制管理模式,农村社会养老仅限于贫困救济和养老保险计划,而其他措施,如社会福利和社会照料,在大部分地区几乎不存在。对于大多数农村老年人来说,家庭和子女仍然是晚年生活照料的提供者和日常生活的照顾者。不断增加的城乡迁移导致潜在的供养照料人数的减少和家庭养老质量的降低,并且有可能使农村老年人健康状况恶化。家庭女性参与社会化劳动,减弱了她们照料家庭老年人的意愿和能力。对农村女性而言,外出就业有更大的成就感和认同感,因此她们也更愿意外出寻找就业机会,而无暇顾及对老年人的生活照料。

最后,农村空巢家庭可得到的社会化照料资源少之又少。在城市社区相对常见的社会化的养老机构、社区便民服务及来自志愿者的照料等资源在农村很少见,对农村空巢老人来说成了想都不敢想的"奢望"。在农村可经常看到这样的景象:几个老年人依偎在墙根下或坐在椅子上,聊着一些陈年旧事,同时也诉说着现实的无奈。

5. 农村空巢老人精神处于孤独寂寞中

在心理、精神慰藉方面,农村空巢老人普遍处于缺乏关爱和关心的状态,情感上和心理上孤独,寂寞感增加,很容易陷入空巢心理危机。

首先,农村空巢老人容易产生各种不良情绪。中华传统文化使得"养儿防老""儿女绕膝,其乐融融"的观念在许多老年人头脑中根深蒂固,在农村尤其如此。老年人在身心日趋老化、正需要晚辈做依靠之时,子女却成家立业、远走高飞,这时候很容易产生孤苦、自卑、自怜等消极情感,即所谓的"空巢综合征"。此时,如果配偶尚在,则空巢老人夫妻双方还能有精神支柱。一旦丧偶,会给老年人带来严重的精神创伤,甚至引发严重的身体疾病和精神障碍。这不仅给他们晚年的生活带来极大的不利,还会给他们造成难以治愈的心理创伤,使得他们的社会适应能力减弱。

其次,农村空巢老人与子女之间的代沟加大。空巢老人一生都生活在农村,而其子女外出后,城市的工作和生活使他们改变了原有的价值观念和生活方式。由于在生活方式、价值观、习惯及兴趣等方面的差异,子女们很少与老人交流,从而可能造成两代人之间的疏远。

最后,农村空巢老人精神生活贫乏。农村老年人有强烈的精神生活需求,并且随着农村社会经济的发展,这种精神文化生活的需求将不断增强。要给老年人开展健康有益的精神文化娱乐活动,就必须具备一定的精神生活条件,如娱乐设施、经济收入、教育程度、闲暇时间等。然而在我国大部分农村地区,由于经济条件、文化程度以及精神需求意识等原因,农村老年人的精神慰藉往往不被重视,或者子女无力顾及,造成农村老年人精神生活水平严重偏低,精神生活单调、贫乏,老年人用于娱乐的支出几乎为零,娱乐设施极为缺乏,更多的时候他们面临的是孤寂,这严重影响了农村老年人的整体生活质量。他们的社会交往不活跃,交往范围狭小,主要精神寄托还局限在家庭周围。尊老、敬老的社会意识逐渐淡漠,增加了老年人的失落感;农村生活设施不便,社会照顾不周,使得老年人对生活的满意度降低。老年人所经历的这些变化,给他们心灵很大的打击,形成了很大的心理负担,产生了各种消极的情绪,最终导致各种疾病的产生甚至死亡。

(二)农村空巢家庭的养老对策[①]

1. 发挥政府的主导作用,完善家庭养老

首先,要从法律上界定赡养人范围。现行法律没有将赡养人的配偶(主要指老年人的媳妇和女婿)明确规定为赡养人,笔者认为应将媳妇和女婿列为赡养人,将媳妇列为法定赡养人,符合中国人的传统习惯,将女婿列为法定赡养人则是现代社会男女平等的体现,这必将有利于家庭养老、敬老的传统美德进一步发扬光大。

其次,要明确家庭养老内容。老年保障内容应该包括五个方面,即经济供养、医疗保障、居住安排、生活照料、精神慰藉。

再次,成立专门的家庭养老管理机构。在农村的各个乡(镇)设立专门的家庭养老管理机构,业务上受上级政府的老龄工作委员会指导。家庭养老管理机构的工作人员主要由当地一些文化水平较高、身体健康并热衷于家庭养老保障事业的人员自愿组成,其工作人员一般不占国家编制,不拿工资,主要是向社会献爱心,既不增加财政负担,又保证了其干部队伍的纯洁性和公正性。家庭养老管理机构的主要职责是向群众宣传家庭养老的政策和法规,

---

[①] 鄢木秀:《农村空巢家庭的养老危机及其化解》,载《凯里学院学报》,2008年第2期。

教育群众遵照执行,介绍家庭养老内容和赡养人的责任,调解家庭养老纠纷,代为权益受到损害的老人向人民法院起诉。

最后,还要将赡养问题纳入法制轨道。家庭养老制度离不开法律的约束。中国家庭养老保障的世代延续,除了依靠社会伦理、道德规范的潜移默化力量以外,也取决于国家对家庭养老做出的许多法律上的规定。要加大对我国农村家庭内部侵犯老年人权益行为的惩处力度,提高其违法成本,以有效扼制农村家庭内部侵犯老年人权益行为不断上升的势头。

2. 建立和健全农村养老保障体系

(1)完善农村社会福利救助制度。建立健全农村最低生活保障制度,对家庭人均收入低于生活保障标准的农村贫困人口按最低生活保障标准实行差额补助,确保农村贫困人口的基本生活。因此,各级政府要综合考虑各种因素,科学确定最低生活保障标准,在特别贫困的农村地区,要更多地考虑国家财政的补贴,国家财政要给予一定的倾斜。

(2)发展农村社会养老保险制度。农村社会养老保险制度对于保证农村稳定和计划生育国策的落实有重要意义。因此要在农村地区建立和完善农村社会养老保险制度。第一,改革农村养老保险资金的筹集方式。作为社会福利的重要组成部分,社会养老保险本质上是一种社会行为,不同于商业保险,要合理界定国家、集体、个人三者关系,体现社会性原则。一是适当降低个人缴费比例,无论如何,社会养老保险不应该主要由农民自己承担;二是鉴于地区间经济发展水平的差距,集体缴费比例应该因地制宜,不能强求一致,欠缺部分应由地方财政给予支持;三是国家不仅要承担一定比例的养老保险资金,而且还要逐步提高所占比例。农村社会养老基金的筹集,还可发动社会成员和社会团体共同努力,发动有实力的公司、集体组织和城市居民对贫困的老人进行扶助,为贫困老人购买养老保险。第二,加强农村养老保险资金的管理,并探索养老资金的投资运作方式,实现资金的保值和增值。第三,有条件的地方,积极探索形式多样的补充式社会养老保险。如农村计划生育社会养老保险就是一种有益的尝试,还可以结合我国农村实际情况,开展形式多样的"绿色养老保险",在适当的时候引入商业养老保险。

(3)加快农村医疗体制改革。健康是人生活的核心,疾病风险是农民最大的风险。我国城市新的医疗保障制度改革正在稳步推进,农村合作医疗也正在恢复和发展中。在这一过渡时期,我们应在农村先行实行医疗保障,满足农民的基本医疗服务需求。第一,充分发挥政府在农村医疗保障中的作用。对于农村医疗保障而言,政府的任务主要有三个:从财政上直接支持农村医疗保障,以弥补个人和集体经费的不足;利用政府的控制体系,发挥政府的组织和监管功能,设计、组织、规范医疗保险市场;国家应为农村医疗保障提供法律保障,以约束相关利益主体的行为。第二,拓宽筹资渠道,建立一定区域范围内的医疗保障基金。在筹资问题上,筹资渠道应是多元化的,政府、集体和个人(家庭)共同出资。第三,优化卫生资源的配置,重点建设乡村两级卫生网络。第四,改革医疗模式,加强对老年常见病的研究与防治,走以预防为主的道路。第五,普及卫生保健常识,提高农民的健康意识。如何将卫生保健常识、科学的生活方式和生活习惯传授给农村居民是我们应该关注的问题。

3. 通过血缘、亲缘和地缘关系积极应对

从血缘上看,良好的亲子关系有助于提高空巢者空巢期的生活质量,因此,亲子间的互敬、夫妻间的互爱是空巢者重要的应对途径;从亲缘上看,由中老年群体构成的空巢者在亲缘关系中居于重要位置,注意小家庭与大家庭的情感投入,合理分配精力与时间,通过大家庭消解空巢期对子女的思念;从地缘关系上看,应加强村社的福利和服务功能,以兴趣为导向,帮助空巢者建立并进入小范围的群体,培育农村地区敬老爱老养老意识。①

第四节 老龄化及其社会问题

21世纪是人口老龄化的时代。目前,世界上所有发达国家都已经进入老龄化社会,许多发展中国家正在或即将进入老龄社会。1999年,中国也进入了老龄社会,是较早进入老龄社会的发展中国家之一。当前,在中国人口老龄化进程不断加速加深的同时,人口出生率则在不断下降,有学者预测,中国人口到21世纪末将跌至6.5亿,到2150年将跌至3.3亿,中国未来的人口结构将变成一个倒立的金字塔,庞大的老年群体居于上方。② 预测的精确度我们不做讨论,但他们的判断与忧思启发我们思考,充分理解我国的老龄社会和老年人家庭,具有重大的意义:这不仅关系到老年人的颐养天年,同时也关系到我国和谐社会的构建进程。

一、人口老龄化的发展态势

联合国国际人口学会编著的《人口学词典》对人口老龄化的定义如下:当一个国家或地区60岁以上人口所占比例达到或超过总人口数的10%,或者65岁以上人口所占比例达到或超过总人口数的7%时,其人口即称为"老年型"人口,这样的社会被称为"老龄社会"。③

根据国家统计局数据显示(见表6-3),2013—2019年,我国人口老龄化趋势十分明显,60岁以上老年人口数量从2.02亿增至2.53亿,累计增加了0.51亿;65岁以上老年人口从1.32亿增至1.76亿,累计增加了0.44亿。④《中国人口老龄化发展趋势预测研究报告》显示,到2100年,中国人口老龄化的发展趋势可分为三个阶段:2001—2020年,快速老龄化阶段;2021—2050年,加速老龄化阶段;2051—2100年,稳定重度老龄化阶段,中国在未来很长一段时间,将长期处于老龄化社会。⑤

表6-3　2013—2019年中国老龄人口走势

指标	2013年	2014年	2015年	2016年	2017年	2018年	2019年
60岁人口数量(亿人)	2.02	2.12	2.22	2.29	2.41	2.49	2.53
60岁人口比例(%)	14.9	15.5	16.2	16.6	17.3	17.9	18.1
65岁人口数量(亿人)	1.32	1.38	1.44	1.50	1.58	1.58	1.76

---

① 风笑天:《独生子女父母的空巢期:何时开始?会有多长?》,载《社会科学》,2009年第1期。
② 梁建章:《对话人口经济专家梁建章 老龄化将降低社会创新力》,载《财富生活》,2019年第5期。
③ 全国老龄工作委员会办公室:《21世纪——中国人口老龄化发展趋势与对策》,载《社会福利》,2006年第3期。
④ 项鑫、王乙:《中国人口老龄化现状、特点、原因及对策》,载《中国老年学杂志》,2021年第18期。
⑤ 李本公:《中国人口老龄化发展趋势百年预测》,北京:华龄出版社,2006年版。

续表

指标	2013年	2014年	2015年	2016年	2017年	2018年	2019年
65岁人口比例(%)	9.7	10.1	10.5	10.9	11.4	11.9	12.6

资料来源：国家统计局，https://data.stats.gov.cn/easyquery.htm? cn=C01&zb=A0305&sj=2020。

第七次人口普查资料显示，2020年我国60岁及以上老年人口增至2.64亿人，人口老龄化水平升至18.70%，与2010年第六次人口普查数据相比，0～14岁少儿人口年均增长－3.72%，15～59岁劳动年龄人口年均增长－0.49%，老年人口与少儿和劳动年龄人口相向而行，长此以往，经济社会形态将快速进入重度老龄社会并直逼超级老龄社会，挑战日益严峻。[①]

二、人口老龄化的社会后果

从人口年龄结构来说，老龄社会的特征是由出生率减少、死亡率降至最低水平、长寿水平达到前所未有的状态所决定的总人口年龄结构的老龄化。这是青年型和成年型社会所没有的。人口老龄化还表现出两个具体特征：一是人口的高龄化，即随着预期寿命的延长，高龄老年人口占老年总人口比例不断上升；二是老年人口的女性化，即女性寿命长于男性而导致的女性老年人口占老年总人口比例不断上升。

在老龄社会条件下，人口构成发生变化，即人口的老龄化意味着多方面经济因素的变化。首先是劳动年龄人口结构，也就是人力资源结构的变化。其次是抚养结构的变化，在老龄社会条件下，应根据少儿抚养比的降低和老年抚养比的上升来调整原有的抚养结构。至于如何应对总抚养结构发生的重大转型，在经历老龄社会只有一个半世纪的情况下，可以说还是问题多于经验。最后是消费群体结构的变化。少儿人口的减少，老年人口的增多，同时也意味着整个社会消费结构的根本变化。消费结构、投资结构、储蓄结构以及生产结构和产业结构是紧密地联系在一起的经济因素。如何认识老龄社会条件下消费群体结构与生产结构以及投资结构、储蓄结构和产业结构的关系，这些课题都是全新的。

老龄社会作为一种新的社会结构，首先表现在家庭结构的变迁。在老龄社会，主要以核心家庭和空巢家庭为主，从血缘亲属结构上表现为"四二一"结构，即一对夫妇，上有两对老年父母，下有一子（女）。此外，丁克家庭也呈现增多的趋势。其次是养老方式的变化。在老龄社会，必须依靠发达的社会养老，即社会保障制度，辅之以家庭养老。再次是公共基础设施、公共卫生、教育和社会服务方面的改变。在老龄社会条件下，公共基础设施需要考虑建设适合老年人特点的无障碍环境，这意味着公共基础设施建设的重大转变；在公共卫生方面，需要发展以老年人为使用主体的公共卫生体系；在教育方面，除了继续发展传统教育、职业教育、继续教育以外，需要大力发展退休前教育和老年教育，建立囊括一切人群的终身教育体系；在社会服务方面，"十四五"时期作为应对人口老龄化的战略机遇期，需要探索完善社区养老、机构养老、医养结合以及长期护理保险制度，弥补家庭养老的乏力，满足老年人多元化、多层次的养老服务需求。最后是代际关系的变化。这种代际关系的变迁无论表现在

---

① 贺丹：《中国人口展望（2018）——从数量压力到结构挑战》，北京：中国人口出版社，2018年版。

家庭、其他社会组织（如单位、公司等）还是社会方面，在本质上都意味着资源和利益关系的转变。总之，老龄社会条件下的社会结构与青年型、成年型两类社会的差异是鲜明的。

到了老龄社会，在经历了老年崇拜和青年崇拜两种极端文化价值观念的痛苦经验之后，人们找到了新的文化价值观念，这就是联合国提出的"建立不分年龄人人平等的社会"这一年龄平等的文化价值导向。现在，在人类经历老龄社会的初期，在这一新的文化价值观念的导引下，需要系统检讨以往社会的文化价值观念，分析其导引下的社会、政治、法律、制度，从而构建起新的适合老龄社会要求的文化。

总的来看，中国老龄社会的特点包括：老龄人口规模巨大；老龄化发展迅速；地区发展不平衡——中国人口老龄化发展具有明显的由东向西的区域梯次特征，东部沿海经济发达地区的发展明显快于西部经济欠发达地区，老龄化时间跨度长；城乡倒置显著——目前，农村的老龄化比例高于城镇，这种城乡倒置的状况将持续一段时间。预计到21世纪下半叶，城镇的老龄化水平才将超过农村，并逐渐拉开差距；女性老龄人口数量多于男性；老龄化超前于现代化。[①]

至于我国老龄化过程中存在的问题，老龄社会的基本问题即老龄社会所面临的众多问题中决定老龄社会发展进程和方向的根本问题，换言之，是老龄社会条件下所有人群全面发展的需求和满足这些需求的物质文化条件之间的矛盾。具体表现为：老年型的人口年龄结构和成年型的社会结构之间的矛盾；老龄社会条件下经济和社会可持续发展的矛盾；代际关系的矛盾；现代文化和老龄社会文化之间的矛盾；人口年龄结构老龄化和优化之间的矛盾；老龄社会条件下老年人的特殊需求与满足这些需求的物质文化条件之间的矛盾等。老龄社会的基本问题具有派生性，它是老龄社会所有问题的总根源。

除了上述的基本问题，老龄化还带来了其他问题，如：老龄化速度过快，社会养老压力加大；城乡老人收入水平较低，增长慢；空巢老人、高龄老人增长较快，老人服务和养老方式面临挑战；医疗保险覆盖率低，农村缺医少药；养老保险地区发展极不平衡，地区差距呈扩大趋势等。

三、老龄社会与老人家庭

老人家庭和谐面临着四大难题。首先是代际沟通的矛盾。代沟，是两代人之间的思想行为差异和冲突。在老年家庭，父母辈和子女辈之间在关爱与被关爱之间往往发生冲撞。父母辈对子女辈关爱心切，同时深受传统家庭影响，总怕子女辈缺乏经验，在学习、生活、工作上有失误，常常反复叮嘱，力图使子女辈听从自己的意见。子女辈往往不能充分理解父母辈关爱的心情，同时受新时代观念影响，力图摆脱父母辈的约束，尽量获得自己独立自由的空间。在生活方式上，子女辈对改革开放、经济发展和高新科学技术带来的丰富多彩的新观念，新的生活方式，新的物质、精神，感觉敏锐，接受迅速；父母辈对这些往往感觉迟钝，接受缓慢。父母辈往往坚持传统的艰苦朴素的生活消费，子女辈往往为享受新潮的消费品和服务，不惜花高额费用。这一切，往往在老年家庭中引起或大或小、或明或暗的冲撞，如不正确

---

① 党俊武：《如何理解老龄社会及其特点》，载《人口研究》，2005年第6期。

对待和处理,必然破坏家庭和谐。

其次是养老需求和供给上的矛盾。城市的一部分、农村几乎全部的养老经济需求要依赖老年家庭供给。至于生活照料、精神慰藉的需求,由于社会养老服务尚不完善,在城乡,特别在农村,基本上也要依赖老年家庭提供。随着人口老龄化、老年人口高龄化的发展,家庭养老需求日益增多。从家庭养老供给来看,计划生育政策实施以来,子女人数减少,加之在市场经济条件下,年轻人生活节奏紧张、劳动人口流动量大、妇女社会就业人数多和部分年轻人下岗失业等,使家庭养老供给能力相对减弱。因此,家庭养老需求和供给的矛盾增多,如果处理不当,必然影响家庭和谐。

最后是老年夫妻矛盾。老年夫妻退休之后,在家共处时间多了,难免在家庭琐事上发生摩擦。加之老年人在生理上、心理上的变化,体力、视听力、记忆力衰退,易产生急躁、固执、孤寂感等情绪,夫妻之间难免发生矛盾,如果处理不当,会给家庭和谐造成障碍。

同时,由于很多老年人和年轻人都缺乏儿童教育的科学知识,很多老年人凭朴素的情感和传统经验教育孙辈,在两代人之间,在传统教育理念、方法与当代科学教育理念、方法之间,围绕孙辈教育问题,老年家庭难免发生矛盾。隔代教育矛盾如果不妥善处理,会影响孙辈健康成长,也会影响老年家庭和谐。[①]

四、老龄问题与养老工作

人口是国家发展的基础性、全局性、长期性和战略性要素。[②] 积极应对我国人口老龄化不仅是形势所迫,更是发展所需,要把养老看成是社会共同体中每个利益相关者的共同公共责任,个人、家庭、国家、社会各层面之间要合力营造养老新格局。[③]

(一)要把老龄社会作为 21 世纪中国的一个重要国情认真对待

中国已经进入并将长期处于老龄社会,各级政府及全社会必须充分认识人口老龄化挑战的严峻性,树立老龄意识,增强应对人口老龄化和老龄社会挑战的紧迫性和自觉性。在研究制定经济社会发展战略时,要切实从老龄社会这一基本国情出发,把应对老龄社会的挑战列入未来中国的发展战略。在政策和制度保障方面,保证财务供给的同时,要健全养老设施及医疗保障,并积极培养养老服务人才。

(二)抓住战略机遇期,采取切实措施应对老龄化

各级政府要充分认识和把握老龄社会的挑战和机遇,把解决老龄社会的各种矛盾和问题纳入全面建成小康社会和社会主义现代化建设的总体发展战略,制定发展规划,完善法律法规,调整社会经济政策,做好应对老龄社会的各项准备。要制定应对老龄社会挑战的中长远战略规划。要立足当前,在完善政策、加大投入、加快发展老龄事业的同时,健全和完善适

---

① 贾纯夫:《老年家庭和谐面临四大难题》,载《中国老年报》,2005 年 8 月 24 日。
② 原新、王丽晶:《新发展格局下人口老龄化新形势及其应对》,载《西安财经大学学报》,2021 年第 5 期。
③ 穆光宗、张团:《我国人口老龄化的发展趋势及其战略应对》,载《华中师范大学学报(人文社会科学版)》,2011 年第 5 期。

应世界老年人口第一大国这一国情的老龄工作机制。

(三) 加快老年社会保障体系建设

建设完善的老年社会保障体系,是从根本上解决老龄社会日益突出的养老、医疗问题的制度安排。要在健全和完善城市社会养老保险、医疗保险体系的同时,大力推广城乡困难群众的医疗救助制度。在建设社会主义新农村的新形势下,努力完善农村五保供养制度,普遍实行农村新型合作医疗制度,并在有条件的地方建立农村居民最低生活保障制度和试点推行社会养老保险制度。

(四) 大力发展老龄产业

发展老龄产业是应对老龄社会、满足庞大老年人群需求、促进经济社会协调发展的重要内容。要制定老年服务业发展规划,实施国家对老年服务业的扶持保护政策,建立老年服务业发展管理体制。立足城乡社区发展养老服务业,培育老年服务中介组织,培养专业化的养老社会服务队伍。同时,大力研发老年消费品,培育老年用品市场。

(五) 加强对老龄社会的前瞻性和战略性研究

老龄社会的挑战是史无前例的,发展中国家特别是像中国这样的大国,如何在尚未实现现代化的条件下应对老龄社会的挑战,还没有成功的经验可借鉴。因此,必须加强对老龄社会特点和规律的研究,加强对建设有中国特色老龄事业的研究。创造条件,建立综合性国家级研究机构,组织相关学科研究人员,把人口老龄化和老龄社会作为国家的重大宏观战略课题,立项进行攻关研究,为应对人口老龄化的严峻形势提供科学依据。

(六) 让老年人老有所医,提高其生活质量

首先要解决医疗费的报销问题。其次,加快医疗保险制度、医疗卫生体制、药品生产流通体制三项改革,整顿药品市场秩序,把虚高的医疗费和药价降下来,要打破垄断,鼓励医药卫生领域的竞争机制,提高医疗服务水平。要在全社会改善医疗条件,增加公共卫生经费投入比例。必须调整和优化卫生资源的配置,加强农村卫生工作,使基本卫生服务均等化,在全社会扩大医疗覆盖面,在城镇加快医疗保险制度的改革,在农村应建立由农民自愿参加,个人、集体和政府多方筹资,以大病统筹为主的农民医疗互助共济的新型农村合作医疗制度。总的目标是,用比较低廉的价格提供较优质的医疗服务,以满足老年人的基本医疗需求。

(七) 建立以社区为中心的老年福利服务体系

在中国,当今的主流养老模式主要有三种,分别是居家养老、社区养老和机构养老。在社区养老方面,应建设一批老年福利服务设施,健全社区老年福利服务网络,如社区医疗保健站、托老所、养老院、护理院、照料中心、文化活动中心等,要把老年社区福利服务网络建设纳入社区建设中,并列为重点,以满足不同层次老年人的各种需求。有条件的大中城市,应建立空巢、孤寡老人的社会照料系统,对行动不便的老人提供上门服务,组织志愿者为老人提供看护和日常服务。要发展以社区为中心的老年服务体系,逐步走社会化、产业化的道路。在农村,仍要坚持以家庭养老为主,但近年来,农村家庭养老功能也呈弱化趋势,须加强

社会养老功能,应把有条件的敬老院建成综合性、多功能、面向农村老人的社会福利服务中心,并完善社会救济和五保户的供养制度,倡导村民互助。教育年轻人要孝敬老人,加强法制观念。对农村孤寡老人,要让其都能过上有吃有穿有住有医有葬的五保生活,对低收入贫困老人,应使其通过最低生活保障制度获得救助。

(八) 开发老年消费产业,改善老年人生活质量

应对发展老龄产业高度重视,把它作为扩大内需的一个重要方面,制定发展老龄产业的优惠政策,鼓励和扶持老龄产业,要根据老年人的特点和需要提供专用商品及精神文化用品、保健用品,以及发展老年服务业、咨询业及旅游业等,这些都是大有发展潜力的满足老年人消费的用品和产业。

(九) 充分利用老年人才,让老年人才参与发展做贡献

据调查,我国现有离退休人员中,科技人员在我国全部科技人才中占有相当大的比例,其中70岁以下具有中高级职称、身体健康、有能力继续发挥作用的老年人占有较大比例,随着离退休人员的迅速增多,老年人才的队伍将不断扩大。这是一笔宝贵的人才资源,他们有几十年知识的积累,有扎实的知识功底,有丰富的实践经验。在人才竞争激烈、严重不足的情况下,应改变以往"一刀切"退休制度造成的人才和资源浪费,充分利用老年人才资源,不仅可为现代化建设做贡献,也可为老年人增加收入,提高其生活质量。建议除对老年人才举办各种招聘会吸纳外,还应根据行业特点,采取适当延长某些行业退休年龄或对老年人才进行返聘等多种办法吸纳老年专业人才,提升我国老龄人口对社会的贡献率。[1]

---

[1] 全国老龄工作委员会办公室:《21世纪——中国人口老龄化发展趋势与对策》,载《社会福利》,2006年第3期。

第七章

家庭管理

> 要加强家庭建设,
> 教育引导人们自觉承担家庭责任、树立良好家风,
> 巩固家庭养老基础地位。
> ——习近平

家庭,是人们生活于其中的一个小群体,家庭生活和谐的实现需要通过有效的家庭管理。家庭管理的范围是广泛的。总的来说,家庭管理是指对家庭生活的组织、决策、指导和协调。具体而言,家庭管理是指对家庭经济、家务、文化活动、环境、物资等方面的安排。

家庭管理的目的在于全面提高家庭的物质生活、文化生活、感情伦理生活和社交生活质量。现代家庭经济有了一定发展后,对家庭经济的管理就逐渐成为一个重要问题。

第一节 家庭管理的基本内涵

在现代家庭生活中,家庭管理是不可缺少的。

一、家庭管理的概念

家庭是人们生活于其中的一个小群体,家庭生活和谐的实现需要通过有效的家庭管理。关于家庭管理,在不同的词典中有不同的解释。

所谓家庭管理,是指家庭中的组织和建设。家庭管理以提高家庭物质和精神生活质量为中心,包括组织、决策、指导、协调、研究和实施家庭生活的一切方面。有些国家把家庭管理叫作家政,把研究家庭管理的学说叫作家政学。[①]

在中国,家庭管理主要包括家庭经济管理、家务劳动管理、家庭饮食管理、家庭投资管理、家庭环境卫生管理、家庭安全管理和家庭娱乐管理等。它遵循家庭生活管理科学化的原则,合理组织、调配家庭生活和家庭成员之间的关系;遵循家庭管理现代化的原则,采用现代技术方式和工具进行管理,提高家庭管理效率,减轻劳务负担;遵循家庭管理制度化的原则,

---

① 邓明、向洪、张来培:《管理学辞典》,成都:西南交通大学出版社,1992年版。

使每个家庭成员自觉遵守家庭生活原则,使家庭生活规范化,具备高尚品质和美好的情操。[1]

家庭管理是指"家庭内部对家庭生活的安排和管理。其主要内容包括管理好人、财、物三个方面:管好人,是指安排好衣、食、住、行,使家庭成员身体健康;进行家庭关系的调适,使一家人和睦、团结;对家庭成员加强教育,使大家积极向上。管好财,指掌握好家庭经济开支,提高消费效益。管好物,指对家庭的住房、家具、衣被、用品等各项物资加强保管,以延长其使用寿命,并且充分发挥它们的作用。家庭管理的目的是要充分发挥家庭的各项职能,建立一种社会主义的新生活方式,即文明的、健康的、科学的生活方式。家庭生活的管理,要建立在婚姻关系和睦、融洽的基础上,同时还要有科学的管理方法"[2]。

在我国,研究家庭社会学的几位学者对家庭管理这一概念也都有着自己的定义。著名家庭社会学家潘允康在《家庭社会学》一书中,除列举国外对家庭管理的不同定义外,也对该概念进行了总结:"家庭管理也叫家政,家庭管理的学说也叫家政学;在美国,从19世纪60年代起,一些大学就开设家政学课程,讲授家庭管理知识;在其他一些国家还出版了大量有关家庭管理和家庭生活的杂志,以研究家庭管理的规律和方法。"[3]美国1977年出版的《韦氏大学词典》对家政的解释是"家庭主管特别是主妇应知应会的理论与实践"。

家庭管理的范围是广泛的。总的来说,家庭管理是指对家庭生活的组织、决策、指导和协调。具体而言,家庭管理是指对家庭经济、家务、文化活动、环境、物资等方面的安排。家庭管理的目的,在于全面提高家庭的物质生活、文化生活、感情伦理生活和社交生活质量。

家庭管理是以提高家庭物质、精神生活质量为中心的一种特殊的家庭组织和建设活动。家庭管理目的在于通过执行管理职能来扩大所管理的系统的功效。它遵循家庭生活管理科学化的原则,合理组织、调配家庭生活和家庭成员之间的关系;遵循家庭管理现代化的原则,采用现代技术方式和工具进行管理,提高家庭管理效率,减轻劳务负担;遵循家庭管理制度化的原则,使每个家庭成员自觉遵守家庭生活原则,具备高尚的品质和美好的情操,使家庭生活规范化。[4]

家庭管理的基本目标是建立一个充满生机和活力的自我适应的运行机制,以便在不断变化的现代社会生活面前把家庭生活搞得更有序、舒适、温馨、美满、幸福(安居乐业)。具体来说,其目的有以下四点:确保家庭日常生活、教育、娱乐、交往、保健等有序进行;更好地发挥家庭的多种功能;更好地协调家庭人际关系;增进家庭成员身心健康,全面发展、挖掘人的潜能,创造美好幸福的家庭氛围。

二、家庭管理的内容

家庭是一种社会生活组织,如同其他社会生活组织一样,有其自身存在和发展的客观规律。要搞好家庭管理,主要应该把握以下几条原则。

1. 家庭管理科学化

对于如何管理好家庭,目前研究得比较少,可是对于管理国家、社会、企事业单位,人们

---

[1] 吴忠观:《人口科学辞典》,成都:西南财经大学出版社,1997年版。
[2] 李鑫生:《人类学辞典》,北京:华艺出版社,1990年版。
[3] 潘允康:《家庭社会学》,重庆:重庆出版社,1986年版。
[4] 吴忠观:《人口科学辞典》,成都:西南财经大学出版社,1997年版。

进行了大量的专门研究,积累了大量的经验,总结了许多科学方法。所以,有些研究者使用一些企事业单位行政管理的原则结合家庭生活实际来管理家庭。

2. 家庭管理现代化

社会在现代化,家庭在现代化,家庭管理也要现代化。采用现代技术、方法和工具管理家庭,能提高家庭管理效率,减轻家务负担,提高生活质量。

3. 家庭管理制度化

要管理好一个国家,就要有国家制度;要管理好一个家庭,也要有家庭制度。家庭管理要制度化。家庭管理制度化包括两个方面:一是每个家庭都要执行和遵守社会立下的家庭制度,比如在我国就要遵守"一夫一妻""尊老爱幼""保护妇女和儿童"等家庭制度;二是每个家庭可以根据其家庭的实际生活需要,建立起各种具体的日常生活制度,如"家庭经济管理制度""家务劳动制度"等。建立和执行家庭制度,实现家庭管理制度化,首先能够满足家庭生活的各种需要。其次家庭制度提供了家庭生活的行为模式,或者说是提供了家庭角色模型。最后,家庭制度可以使家庭生活规范化,做到有章可循,这样就能对家庭起到整合和控制作用。

4. 家庭管理符合精神文明建设要求

建立在物质生活基础上的精神生活,表现为家庭成员的理想、情操、道德、气质、兴趣、感情联络和互相交往等。只有家庭中精神生活真正得到正确的安排和积极的建设,家庭中才能有崇高的理想、美好的情操,家庭成员才能互相爱护、互相帮助、互相合作,共同制订好家庭生活计划,安排好家庭生活,管理好家庭。

5. 家庭管理的计划原则

管理家庭与管理国家一样,必须有通盘的计划,要避免盲目性、随意性。对于家庭生活的各方面内容、家庭生活的现在和将来,都要有一个通盘的、长远的考虑,安排好各种经济消费的比例,合理进行家务和闲暇生活的分配,以及家庭成员对家庭事务的责任与权利分配。

6. 家庭管理的民主原则

家庭管理是每个成员的事,家庭生活中的一切重大问题都应该经民主协商和讨论来决定,而不能由哪一个人独断专行。在家长专制的家庭中,家长凭借自己的意志来管理家庭生活、统辖家庭事务,而现代社会的家庭则崇尚成员之间的民主和平等,要求在家庭管理中努力体现家庭中多数成员的意愿,促使平等互爱的家庭关系的形成。[1]

结合我国社会家庭的实际,现有的家庭管理主要包括九个方面:家庭成员管理、家庭经济管理、家务劳动管理、家庭饮食管理、家庭物资管理、家庭环境管理、家庭娱乐管理、家庭安全管理,以及家庭废物利用。具体来看有以下方面。

1. 家庭成员管理

如家庭成员间的教育、培养、往来、尊重等。

2. 家庭经济管理

经济是家庭幸福生活的物质基础。搞好家庭经济管理必须从勤俭二字着眼。科学管理家庭经济,是一门大学问。从纵向角度看,包括新婚夫妻如何计划开支,三口之家、四口之家

---

[1] 邓伟志、徐榕:《家庭社会学》,北京:中国社会科学出版社,2001年版。

如何安排消费计划,老年阶段如何应付经济收入的减少。从横向角度看,包括如何正确处理收入和支出的关系、需要和可能的关系、长远目标和暂时需求的关系、家庭利益和个人利益的关系,做到"量入为出,略有节余"。总之,对家庭收支必须实行核算、监督,使之有计划性。

3. 家务劳动管理

日常家务劳动对改善家庭经济状况、团结全体家庭成员、建立团结互助的气氛具有极重大的意义。当前,家务劳动负担减轻,家务劳动的社会化已成为一个十分瞩目的问题。家务工作繁杂多样,要把它处理得井井有条,一定要遵循科学设计、合理统筹、讲求效率的原则,使之事半功倍。

4. 家庭饮食管理

饮食是每个家庭及每个人每天都要妥善安排的一个重要项目。懂得一些中国菜的烹调知识和家庭常用菜谱,以及食物的储存和卫生常识,使饮食做到多样化、合理化,尤为重要。一些精明的家庭主妇,不仅懂得如何购买食物,而且做出来的饭菜色彩鲜艳,香气扑鼻,味道可口,营养丰富,这和她们懂得饮食管理和制作的知识有很大的关系。

5. 家庭物资管理

现代家庭应用物品日新月异,若对其性能不了解,自然不能做到物尽其用;若使用保管不得其法,则会缩短使用寿命,造成经济上的损失。所以要搞好家庭物资管理,一要掌握家庭水电器的使用和维护的常识,如水龙头的维修、电路突然中断的处理、家用电器的保养等;二要懂得衣服和织物的保养,如各种质地的衣服如何洗涤、晾晒、熨烫、除渍、收藏,使其保持美观,耐穿;三要懂得食具和炊具的清洁方法;四要懂得保存食物的知识。如大米陈旧了或放置长久了会生蛀虫,可在缸底放几个蒜头或辣椒,或者在缸底外放些石灰;生油要装满一瓶或一罐,不留一点空隙,把盖子牢牢盖紧,放在阴凉处,可延长储存时间;五要懂得家庭藏书知识。

6. 家庭环境管理

管理好家庭环境,会使人心情舒畅,包括居室的色调选择、家具的配置、室内照明的选择,窗帘的选择等。对家庭的美化,若能因地制宜,摆设观赏植物和观赏鱼类,则可点缀环境,使人在繁忙的学习、工作之余,陶冶情趣,调节生活。

7. 家庭娱乐管理

要处理好物质需求和文化需求的关系,重视家庭文化和智力的投资。现代社会文化信息的宣传媒介十分发达,看报刊,看电影、电视,听广播,已成为家庭生活中必不可少的娱乐节目,如何科学地安排时间,选择节目,也是需要研究和解决的课题。对子女的娱乐,更要做到有指导性、节制性和计划性。

8. 家庭安全管理

"平安二字值千金。"煤气、电力、化学物质、易燃物品、有毒物品等已经进入现代化的家庭,如何做好防火、防毒、防盗的工作,也是现代家庭管理需要重视的一个重要方面。

9. 家庭废物利用

懂得废物利用的常识,可节省开支,使物尽其用,变废为宝。

第二节　家庭经济管理

英国著名作家狄更斯的小说《大卫·科波菲尔》里有一位麦可白先生，他曾经制定了一个快乐和忧愁的公式：进款 20 英镑，支出 19 英镑 19 先令 6 便士，结果快乐；进款 20 英镑，支出 20 英镑 6 便士，结果忧愁。这个公式告诉我们什么是家庭经济管理。这就和中国有句老话"吃不穷，穿不穷，算计不到一世穷"的道理是一样的。

根据收入安排家庭生活，在有限的经济条件下，量入为出，把家庭生活安排得舒适是每个家庭的愿望。

一、家庭经济管理的概念

经济是家庭建立、发展、延续的基础，搞好家庭经济管理是家庭管理的基本内容，只有正确处理收入与支出，合理安排正常开支和控制不合理消费，才能保持家庭的正常运行。同家庭管理定义一样，关于家庭经济管理的概念，也有如下多种说法。

所谓家庭经济管理，是指为了顺利实现家庭的社会功用，正常发挥家庭的功能，顺利组织家庭生活，以维系家庭机体正常运转，保持家人的和睦团结，必须对家庭进行相应的管理。① 具体来看，就是根据家庭生活的实际情况，对家庭经济生活计划组织、收支合理调配的过程，主要指家庭生产和消费的计划性、合理性、科学性、可行性、有效性，以提高家庭生活的经济效益。

家庭经济管理的主要内容之一是家庭消费。家庭消费按其作用有三个方面：一是生存资料消费，即满足家庭成员衣、食、住、行、日用品等需要的生存性消费；二是发展资料消费，即读书、看报、文化用品、子女教育、智力投资、人才培养、添置衣物和家具等方面的消费；三是享受资料消费，即旅游、娱乐、购买高级消费品等方面的消费。需要注意的是，在这三个方面的家庭消费中，首先应保证家庭成员的吃饭、穿衣、住房、交通等基本生存资料消费，积极安排发展资料消费，最后安排享受资料消费，不能本末倒置。②

当前处于社会变迁加剧的时代，家庭作为社会的细胞，其发展趋势必然要适应社会的变迁而不断变革；处在现代化社会中的家庭，其管理，包括管理原则、管理模式、管理方法、管理制度，也应逐步走向现代化。家庭经济管理现代化，就是用现代化的技术方法、用具装备、思想观念来管理家庭经济，以适应社会经济发展对家庭经济活动与管理的要求，主要包括以下方面。

1. 技术方法的现代化

现代化的经济管理知识和技术方法在家庭经济生活的组织与管理中有大用场，如家中购买消费品可以运用电脑、电视、电话、报刊、广告等现代化信息传递方式，收集市场信息，然

---

① 何本方、王思斌：《中国老年百科全书·家庭·生活·社交卷》，银川：宁夏人民出版社，1994 年版。
② 何立婴：《中国女性百科全书：婚姻家庭卷》，沈阳：东北大学出版社，1995 年版。

后决定商品的购买方式、数量、质量、种类、规格、购买时间与金额。家庭经济管理中,还可以运用企业经营管理中一些行之有效的科学方法,如 ABC 管理法、时间运筹法、财产折旧法、利率计算法、价格功能分析法、生命周期分析法等多种先进的管理方法。这些方法用于家务管理、时间运筹、储蓄保险、物资调配、家务分工、财产更新、商品选购等,都可取得满意的效果。

2. 用具装备的现代化

现代化生活用品,尤其是现代高档耐用品进入家庭,使得家庭生活用具装备迅速实现现代化。家庭生活用具现代化,对改变家庭生活的风貌、提高家庭管理者的素质、改善家庭消费方式有重要作用。尤其是作为家务劳动手段的洗衣机、电冰箱、煤气灶、电饭煲等用具进入家庭,为提高家务劳动的效率和质量,减少家务处理中花费的大量精力,减少时间的耗费,和谐家庭人际关系,作用十分明显。

3. 思想观念的现代化

选择当家人时,要改变传统的尊者为长的家长式管理,代以能者为长,尊者让贤;在家庭经济管理的方法上,要改变传统的经验式管理,讲求科学管理,把现代化的技术方法运用到家庭经济生活中去,实现家庭经济管理的科学化;在家庭经济管理思想上,要改变那种单纯用伦理情感维系家庭关系的旧观念。家庭经济关系的处理,应适当引入商品交换和经济责任制的概念,运用经济手段而非单纯用伦理手段去管理家庭经济,要讲求家庭内部的分工协作、经济核算与收益分配;改变重物质生活、轻精神文化生活的生活方式,谋求家庭中物质、精神生活的全面开展,使家庭成员身心得到全面和谐的发展;改变传统小农经济的自给自足、自我服务、一切自力更生、万事不求人的保守观念,代以大力发展商品生产和商品交换,充分利用社会公共服务和社会化的互助协作;家庭生产经营方面,要改变不算投入、不论产出、不计成本、不讲效益的旧观念,代以讲求核算、考虑投入产出效益、追求最大经济效益的新观念;在家庭的时间利用管理上,讲求人力成本和时间效率;在家庭消费方面,要改变那种过分节约的苦行僧式的消费方式,不仅讲节约,更要讲积极组织收入,合理运用支出,搞好生活消费,在发展生产、增加收入的基础上,逐步提高消费水平;在家庭的生活方式方面,要改变单调、封闭、自我一体式的生活观,代以丰富多彩、对外开放式的生活观;摒弃一切愚昧、落后、消极的生活方式和消费习惯,代以科学、文明、健康的生活方式和消费习惯;要改变那种把消费认定为单纯消费的旧观念,讲求消费的经济效益和产出效益。如家中吃好一点,给子女教育和文化娱乐生活上多花费一点,这不单纯是一种消费,也是一种"体质健康和智力培育"投资。①

二、家庭经济管理的原则与特点

潘允康在《家庭社会学》一书中提到,经济生活是家庭生活的重要组成部分。要管理好家庭经济应该做到以下几点。

必须勤俭节约,反对浪费。只有杜绝浪费、厉行节俭,才能管理好家庭经济;应根据量入

---

① 林白鹏、臧旭恒:《消费经济学大辞典》,北京:经济科学出版社,2000 年版。

为出的原则,合理安排家庭开支,搞好家庭计划经济。要做到量入为出,就应该建立合理的家庭消费结构,同时必须兼顾家庭中的各种需要,不要搞"单打一"。只有量入为出,才能收支平衡,并略有结余,这样既能保证家庭的日常需要,又能应付意外或特殊事情的开支,并逐步实现家庭生活的发展;要根据物价规律和供求关系,掌握购物时机,并根据商品的效用决定购买态度;要根据家庭成员平等的原则,实行家庭经济的民主管理。[①]

在家庭中,个人专断、独揽财权,不利于管理好家庭经济,而民主管理,可以使成员既有责任感、信任感,又有灵活性、自主权,是属于比较理想的经济管理模式。

三、家庭经济管理的任务与内容

美国著名的未来学家托夫勒说过:今天在技术比较发达的国家里,家庭形式像蜂窝一样发展和扩大起来。世间的家庭千差万别,家庭的事务又纷繁复杂,要想给一个家庭确定一套具体的管理任务是困难的。在此,我们只是对家庭经济管理任务勾画一个大体的轮廓。

一般说来,家庭经济管理任务主要包括七大类:家庭人口管理、家庭事务和家庭生产管理、家庭资金管理、家庭物质生活管理、家庭文体和精神生活管理、家庭内外关系管理、家庭时间管理。[②]

(1) 家庭人口管理。家庭一切经济活动的目的,除了为国家、为社会的一面外,都是为了满足家庭成员的需要,保证家庭成员体力和智力的发展和健康长寿。家庭经济管理不能离开这一目的,并应把家庭人口管理放在首位,其内容大致有:确定家庭类型、确定家庭人口规模,实施计划生育,确定家政主持人,确定家庭人才培养目标,确定家庭成员分工,赡养和照顾好老人,关心和照顾孕妇、产妇、婴幼儿。

(2) 家庭事务和家庭生产管理。主要包括:安排好家务劳动,对农村家庭和城镇个体户家庭,则需要安排好生产。

(3) 家庭资金管理。主要包括:计划一定时期内家庭收入的来源,通过劳动使家庭尽快富裕起来;根据量入为出的原则,安排好家庭的支出;在保证家庭基本生活消费的同时,争取逐年有积蓄。

(4) 家庭物质生活管理。主要包括:解决家庭住宅,搞好室内布置与装饰;注意饮食和卫生;购买或制作衣着;根据安全、轻巧、易使、耐用、节能、多用途的原则选择和添置各种家具。

(5) 家庭文体和精神生活管理。主要包括:安排好家庭的文化娱乐生活;安排好家庭的体育活动;安排家庭旅游活动;做好家庭卫生保健工作;搞好家庭文化用品的订阅等。

(6) 家庭内外关系管理。主要包括:处理好家庭内部关系,生活中有了矛盾,要及时解决,要互相谦让、互相帮助,树立一代家庭新风;处理好家庭外部关系,包括邻里乡亲、亲戚朋友、同事战友关系;处理好婚丧嫁娶事务;安排好节日生活,注意健康适度的社交和请客送礼。

(7) 家庭时间管理。家庭每项消费及一切活动均须消耗家庭成员一定的时间。家庭生

---

① 潘允康:《家庭社会学》,重庆:重庆出版社,1986年版。
② 凌宏城、袁培树、任天飞:《家庭经济学》,北京:经济科学出版社,1986年版。

活秩序、家庭成员的健康与成长、关系的协调无不与时间的运用有极密切的关系。安排时间，善用时间，包括时间不足时借助于金钱与社会服务作为补救，是家庭生活中重要的管理课题。

第三节　家庭生育计划

合理的家庭人口结构，是家庭和谐的关键因素；达成合理的人口结构，关键在于家庭生育计划。

家庭生育计划，是指在一个家庭内部，由夫妻双方自由、有计划和负责任地按自己意愿，决定生育子女的数量和生育间隔，确定家庭的规模。其本意是由各个家庭自我控制生育行为。

家庭生育计划作为现代生育管理模式，是从18世纪后半期开始的，这主要以采用现代科学方法和工业生产节育药具为标志。从18世纪开始，人口增长的压力和工业革命造成的劳动力失业的压力，使欧洲人口问题暴露出来，成为社会各阶层关心的重大社会问题，提倡节育得到社会的响应。同时，科技的进步也为家庭避孕节育提供了现实的物质技术条件。

目前，许多国家都设有由民间组织的家庭计划协会，各国政府也给予协会各方面的支持。协会工作旨在帮助夫妇安排、调整生育计划，保护妇幼健康，进行人口教育，促进对人类生育和生育调节的研究，并协助国家人口政策的推行。随着技术的进步，实行家庭生育计划的手段也逐步改善，避孕手段更加多样化，家庭完全具有了计划生育的可能。

一、家庭生育计划的概念

家庭生育计划，指每对夫妇根据他们的意愿安排生育子女数量和生育间隔。西方的家庭生育计划是指单个家庭由夫妇来安排自己的生育，这与中国的计划生育在性质和实施办法上是不同的。[①]

在人类历史上，自古以来就存在着家庭自发地节制生育的行为。资本主义家庭节制生育的理论，是在18世纪末和19世纪初形成和发展起来的，代表人物是马尔萨斯和普雷斯。马尔萨斯把"两个级数"的理论作为节制生育的理论依据，提出了节制生育的办法，即所谓"道德抑制"，要抚养不起孩子的穷人不婚或晚婚。但是，从宗教的教义出发，马尔萨斯不赞成避孕措施。19世纪初，英国社会活动家普雷斯同意马尔萨斯的节育理论，并修改了马尔萨斯"道德抑制"的办法，提出了用避孕方法节制生育，鼓吹只要人们普遍相信节制生育，不触及资本主义制度，就能改变劳动人民的贫困面貌。家庭生育计划自20世纪50年代开始流行于世界，但不同国家宣传和推行家庭生育计划的原因及目的各不相同。大多数国家强调家庭生育计划对保护妇幼健康的作用。西方国家则更多地强调人权，认为妇女有权用家

---

① 袁世全、冯涛：《中国百科大辞典》，北京：华夏出版社，1990年版。

庭生育计划来按自己的意愿生育子女和安排生育间隔和时间。20 世纪 70 年代,许多国家已公开提出宣传和推行家庭生育计划的目的就是限制生育子女数量。① 聚焦中国的生育政策可以发现,中国的人口转变并非一个自然发生的过程,而是计划生育政策推动的直接结果,20 世纪 70 年代"一个不少、两个正好、三个多了"的计划生育政策推行以来,使得中国在不到十年的时间内,就完成了许多西方国家上百年走过的历程。②③

二、我国生育政策的变动

2020 年 10 月 29 日,中国共产党第十九届中央委员会第五次全体会议审议通过了《中共中央关于制定国民经济和社会发展第十四个五年规划和二〇三五年远景目标的建议》,指出当前应该制定长期的人口发展战略,优化人口生育政策,增强政策的普适性与包容性。以此追溯建党百年我国人口生育政策的历史变迁,马红鸽等④学者将 1921—2021 年这 100 年划分为 5 个时期,清晰地梳理了各个阶段的政策转向,以此为基础,结合陈希等⑤对人口态势、人口政策和人口工作的分析,不妨将我国的生育政策划分为 7 个时期。

(一) 1921—1949 年:积极人口生育政策

1931—1945 年抗日战争期间,实施新土地政策、垦荒移民、吸纳难民等,先后发布《优待外来难民和贫民的决定》《优待移民办法的布告》《陕甘宁边区优待移民难民垦荒条例》《巩固移民并准备大量移民条件》等,通过积极的政策举措,短期内实现了人口数量的增长,一直到新中国成立初期,"鼓励性"的人口政策成为主导,为我国战后经济恢复提供了充足的劳动力。⑥

(二) 1950—1970 年:计划生育政策酝酿时期

"鼓励性"的人口政策导致人口过快增长与社会资源供给不足的矛盾日益凸显,人口生育政策从"鼓励"转向"节制"。1953 年,《农业发展纲要》首次写入计划生育内容;1956 年,《全国农业发展纲要》提出计划生育问题;1959—1961 年,我国经历大灾荒,人口总数有所降低;1962—1970 年,灾荒结束后迎来生育高潮,给环境、资源等带来较大压力。

(三) 1970—1980 年:计划生育政策形成时期

1971 年,国务院批转《关于做好计划生育工作的报告》,首次把控制人口增长的指标纳入国民经济发展计划;1973 年,毛泽东提议成立国务院计划生育领导小组;1974 年,毛泽东批示"人口非控制不行";1978 年,国家明确提出"提倡一对夫妇生育子女数最好一个、最多

---

① 李鑫生:《人类学辞典》,北京:华艺出版社,1990 年版。
② 熊必俊:《社会发展与人口老龄化》,载《中国人口科学》,1994 年第 5 期。
③ 顾宝昌:《生育意愿、生育行为和生育水平》,载《人口研究》,2011 年第 2 期。
④ 马红鸽、贺晓迎:《建党百年来中国共产党人口生育政策变迁及其启示》,载《西安财经大学学报》,2021 年第 5 期。
⑤ 陈希、陈岱云:《中国人口政策重点转移:从人口数量控制到养老风险化解研究》,载《济南大学学报(社会科学版)》,2021 年第 5 期。
⑥ 汤兆云:《建国以来中国共产党人口政策的演变与创新》,载《科学社会主义》,2010 年第 3 期。

两个",并将"国家提倡和推行计划生育"首次写入《中华人民共和国宪法》;20 世纪 70 年代,计划生育全面开展。

(四) 1980—2000 年:计划生育政策正式施行

1980 年 3—5 月,中央书记处委托中央办公厅召开 5 次人口座谈会,奠定了 20 世纪 80 年代以来我国生育政策的基调:国家干部和职工、城镇居民,除特殊情况经过批准者外,一对夫妇只生育一个孩子;农村普遍提倡一对夫妇只生育一个孩子,某些群众确有实际困难要求生两个的,经过审批可以有计划地安排。1991 年,党中央、国务院发布《关于加强计划生育工作严格控制人口增长的决定》,明确提出要严格控制人口增长,坚定不移地贯彻落实现行生育政策,人口计划工作得到国务院行政法规和地方性法规的支持。

(五) 2000—2006 年:人口政策成熟立法时期

2000 年,中共中央、国务院颁布《关于加强人口与计划生育工作稳定低生育水平的决定》,强调"控制人口数量、稳定当前生育水平、实现人口由数量到质量的转变";2001 年 12 月 29 日,中华人民共和国第九届全国人民代表大会常务委员会第二十五次会议审议通过《人口与计划生育法》,中国人口政策趋于成熟。

(六) 2006—2015 年:统筹解决人口问题时期

2006 年,中共中央、国务院发布了《关于全面加强人口和计划生育工作 统筹解决人口问题的决定》,我国人口和计划生育工作进入了新的阶段;2013 年,十八届三中全会审议通过《中共中央关于全面深化改革若干重大问题的决定》,指出要"坚持计划生育的基本国策,启动实施一方是独生子女的夫妇可生育两个孩子的政策,逐步调整完善生育政策,促进人口长期均衡发展";2015 年,全国人大常委会对《中华人民共和国人口与计划生育法》做了第一次修改。

(七) 2015 年至今:逐步放松对个体生育行为的限制

2015 年中国共产党十八届五中全会明确提出"全面实施一对夫妇可以生育两个子女的政策"后,全面二孩政策的影响成为社会关注焦点;2021 年,修改后的人口计生法规定,国家提倡适龄婚育、优生优育,一对夫妻可以生育三个子女,此外,围绕"三孩政策"出台了一系列配套支持措施,旨在确保政策顺利实施并达到政策预期目标。[1]

将我国的计划生育政策与资本主义国家的家庭生育计划进行比较可知,尽管二者在措施和方法有类似之处,但两者在以下三个方面截然不同。

首先,性质和目的不同。资本主义的生产资料私有制,决定物质资料的生产和人口再生产都是无计划、盲目进行的,家庭计划虽然也是适应资产阶级的政治、经济需要而产生的,但它对人口生育行为的调节脱离于社会经济结构,不能从根本上消除整个社会生育的无政府状态。我国实行计划生育,是与社会主义计划经济相联系的,是社会主义国家人口有计划发

---

[1] 风笑天:《"二孩"还是"三孩","允许"还是"提倡"?——国家生育政策调整的目标解读与认识转变》,载《江苏行政学院学报》,2021 年第 5 期。

展的客观规律的体现,其目的在于加快国民经济的发展,提高人民的生活水平,保护和解放妇女。

其次,实施的方式不同。家庭计划虽由官方赞助、推动,但主要依靠公民自发实行。因此它只在家庭这个狭小的范围内对人口的生产有所计划,而无助于改变整个社会的人口状况。而我国实行计划生育,则是在全社会范围内依靠公民自愿和国家指导两者配合实施。在一定时期,国家根据社会实际制定一系列人口发展的政策、措施、办法,以对全社会的人口进行调节。

最后,出发点不同。资产阶级国家人们接受家庭计划的出发点,主要在于家庭经济状况和母亲的健康状况。我国实行计划生育,不仅考虑母亲的健康,还考虑到国家经济发展的需要和人民物质、文化生活水平提高的需要,是将国家的利益与人民的利益结合在一起的。因此,我国实行计划生育,能够得到广大群众的响应,变为人民群众的自觉行动。[①]

第四节 家庭闲暇规划

在家庭生活中,如何充分提高闲暇时间的消费效应,搞好家庭闲暇时间管理,是一门重要的生活艺术。闲暇生活是现代家庭生活的一个重要组成部分。

一、家庭闲暇规划的概念

在生活节奏日益加快的现代社会,一个家庭中的闲暇时间是一笔无形而又宝贵的财富,要充分发挥这笔财富的价值,就需要进行家庭闲暇时间的规划。所谓家庭闲暇时间管理,就是家庭成员通过对自由活动时间内的生活进行合理安排,使家庭生活更加充实而有意义,从而具有现代家庭的特色。

二、家庭闲暇规划的内容

闲暇时间是人们在劳动时间之外,除去满足生理需要和家务劳动等生活必要时间支出,个人可以自由支配的剩余时间。闲暇时间是一笔宝贵的财富。人们在闲暇生活中满足自己的精神需要,完善个性,实现自我发展。因而,闲暇时间如何利用,是家庭精神文明建设的重要内容,是反映家庭生活水准和质量的重要指标。

闲暇生活是现代家庭生活的重要组成部分。随着家庭生活水平的提高,人们对生活质量的追求,家庭闲暇生活方式越来越得到广泛的关注。[②]

马克思提出的"自由时间"概念,可以作为今天人们要求的闲暇时间概念的基础。马克思说:财富就是可以自由支配的时间,这种时间不被直接生产劳动所吸收,而是用于娱乐和

[①] 向洪、张文贤、李开兴:《人口科学大辞典》,成都:成都科技大学出版社,1994年版。

[②] 潘允康:《家庭社会学》,重庆:重庆出版社,1986年版。

休息,从而为自由活动和发展开辟广阔天地。他又说,但是自由时间,可以支配的时间,一部分用于消费产品,一部分用于从事自由活动,这种自由活动不像劳动那样是在必须实现的外在目的的压力下决定的,而这种外在目的的实现是自然的必然性,或者说社会义务——怎么说都行。

从马克思的上述议论中我们可以得到三点启示:闲暇时间所从事的活动不是来自任何外在压力、目的和义务,而应当出于自我,为了自我之目的;闲暇时间所从事的活动的内容主要是娱乐和休息;闲暇时间的使用是为了自由活动和发展开辟广阔天地。

马克思的论述,精辟地概括了自由时间(即闲暇时间)的真实含义与价值,我们可以从以下几个方面来理解"闲暇时间是社会财富"这一观点。

1. 闲暇时间是劳动创造的

从历史上看,人类的闲暇时间与社会财富是同步增长的。在远古时代,社会生产力很低,人们为了生存不得不终日辛苦劳动,天天都要为获得食物而奔波,那时是很少有闲暇时间的。随着生产力的发展,人们能用较少的时间生产较多的食物及其他产品,为劳动时间的缩短和闲暇时间的产生与增多提供了可能。这时人们才谈得上休息、娱乐及其他。生产力越发展,人们就越能用较少的时间创造较多的财富,得到的闲暇时间也越多。在阶级社会里,除去物质财富的分配的不平等,也存在闲暇时间分配上的不平等。马克思在谈到资本主义制度下,一部分人为另一部分人创造物质财富的同时,也创造闲暇时间时指出:"这种奴隶劳动为其他人,为社会的另一部分,从而也为[整个]雇佣工人的社会创造余暇,创造自由时间","如果把资本创造的生产力的发展也考虑在内,那末,社会在6小时内将生产出必要的丰富产品,这6小时生产的将比现在12小时生产的还多,同时所有的人都会有6小时'可以自由支配的时间'"。现代社会的发展证明,劳动生产力的提高为闲暇时间的增多开辟了广阔的前景。比如当今一些发达国家(包括我国这样一个发展中国家在内)的闲暇时间已经有了较大的增长,实行每周5天、每天8小时工作制。工作时间的缩短,意味着闲暇时间的增多。

2. 闲暇时间是满足人们日常生活需要、提高人民生活质量的不可缺少的条件

闲暇时间作为一种社会财富与其他社会财富有不同点,即它不被直接的生产劳动所吸收,而是用于娱乐和休息,从而为自由活动和发展开辟广阔天地。从某种意义上说,一个拥有物质财富而没有闲暇时间的人并不是真正富有的人。闲暇时间对于我们如何安排自己生活的其他方面,比如家庭生活,有很大影响。

3. 闲暇时间是发展才能、激发人们去创造新的社会财富的有效途径

联合国《消遣宪章》对"消遣时间"(即闲暇时间)的这种作用有过恰当的说明:"消遣和娱乐……通过身体放松,竞技,欣赏艺术、科学和大自然,为丰富生活提供了可能性。无论在城市和农村,消遣都是重要的,消遣为人们提供了激发基本才能的变化条件(意志、知识、责任感和创造力的自由发展),消遣时间是一种自由时间,在这时间里,人们能掌握作为人和作为社会有意义成员的价值。"联合国《消遣宪章》的这一阐述,表达了现代人自我发展、自我实现的需求,是一种符合实际的、科学的、人本位的表述。

无论如何,闲暇时间是社会与人的一笔宝贵的财富,它对于现代家庭与家庭生活是不可缺少的。

三、家庭闲暇规划的方法

家庭闲暇时间利用得好,可以对人的生存和发展产生极为重要的影响。在人们完成紧张的工作和满足生活需求之后,余下的闲暇时间可以补偿人们脑力、体力的消耗,为提高工作、学习效率创造条件;可以促进个人才能的多方面发展;可以扩大社会交往,改善和增进人际关系;可以更多地关心孩子并与孩子交流思想感情,抚育好下一代。

那么,应该怎样对家庭闲暇时间进行管理呢?

(一)要努力发掘家庭闲暇时间,尽力增加家庭闲暇时间

发掘家庭闲暇时间的方法很多。

其一,利用人的体力、智力、情绪周期性地发生高潮低潮的变化规律,将家庭活动与人的这种生物曲线协调起来,就可以收到事半功倍的效果。如在一个周期内的高潮期完成重要的、要求准确性与创造性的工作,在低潮期干些琐碎的、不太费神的事情。

其二,学点时间运筹学,交叉重叠使用时间,提高办事效率;简化家务劳动,利用社会化服务体系缩短家务劳动时间,延长或增加用于个人享受和发展的闲暇时间。

其三,对闲暇时间进行总体规划,珍惜时间,改变浪费时间的不良习惯。每年每个季节,甚至每月每天全家须做些什么,达到什么目标,都必须有个安排和计划,如家庭学习计划、娱乐计划、旅游计划等。要十分珍惜时间,大胆革除时间观念不强、白白浪费时间的陋习。漫无边际地聊天闲逛,频繁地迎送应酬,没完没了地看电视,如此等等,都是浪费时间的表现,也是不利于增加家庭闲暇时间生活情趣的。

(二)要科学安排和利用家庭闲暇时间

现代家庭生活方式的重要标志之一,就是要使家庭的闲暇生活更具有时代的特点,使其走向文明、健康、科学的轨道。

首先,要善于休息,以消除疲劳,养精蓄锐,迎接新的工作和学习。要合理安排消极休息(睡眠)和积极休息(体育、娱乐等活动)的比例,处理好工作、学习与休息的关系,这一点将在后面有关章节详细介绍。

其次,要充分发挥和积极协调家庭成员的多种兴趣与爱好,如家庭成员中有喜欢音乐、美术、体育、摄影、书法、写作、集邮、郊游、养花的,都需要在完成各自的工作、学习和家务之后,因人制宜地给予方便和安排,以陶冶家人的情操,丰富他们的志趣,使个体获得自由、全面的发展。

最后,家庭闲暇时间的活动要健康、文明而有意义。特别是在科技革命、信息激增、知识飞速更新的当今社会,家庭成员应利用更多的闲暇时间搞好职业培训和终身教育,使家庭闲暇时间朝多样化、文明化、知识化、科学化的方向发展,切不可在闲暇时间内沾染赌博、观看不良书刊与录像带、参与流氓团伙活动等不健康、不文明的行为。

(三)我国的家庭闲暇时间管理

家庭闲暇生活的目的是休息、享受、娱乐和自我发展。事实表明,今天的中国人家庭已

经开始获得越来越多能够满足闲暇生活所需要的设施,并开展了以享受、娱乐、社交和自我发展为主要内容的闲暇生活。

1. 家庭已经有了日益增多的娱乐休闲设施

随着社会的发展与居民生活水平的提高,各种家庭娱乐和休闲设施已经比较普及,特别是彩色电视机、收录机、照相机、电子游戏等。在我国,彩色电视机的普及只用了不到20年的时间,而在发达国家却用了50年左右。这些设施为家庭的娱乐和休闲、为家庭成员的享受和自我发展提供了基础条件。

2. 休闲、娱乐和享受式的闲暇生活

中国家庭的闲暇生活已进入休闲、娱乐和享受式的时期。闲暇生活内容已由单一变得丰富多彩,由户内走到户外,由地方走向全国、走向世界。但就目前来说,家庭闲暇生活单调仍然是个较为普遍的问题。比如绝大多数家庭的闲暇时间主要用于看电视、打麻将等,客观上说,在家庭内,这种闲暇生活比较容易实现和操作,但过于单调,也影响了闲暇生活质量。以看电视为例,绝大多数家庭于此耗时较多,闲暇生活的一半时间是在看电视中度过的。看电视时间过长是个世界性的问题,包括发达国家。正如美国历史学家阿伦指出的那样,现在存在着这样一种景象:千百万的闲暇者责任心不强,没有受到良好的教育。……从中午到午夜,在无法胜数的电视机屏幕前,人海茫茫,他们看得目瞪口呆,只有在吃广告节目所介绍的罐头食品时,才略事休息。这种"电视热"常常导致了"电视病"。所谓"电视病"常表现为尾骨病,因为看电视时间过长,使坐骨神经和臀神经经常受压所致。"电视病"还与不正确的坐姿有关。一般人看电视坐在椅子上不是将背的下半截向内弯,而是向外弯,紧压在椅子上,时间一长必然引起疼痛。"电视病"还包括羊角风、腹胀、新陈代谢障碍、神经官能症等。在美国加利福尼亚州,居民们曾举行了一场别开生面的葬礼,把一部电视机放在灵柩上,用车拉着它徐徐前进,灵柩后跟着一支送葬的队伍。他们的目的是在哀乐声中埋葬这个使父母失去儿女、儿童失去童年的"魔鬼"。

现在人们正在通过多种形式、较为丰富的闲暇生活方式改变闲暇生活过于单调的状况。比如近年来兴起的旅游热就是一个显著的标志。中国已有相当数量的家庭到市区及附近的风景区、郊区度假村、省内风景区、国内风景名胜区游玩,或者出国旅游。除去旅游外,一些人还去影剧院、体育场馆、商场、超市或夜市、图书馆、公园、广场、街道、户外庭院、绿道、茶座、咖啡屋等地消磨时光。每到周末,一些饭店、体育场馆、多功能游乐厅内人员爆满,有的还要预订。总之,中国人的闲暇生活也由单调逐步变得丰富多彩起来。

丰富多彩的闲暇生活可以是艺术型的(如唱歌、跳舞、吟诗、作画、练习书法、摄影等),可以是体育型的(如打球、赛跑、登山、游泳、滑冰、赛艇等),可以是观赏型的(如看电视、电影、戏剧、各种表演、听广播、听音乐),可以是鉴赏型的(如集邮、藏画、剪辑、搜集古玩等),可以是学习型的(如看小说、读报),可以是游艺型的(如下棋、打牌、猜谜语),可以是消遣型的(如养鱼、养花、散步、旅游)。多种兴趣爱好,不仅可以大大丰富人们的闲暇生活,而且可以开阔人们的视野,培养人们的意志,陶冶人们的情操,使人们的身心得到全面的发展。

3. 以家庭成员为中心的社会交往

社会交往仍然是人们闲暇活动的主要内容之一。今天,人们在闲暇中主要是和家庭成员进行社会交往,并由家庭成员向其他社会关系(主要是业缘关系和兴趣相投的人)扩展。在我国,人们多是和家人亲属进行闲暇活动,也在向兴趣相投的陌生人、同学、朋友、同事、业务伙伴和邻居扩展。

社会交往是现代人家庭生活方式的重要组成部分。农业社会的人际关系的特点是人际交往少,大多只在户内交往,社交很少,有"鸡犬之声相闻,老死不相往来"之说。这是和农业社会自给自足的自然经济相适应的。而现代社会则不同。社会化大生产,发达的社会分工,以及市场经济的发展,使每个人相互联系紧密,相互依赖性强。从某种意义上说,农业社会"没有他人我能活",现代社会则"没有他人我不能活"。因此,今天社交对于人与家庭都很重要,"公共关系"在今天很热。一些人利用闲暇时间,开展广泛的社交,发展各种关系,一方面,交往本身就是一种娱乐和寄托;另一方面,通过交往,发展各种公共关系,有利于个人生存与发展,何乐而不为?

4. 闲暇生活的知识化

人们在闲暇生活中除去休息、享乐外,还有自我实现和自我发展的目的。因此,有些人利用闲暇参与各种学习和进修,实现体力和智力的储备和提高。

在闲暇时,人们参与各种专业和技能的学习,通过自考、电大、业大、函授、职大、辅导班、老年大学等途径,学习包括计算机、外语、驾驶、生活技能、音乐、绘画、书法、健身等知识。学习的动机主要是提高知识和技术水平、获得文凭、改善工作条件、增加工资收入、出国、寻找就业门路、提高生活能力、增加生活情趣与品位——这些都提高了闲暇生活的知识化水平。

丰富多彩的闲暇生活应当是知识化的。人类的科学知识量在19世纪每50年增加一倍,到20世纪中叶每10年增加一倍,而现在每3年就翻一番。在知识和信息"爆炸"的时代,人们必须利用各种机会抓紧学习,才能适应时代的要求。

第五节 家庭生活发展设计

家庭是人们赖以生存和发展的社会基本单位,也是最为活跃、最能释放功能、最有希望的社会细胞。提高家庭发展能力,是人口与经济社会全面协调可持续发展的基础,是保障和改善民生之需。只有提高家庭发展能力,我们的社会才能稳健发展,长治久安。

家庭生活发展设计主要是指对家庭生活中各个方面进行设计规划。所有人都对自己的人生有着梦想和期待,为了实现这些梦想和期待,需要进行相应的准备工作。对自己的人生进行有计划的思考。如果生活是被人们创造出来的,那么就像建筑物需要一个设计图纸一样,生活也应该有一张设计图,作为社会这座宏伟建筑的重要结构,家庭的发展也需要进行规划设计。

一、家庭生活发展设计的方式

在一个家庭中,家庭成员根据各种各样的想法设计出自己的生活发展方案,其基本的方式大致有以下三种。

(一)经济学的方式

按照经济学的观点,人类是劳动力,在充当生产者角色的同时还充当了消费者的角色,其生命周期被置于整个经济循环和经济发展的大过程之中。这种观点主要考虑的是标准家庭的家庭生计收支情况的平衡状况,以及对教育、住宅、老年生活等方面的经济问题的生活设计。对家庭生计也只是考虑其总额,而对家庭生计费用的各项内容,以及各项内容之间的比例关系等基本上不太关心。

(二)家政学的方式

这种方式考虑的中心问题也是家庭生计的收支情况,但与经济学方式不同的是,它重点关心家庭生计支出中各项内容及各项费用所占的比例等,对我们整个生命周期过程中各个阶段的支出或储蓄状况、方法等描绘出详尽的设计图表。从这个意义上来看,它具有个别性生活设计的特征。

(三)家庭社会学的方式

经济学或家政学的生活设计方式都是以家庭生计为中心进行的经济计划,按照家庭社会学方式进行的生活设计考虑的是家庭整个生命周期进行过程中所产生的整个生活结构的变化,是一种相对综合性的生活设计。也就是说,在考虑作为生活基础的经济计划的同时,把由家庭成员的变化而产生的任务关系、情感关系、活动方式的变化,甚至亲属关系和邻里关系等与生活地区社会产生的各种关系等方面纳入视野,尝试进行相应的家庭生活设计。

家庭生活发展设计是为了使生活主体所选择的生活目标能够更加顺利达到而进行的。以家庭为主体的发展设计,分为对整个家庭的生命周期全过程进行展望的长期性综合计划和为了各个生活阶段目标的达成而制定的短期性个别计划。其中长期性的计划是针对从结婚而形成家庭一直到这对夫妇死亡为止的家庭生活全过程中家庭生计的收支状况、家庭关系、闲暇生活等生活结构来总体制订的计划,其中心问题是住宅、子女的教育和结婚、老年生活等。特别是关于年老之后的生活计划,变得越来越重要。以前,从子女开始独立生活、自己退出工作一线之后,只用考虑剩下的几年的余生就可以了。但是,在现代社会,人类寿命不断延长,从工作一线退出之后的所谓"第三人生"开始正式出现。这一段时间如何度过开始受到人们越来越广泛的关注。长期性计划是短期性计划的参考标准。从这个意义上说,我们可以称之为一个家庭中的"人生计划"。

短期性的计划以长期性计划为蓝本,是为了达到每一个生活阶段的家庭生计、职业、教育、家庭关系等各种生活目标而制订出来的具体计划。而家庭生活发展设计可以说就是这两种类型的计划正确组合才得以形成的。

家庭生活发展设计中最根本的应该说是家庭计划。即使是经济计划,其结果也会对家庭的结构变化产生巨大的影响。所谓家庭计划,就是指一对男女(夫妇)结婚之后,在考虑到自己的身体、经济、社会条件的同时,根据自己的人生观和家庭观等进行计划性的生养子女。也就是说,在保护负担生育任务的母体的同时,为出生的子女准备最好的生活环境,尽可能使其在比较宽裕的环境下成长和接受教育,这种计划性的生育就是家庭计划。家庭计划的要点有如下几条:头胎的时期,也就是何时生养第一个孩子的问题;子女的数量,也就是生育几个孩子的问题;如果养育两个以上孩子,就有出生间隔时间的问题;结束生育孩子的终产时期问题。

根据这些孩子的出生状况,家庭生命周期的大致过程就可以确定了,家庭生活设计的基础也就得以形成。①

二、家庭生活发展设计的对策——ALPEM 计划

所谓 ALPEM 计划,就是将一个家庭长期生活中必需的项目分为金融资产(asset)、贷款(loan)、保障(protection)、教育(education)、婚姻(marriage)等五个项目,取这五个项目的英文名称中第一个字母而命名。

金融资产是为了购买住宅、教育、结婚、大型耐用消费品等需要一次性进行大量支出而准备的。金融资产的有无和是否拥有住宅等已经成为家庭中生活主体长期收支情况的决定性因素。也就是说,金融资产和作为实物资产的住宅的有无状况会对生活发展设计产生巨大的影响。

贷款是在手中的金融资产不足以应对支出的情况下使用的。贷款是一种负资产形式。但通过对这种形式的灵活运用,也可以带来宽裕的生活。所以,现在不能完全凭借收入的多或少来判断某个家庭生活的富裕或是贫困。然而,贷款必须满足一个条件,那就是不能超过自己的偿还能力。从这个意义上来说,收入的多寡还是制约家庭生活发展计划的一个重要因素。

保障是为了应对意外情况而进行的风险管理(risk management)。在遇到突发性情况时,能够迅速获取需要的资金是非常重要的。

教育在我们现在所处的这个高学历社会中也是非常重要的家庭生活发展设计项目。因为家庭的一个重要功能就是繁衍和教育下一代。从这个角度考虑,对子女进行多大程度的教育,以及为此计划开支多少教育经费,毋庸置疑是家庭生活发展设计的一个主要组成部分。

子女的结婚资金对一个家庭来说也是一个比较大的支出,而且呈现出逐年递增的倾向。在日本,一般人都认为子女结婚是父母的一种责任,而认为子女的结婚费用应该由父母来出的观点在父母们中间也相当流行,在生活的其他方面力求脱离父母的子女们也会利用父母的这种想法。一个重要的实际情况就是父母退休金的一个主要作用就是用于"子女的结婚支出"。

第六节 家庭人际协调

家庭管理中的一个重要方面,是对家庭成员关系的处理,即所谓的"家庭人际协调"。人

---

① 望月嵩:《家庭社会学入门》,北京:中国大百科全书出版社,2002 年版。

是家庭中最重要的财富。因此,为了实现家庭人际的协调,必须先对家庭关系有所了解。

一、家庭人际关系的概念

所谓家庭人际关系就是家庭成员之间的关系,也称为家庭关系、家庭内部人际关系,是指家庭成员在家庭中的不同地位、扮演的不同角色、相互间不同的关系,以及由这些关系所产生的相互间的权利和义务,如夫妻关系、亲子关系、兄弟姐妹关系、婆媳关系、妯娌关系、祖孙父系等。它表现了家庭成员间不同的联系方式和互动方式。家庭关系是社会关系的一种,但同时又具有自己的特点。家庭关系是一种特殊的社会关系。

家庭人际关系是一个历史范畴,在不同的社会形态中它具有各不相同的历史特征。原始社会的家庭关系是母权制下的平等关系,直到这一社会的末期产生了父权制,才开始了家庭关系的不平等,母亲的地位下降,成为普通的族人。在奴隶社会,由于奴隶主家庭将遭受非人待遇的奴隶包括在家庭成员内,因此其家庭关系体现了一种人与非人的不平等关系。封建社会的家庭关系重等级、重传衍、重整体利益。所谓重等级,主要是指家长对家庭成员具有绝对的权力和男尊女卑;所谓重传衍,是指儿子的地位高于妻子,宁可无妻,不可无子;所谓重整体利益,是指家族利益高于个人利益。资本主义社会的家庭关系则强调人格平等、爱情至上和个性自由。所谓人格平等,是指夫妻之间、父子之间和祖孙之间既有辈分之别,又似朋友关系,政治上不分贵贱,经济上主张自立。但由于这种平等是以金钱关系为基础的,因此只是形式上的虚假的平等。在两性关系上,所谓爱情至上虽然破除了等级观念,但同样由于金钱关系而常常难以实现。所谓个性自由,是指每个家庭成员都可以有自己的活动空间和心理空间,但这种自由在资本主义制度下常常不能和对家庭的义务和责任相统一。社会主义社会的家庭关系应当实现家庭成员人格上的真正平等、情感上的互爱、生活上的互助和事业上的互励。[①]

二、家庭人际关系的内容

家庭人际关系,是不同于其他人际关系的一种特殊社会关系。其特点在于家庭人际关系是以性爱和血缘关系为前提。其次,家庭人际关系包含经济、法律、伦理、道德、精神、心理等关系。家庭人际关系的建立、稳定和发展以及它的维系主要依赖于爱、共同的感情、道德、心理因素及社会舆论的约束等。

家庭关系与其他社会关系的联系和区别主要体现在以下几个方面。

(一) 家庭关系和其他社会关系发生的根据不同

任何一种社会关系都有内在的根据,其成员间互相联系的根据不同、联系的方式不同,构成了不同的关系。邻里关系以居住地为根据,表现为人们毗邻而居;同学关系以上学学习为根据,表现为人们在一个学校里共同学习;同事关系以事业为根据,表现为人们在同一个

---

① 王伟:《中国伦理学百科全书·婚姻家庭伦理学卷》,长春:吉林人民出版社,1993年版。

单位或在一种职业、行业里共同工作;而家庭关系则以婚姻血缘为根据,表现为有婚姻和血缘关系的人共同生活在一起。家庭关系以婚姻为起点,以血缘为纽带。

(二)家庭关系表现了家庭成员之间特殊的交往方式

特殊的互动是家庭关系特殊性的动态表现。家庭成员间的互动既有物质方面的,也有精神方面的,比如物质生产、生活消费、性爱交往、生儿育女、繁衍后代、亲子情感、家庭娱乐等,其中性爱交往、生儿育女、繁衍后代、亲子情感等都是其他社会关系中所没有的特殊的交往和互动。

(三)家庭关系以代际为层次

家庭关系和其他社会关系之间一个十分明显的区别是它的代际性和层次性。所谓代际关系是家庭中不同代(不同辈分)人之间的交往,具体说可以是一代、两代、三代甚至是四代、五代人之间的交往。家庭关系表现了其他社会关系没有的连续性和承先启后性。代际关系将家庭成员划分在不同的代际层次上,每个人都有确切的层次位置。这种层次位置是由婚姻血缘关系和每个人在这一关系中所处的地位决定的。对处在不同代际层次上的人有不同权利义务和角色扮演要求。

(四)家庭关系最为久远、最为普遍

马克思、恩格斯把家庭关系说成是一开始就纳入历史发展过程的一种关系,起初是唯一的社会关系。自家庭关系产生以来,尽管出现了许多新的社会关系,但在历史的发展过程中,许多社会关系都消失了,或改变了形态,唯有家庭关系保留了下来,而且保持了它的基本形态和内核。在人类文明史上,迄今为止,无论哪一个地区、哪一个民族、哪一个国家、哪一种社会制度下都有家庭,也都有家庭关系。无论哪一个人,从生到死都离不开家庭,都在家庭中扮演特定的角色,与他人发生特定的关系。

(五)家庭关系最深刻、最密切

与其他社会关系相比,在一定的意义上说,家庭关系最密切、最深刻。家庭成员间全面的合作与互动,使他们之间不仅有血缘、姻缘关系,经济上的利益关系,事业上的志同道合关系,政治上的利害关系,日常生活中频繁交往和共处关系,还有情感上的深刻联系。这是其他任何一种社会关系所不能比拟的。因此人们常常用家庭关系来比喻其他关系的密切,如"我们是一家人""爱厂如家",称关系密切者为兄弟姐妹。正因为家庭关系密切而深刻,所以有人说它对于人的影响是终身的,对人的世界观的形成是基本的。在封建社会有"一荣俱荣""一损俱损""光宗耀祖""株连九族"等现象,尽管今天看上去很落后,但也从侧面上深刻反映了家庭关系。

(六)家庭关系的社会控制较多、规范化程度较高

与其他一些社会关系相比,家庭关系受社会的控制较多,规范化程度较高。社会控制家庭关系的手段是多种的,主要有法律、道德、习俗、宗教和舆论等。不论哪一个国家和地区,无论其政治制度、经济和社会发达程度、风俗信仰和习惯有多大差别,都有关于婚姻和家庭

的法律,以使婚姻家庭关系法制化、规范化。法律是今天社会控制和规范家庭关系的主要手段。在《中华人民共和国民法典》婚姻家庭编中,对家庭中的各种关系(特别是夫妻关系和亲子关系)之间的权利和义务都有十分详细的规定。道德是使家庭关系规范化的另一重要手段。比如对家庭关系中的亲子关系,封建社会是用"父慈子孝"来规范的,今天的社会是用"尊老爱幼"来规范的。其他像宗教、习俗、舆论等也都从不同方面对家庭关系进行规范。可以说,家庭关系受到的社会控制比其他任何一种社会关系都多、都要严格。[①]

(七)反映并综合其他种种社会关系

家庭关系中的基础关系包括:社会生物关系,如两性关系、血统关系和出生率等;经济管理关系,如管理家务、家庭预算和家庭内的职责分工等,这些构成家庭日常生活的物质基础。家庭关系中的"上层建筑"式的关系则包括:法律关系,如运用法律调整婚姻、人身和财产权利,以及夫妇责任等;道德关系,如家庭的道德观念、思想道德教育等。家庭关系受法律和道德影响较深,因而规范化程度也比较高。此外,家庭关系中还包括:心理关系,即家庭成员心理习性的相互影响和必要的心理气氛因素;直接涉及家庭教育的教育关系;美学关系,它决定了言行、衣着和居住的美学观念和对文学艺术成就的运用。现代心理学认为,上述关系的所有领域都无一例外地互有因果关系,即只要其中某一种关系发生变化,其他关系也必然或早或迟地发生相应的变化。这就是所谓家庭关系的循环因果规律。

需要明确的是,家庭为了家庭成员的发展,并不拘泥于发挥某一种特定的功能,而是将各种功能综合起来以实现目的,而且也不完全是在家庭内部完成这些功能的。为了实现家庭生活的稳定和充实,必须使家庭与企业、政府、学校、医院等各种各样的社会机构相关联。也就是说,就像人是不可能完全凭借个人的力量而生存下去一样,家庭也是在得到了各种各样的社会机构的网络式的援助之后才得以维持和发展的。

在这些支撑家庭的社会网络之中,我们大致可以将其分为第一级社会网络和第二级社会网络两个部分。第一级社会网络以亲属关系和近邻关系为代表;第二级社会网络则以行政机构为代表,主要由功能性社会集团构成。

个人的存在,肯定代表了他背后有很多人存在着。首先,有将这个人带来到这个世界上的父亲和母亲的存在。而他的父母也都是因为有他们各自的父母才得以存在的。这样,个人的存在就可以向上面的世代无限寻根溯源。不仅如此,这个人今后会成为养育下一代的父亲或者母亲,然后他的孩子又会成为父母,继续养育下一代。也就是说,向下面的世代也是可以无限延伸下去的。这样形成的人与人之间的联系,叫作直系亲属。另外,如果自己的父母在养育自己的同时还养育了其他孩子,就又会出现兄弟姐妹关系。这种兄弟姐妹关系在自己的父母身上,在自己的配偶身上也都有可能出现。也就是说,任何个人都可能有自己的兄弟姐妹。而且,这些兄弟姐妹也跟自己一样,有着无限的亲属关系。这些亲属也都与自己有一定的联系。我们称这种亲属关系为旁系亲属。

以个人为中心形成的亲属关系,与家庭生活中我们所看到的亲子关系、夫妇关系等所具有的功能一样,通过日常的相互援助和相互接触,具有加强亲属之间联系和稳定精神的功

---

① 何立婴:《中国女性百科全书:婚姻家庭卷》,沈阳:东北大学出版社,1995年版。

能。主要体现为相互援助、社交、交换服务三个功能。

1. 相互援助的功能

相互援助有劳动力的提供、赠与、建议、经济援助等多种方式,有时只用其中的一种方式进行援助,有时是多种方式的综合。

2. 社交的功能

在社交领域,亲属关系有着最为重要的功能,在结婚纪念日、生日、入学、毕业、就业等个人成长过程中的节日的活动,以及日常的接触和交流,共同参加的社交活动等,这些活动都具有对亲属关系进行再确认,或是进一步发展亲属关系的功能。

3. 交换服务的功能

这种服务的交换几乎是在生活的所有领域内出现的,可以使家庭生活更为方便、更为有效地开展。在日常的购物、交往、看孩子、处理家务、闲暇时的聊天之外,意外事故、自然灾害,以及在个人烦恼时提供的帮助和建议等,都属于服务的提供和交换范畴。

我们上面所说到的这些由亲属关系对家庭进行的援助,其实有些未必是必须由亲属来进行的,事实上,现在已经有各种各样的社会机构代替亲属来进行这些援助。但是,社会机构提供的援助带有单一性、简单性倾向,缺乏灵活性,而与此相比,由亲属进行的援助则富于灵活性,可以提供无微不至的援助,所以,对于家庭来说,亲属关系可以说仍然是非常宝贵的后援体系。

但亲属关系给家庭生活所带来的也并不全是这些好的作用,有时候也会带来一些负面影响。这种亲属关系的负面功能,大都是在家庭关系中出现对立、纠葛状态时,亲属希望帮助家庭解决问题而提供建议和协商的时候最容易产生的。在传统的家庭中,这种亲属的介入确实起到过相当好的效果。那时候,家庭关系被社会制度所限定,依照传统习惯保持着稳定,所以在发生问题的时候,会从亲属中选出一个生活经验丰富、较有威信的长者提出解决办法,然后根据这个解决办法来进行处理。

但是,过去的家庭制度被废止之后,在以尊重个人尊严和男女本质平等为基础的夫妇家庭制度理念下,现代家庭中已经不可能用这种由经验丰富的老者来处理家庭纠纷的方法了。

现代家庭的背景非常复杂,价值观也逐渐趋于多样化,不可能让所有的人都按照一定的习惯来进行家庭活动。为了应对随时发生变化的现代社会,必须找到一种新的活动标准。所以,家庭关系中所出现的各种问题,也总是伴随着复杂的心理纠葛。

这样,在家庭关系的处理问题上,亲属的介入不仅不能发挥相应的效果,甚至有可能由于其介入而使小问题演变成为大问题。例如,在夫妇之间产生矛盾的时候,原本夫妇二人的努力就可以将问题化解,但由于夫妇双方的父母介入,使问题变得不再是夫妇两人之间的问题,而成为双方家庭的对立了。这种情况是经常出现的。因为这个时候,所谓的"自己人"的意识发挥作用,导致作为冷静的第三方无法提供相应的建议和做出正确的判断。

所以,后援体系的亲属网络并不总是发挥积极的作用。特别是在与家庭关系直接相关的问题、与内心世界的心理活动相关的问题、与价值观相关的问题上,亲属关系并不太能发挥有效作用。可以说,亲属关系能够带来积极作用的,只限于具体的服务或物质援助方面。

三、家庭人际关系的协调策略

家庭关系包括夫妻关系、亲子关系、兄弟姐妹关系、婆媳关系、妯娌关系等。家庭人际关系的良好和健全,是决定家庭安定团结、生活快乐的重要前提。下面针对家庭中几种主要的人际关系进行协调分析。

(一) 夫妻关系协调策略

关于夫妻关系协调的策略,在第五章第二节已有所涉及。在此主要分析影响夫妻关系的主要因素,以及再婚家庭中夫妻关系协调的策略。

夫妻关系的协调保证了家庭的幸福与和睦。夫妻性格相容,其关系比较协调;夫妻双方文化程度、智力差别不太显著时,其关系容易协调。在一起生活感到有很大的压力,并且对方身上也存在着自己所具有的不良品质时,夫妻关系不稳;对对方不满程度越深越不容易达到融洽。一方是现实主义者,另一方是理想主义者,生活态度相反;一方竞争意识强,另一方却安于现状,人生观不同,这些都能引起夫妻之间的不和。双方相互期望值过高,也会引起较大的失望以致关系不协调;性欲要求相差较大容易造成夫妻关系破裂;国籍、出生地、职业、阶层等背景相差较大,常常会引起夫妻关系的矛盾。

对于再婚夫妻来说,巩固和发展婚姻关系要比初婚困难,如果不能及时调整相互之间的关系,婚姻可能再次破裂。专家们认为,再婚者要使家庭生活幸福美满,必须解决以下几个问题:要忘却过去;在志趣爱好、生活习惯方面要相互适应;要处理好双方孩子的问题;要妥善处理钱财方面的问题;要积极地从事共同活动。再婚夫妻之间虽然关系比较复杂,不易调适,但他们也有优于初婚者之处:双方阅历丰富,待人处世较为成熟,对婚姻失败有痛切的感受。只要双方扬长避短,自觉地培植感情,就能将婚姻之舟驶向幸福的彼岸。

(二) 亲子关系协调策略

父母与未成年子女的人际关系表现为父母对子女的强烈之爱和子女对父母的依恋之情。父母与子女沟通,要注意进行正确的教育引导,切忌下列教育方式:不顾孩童的天性,成天把孩子关在屋里看书写字,使孩子整天处于紧张和恐慌之中;教育方法简单粗暴,对孩子用命令式的教育方法,缺乏耐心的说服,这样会使孩子产生很强的依赖性;放任自流式,对孩子既没有抚爱和关心,批评教育的方法也不适当,或是撒手不管,使孩子养成放荡的习性;纵容袒护式的教育方法,孩子有了缺点错误,不及时给予严厉的批评教育,令其改正,而是听之任之,过分的溺爱,使孩子失去正确的是非观。

随着子女年龄的增长和知识结构的变化,子女开始形成自己看问题的方式方法及兴趣、爱好,同社会的联系也更紧密了。这就使父母与子女之间的关系出现了新的内容:子女由原来的被动接受逐渐变得不听从父母的教导了。随之而来便会出现亲子之间的隔膜。

如何处理好这种隔膜,是处理好亲子关系的重要问题。

首先,作为子女,绝不能因为自己有了媳妇、儿女而忘了父母,而应认识和尊重老年人的生理和心理特点;作为父母也不要对子女这也看不惯,那也不顺眼,一概否定,双方要求同存异,加强交流,互相理解;其次,子女对已离退休的老年父母亲要尽赡养义务,这包括两个方面的内容:一是从精神上经常给老人以宽慰,使父母心情舒畅;二是从物质生活上多给老人必要的帮助。

(三) 同胞关系的协调策略

兄弟姐妹的同胞关系有其特殊性。兄弟姐妹之间可以交换彼此的经验与意见,相互协助,应付家庭、学校及朋友各方面的问题,必要时他们可以结盟来应付父母和对付外人。

一般说来,兄弟姐妹的同胞关系既有上下长幼的关系也有平辈的关系,故可称之为"斜的关系"。同胞间的年龄差距的不同,其倾斜的程度也不同。一般来说,相差一两岁的兄弟姐妹易保持横向的关系,但是相差六岁以上的,其上下的味道就较浓了。

我们常常发现兄弟姐妹之间相互嫉妒、争吵、欺负,不能和平相处。特别是为了同胞与父母的关系,常计较哪个同胞被父母宠了,严重时,兄弟或姐妹之间可以大动干戈。可见同胞关系并非全是相爱和谐的。换句话说,兄弟姐妹之间,因自小一起长大,共同生活,又同是父母的血肉,自然有其特别的感情,同时也因此常有感情上的冲突,时而合,时而闹,徘徊于两个极端之间。比如,本来彼此不讲话,一旦其中一个受外人的欺负,马上可以联合起来,共同对外。

这种同胞关系在彼此结婚成家以后将会有显著的转移,即每个人须转而照顾自己的配偶与家庭,与同胞的关系逐渐淡漠,有些人会陷入对自己的配偶与对自己的手足之间的感情分歧中,难以做适当调整,发生感情与心理上的问题。此乃同胞关系发展过程中的问题。

从过去的研究及生活经验中我们了解到,同胞关系会受三种因素的影响,即同胞的数目、同胞的组成及同胞的年龄差距。一个家庭里有几个孩子,会影响孩子的性格及同胞关系。譬如说,独生子与非独生子比较起来,其儿童发展经验就显然有所不同。独生子缺少与同胞一起长大的生活经验。一个家庭里有几个子女时,他们的性别及年龄差距也都会影响他们所组成的同胞关系。

(四) 婆媳关系协调策略

在现代的家庭人际关系中,婆媳关系是比较难协调的一种人际关系。正确处理这种关系应做到以下几点。

1. 尊婆爱媳是婆媳关系和睦的关键

在社会主义社会里,婆媳要树立新的道德观。俗话说"人非草木,孰能无情",当媳妇的也只要真心实意地像对待自己母亲那样对待婆婆,事事处处尊敬她,当婆婆的也一定能体贴和关心媳妇。

2. 要打造好的开端

媳妇嫁到婆家,婆婆和媳妇的关系尽管也是长辈与晚辈的关系,但与母女关系是不一样的。女儿对母亲是敬重、孝顺,有时也可以撒娇或者任性。初到婆家,把撒娇、任性那一套搬给婆婆就不行了,而应克制一点,在日常生活中多敬重婆婆,比如,主动做家务,晚饭后看电视把好位置让给婆婆,并主动给婆婆倒上一杯茶水等。婆婆对媳妇的要求也不能像对女儿的要求那样,要尽量多关心媳妇,或者偏向媳妇一点。这样一开始就为密切婆媳关系奠定下好的基础,以后就比较好相处了。

3. 要发挥好中介人(指媳妇的丈夫,婆婆的儿子)的作用

中介人与婆、媳都有着密切的人际关系。因为,婆婆不满,可跟儿子唠叨;媳妇有意见也可以向丈夫发泄,这时候,中介人要甘受夹板气,在她们中间多讲道理,当好"消防队员",使矛盾由大化小,由小化了。千万不要偏向一方,批评另一方,或者把一方的言论、表现告诉另一方,这样等于火上浇油,会激化矛盾。

(五)姑嫂关系协调策略

在有姑嫂关系的家庭中,姑嫂关系如何,是关系到婆媳、兄弟姐妹等家庭人际关系是否和睦的大问题。

协调姑嫂之间的关系,应当做好两个方面的工作。首先,作为小姑应当充分理解嫂子的处境,同时,还要凭借自己在家中的地位,遇事多承担些责任,在其他家庭成员面前褒扬一下嫂子,以逐渐密切姑嫂乃至家庭人际关系。对于嫂子的缺点,应心平气和地给予开导。其次,嫂子的行为对于姑嫂关系的亲疏也起着很重要的作用。嫂子进门之后,假如小姑还没有克服任性的脾气,嫂子要宽宏大量,不要事事斤斤计较,应该严于律己,宽以待人,日常生活中,经常关心和帮助小姑,尤其在小姑有缺点和不足时,一定不要背地里向公婆或丈夫告状,最好给予诚意的引导。总之,双方都做到了理解、尊重对方,关系就一定能处理好。

(六)妯娌关系协调策略

兄和弟的妻子构成妯娌关系。一般情况下,妯娌由不同的家庭汇集到一个新家庭里来,往往因为性格脾气不同,相处中容易发生误会,造成妯娌关系紧张,以致兄弟之间产生矛盾。日常生活中妯娌间产生分歧,多数是由一些"鸡毛蒜皮"的家庭琐事引起的。例如,有的怕在一起过日子吃亏,有的由于干家务你多她少,有的是因为孩子吃得多少、穿得好坏等。这些小事引起的矛盾如果不及时解决,就可能越积越深,造成家庭不和。所以,协调好妯娌关系对个人、对家庭、对社会都具有一定的积极影响。协调中应注意以下几点:都要从家庭和睦的大局出发,在交往中应当有礼貌,讲风格,少猜疑,不计较,互相谅解,互相关心,互相尊重;都要互相照应。人多口味不同,不能只强调自己,应考虑多数人口味;家里不管是谁身体不舒服,要主动给予关心,或端水、送药,或送医院就医,特别是生育过的人应主动帮助弟媳(或嫂子)做好产前准备,月子中给予细心照料;孩子们在一起玩闹,难免发生争执打闹,不要偏袒自己的孩子,要注意对孩子加强教育;家务活要积极主动地去做,等等;如果妯娌分居另住,也要珍惜建立起来的情谊,节假日经常互访往来,有什么事情主动帮忙;在赡养老人方面,不要攀比,家庭条件好的,可以多负担点。

总之,妯娌从不同的家庭到一个家庭共同生活是难得的缘分,应珍视这种机缘,各自做出努力把妯娌关系处理得更好。另外,我们还要仔细把握不同家庭结构形式对家庭人际关系协调的影响,从而做出正确的策略选择。

(七)单亲家庭关系协调策略

单亲家庭是指原来的核心家庭父母双方中一方因故离开,造成家庭中只有子女和父亲(或母亲)一方在一起生活的家庭。这种家庭成员残缺,在人际交往上也有其特殊性。

单亲家庭人际关系是父亲(或母亲)同子女发生的联系。单亲家庭中,在孩子成长阶段,父亲（或母亲）和子女的关系中，父亲（或母亲）起主导作用。这时，对子女不要溺爱，也不要对子女采取生硬、粗暴的教育方法，或者撒手不管，放任自流。另外，父亲（或母亲）没有必要向子女灌输另一方的弱点和错误，也不要隔断子女同外祖父母（或祖父母）的联系，如果人为地隔断它，会使子女心理上受到打击。子女长大成人之后，父亲（或母亲）单独生活感到孤独，强烈地需要人际交往和感情交流，可能会产生再婚的念头。这时，子女要理解老人，支持父亲（或母亲）再婚，或帮助他们找到能和谐相处、共度晚年的知心伴侣。作为子女应为父亲（或母亲）晚年的幸福生活主动去做一些有益的事情。

（八）重组家庭关系协调策略

丧偶或失偶的领着孩子独立生活的男子（或女子）再婚而组成新的家庭，称为重新组合家庭。这种家庭可能仅增加（继父或继母）一个人，也可能同时增加几口人（继父或继母所带的子女），这就需要家庭成员在人际交往上相互适应，使没有血缘关系的几个人关系融洽、和谐，使家庭生活快乐。

重新组合家庭的夫妻双方，不管造成失去配偶的原因是什么，都有一段婚姻史，会自然地把再婚后的配偶与自己先前的配偶进行比较。这就要求再婚夫妻在交往中，首先不要搞"外露"式比较，一方不要直接问对方："我比他（她）怎么样？"这会让那些丧偶或失偶的人难堪。因为这样问会直接勾起他（她）的怀旧之情，结局不是自讨没趣，就是双方尴尬，从而带来两个人的不愉快。其次，离婚再婚夫妻要彼此克服戒备心理，克服对离异的偏见，要理解对方，真诚相待，坚信不疑，以避免再婚夫妻交往的心理障碍。最后，要坚持理智地看问题，客观地对待对方，有什么问题就解决什么问题，不要把问题扯得太远。

在重新组合的家庭中，表现得较突出的是继父（或继母）与子女的人际关系。人是有感情的，继子女一般对失去的父亲（或母亲）有思念之情，对继父（或继母）由于缺乏必要的了解，免不了有一种戒备感。要协调好继父（或继母）与子女的关系，继父（或继母）应该理解和尊重继子女的这种心理感受，用自己真诚的情感和爱心，去抚慰继子女由于失去父亲（或母亲）而产生的心理创伤，用生活上关心、感情上接近、思想上开导的锲而不舍精神，去拆除继子女心中的障碍。当然，成年的继子女也应当主动破除"继母（或继父）总没有亲生母亲（或父亲）好"的传统思想意识，要理解、尊重和体谅继父（或继母），使重新组合起来的家庭人际关系更加协调、更加密切。[①]

[①] 孙慕天、杨庆旺、王智忠：《实用方法辞典》，哈尔滨：黑龙江人民出版社，1990年版。

第八章

家庭问题

> 幸福的家庭都是相似的；
> 不幸的家庭各有各的不幸。
> ——列夫·托尔斯泰

家庭问题是社会问题的一种形式。家庭问题受一定生产方式的制约，并影响社会经济、政治、文化和道德风尚的发展。历史唯物主义认为，无论在历史上还是在现实社会中，家庭问题都曾在不同的方面不同程度地影响着社会生活，甚至阻碍社会进步。

第一节 家庭问题的基本内涵

一、家庭问题的概念

如何界定家庭问题（family problem）？

有的学者认为，家庭问题指在家庭生活中出现的、可能引起家庭关系失调、危及家庭正常发展的普遍性矛盾。家庭问题是社会问题之一，因为它可以引起文化和社会的失调，从而产生社会矛盾和问题。[①] 所谓家庭问题，是指引起家庭正常生活失调、影响家庭存在和发展的一系列问题。它是社会问题的一个方面。家庭问题的积累往往成为家庭破裂的重要原因，因此是很值得社会重视的问题，亦是家庭社会学、人口社会学研究的重要课题。[②] 也有学者将家庭问题定义为婚姻家庭问题，即影响婚姻家庭功能正常发挥的社会问题。具体来看，婚姻家庭问题包括两个方面：一是直接影响婚姻家庭生活的社会问题，如离婚、家庭纠纷等；二是家政管理方面的问题，如家务劳动等。婚姻家庭问题是家庭关系失调造成的。失调的原因有经济的、家务劳动方面的以及文化素养与生活习惯等。因而，对婚姻家庭问题的研究具有重大的社会意义。

可见，家庭作为一个有着自身生命周期的完整系统，其在整个存在发展过程中会因为受到内外多种因素的影响，产生各种问题，这些问题不仅涉及家庭关系，更涉及家庭管理的方

[①] 何立婴：《中国女性百科全书：婚姻家庭卷》，沈阳：东北大学出版社，1995年版。
[②] 吴忠观：《人口科学辞典》，成都：西南财经大学出版社，1997年版。

方面面。

二、家庭问题的内容

不同的社会，会产生不同的家庭问题。

在中国，一方面存在着封建思想的包办买卖婚姻的残余，以及破坏婚姻自由、大要彩礼、大办婚礼、拐骗妇女、凶杀、情杀等婚姻问题；另一方面，西方资产阶级的性解放观念也冲击着传统的婚姻观念，一部分人违背家庭伦理道德，寻求婚外情，甚而乱搞两性关系，这些问题都严重地威胁着家庭的正常生活。

部分大龄青年由于找不到合适的配偶，给家庭造成了经济上和心理上的压力，繁重的家务劳动使家庭难以作为休息和调剂生活的和谐场所。家庭中生育观念的差异，生育缺乏计划性，使家庭陷入困境。随着人口构成的变化，老人问题成为家庭中的主要问题之一。当下较为突出的家庭问题具体表现为：婚姻道德观念混乱、夫妻冲突问题显现；家庭婚姻暴力问题持续存在；以及现代扩大家庭引发的婚姻家庭矛盾。[①]

三、家庭问题的特点

家庭问题具有如下三个基本特点。

（一）普遍性

家庭问题的普遍性，指它在人类社会的时间范围和空间范围中普遍存在着。

从时间范围看，自家庭产生以来，在社会发展的各个历史阶段，在各种社会形态中都存在家庭问题。古代社会有家庭问题，现代社会也有家庭问题。私奔、通奸是古代的家庭问题；离婚、独身、未婚同居，则可能是现代的家庭问题。

从空间范围看，在各个国家、民族的各种社会制度中，都存在家庭问题。资本主义社会有家庭问题，社会主义社会也有家庭问题。离婚、独身、未婚同居在资本主义制度下能成为家庭问题，在社会主义制度下如果控制失当，也可能成为家庭问题。

（二）变异性

家庭问题的变异性，指它在不同的时间范围和空间范围内，具有不同的性质和特点。

首先，家庭问题具有时间的变异性，在不同的社会发展阶段有不同的家庭问题，甚至同一家庭现象，因社会历史条件不同，也表现出不同的性质和特点。例如，同是婚外性关系，在古代称为"通奸""姘居"，今天却称为"婚外恋""婚外情"。同样是夫妻离异，古代是"休妻"，现在却是"离婚"，这说明家庭问题有鲜明的时代性，时代不同了，问题的性质和特点也有所不同。

其次，家庭问题还具有空间的变异性，在不同的国家和民族，有不同的家庭问题，甚至同

---

① 唐凯麟、王燕：《当代婚姻家庭矛盾及其对策的实证研究》，载《伦理学研究》，2019年第6期。

一家庭现象,因各个国家的国情、民情和文化传统不同,也会有不同的情况,有的已成为家庭问题,有的尚未成为家庭问题。

(三) 关联性

家庭问题的关联性,指它不是孤立存在的,而是互相关联的、复杂的。

首先,各种家庭问题之间都有某种联系,互相影响和制约,一种家庭问题的存在,往往会引出其他家庭问题与之并存。例如,离婚率不断上升,会使单亲家庭大量增加;单亲家庭的增多,又会使儿童教育和社会化出现问题;儿童社会化的偏失,还会导致很多青少年走向犯罪,由此产生一连串的问题。

其次,家庭问题又同多种社会因素联系在一起,呈现出多因性和多果性的特征。多因性指家庭问题的产生,往往不是由一种原因造成的,而是由多种原因造成的,是多种社会因素复合到一起而构成家庭运行失调和发展障碍,但多种原因并不处于同等地位,其中必有一种是主要的。①

了解家庭问题的诸特征,对我们正视、分析、解决家庭问题有极大的帮助。它提醒我们重视家庭问题的客观存在,不能对其掉以轻心。家庭问题不仅影响着千家万户的幸福,而且涉及社会的安定和进步。因此,必须重视和加强对它们的研究和解决。

第二节 家庭冲突与家庭危机

家庭领域的生活,正如家庭外的社会生活一样,并不总是和谐一致的。家庭生活中总是充满着不同形式的不和谐因素。

因此,理性地认识家庭冲突,探究解决之道,有助于家庭成员和睦相处和及时化解家庭危机。

一、家庭冲突

对于家庭冲突(family conflict)的定义,学者们有着不尽相同的界定,但是其核心基本一致。

有学者认为,家庭冲突指家庭成员之间由于各种原因而产生的矛盾和对立。其中最基本的是夫妻之间的冲突,其他还有婆媳冲突、父母子女的代际冲突等。②

家庭冲突是家庭关系失调、家庭结构遭受破坏、家庭职能不能很好地发挥的重要原因,也是家庭不稳定的重要表现和原因。夫妇冲突是家庭冲突的重要内容之一,其他家庭成员之间也会引起或产生冲突。要使家庭稳定,家庭功能得到充分发挥,就要尽量减少家庭冲突。如果家庭冲突严重,矛盾重重,家庭就难以稳定,家业也难以兴旺,只有全家人都有尽量

---

① 丁文:《家庭学》,济南:山东人民出版社,1997年版。
② 车文博:《心理咨询大百科全书》,杭州:浙江科学技术出版社,2001年版。

减少家庭冲突的愿望和行为,正确处理家庭矛盾,才能保持家庭的稳定与和睦。①

有学者认为,所谓家庭冲突,指家庭成员间关系不协调、矛盾和对立的现象,其中最基本的是夫妻冲突,如果家庭成员之间缺少互谅、互让、互敬、相互关心体贴的精神,家庭缺乏民主管理,没有全家人都能自觉遵守的家规、家风,则容易发生家庭冲突,致使家庭关系失调,家庭结构遭受破坏,家庭职能不能很好发挥,对孩子的身心成长造成极大损害。②

正常家庭的家庭生活,也难免会出现家庭冲突,但如果经常发生冲突,又没有及时给予合理解决,就会导致家庭的不稳定,家庭功能的失常,家庭关系的恶化,家庭危机的产生,甚至导致家庭结构的解体。故在家庭生活中,有必要尽量减少或避免家庭冲突,正确处理家庭纠纷和矛盾,保持家庭的稳定与和睦。

对于家庭冲突,首先要分清冲突的目的,然后才能确定其功能的正负。③

1. 没有冲突的家庭,是反常的

家庭是建立在婚姻和血缘关系基础之上的亲密合作、共同生活的小群体。亲密的关系并不意味着没有冲突;相反,如果没有冲突,反而说明关系不够亲密,家庭成员之间还缺乏某种信任。家庭关系有三种:第一种是完全一致,毫无冲突,这在一般情况下很难做到;第二种是关系不够亲密,相处得小心翼翼,为了把不够亲密的关系为着某一目的维持下去,双方就必须尽量避免冲突的出现;第三种关系是双方对相互间的亲密关系信赖,这就不怕出现一些冲突,因为彼此都知道这不会危及双方的关系。一个家庭没有冲突并不是幸事,而只是家庭关系淡化的一种特有现象,是缺乏相互信赖、缺乏安全感、缺少统合热情的家庭成员关系的表现。

2. 一个家庭存在冲突,是必然的

家庭中的每个成员,都经历了各自的社会化过程,即一个人学习知识、技能和规范,取得社会生活的资格,发展自己的社会性的过程。在这个过程中,每个人的时间条件和空间条件都会有差别和变化。比如,父亲和儿子,一个出生在改革开放前的山区,是个木匠;一个出生在改革开放后的城市,是个教师。不同的时代,不同的社会环境,不同的文化教育,必然使他们具有不同的思维方式、心理特征、兴趣爱好、价值取向、伦理标准和审美感受等。这种种不同,就成了冲突的潜在因素。

3. 冲突,可以维持家庭群体稳定,起到安全阀的作用

如果冲突的目的不涉及根本性的问题,并且有节制,讲求方式方法,那么,一般来说,冲突就具有维持家庭群体的正功能。这种正功能主要表现在下述两个方面:家庭冲突是在双方平等对话时因意见相异引起的,它使双方的相互了解逐步深化并促进统合,从而使家庭成员对家庭的归属感增强,家庭关系得到调适;家庭冲突的状况,是与整个社会的地位结构、文化规范相关的。现代社会越来越民主、开放,传统社会不平等的人际关系已广为人们唾弃。家庭冲突代替了一方说了算,妇女与子女作为独立的个人,开始与丈夫、父母对话,而不是没有发言权的、低声下气的、没有完全人格的附属品。④

---

① 何立婴:《中国女性百科全书:婚姻家庭卷》,沈阳:东北大学出版社,1995年版。
② 林崇德:《中国独生子女教育百科》,杭州:浙江人民出版社,1999年版。
③ 商果:《谈家庭冲突的正功能》,载《社会》,1986年第3期。
④ 商果:《谈家庭冲突的正功能》,载《社会》,1986年第3期。

我国社会的变化,为冲突发挥其维持家庭群体的正功能提供了人们平等对话的社会条件。人们应及时地认识到这一点。在家庭生活中,力求使每个人能充分独立,尊重自己的意见,愿意经常谈谈自己的看法,并与对方交换看法,即使发生一些在所难免的冲突也不沮丧。这样,每个人对于家庭的归属感就会增强,新婚夫妇的互相适应会更快些,夫妇之间随日月消逝而累积矛盾的危机也会减轻或基本消除,父母与子女之间也会因民主的家庭气氛而得到某种程度的沟通。

总体上来说,引起家庭冲突的原因一般可以分为五类:气质不相容、文化模式不同、社会角色发生改变、经济压迫、情感与性关系紧张。① 最基本的家庭冲突,包括夫妻之间的冲突、亲子冲突、代际冲突、婆媳冲突等。

(一) 夫妻冲突

在家庭关系中,夫妻关系是最重要、最核心的关系,夫妻关系的好坏直接影响到一个家庭的幸福与否。夫妻冲突是家庭冲突中的基本形式,也是影响婚姻、家庭和谐稳定的重要因素。夫妻冲突就是夫妻在共同生活中因意见和行为的对立造成的种种不和谐现象,涉及精神、生理、经济、人际关系等许多方面。

1. 夫妻冲突的原因

概括来说,引起家庭中夫妻冲突的原因有以下几点。

(1) 对家庭角色的难以认同。我国传统的夫妻关系是"夫为妻纲"。传统的男性角色意味着对家庭的统治权、控制权,对妻子的主宰权。女人要想塑造出贤妻良母的形象,就必须温柔、顺从,心甘情愿地为家庭牺牲自己。时至今日,女性的地位已发生巨大的变化,女性广泛的求学、就业,极大地改变了她们在两性关系中的角色和地位。但是一些男性仍固守传统角色,他们希望妻子温柔、顺从的心理仍不亚于祖辈。不少女性则渴望家庭成为自己事业的后盾,在日常家务中对丈夫的温存、关切也寄予厚望。夫妻双方谁都不愿意将生命的全部投入家庭中去,谁都认为家庭只是人生内容的一个小小组成部分,这种观念必然导致夫妻双方的矛盾和冲突。

(2) 女性自主意识的增强。当代夫妻,在文化水准、经济收入、职业声望等方面的差距已日益缩小。经济地位、社会地位的不断提高,不仅减弱了妻子对丈夫的人身与经济的依附,同时也使她们在社会和婚姻生活中的独立自主意识不断增强,使她们对不平等、不协调婚姻的容忍度大为削弱,从而增加了夫妻间的矛盾和冲突的发生。

(3) 对婚姻生活期望过高。婚后,婚姻当事双方在生活中的进一步了解,加上日常生活的平淡、烦琐,有些配偶会产生一种失落感,甚至是受骗感,从而给夫妻关系蒙上一层阴影,引起夫妻间的矛盾和冲突。

(4) 社会交往的增加。激烈的社会竞争以及生活节奏的加快,一方面减少了夫妻共处和交流的时间,另一方面也增加了夫妻双方与异性交往的频率,再加上各种西方价值观念的大量涌入,在一定程度上加剧了夫妻间的矛盾和冲突。

(5) 性生活的不和谐。夫妻间的性和谐需要双方的密切合作,可是许多夫妻不敢或拒

---

① 李忠尚:《软科学大辞典》,沈阳:辽宁人民出版社,1989年版。

绝谈性。有调查表明,有近1/4的夫妻对性生活感到不满意。一些人患有程度不同的性功能障碍,直接影响到夫妻性生活的和谐,从而引发夫妻冲突。

(6) 夫妻双方价值观的变化。在夫妻双方中,如果有一方首先跳出了旧价值观的束缚,接受新价值观的影响,而另一方仍固守旧价值观,则必然导致夫妻双方感情深层的冲突。[1]

2. 夫妻冲突的形式

夫妻冲突有爆发式和非爆发式两种。

爆发式的冲突表现为:夫妻大吵大闹。这种吵闹可能由于一方让步或双方自觉没趣而很快言归于好,也有的因一方或双方自尊心太强,宁折不弯而致夫妻几天不说话,甚至一方离家出走,最严重的则导致双方离婚;向他人发泄,如借故以打孩子来发泄夫妻间的不满情绪。这往往导致争执的进一步升级;破坏物品以示宣泄;互揭隐私。

非爆发式冲突主要发生在那些有一定的社会地位和教养,双方或某一方性格内向、自控力强的家庭中,主要表现为:①一方委曲忍让。这看起来好像调和余地较大,但忍耐性越强,也许冲突的程度越激烈,非爆发式冲突导致的离婚,复婚的可能性极小。②双方冷漠。夫妻双方性格极为内向,或自尊心非常强,谁也不肯让步,又不愿扩大事态,给人以话柄,于是将对立的情绪埋在心底。这样,夫妻形同路人,双方感情终将耗尽,往往很快导致婚姻关系破裂。

3. 化解夫妻冲突的对策

防止发生夫妻冲突,最好的办法是找出引起夫妻冲突的原因来加以预防。但是夫妻双方加强个人修养,正确对待已发生的冲突,也是十分必要的。为此应做到以下几点:①夫妻双方应该相互了解,克制自己。②如果双方都有火气,争吵了几句,要及时"刹车",消除消极互动的因子。③冲突时不要说过头话,不要揭对方的疮疤和隐私,否则感情的裂缝将难以弥补。④不要扩大冲突面,不要把配偶的父母、兄弟姐妹拉扯进去。⑤君子动口不动手。⑥吵过以后,要行若无事,千万不要互不理睬,勇于先改变态度。⑦不要总想到捍卫自己的"权利",克服另起炉灶(离婚)的念头。⑧不得已的情况下,可以依靠组织、亲友等社会力量解决夫妻之间的冲突。⑨对配偶确有意见时,应当面指出自己的不满和要求。⑩要认清生气是正常的感情现象,向你发火并不一定意味着他或她已不再爱你,相反,越是亲爱的人之间,越敢无所顾忌地发泄自己的情绪。认清这一点对于夫妻双方相互宽容和忍耐是有帮助的。[2]

(二) 亲子冲突

亲子关系是维系家庭的一个重要环节。从某种意义上说,人类正是为了自身繁衍才选择了婚姻这种方式,在目前的家庭中,父母对子女的抚养和教育占有重要的地位。父母与孩子间的关系有和谐的一面,也存在着矛盾和冲突。

1. 亲子冲突的原因

中国的父母为孩子付出的心血、作出的牺牲是巨大的,当代的孩子却没给父母以同样的回报,他们更多表现出的是不满甚至是反感。父母和孩子之间的矛盾、冲突和危机产生的原因是多方面的,而其中父母一方担负着主要责任。

---

[1] 李萍、姜爱军:《现代家庭冲突的成因及对策分析》,载《中华女子学院学报》,1996年第4期。
[2] 何立婴:《中国女性百科全书:婚姻家庭卷》,沈阳:东北大学出版社,1995年版。

(1) 父母对子女干涉过多。在中国,孩子似乎是父母的私有财产,从出生开始就受到父母的严格控制。孩子的教育权、交友权、职业选择权、甚至婚姻决定权都受到父母的过多的干预。父母对子女言行的过分干预带来了一个直接的后果,就是使孩子在成长过程中备感压抑,这种反感和压抑又难免转化为言语和行为,代际公开的分庭抗礼也就不可避免。

(2) 父母对子女期望过高。当今中国的一代年轻父母,由于社会、家庭及个人的种种原因,一些人学业、事业未能如愿,在有了子女后,他们将实现自己理想、抱负的重担压到了子女的身上。为了让子女升学、"有出息",他们往往只偏重智力投资,而忽略了对孩子的品行、个性的培养。他们不顾孩子的意愿,不惜挤占孩子的课余时间,让孩子学音乐、学美术、学外语,上各类的辅导班、补习班,使孩子总有上不完的课、做不完的作业、解不完的题。孩子在这种重压下没有喘息的机会,失去了许多自由交往和娱乐的时间,个人爱好更是得不到充分的发展。父母尽管为此投入了大量的时间、精力和财力,但孩子们似乎并不领情,给予父母的仍是无尽的抱怨和不满。

(3) 父母对子女溺爱或施以体罚。当代的中国家庭已趋小型化,独生子女成为一个个家庭中的"小皇帝",这就使中国的父母往往以过分的溺爱来表现他们对子女的关心。他们千方百计地满足子女的各种要求,而结果却使孩子养成了不关心他人、只以自我为中心的个性。与此相反,有的父母则奉行"棒打出孝子"的古训,走向另一个极端,结果不但没打出孝子,反而扭曲了孩子的个性。这两种教育方式都在一定程度上加剧了父母与孩子之间的矛盾与冲突。

(4) 孩子独立自主意识与行为的加强。在现代社会成长起来的孩子开始用自己的标准了解社会、评判自己。他们不再以成人的标准、父母的话作为自己价值取向和判断是非的原则,他们的独立自主意识和行为正在强化。然而遗憾的是,中国的许多父母仍未看到或了解孩子们的这种变化,矛盾和冲突也就在父母和孩子之间产生。

2. 化解亲子冲突的对策

父母要想获得子女的尊重,首先必须学会尊重子女。英国教育家洛克曾说:"儿童一旦懂得尊重和羞辱的意义,尊重和羞辱对于他的心理便是最有力的一种刺激。"子女的成长有着自身的规律和自我发展的需求,父母应该尊重子女的意愿,根据子女的兴趣特长加以引导;否则,越是不问青红皂白地按照自己的愿望塑造子女,越会打击孩子的自尊心,从而使孩子形成逆反心理,造成不良后果。

其次,中国父母应多学点教育子女的科学知识,提高自身素质,给孩子创造一个良好的家庭教育氛围,对孩子的溺爱或过分惩罚都是不正确的。父母要给孩子以爱,还要爱之得法,这样才能使孩子沿着健康的道路成长。

最后,父母要重视对孩子非智力因素的培养。良好的品行、行为习惯、意志等非智力因素是孩子成才的必要条件。要使孩子成才,首先要教他们做"人",教他们学会尊重和关心父母及他人,培养高尚的道德情操、健全的人格、坚忍不拔的意志,使孩子的身心得到全面和谐的发展。

(三) 代际冲突

在一个扩大家庭中,除了存在着通过姻缘而缔结的夫妻关系和依靠血缘而联结的亲子关系外,还存在老人同子女媳婿间的一种特殊关系。这种特殊关系的双方受到血缘、亲情、感情的维系及道德、法律义务的约束,有着和睦相处的一面,但由于两代人不同的心理、观念、行为模式,两个家庭不同的生活方式、习惯,不可避免地会产生矛盾乃至冲突。妥善处理这种关系,直接影响到其家庭的安宁与幸福,因而不容忽视。如果说,父母的责任是在家中为社会抚养教育出身心健康的人才,那么,子女的义务不仅是尽早地学会理解、尊重父母,帮助父母操持家务,更要承担起父母年老后的经济赡养、生活照料、精神慰藉等责任。

1. 代际冲突的原因

目前,老人受子女歧视、子女不赡养老人的事不断发生,父母和子女为赡养费用对簿公堂也不再鲜见。因赡养老人而产生的冲突是家庭中最普遍、最常见的冲突。家庭中老少两代间发生冲突的内容是多方面的,原因无疑也是多方面的,择其要者,有以下几点。

(1) 不同观念的碰撞。改革开放带来了我国社会、经济生活和思想意识、文化观念的巨变。传统的观念经受着时代的冲击,新兴的观念在社会主义市场经济的土壤上萌发、繁衍。民主意识、民主管理方法由社会生活渗入家庭生活,动摇了家长权威制的根基,严父孝子式的父子关系逐渐为平等的亲子关系所取代。如果在社会大转型、观念大裂变中两代人的观念变化不能同步,或者固守旧有"城府",与新观念格格不入,或者一概扬弃传统观念,盲目追求"时尚"观念,那么冲突是在所难免的。

(2) 经济条件的制约。我国60多岁以上的老人,在"社会安全网"内的占比不大,绝大多数由子女赡养。在高就业、低收入以及消费水平扶摇直上的条件下,子女、家庭供养老人也存在着许多实际的困难和问题,从而埋下了冲突的隐患。

(3) 核心家庭的发展。传统大家庭向核心家庭发展的趋势、激烈的社会竞争以及社会生活的紧张化,给年轻夫妇带来较重的压力和负担,其结果是子女、父母间的联系渐渐减少,子女照料老人的时间相应减少,关系淡化,老年人普遍感到孤独。这些因素也是冲突发生的导火线。

(4) 情感需求的缺位。年迈的父母将儿女视为情感的依附、希望的寄托,他们已经习惯于将爱心倾注于子女,同时期待全部爱的回报。可在儿女成家后,姻亲两代人之间展开了一场情感争夺战,长久以来婆媳关系难以相处的一个重要因素就在于此。

2. 化解代际冲突的对策

缓解家庭中老少间的矛盾和冲突,需要多方面的沟通,社会要做出努力,如建立和完善老年人社会保障制度,加强老年福利设施建设,发展老人服务事业等。老年人要做出努力适应社会变革,接受新观念,理解和帮助子女,多参加社会活动,培养新的生活兴趣等。子女对此更是负有重要的责任。

首先,要保证老人的物质生活需求,充分履行赡养父母的法律义务。父母为家庭建设、子女成长耗尽了心力,他们是家庭的功臣,在他们年老体衰、告老还乡后,理应得到子女的尊重和赡养。人到老年,身心格外脆弱,子女要倍加关心照料,要为他们提供必要的物质生活条件,使他们安享晚年。

其次,要多组织家庭内的休闲活动,丰富老人的精神文化生活。老少间共同的休闲活动,一起散步、郊游、看影剧,共商家庭事务等,可以增加生活乐趣。

再次,要增强相互间的交流,良好的沟通有助于创造一种亲密感而减少隔阂,消除危机。老人离开集体活动以后,往往生活圈子缩小,社会交流渠道减少,空闲时间增加,渴求交往。而子女紧张、快捷的生活节奏,使老人难以向他们倾诉心事,这样容易造成老人心理闭塞,产生孤独感。因而子女要主动多与父母交谈,满足老人的情感需要,增进彼此的了解、理解和谅解,这样还能起到校正老人心理失衡的作用。

最后,进行适度的心理调适。在新的家庭生活中,年轻的夫妇要尽快完成角色转换,双方要将对方的父母视如自己的父母,学会与他们建立亲热、信任、友好的关系,要尊重老人的经验、知识,接受他们的教育、帮助,不要轻视和打破老人合理的传统习惯,要体谅父母年迈时生理、心理的变化,以宽容、谦让、豁达的态度与老人相处,使彼此间从心理相容走向心理相融。[①]

(四)婆媳冲突

婆媳冲突是婆媳关系不正常的表现。由于婆媳关系是家庭关系中比较复杂的关系之一,很容易产生矛盾。这些矛盾主要表现在生活价值观和各自的性格差异上,当矛盾在一定条件下扩大并激化时,就上升为婆媳冲突。婆媳冲突是破坏家庭生活和睦气氛的主要原因,剧烈的婆媳冲突将导致家庭关系的破裂。

1. 婆媳冲突的原因

婆媳原来生活在不同的两个家庭,生活习惯、饮食爱好不尽一致,现在生活在一起,难免不适应;婆媳之间既不是血缘关系,也不是核心的姻缘关系,因而一旦产生矛盾即不易消除;媳妇进婆婆家门前,家务大都由婆婆操持,媳妇进门后,要与婆婆共同分担家务,因而可能产生矛盾;婆婆为整个的大家庭着想,媳妇则为以孩子和丈夫为中心的小家庭着想,这容易造成婆媳间的利益冲突;在生活价值观和家庭问题的处理如孩子教育、家庭设备的添置和使用方面,由于婆婆观念守旧,方法老套,而可能与媳妇的想法格格不入,由此相互产生不满情绪。

具体来看,婆媳之间发生冲突的根源是多方面的。在代际关系上,婆媳属于两代人,在思想观念上会有一定差距,这样可能存在着代际隔阂;在家庭生活上,婆媳共同操持家务,在处理方式、基本看法和待人接物上可能存在矛盾;在生理和心理上,由于女性心理敏感,易猜忌,感情上也容易波动,这样便容易在婆媳之间形成关系障碍,进而导致家庭关系失调。

婆媳之间还存在着一定的竞争性。①在家庭生活以谁为中心的问题上。在媳妇进门之前,是婆婆当家,媳妇进门后,当家人可能出现变动。②在与儿子(丈夫)之间的关系上。在媳妇进门之前,儿子经常陪伴母亲,惦念着母亲。媳妇进门后,儿子陪伴母亲的时间必然减少了,这时母亲会有一种失落的感觉,如果母亲不够通达事理,也许就会迁怒于媳妇,造成婆媳之间不和。③在如何对待婆家、娘家的态度上。媳妇要常常回娘家,总要带些东西给娘家人,如果婆婆不能正确对待,说三道四,就会造成矛盾;相反,如果媳妇不能一碗水端平对待两家,或者厚此薄彼,这样也会引发婆媳冲突。

此外,婆媳原来生活在各自的家庭中,生活习惯、饮食爱好等都不完全一致,现在婆媳共同生活在一起,就难免互相不大适应。而且,由于婆媳关系不是血缘关系,也不是姻缘关系,所以产生矛盾就不易消除。

2. 化解婆媳冲突的对策

调解婆媳冲突的途径是多方面的。

---

① 李萍、姜爱军:《现代家庭冲突的成因及对策分析》,载《中华女子学院学报》,1996年第4期。

首先从婆媳双方来看,婆婆和媳妇都要将自己在家中的位置摆正,互相体贴,互相关怀,互相谅解。婆婆不要以家长自居,而要平等待人;对媳妇,要关心、疼爱,像对待亲女儿似的照顾媳妇的生活;对媳妇要诚恳相待,不要耍心眼乱猜疑;媳妇有不对的地方,应善意指出,千万不要见到不讲,把事积攒起来,到头来再算总账;对如何共同生活、过好日子和管理教育好孩子等问题,要和媳妇多商量,多交换意见,以便取得一致,消除误会。媳妇要像对待亲生父母一样孝敬婆婆,关心照顾她的生活,注意她的身体健康;要讲礼貌,遇事要与婆婆商量,取得她的理解和支持;要体谅婆婆主事、操持家务的难处和苦衷,不应过分计较;在家时,要勤快,积极参加家务劳动,尽力为婆婆分担家务,不要有做客思想,或者当甩手媳妇,摆架子。

其次,家庭其他成员尤其是儿子要善于调解婆媳之间的矛盾冲突。在一个家庭中,婆媳之间发生了矛盾,儿子是做调解工作最合适的人选,因为婆媳双方有什么意见和要求都会找儿子谈,以求得同情与支持。儿子在调解中要善于化解矛盾,缓和紧张气氛,在婆媳两方面分头做耐心细致的劝导工作,担当起婆媳之间和好如初的情感桥梁,切不可感情用事,小题大做,激化矛盾。其他家庭成员也要积极劝解婆媳双方,给婆媳和好创造条件和气氛,使大事化小、小事化了。

最后,亲友、邻里乃至整个社会都要重视对家庭关系特别是婆媳关系的疏导与调解,促进婆媳关系正常化。要深入开展社会主义精神文明和家庭伦理观念的重建与宣传教育,为家庭提供一个外在的良好稳定的社会氛围,避免婆媳冲突及其他家庭矛盾的激化与扩大。[1]

二、家庭危机

(一)家庭危机的概念

卡普兰最先系统地提出了危机的概念,他认为:每个人都在不断努力保持一种内心的稳定状态,保持自身与环境的平衡与协调。当重大问题或变化使个体感到难以解决、难以把握时,平衡就会被打破,内心的紧张不断被积蓄,继而出现无所适从甚至思维和行为的混乱,即进入一种失衡状态,这也就是危机状态。危机意味着稳定的破坏。简言之,危机是当人们面对重要生活目标的阻碍时产生的一种状态。这里的阻碍,是指在一定时间内,使用常规的方法不能解决的问题。家庭面对以其此前的生活方式无法解决的问题时,为了克服出现的困难,必须对以前的生活方式进行变革,这种状况就是所谓的家庭危机。

如果这种应对过程失败的话,家庭就将面临崩溃,无法继续存续下去了。

尽管我们并不希望家庭危机的出现,但不可否认,在家庭生活的过程中它总是存在的。家庭生活,正是通过动员了其所拥有的一切力量,来克服这种出现的问题才得以维持的。但是,对于出现的困难,如果没有能够采取正确的应对方式来克服,就有可能出现家庭的功能障碍或是异常情况,可能会导致家庭的崩溃。如果能够正确应对危机的话,曾经产生过动荡的家庭就会重新恢复稳定。有时,家庭成员之间的联系甚至会比危机之前更加牢固,也可能带来更加充实的生活。[2]

---

[1] 何本方、王思斌:《中国老年百科全书·家庭·生活·社交卷》,银川:宁夏人民出版社,1994年版。
[2] 望月嵩著,牛黎涛译:《家庭关系学》,北京:中国大百科全书出版社,2002年版。

所谓家庭危机(family crisis),泛指家庭稳定受到了冲击、家庭面临解体的危险。

以往的学者从意识形态的层面认识家庭危机,他们认为家庭危机专指资本主义国家出现的家庭关系日趋松散、家庭观念淡薄、家庭成员之间相互遗弃、虐待,家庭大量解体,残缺家庭日趋增加,同居伙伴、协议夫妻、独身者、同性恋等畸形家庭大量出现的现象。家庭危机是资本主义制度危机、社会危机、道德危机、信念危机,以及性自由观念在家庭问题上的反映。社会主义公有制决定了社会主义家庭的和谐和稳定。从整体上看,社会主义制度下家庭危机不像资本主义社会那样普遍和严重,但个别家庭的危机乃至解体也时有发生。①

今天,我们更客观地认为,家庭危机主要包括:家庭成员行为违反家庭期望或玷污家庭名誉;经济严重拮据;离婚,丧偶,维持生计的主要成员离家或死亡等。② 目前,单亲家庭、同居家庭、离异家庭的增加,就是家庭危机的一些主要表现。家庭危机直接影响家庭成员,特别是子女的生活、学习和工作。

(二) 家庭危机的内容

1. 六 D 危机

现代西方家庭面临六大危机。因每一危机均以英文字母 D 起首,故称"六 D 危机",最先是由美国社会学家伯吉斯等提出来的。具体内容如下。

(1) 违背家庭期望(deviations from expectations):家庭成员的行为违背家庭的期望。

(2) 损害家庭(disgrace):家庭成员的行为损害家庭的声誉。

(3) 经济萧条(depression):家庭收入减少,无法维持原有的生活水平,甚至家计无法维持。

(4) 分离(departure of family members):由于城市化及人口流动加剧、职业的不稳定迫使家庭成员离家外出谋生。

(5) 离婚(divorce)。

(6) 死亡(death)。

伯吉斯指出,除死亡外,其余五大危机都在不断加剧。③

2. 家庭"经济危机"

家庭"经济危机"(family economic crisis),是许多家庭、个人都经历过的家庭经济拮据、生活窘迫的境况。

避免家庭"经济危机"的途径主要有以下几点:尽力而为提高家庭收入水平;量力而行减少开支,将开支严格限制在收入的范围之内;按照自己的收支计划行事,不受外界干扰,每月初拿到工资及其他收入后,要对开支进行统筹计划;针对自身情况,量财而购,计划行事;量力办事,三思而后行;家庭消费中,对价格昂贵的大件物品的购买,要三思而行,慎重对待。④

3. 家庭危机治疗

家庭危机治疗(family crisis therapy)是一种积极干预技术,帮助家庭解决、掌握或转移

---

① 彭克宏:《社会科学大词典》,北京:中国国际广播出版社,1989 年版。
② 袁世全、冯涛:《中国百科大辞典》,北京:华夏出版社,1990 年版。
③ 何立婴:《中国女性百科全书:婚姻家庭卷》,沈阳:东北大学出版社,1995 年版。
④ 林白鹏、臧旭恒:《消费经济学大辞典》,北京:经济科学出版社,2000 年版。

应激所造成的危机状态。这种方法是由兰斯勒和卡普兰于1964—1969年在科罗拉多精神病院进行设计和发展的。治疗方法一般分为六种措施。

（1）即时帮助。在危机发生后请求帮助时，无论是白天或夜间即刻进行工作。

（2）明确问题确属家庭危机，召集家庭成员参加集会以明确中心问题。

（3）对过去事件所导致的危机应进行了解和掌握，并作为参考，而对现在的问题就需要确定危机的性质。

（4）减少紧张。通过保证和支持以减少成员的紧张状态，必要时服用药物以缓解家庭成员的症状。

（5）当前危机的解决。治疗者采取积极行动进行处理，直到家庭恢复正常功能，促使家庭成为一个整体。

（6）对未来危机的处理。对未来问题的危机干预最有效的方法就是解决应激。为此必须与家庭成员直接接触，进行指导，以解决家庭成员长期适应不良的行为问题。①

4. 家庭危机与犯罪

家庭危机对青少年犯罪有很大的影响。家庭是基于婚姻关系和血缘关系而建立起来的社会基本组织，是青少年实现正常社会化的重要场所和预防青少年犯罪的重要防线。家庭结构是否稳定，家庭成员行为是否规范等直接影响到未成年人能否健康成长。家庭危机的出现会危及青少年身心正常发展，导致青少年犯罪增加。

家庭危机即家庭所面临的困境。一般来说，出现任何家庭中主要成员或全体成员不能应付的决定性变迁造成的情境时，就会出现家庭危机，种种家庭危机中，有的是因家庭成员的犯罪行为而起，有的是导致犯罪尤其是青少年犯罪的直接原因。因此，不断排除各种消极因素，极力维护家庭稳定，对预防和减少青少年犯罪至关重要。②

第三节　家庭暴力与家庭虐待

一、家庭暴力

与社会上任何一个组织相比，家庭是人们在其中生活时间最长的一个组织。在家庭中，人们能学到知识，获得爱，受到影响并得到接受和容纳。家庭以不同的规模、形式存在着。

一个家庭中不同的成员扮演着不同的角色，发挥着不同的功能。家庭是社会的细胞，是家庭成员生活与成长的基本环境。家庭是温暖的、亲密的；但在这温情脉脉背后，家庭暴力已像挥之不去的阴云笼罩在相当数量家庭的上空，成为一个全球性的社会问题，被联合国第四次世界妇女大会列为全球12项重点关注的问题之一。

---

① 车文博：《心理咨询大百科全书》，杭州：浙江科学技术出版社，2001年版。
② 康树华、王岱、冯树梁：《犯罪学大辞书》，兰州：甘肃人民出版社，1995年版。

（一）暴力与家庭暴力

什么是暴力？事实上，要明确定义暴力并不容易。因为不同文化对暴力行为的看法迥异。

1. 何谓暴力

《辞海》解释为：暴力是指侵犯他人人身、财产等权利的强暴行为。多数研究者认为：暴力是指故意或者被认定为刻意地造成他人身体上的痛苦或伤害的行为。它包括两种基本类型：一般性暴力和虐待性暴力。

一般性暴力包括寻常可见的掌掴（打耳光）、推、挤与拍打等。在许多文化中，一般性暴力通常被人们视为教育子女或配偶互动时的一种正常或可接受的行为，持此观点者认为，"孩子不打会被宠坏""棍棒之下出孝子"，反对将其视为暴力行为。

"虐待性暴力"指较危险的暴力行为，包括极大可能打残的行为，例如，用拳头攻击、踢、咬、使人窒息、殴打、开枪射击、刺杀等。[1]

暴力作为一般意义上的概念，是指一方为了征服、压制和侵害另一方所采用的强制性、破坏性或残害性的特殊手段与方式。这是一个十分广泛的概念，既可以用于人类社会中集团组织之间的对抗，也可以用于社会中的犯罪行为，在社会学研究中甚至把自杀行为也归为暴力行为。在现代社会生活中，暴力还被广泛地引申为对他人精神、人格、名誉或利益造成损害的种种方式和手段。而暴力的实施过程，则构成了暴力行为活动。在社会日常生活中，人们往往认为当一个人的身体受到伤害，或者财产受到强力侵占时，就是受到了一定的暴力侵害。暴力行为既可能是有预谋的，也可能是无预谋的。但是，一般情况下实施暴力行为的目的性总是很明确的。[2]

2. 家庭暴力

从字面意思看，家庭暴力即暴力被限定在家庭内部。

家庭暴力（family violence）即施暴人以殴打、捆绑、残害、限制人身自由的方式或其他手段，对家庭成员的身体、精神等方面造成一定伤害后果的行为。民法典在吸纳完善《中华人民共和国婚姻法》相关内容的基础上，从三个方面对禁止家庭暴力问题做出了规定[3]：

第一千零四十二条　禁止家庭暴力。禁止家庭成员间的虐待和遗弃。

第一千零七十九条　夫妻一方要求离婚的，可以由有关组织进行调解或者直接向人民法院提起离婚诉讼。……有下列情形之一，调解无效的，应当准予离婚：……实施家庭暴力或者虐待、遗弃家庭成员……

第一千零九十一条　有下列情形之一，导致离婚的，无过错方有权请求损害赔偿：……（三）实施家庭暴力；（四）虐待、遗弃家庭成员……

家庭暴力是家庭成员之间因心理上和利益上的冲突而发生的对人身的暴力性侵害行为。它超过了对家庭成员的打骂、冻饿等虐待行为，已经达到了很严重的犯罪程度。

家庭中的暴力行为，表现为夫妻之间互殴、父母殴打子女、子女殴打老人，或青少年以暴

---

[1] 郭爱妹：《家庭暴力》，北京：中国工人出版社，2000年版。
[2] 刘宝驹：《社会变迁中的家庭——当代中国城市家庭研究》，成都：巴蜀书社，2006年版。
[3] 参见《中华人民共和国民法典·第五编婚姻家庭》。

力手段对待父母等。这些暴力行为包括了凶杀、重伤害等人身伤害行为。家庭暴力的发生涉及很复杂的情感因素和利益因素。如配偶间因感情丧失或婚外恋等导致的感情破裂,对买卖婚姻、包办婚姻不满而对对方采取的杀伤行为和伤害行为;父母对子女管教过分严厉而导致子女的报复行为;父母"望子成龙"心切在失望后产生的杀害行为;子女想抛弃父母或因继承遗产而对父母采取的杀害行为等。家庭暴力事件的存在和发生,直接破坏了家庭的和睦、社会的安定,并对个人的身心健康造成极大的威胁。相当一部分仇杀案件是亲属之间的矛盾导致的。家庭作为社会的细胞,其生活直接受社会环境的影响,因此,家庭暴力的产生,直接或间接地体现了社会矛盾,表现出复杂的社会原因。解决家庭暴力事件,必须从改变社会外部整体环境入手,并切实地解决家庭成员之间业已存在的矛盾,妥善地防止其激化,从而防止家庭暴力事件的发生。[1]

3. 家庭暴力与一般暴力

家庭暴力与一般暴力的区别主要表现在以下方面:家庭暴力的发生有一个较长的积蓄过程,并带有强烈的感情色彩,如配偶间因感情的丧失而产生敌视情绪,最终导致伤害和仇杀;父母对个别子女的偏爱而引起其他子女的嫉恨而产生的伤害行为;父母管教过分严厉而导致子女的报复行为;父母对子女的期待失望后的杀害行为等。此外,由于家庭暴力发生前的潜伏期较长,就有可能使人们采取相应措施,阻止其发生。因此,与一般暴力相比,预防家庭暴力的有效性较高。此外,家庭暴力的发生也有其深刻的社会原因,是社会现实矛盾在家庭中的体现。这些矛盾均可通过双方的积极努力得到缓解,也有可能因未妥善和及时处理而加速矛盾激化。所以,及时发现和妥善处理家庭矛盾是预防家庭暴力发生的关键。[2]

(二)家庭暴力的特征

从法律角度明确界定家庭暴力行为,就意味着"家庭暴力"不仅仅是作为一种社会现象、社会问题引起人们更广泛的关注,而且作为一个明确的法律概念,纳入法律调整的范围。

一般来说,家庭暴力具有以下几个基本特征。

第一,由于家庭是人类社会中一种特殊的群体生活组织,家庭暴力行为涉及的人员,都是具有婚姻和血缘关系的亲属成员。在家庭中,一般情况下,暴力行为主要发生在夫妻之间、父母与子女之间,尤其以丈夫对妻子、父母对未成年子女实施暴力的现象特别突出、特别显著。因此,家庭暴力行为发生的范围和环境具有特定性。

第二,由于家庭生活存在个人私密性,因此,家庭暴力一般被认为是家庭内部的事情,不容易被发现。家庭成员中受到暴力伤害的一方往往也会受"家丑不可外扬"的观念支配,在多数情况下不会对外公开。所以,家庭暴力具有一定的隐蔽性。

第三,有行为能力的人在实施暴力行为时,一般情况下都具有十分明确的目的性,由于家庭暴力发生在家庭中具有姻缘和血缘关系的亲属之间,因此,家庭暴力行为具有表现个人权威地位的家长意识特征。而且由于家庭是一个生活共同体,严重的暴力侵害,不仅会给家庭成员的人身带来伤害,给家庭的经济财产带来损失,而且也会给实施暴力行为者的权威和

---

[1] 杨春洗、康树华、杨殿升:《北京大学法学百科全书.刑法学、犯罪学、监狱法学》,北京:北京大学出版社,2003年版。

[2] 康树华、王岱、冯树梁:《犯罪学大辞书》,兰州:甘肃人民出版社,1995年版。

个人利益带来损失。在这种情况下,家庭暴力行为造成的侵害程度一般会限制在一定的范围内。当然,也不能完全排除一些为了其他目的侵害程度严重的家庭暴力行为。例如,父母在重男轻女的观念支配下,对女孩的歧视导致殴打甚至残害行为,以达到再次生育男孩的目的;一些家庭中夫妻为了达到离婚目的而采取殴打甚至残害对方的暴力行为。

第四,家庭暴力发生在家庭内部成员之间,在传统的婚姻家庭思想观念的支配下,家庭内部的矛盾冲突既包括成员之间的个人利益冲突,也包括家庭共同利益与个人利益的冲突,还包括家庭成员之间的情感冲突。所以,家庭成员之间矛盾冲突的起因复杂,在外人看来总是"清官难断家务事""夫妻打架没有隔夜仇"。而对未成年子女的教育,社会上也有"不打不成才"的传统看法和思想意识。这样一来,家庭暴力行为有时候还会得到社会舆论的默认。因此,在传统文化思想的影响下,家庭暴力行为还具有一定的"合法性"。[①]

(三) 家庭暴力的形式与分类

对于家庭暴力的分类有不同的标准,如按照暴力手段分类,按照被施暴对象分类,按照被施暴对象的权利损害内容来分类,等等。[②]

1. 按暴力手段分类

从家庭暴力所使用的手段来看,家庭暴力可以分为身体暴力、精神暴力以及性虐待。在家庭暴力中,家庭成员中的施暴者往往通过对家庭成员进行肉体或精神上的折磨、伤害或凌辱与压迫等强暴行为,如辱骂、恐吓、限制人身自由等,使受害人在精神和心理上均受到压力,因此家庭暴力不仅是指对受害人人身的伤害,而且还包括对其人格及其尊严的侵犯。

(1) 身体暴力,指对家庭成员进行伤害、折磨、摧残等人身方面的强暴行为,包括殴打、捆绑、残害身体、限制人身自由等暴力行为。

(2) 精神暴力,指对家庭成员进行言语上的污辱、恐吓,情感上的忽视等强暴行为,包括辱骂、冷脸、白眼、忽略、遗弃等暴力行为。

(3) 性虐待,指对家庭成员进行强奸、性骚扰、乱伦等强暴行为,包括婚内强奸、乱伦等暴力行为。

2. 按被施暴对象分类

从家庭暴力所侵害的对象来分,可以将家庭暴力分为儿童虐待、婚姻暴力(包括妻子虐待和丈夫虐待)、老年虐待、子女对父母的虐待、对青少年的施暴等。

(1) 儿童虐待,指家庭成员对儿童进行的身体、精神及性方面的虐待行为,包括体罚、弃婴、杀婴、殴打、辱骂、疏远、忽视等暴力行为。

(2) 婚姻暴力,是最广泛存在的暴力形式,指夫妻之间所发生的暴力行为,包括丈夫对妻子的暴力,也包括妻子对丈夫的暴力。在家庭中,由于性别歧视,妇女往往成为家庭暴力的最大受害者。

(3) 老年虐待,指家庭成员对老人所施加的身体、心理及性方面的暴力行为,包括物质或体力上的剥削、精神上的忽略、遗弃、不赡养、殴打虐待等。

---

① 刘宝驹:《社会变迁中的家庭——当代中国城市家庭研究》,成都:巴蜀书社,2006年版。
② 郭爱妹:《家庭暴力》,北京:中国工人出版社,2000年版。

3. 按家庭暴力侵害的权利内容分类

从家庭暴力侵害自然人的权利内容划分，其表现形式大致可以概括为以下几种。

（1）对生命健康权的暴力。生命健康权是最基本的人权，没有这项权利，其他权利便无从谈起。具体包括对女婴、残疾儿童的溺、弃、残害，由于受"重男轻女""传宗接代"传统思想的深刻影响，在我国，特别是在某些偏远落后地区，仍存在溺死女婴的行为；对老年人、妇女进行辱骂虐待，甚至杀害，包括拳打、脚踢、刀砍、棍棒打等。轻者造成鼻青脸肿、口眼出血、耳膜穿孔等，重者造成残疾、骨折甚至死亡；对施暴对象公然以暴力行为相威胁，表现为用语言威胁、恐吓他人的人身、财产安全，使对方产生畏惧的心理，对受害者造成严重的精神损害。

（2）对人身自由权的暴力。表现为采取捆绑、非法拘禁、暴力威胁等手段限制家庭成员的人身自由。

（3）对人格权的暴力。表现为对家庭成员罚跪、侮辱人格，体现为精神上的损害或虐待。

（4）对婚姻自主权的暴力。对具有婚姻行为能力者使用暴力或者以暴力相威胁对待家庭成员的婚姻问题。例如，父母或其他长辈以暴力强行包办、干涉子女的婚事；子女以暴力或以暴力相威胁干涉父母的婚事；以暴力干涉已婚妇女的离婚（比如，已婚妇女提出离婚，或丈夫提出离婚妻子不同意等，招致丈夫及其家庭其他成员的暴力）。

（5）对妻子或其他女性家庭成员性权利的暴力。妻子以及其他女性家庭成员的性权利具有不可侵犯性。违背妻子或其他女性家庭成员的意志，强行与妻子或其他女性家庭成员发生性行为或有性虐待行为，都是对女性性权利的暴力。

（6）对生育权和生育自由权的暴力。被施暴对象是已婚女性，施暴者一般为夫或夫家的其他家庭成员，如公婆、伯叔等。表现为有些人有顽固的封建生育观，对不生育的或生育女孩的妇女百般刁难，施以暴力。[1]

（四）家庭暴力的原因

从家庭社会学的观点来看，家庭暴力产生的原因，主要可以从婚姻家庭制度和家庭组织生活群体的特征来看。

首先，从婚姻家庭制度来看，虽然人类社会经历了几千年的社会变迁，家庭制度从以生育为主要功能的制度构建，逐渐转化为以物质生产、利益分配和财产继承为主要功能的制度构建，直至现代社会中以夫妻、子女个人生活为主要功能的制度构建，但是，在传统的一夫一妻制家庭中，以夫权父权为家庭权力中心的意识、价值观念和行为活动，即使在现代社会家庭生活中也没有得到彻底的根除。在这种思想意识的驱动下，丈夫是全家最高的权力统治者，妻子、儿女都是丈夫统治管理的对象。如果丈夫地位受到威胁或挑战，他就完全有可能用暴力的手段来维护自己的权威地位和应有的家庭秩序。恩格斯早在论述婚姻家庭制从对偶婚姻到一夫一妻制过渡时就说过："为了保证妻子的贞操，从而保证子女出生自一定的父亲，妻子便落在丈夫的绝对权力之下了；即使打死了她，那也不过是行使他的权利罢了。"所

---

[1] 中国法学会英国文化委员会、中国法学会婚姻法学研究会、中国人民大学婚姻家庭研究所：《防治家庭暴力研究》，北京：群众出版社，2000年版。

以，由于一夫一妻制家庭中夫权父权意识的根深蒂固的影响，直到今天，人类社会仍然是以男权为中心来构建的。这也就是在家庭暴力行为中，丈夫对妻子施暴、父母对子女施暴行为比较突出的根本原因。这种情况，在世界东西方文化中都普遍存在。欧美国家中，家庭暴力行为也成了一个比较严重的现代社会问题。

其次，由于家庭是由婚姻关系和血缘纽带联系起来的生活共同体，是社会中一种基本的群体生活组织，家庭成员之间不仅有着最亲密的人际关系，而且这种家庭关系还是一种特殊的社会关系。所以在现实生活中，家庭成员之间如夫妻之间、父母与子女之间也会由于各种各样的原因，十分自然地存在一些不可避免的矛盾冲突。

再次，从家庭中主要的核心成员夫妻之间的关系与行为来看，由于夫妻关系是建立在婚姻关系之上，婚姻关系是由两个曾经陌生的男女从不相识到相知相爱，最终结婚建立家庭的一种社会制度性的关系，夫妻两人婚前生活在不同的家庭生活环境中，他们个人成长的经历是不同的，最多可能会有一些相似，夫妻俩因生活环境、个人经历、文化程度、性格等方面的不同，在思想意识、价值取向、人生目标和生活情趣等方面总会存在不同程度的差异，甚至在个人的饮食起居等日常生活行为习惯方面，也会存在不同程度的差异。在共同的家庭生活中，夫妻之间的矛盾冲突也就在所难免。即使是在一起共同生活多年的夫妻，也会因家庭生活安排、家务分配、子女教育、老人赡养、双方亲属的来往等方面的问题产生一些矛盾冲突。

最后，从父母与未成年子女之间的关系与行为来看，由于父母与子女之间具有特殊的血缘亲属关系，而且父母对未成年子女负有抚养与教育的责任，因此，在父母与子女之间所形成的这种特殊关系中，表现在父母方面的可能是父母的权威与专权；而在子女方面，特别是在当前城市独生子女家庭中，表现出的则是子女的任性与对抗。在父母抚养与教育未成年子女的过程中，往往也会产生一些矛盾冲突。

由于不同家庭存在成员之间的性格脾气、理性与感性、相互行为方式方面的多种差异，往往会导致各个不同家庭解决这些家庭矛盾冲突的方式有所不同。有的家庭，其内部矛盾可能会通过成员之间相互妥协、相互忍让、相互谅解而得到理性的解决。有一些家庭，成员之间可能会出现争吵，甚至打架的暴力行为。由于这种暴力行为往往不会造成家庭成员之间的严重的人身伤害，或者财产的侵占，所以，在一般情况下人们往往忽视暴力行为的存在，并不认为夫妻之间动手打架或打孩子就一定是家庭暴力行为。在家庭生活中，人们对家庭暴力缺乏明确的认识，对家庭成员之间在解决矛盾冲突方面的这些习惯性做法的承认，也就成为家庭这个特殊生活群体内产生暴力行为的一个重要原因。

此外，传统文化中男尊女卑的社会意识，现实社会生活中男女不平等的社会地位与经济收入差距等因素，以及现代婚姻家庭思潮中个人享乐主义的影响，都成为家庭暴力产生的一些原因，特别是引发丈夫对妻子实施暴力的直接原因。①

（五）家庭暴力的危害

1. 对于家庭

中国人家庭观念很重，从小就受到孝敬长辈、疼爱子女、夫妻恩爱、同胞友好等观念的熏

---

① 刘宝驹：《社会变迁中的家庭——当代中国城市家庭研究》，成都：巴蜀书社，2006年版。

陶,从小就接受光宗耀祖、福荫子孙、手足情深、血浓于水等意识的教育。家庭中若发生暴力行为,必然会破坏温暖和睦的家庭气氛。这是整个家庭今后花数倍的努力都难以弥合的裂痕,是所有家庭成员很长时间都挥之不去的阴影,也是一个家庭永久的遗憾。

如果家庭中常常发生暴力行为,便会破坏原有的家庭秩序。每一个家庭都有自己约定俗成的规矩:有的是尊卑有序的家长制,有的是共同协商的民主制,有的是各行其是的自由制。原有家庭秩序一旦受到破坏,以往的生活习惯便要被迫改变。于是,每一个家庭成员都需要花时间、精力去重新适应,家庭秩序也需要恢复、重建或变革。

家庭暴力的破坏作用还表现在经常造成家庭的经济损失,如家具设施的损坏、伤者痛者的医疗费用,以及可能因此导致的误工、失业和经济惩罚等。经常发生的家庭暴力对家庭的危害往往是渐进的,初始可能仅仅是经济上的损失,继而是家庭成员之间的感情受到伤害,后来是家庭的稳定性受到挑战。

对于家庭而言,婚姻破裂和家庭解体是最严重的后果。

2. 对于受虐者

家庭暴力最常见的表现方式是殴打、凶杀、污辱人格、限制人身自由及性虐待等。受虐者常常被打成轻伤、重伤,甚至致残、致死。

虽然家庭暴力大都是直接伤害受虐者的身体,严重到使其致伤、致残、甚至致死的只是其中的一部分,而家庭暴力对受虐者心理健康的损害就要常见得多,主要表现在以下方面:普遍会产生自卑、恐惧、焦虑、抑郁、仇恨或者情感淡漠、情绪不稳定等情绪症状;有的可能出现行为退缩、流浪、吸毒、酗酒等行为问题;甚至导致或诱发精神疾病。

受虐者若是儿童,则心理受损可能更广泛、更持久、更严重。目前研究结果表明:躯体虐待可能严重阻碍儿童的认知发展,即所谓"暴力诱发的智力伤残";受虐儿童可出现精神紊乱,如延迟性应激障碍、儿童情绪障碍,或促使精神疾患提早发生,受到性虐待的处于青春期的受害者多有抑郁和自杀倾向;若暴力反复发生,尤其是暴力突然发生难以预料,会导致儿童神经质,从而对个性的形成有严重的影响。有儿童受虐史的成人易产生焦虑障碍、酒精依赖、反社会性人格及其他精神障碍。这种情况在女性受虐者身上表现得更为明显。

有时候,作为连锁反应,受虐者可能因不堪忍受而被迫自杀,或者可能导致更严重的暴力犯罪。

3. 对于施暴者

施暴者的暴力行为往往使自己在家庭中处于孤立状态。虽然大多数施暴者都是家庭中的主宰或强者,其他的家庭成员可能对其望而生畏、敢怒不敢言,但家庭成员心理上的反感、精神上的叛逆足以使施暴者有孤家寡人之感。随着时日的推进,双方强弱力量的逐渐变化,这种众叛亲离的孤独感会愈加严重。

施暴行为给受虐者的直接感受是:"人是可以被打的,只要你有一定的理由和足够强大的力量。"于是,像因果报应似的,由强变弱的施暴者也可能在以后成为由弱变强的受虐者的虐待对象。这种家庭暴力的恶性循环并不少见。

有时候,施暴者也会长期遭受内疚懊悔、甚至自责自罪的煎熬,严重的施暴者也可能受到舆论谴责、行政处分、治安处罚甚至法律制裁。

4. 对于社会

家庭是社会的最小单元,家庭暴力有悖于社会文明,影响安定团结。有无家庭暴力反映了一个家庭和一个社会是否文明,并与社会的稳定性密切相关。

家庭暴力可能影响家庭成员的认知、情感和行为,这些心理和行为方面的偏差会使他们在工作和社会活动中效率下降、事故增加,甚至会酿成大祸,可能对社会和他人的生命财产造成损失。

家庭暴力引发的负面行为,如酗酒、吸毒、流浪、偷盗、卖淫、自杀等,扰乱了社会治安,如果进一步出现暴力、投毒、纵火等反社会行为,则危害更大。[1]

(六)家庭暴力的对策

杜绝家庭暴力,一直以来都是现代社会文明发展中的一件重大事情。

目前,在《中华人民共和国民法典·第五编婚姻家庭》中,已经明确将"禁止家庭暴力"纳入法律规定的范畴,相关的解释条款也明确了家庭暴力的基本内涵。人们反对家庭暴力、惩治家庭暴力已经有了明确的法律依据。但是,从家庭暴力的产生来看,仅有法律的惩罚依据还不够,要从源头上根除家庭暴力,必须加强新时代婚姻家庭伦理道德的建设,提倡新时代和谐的家庭美德。同时要进一步提高女性的经济地位、社会地位,消除以男权为中心的社会意识,实现真正的男女平等,将反对家庭暴力最终落在实处。

从世界范围看,家庭暴力是全球普遍存在的暴力行为,它不分种族、信仰、国度、教育层次乃至经济状况。为惩处家庭暴力,一些国家制定了遏制家庭暴力的法律,如澳大利亚的《反家庭暴力法》、美国国会于1994年通过的《暴力犯罪控制和法律强制法案》等。上述立法的价值取向是在对暴力行为予以刑事制裁的同时,还选择了民事救济方法,甚至为阻止家庭暴力的升级,赋予法院签发暂时拘留令、停止侵害的禁止令等权力,以给受害者强大的保护。上述立法首开惩处家庭暴力的先河,为保护家庭成员尤其是妇女的合法权益奠定了法制基础。1995年第四次世界妇女大会在北京召开,中国开始了从地方到国家的反家庭暴力立法运动,家庭暴力从社会问题逐渐被建构为政策和法律问题。从1995年到2015年,民间倡导者、妇女联合会和国家有关机构共同或分别参与了反家庭暴力立法的发起、推动、起草、审议和决策工作,历经20载,中国的《反家庭暴力法》终于出台。[2]

2016年3月,《中华人民共和国反家庭暴力法》的施行为家庭暴力防治提供了相关法律依据,与此同时,公安机关应通过各种手段来遏制家庭暴力,如设置家庭暴力的举报电话,在公共场所设置监督、举报、救援机构。对当事人的举报,公安机关应迅速做出反应,以及时拘捕施暴者,避免事态的扩大。如果公安机关在接到报警电话后置之不理或未采取及时的救助,受害人可依法控告公安机关的玩忽职守行为。

---

[1] 张亚林:《高级精神病学》,长沙:中南大学出版社,2007年版。
[2] 罗清:《中国〈反家庭暴力法〉诞生中的三重叙事》,载《法制与社会发展》,2020年第1期。

二、家庭虐待

(一) 虐待配偶

1. 虐待配偶的界定

虐待配偶,即婚姻关系中夫妻中的一方对另一方的虐待,也就是家庭暴力中的夫妻暴力。

家庭暴力90％发生在夫妻之间,而且绝大多数是丈夫虐待妻子。婚姻暴力在不少家庭存在着,正逐渐成为不可忽视的社会问题之一。虐待的手段也是五花八门,除肉体上的伤害外,还有精神上的施虐。受害者大多是妇女,而受害者致伤致残也时有发生。

夫妻暴力最基本的根源在于夫权文化和男女不平等。

丈夫向妻子施暴,是最为传统也最为常见的一种夫妻暴力形式。这与社会性别不平等相关。在传统社会的婚姻观念中,丈夫对妻子的统治象征着社会男性对女性的统治,因此,丈夫向妻子施暴是维护其统治权的一种行为,常常为社会舆论所接受和许可。

妻子虐待(殴打)丈夫的现象,只发生于某些特定的婚姻关系中,其前提条件是妻子有能力和胆气向丈夫施暴,而丈夫没有勇气或胆量反抗和报复。

夫妻间互殴,则是现代社会年轻夫妻之间较易发生的暴力冲突形式,多数夫妻互殴行为最终会被归结为丈夫虐待(殴打)妻子的行为,因为人们往往认为丈夫强壮于妻子,总是处于暴力冲突中有利的一方。

无论是何种形式的夫妻暴力,对婚姻和对夫妻感情的伤害都是极其严重的。丈夫虐待妻子的暴力行为对妇女的身心健康的危害更为明显。[①]

2. 虐待配偶的形式

虐待配偶的形式主要以夫妻暴力和婚内强奸为主。

夫妻暴力是最常见的一种家庭暴力,主要是指夫妻之间所发生的暴力行为,包括丈夫对妻子所施的暴力以及妻子对丈夫所施加的暴力。

婚内强奸作为家庭暴力的主要表现之一,是在20世纪70年代随着女权主义的再度兴起而首先为西方人所关注的,随着在世界范围内人们日益加强对人权、平等、发展与和平的重视,以及中国的对外开放,中国人自己和外国人都开始关注中国是否存在婚内强奸的现象,以及中国如果有婚内强奸的情况,它究竟在多大程度上存在。婚内强奸,听起来是一个矛盾的概念,但它真真切切地在现代文明社会中不断发生,婚姻给这种暴力行为披上了合法的外衣。

3. 虐待配偶的原因

那么,男人为什么对妻子施暴?女人为什么容忍丈夫施暴?

(1) 施暴者认知偏差。心理学的研究表明,施暴者的人格并无特别偏差,是个人的认知方面、行为方面和情感方面的缺陷导致了他们的暴力行为,这些缺陷包括:自卑、不会表达自

[①] 赵孟营:《新家庭社会学》,武汉:华中理工大学出版社,2000年版。

己的思想、害怕与他人建立亲密关系、多疑、沟通技巧差等。基于此,我们认为,男人的暴力行为是认知和行为方面的不正常的表现。

(2) 人类攻击的本能。一些社会生物学家认为,在人类的内在构成中,有一种攻击性的张力,它是我们有机体的一部分,这种攻击性有助于人类自远古生存至今。攻击性的能量组成了内在的驱动力,深入我们的肌体中,需要定期释放。如果不能释放,压力就会积聚,直至爆发。在男性身上,这种暴力倾向更为明显,因为他们的生物构成与女性不同。

(3) 个人心理需要。每个人都有一种强烈的不满足感。由于男性总是以强者的身份出现,所以,他们更容易产生一种权力欲,并以此来解决冲突,有的男性只有使用暴力时,才会感到安全、有权威感。"自我态度"观念,可以用来解释暴力行为。该理论认为暴力是个人与消极的自我态度进行斗争的结果。缺乏自尊的人很容易采取异常的行为模式(如暴力)来获得积极的自我认同,希望在别人眼中形成一个正面的印象。

(4) 社会性习得。社会性习得理论认为,暴力是一个社会性习得行为,是通过直接体验或观察而学习到的。对这一社会行为结果的得与失的观察,决定了观察者学习或继承这一行为。这一理论被用来解释男人是如何在童年时代的经验中学会暴力的,也就是说,暴力是他们在家庭社会化过程中学到的经验和行为。这种观点认为,暴力具有代际传递的性质,童年时代目睹过家庭暴力的男孩,成年后有很大可能成为施暴者。

4. 虐待配偶的干预对策

虐待配偶,并不一定导致婚姻关系的解体,但它是婚姻中的一种暴力,具有强烈的危害作用,为了家庭和睦、社会和谐,我们必须采取行动,积极制止。

(1) 完善社会制度,提供有效的法律保障机制。虐妻,从根本上讲是父权制的产物,是男性控制女性的手段之一,暴力的婚姻关系,反映了男性对女性的主宰。在现存的男权文化中,传统和法律制度支持男性对女性在家庭中的权威控制;同时,父权的社会经济、政治制度将妇女排斥在公共生活之外,因此,妇女被迫留在家庭领域中,受到男性的支配和控制。社会对女性传统角色的期望和妇女的经济地位都使妇女必须承担照顾家庭的责任,丧失外出工作获得经济独立的机会和权利。这些经济和政治文化的原因迫使妇女忍受婚姻暴力。因此,要改变婚姻中的暴力行为,首先必须完善制度建设,形成全社会认同的、有保障的结构性机制,从宏观社会层面制止虐待配偶的行为。

(2) 倡导积极、健康的价值理念,从文化规范层面,制止虐待配偶行为。虐妻,是社会各种文化规范和制度的产物。在传统的社会系统中,某些实践接受了这种虐妻行为,如对男性气质的定义,以及社会文化对男性暴力行为的认同,因此,虐妻是社会规范的延伸。在西方文化中,家庭成员可以攻击其他成员,尤其是当教养子女时,这种行为被视为家庭事务。这种文化规范将暴力使用从亲子关系扩展到夫妻关系中,允许丈夫对妻子使用暴力,这就是西方一度流行的所谓"大拇指规则",即当妻子有过错时,丈夫可以用棍子体罚妻子,但所用的棍子不能比大拇指粗。因此,结婚证就是"打人证"。所以,我们应该倡导现代、文明的价值理念,彻底颠覆传统文化习俗中的陈规陋习,培养和形成社会成员尊重他人、尊重自己、和睦沟通的全新行为模式,杜绝虐待配偶的不良行为。

(3) 模塑良性的性别角色社会形态,形成良好的沟通、互动模式,从根本上消除虐待配偶行为。一般来说,在特定的社会中,总是存在着不同的性别规范。个体成长过程中,都接受了一定的行为模式、角色认同的教育和训练。从儿时起,男孩和女孩就接受了不同的角色规范,如鼓励男性要坚强、具有竞争性、推崇个人主义和攻击性,男孩应成为"战士",应学会控制他人、控制自己的情绪、战胜敌人等;女性被要求嫁鸡随鸡、嫁狗随狗,要柔弱,将自己定位在家庭中,认为丈夫可以改正缺点,因此,妇女被束缚在婚姻中。我们要建构新时代的社会文化规范,净化我们的社会环境,重新诠释文化传统和价值观念中对暴力、男性气质、女性气质、家庭的定义,倡导健康的男性和女性的生活经验和行为规范,平等、尊重、友善、沟通,从而杜绝虐待配偶现象的再度发生。

(二)虐待子女

家,是青少年受保护之地,是回避惊吓最安全的处所。可是,对不少青少年来讲并非如此。每年,成百上千的儿童及青少年在家庭中遭受虐待,他们被踢打、被吼骂、被大声直呼名字,而且他们还常常遭到成年人的羞辱——而那些成年人却认为这是家庭对孩子的关心和爱护。对儿童施虐的历史已很久远。在《旧约全书》中有这样一句话:"孩子不打不成器。"这曾被用作对体罚儿童的辩护。在美国殖民地时期,在家庭中打孩子(如鞭抽、杖打、禁闭)及处死婴儿都是法律允许的。

1. 虐待子女的界定

父母虐待子女是家庭中常见的一种暴力行为。在中国家庭中,没有挨过父母打的子女很少。多数情况下,人们不把父母殴打子女看作虐待行为,而当作管束子女、"爱护子女"的行为,只有在父母故意以伤害子女为目的来殴打子女时,人们才认为是虐待子女的行为。

广义的父母虐待子女就是指父母殴打子女的行径。以殴打子女的动机划分,有两种性质的殴打子女行为。第一种性质是父母出于管束、教育、"爱护"子女的动机而采用暴力方式约束、惩罚子女,以加强子女记忆。中国自古有"棍棒出孝子"的民谚,恰是这种动机的暴力行为的写照。在中国家庭中,许多父母就是在"为子女好"的名义下向子女施暴的,社会对这种暴力行为也持宽容态度。第二种性质是父母以故意伤害子女为动机来向子女施暴。这种施暴是被社会公认的虐待子女的行为,是被社会所谴责和约束的。[①]

虐待子女有两个基本特征:虐待者本身本应是子女的保护者(父母、继父母或养父母),以及虐待行为是有意的、非偶然的。这些特征使子女受到的伤害更加严重。

2. 虐待子女的形式

人的生命从开始到终结经历着若干个不同的阶段。一般来说,我们将人的生命周期分为婴儿期、儿童期、青春期、成年期及老年期。每个阶段的身心发展具有不同的特点,同样也就面临着不同的处境,遭遇着不同类型的家庭暴力,而对子女的虐待主要发生在上述时期中的婴儿期、儿童期、青春期。

(1)婴儿期。婴儿是最脆弱的群体,杀婴是家庭暴力的一种常见形式。美国社会学家莱温森的研究表明,在全社会范围内,60%的杀婴行为由母亲施行,17%是由其他家庭成员施行。杀婴主要由以下几个原因引起:婴儿是私生子,诸如强奸或通奸所生子女;婴儿为畸形;有的社会中,当新生儿为双胞胎时,有一个要为此牺牲;有些社会中重男轻女现象严重,女婴有可能被杀。社会学家朗格(Langer)认为,当食物的供应不确定或当婴儿的出生威胁

---

① 赵孟营:《新家庭社会学》,武汉:华中理工大学出版社,2000年版。

到对现有儿童的照顾时,杀婴常常被某些社会学家作为一种有效控制人口增长的手段。杀女婴已经成为一种人口控制的手段,这引起人们特别的关注,尤其是在一夫多妻制的社会中被作为平衡性别比例的一种手段。

(2) 儿童期。全世界的儿童面临着各种各样的家庭暴力。家庭暴力一般是由父母或在父母的默许下进行。但大多数儿童期虐待的类型只是在少数社会中存在。事实上,儿童期广泛存在的家庭暴力是在儿童抚养过程中的身体惩罚和兄弟姐妹间的争斗。关于儿童教养方式(child rearing techniques),柏里(Barry)等人对186个社会样本的跨文化研究表明,儿童教养方式主要有三种类型:激励、奖赏以及惩罚。其中,激励包括树立榜样、公众压力、言语命令、说理等;奖赏包括给予物质或精神奖赏以奖励子女特殊的成就;惩罚包括对儿童进行取笑或讽刺、训斥、威胁和体罚。

(3) 青春期。在许多社会中,成人礼是一种正式的社会认知,表明儿童进入青春期。成人礼发生在55%的社会中,而且女孩的成人礼远比男孩多,某些痛苦的成人礼大多是在家庭的首肯之下由成人对孩子施行的一种暴力。

3. 虐待子女的原因

为什么会出现虐待子女?国内外学者从不同的角度研究虐待子女的成因,主要有以下几个方面。

首先是子女自身因素。年幼的子女似乎是处于最容易受虐的危险中。不仅是因为幼儿在身体发展上较为脆弱而易受伤,同时也是因为他们受到伤害之后,较容易被诊断出来并被举报为受虐儿童,较大的儿童则较少出现在受虐儿童的报告中。青少年受害者在遭受虐待后,可能会被当作由于自己行为失当、难以管束而造成伤害。此外,出生时体重过轻的婴儿、早产儿、有障碍的儿童、发育迟缓或发育不健全的儿童,均可能成为受虐者。

其次,从父母因素看,具有心智疾病和精神疾病、神经质的性格特征的,包括抑郁、不成熟及冲动等,均与虐待有关;酒精、滥用药物也会引发虐待子女的行为;施虐的父母倾向于对子女有过高且不切实际的期望。研究显示,最有可能发生虐待子女的家庭特性为:父母双方均对子女有语言上的攻击;夫妻之间的冲突比一般人多;丈夫对妻子有语言上的攻击;丈夫对妻子有攻击行为;丈夫是劳工阶级;丈夫对自己的生活水准不满;妻子是劳工阶级或是全职主妇;妻子的年龄在30岁以下;丈夫和妻子在幼年时曾有受体罚的体验;家庭有多个子女;夫妻的婚龄在10年以下;夫妻搬入住宅不到2年;父亲成长于他的母亲会殴打父亲的家庭中。单亲父母和继父母是较有可能虐待子女的高危险人群。这是因为,与完整家庭相比,单亲父母在养育子女时没有另一位成人协助;而且单亲父母较有可能生活在贫穷之中。由于缺乏血缘纽带,继父母也常常会虐待继子女。

最后,从经济因素看,低收入家庭的身体虐待情形发生率最高。从虐待比例来看,最低收入的家庭是较高收入家庭的3倍。然而,我们也必须记住,虐待事件会发生在任何经济阶层的群体或家庭中,只是贫穷或失去经济优势的家庭较有可能发生家庭暴力。另外,个人的职业对虐待子女也有明显的影响。劳工阶级较常对子女进行体罚,依靠临时打工维生的父亲比有正式职业的父亲更有虐待子女的倾向。

此外,压力、社会孤立、暴力循环,以及传统父权文化,都会导致虐待子女的行为发生。具体如下。

(1) 压力。各种个人与家庭压力都与暴力和虐待有关。如家中有新生儿、残障的亲属、重病患者,或有家人死亡等压力事件发生时,均有可能出现虐待子女的情况。另外,贫民区的居住环境和人口众多的大型家庭,也是出现虐待子女行为的重要因素。

(2) 社会孤立。虐待子女的父母,倾向于在正式或非正式的社交团体中孤立自己。史密斯发现,虐待子女的母亲极少与其父母、亲戚、邻居和朋友接触,也很少从事社交或娱乐活动。如果父母并未参与任何一个社交团体,那么当他们面临压力情境时,便会缺乏社会团体的支援。因此,他们较有可能借助暴力来缓解压力。

(3) 暴力循环。在关于儿童虐待和暴力的研究文献中,共同的结论指出,一位目睹过父母施暴的人,或者自身是暴力的受害者,或在儿童期处于高度暴力环境的人,长大之后更容易成为施虐者。这并不代表所有在儿童期经历过暴力事件的暴力受害者长大后都会成为施虐者。同时,这也不表示在幼年时期没有经历暴力事件的人,长大之后就不会有暴力行为。考夫曼和齐格勒研究了有关"暴力循环理论"或称为"暴力代间转移的假设"的实证性文献,发现暴力代间转移的比例为18%～70%,在通常情况下代间转移率为30%左右。基于这个推断,他们认为,对于研究者来说,不必去探求受虐儿童是否会成为施虐父母,而应该探求在什么情况下虐待的代间转移有可能发生。

(4) 传统父权文化。在当今的家庭体制中,父母是权威与权力的代表,父母控制着家庭的资源,如金钱、权力、地位和暴力。有学者认为,在家庭成员的纷争、问题排解过程中,暴力乃是一合法的资源,并且可能在任何试图减轻冲突的情况下使用。因此,家庭中权力最大的人,最容易在解决冲突时使用暴力,以确保在他(她)照顾之下的家人能够顺从。

综上所述,虐待子女的成因是多元性的。导致父母虐待子女的因素有很多,子女、父母、家庭、社会状况和社区等特性均与虐待子女有关。①

4. 虐待子女的干预对策

父母使用暴力教育子女,是否真的对子女有益?答案显然是否定的。我们应该从观念、行为和制度构建的层面,杜绝虐待子女的不良行为。

首先,从观念上彻底摒弃"暴力管教子女是为子女好"的错误认识。

有的父母认为,殴打子女可以让子女乖顺、听话、守规矩,然而,事实上常常事与愿违,受到虐待的孩子会更加违背父母意愿、不听父母指挥、违反父母的教导,甚至相信暴力能解决问题,从而行为失当,误入歧途。

我们一定要摒弃"棒下出孝子"的陈旧观念,从爱心出发,与孩子进行良好的心理互动,真正让子女行为端正,专心学习,成为社会栋梁。

其次,父母要改善解决与子女冲突的方式方法。

对于子女尤其是未成年子女来说,父母的地位、经验、见识、能力、体格都占优势,在冲突中已具有各种获胜的条件,但是,这些都不是父母以暴力方式来处理冲突的充足理由。如果父母仗势欺人,毫无公平可言,那么,长期的恶性沟通,就会破坏亲子间的感情,形成错误的互动模式。

因此,父母应当放低姿态,尊重孩子的思维、选择和行为模式,运用公平、友好的方式,获得子女的认可,让子女真正心服口服,取得亲子沟通的最优效果。

---

① 郭爱妹:《家庭暴力》,北京:中国工人出版社,2000年版。

最后，从法律制度建设的高度，保护子女的合法权益，向一切暴力说不。

虐待子女会伤害子女的自尊心，压制子女的反抗精神和创新精神，剥夺子女的个性自由，培养子女的暴力倾向。

以一己之力杜绝虐待子女现象的再度发生是不可能的，我们只有期待制度的建构，保障成熟理智的亲子互动模式的健康发展，从法律的高度保护子女的合法权益，当发生冲突时，必须保护子女免遭父母的暴力伤害。

家庭暴力严重危害子女的身心健康，也是造成儿童犯罪的重要原因之一。研究表明，受虐子女长大后，常常会成为行为不当者，将来也常会殴打下一代的子女。

儿童是祖国的未来，儿童的发展是关系到国家前途的大事。因此，我们应从家庭这个基本单位内部抓起，为儿童创造良好的社会环境和家庭环境，杜绝虐待子女事件的发生，促进孩子身心健康和谐地发展。

(三) 虐待老人

老年人问题是世界各国都关注的社会问题。由于生活、医疗、卫生等条件的改善，人的寿命不断延长，近几十年来，人口老龄化成为世界多个国家需要共同面对的问题。

人口老龄化给社会的经济发展、人口结构、性别比例、地区和城乡关系、退休、养老、社会福利、社会服务等带来一系列的问题，也会给家庭带来一系列的问题。家庭中的老年人问题是社会老年人问题的一部分。实际上在我国，老年人养老已经由传统的单纯的家庭养老，转变为由国家、集体和家庭共同承担，而以家庭为主。但是，在我国家庭中仍然存在着老年人的问题，其中就存在不尊重老年人甚至对其进行虐待的问题。有的人借口批判封建家庭的"孝道"，嫌弃和虐待老人，把封建孝道和社会主义尊老爱幼的新风尚混淆起来，从而背离了社会主义社会的敬老原则。[①]

1. 虐待老人的界定

英国虐待老人研究组织给"虐待老人"下了定义：虐待老人是指在本应互相信任的关系中发生的对老年人的一次或多次不恰当的并给老人带来伤害或造成不幸的行为。这个定义已被预防虐待老人国际组织采纳。虐待老人通常分为以下几类：

①躯体虐待。施加痛苦或伤害、迫害躯体，从躯体上或用药物限制受害者。②经济或物质虐待。不履行赡养义务，非法或不合理地剥夺或挪用老年人的财物。③性虐待。在老人不情愿的情况下强迫其进行某种形式的性接触。④精神虐待。冷漠对待老年人，甚至蓄意从精神上折磨老年人。[②]

所谓老年虐待，指老年家庭成员在精神上或者肉体上受到其他家庭成员迫害的一种社会病理现象。精神方面，受虐待的老人一般会遭受歧视、讽刺、感情折磨和人格侮辱；肉体上则可能受到打骂、冻饿、有病不给医治和强迫从事过度劳动等手段的摧残。老年虐待使老年人在身心诸方面受到极大伤害。西方社会中，由于家庭观念的极度淡化和老年人家庭地位的不断衰落，老年人在精神方面遭受的虐待更多、更普遍。而在当今中国，在个别贫困、落后和愚昧的地区，由于人们素质较低，家庭关系复杂，致使虐待老人这一恶性事件仍时有发生，

---

① 潘允康：《社会变迁中的家庭：家庭社会学》，天津：天津社会科学院出版社，2002年版。
② 李旭初、刘兴策：《新编老年学词典》，武汉：武汉大学出版社，2009年版。

甚至上升到家庭暴力的恶劣程度,一些老人因此过着备受煎熬的生活,在绝望与痛苦中度过余生。这些虐待老人行为违反社会公德、破坏家庭道德关系,也被人权和法律所不容。

虐待老人的行为和虐待老人者应受到社会舆论的广泛谴责和法律的严厉约束。①

2. 我国虐待老人的形式

近几年,我国涉及虐待老年人的案件呈逐年上升趋势。案件类型主要有:赡养纠纷;侵占住房纠纷;离婚、再婚纠纷;养老纠纷;其他,如赔偿、债务、收养关系等。

随着人民生活水平的提高,近年来,我国家庭养老出现了新的特点。传统的物质养老偏重物质生活,忽略精神生活,已无法满足老年人精神生活的需求,因此,精神慰藉不可忽略。人类有物质生活和精神生活,而精神生活是本质所在。有关调查资料显示,城市有75%的老人有固定收入,有些老人不但能满足自己的物质需求,还可给子女一定的资助。然而,相当数量的老人在精神上感到缺少慰藉,得不到满足。赡养老人已不单纯是"物质供养"的问题,精神赡养亦不可忽视。②

3. 虐待老人的原因

(1) 老年人对家庭成员在经济与情感上的依赖。斯坦姆兹指出,虐待儿童与虐待老人有一个共同点,就是无论是儿童还是老人,在家庭中均处于依赖地位,并且依赖照顾者来满足其基本需求。老人对家庭成员的这种依赖会增加受虐的可能性。特别是高龄老年妇女,是最容易受虐的群体,常常遭到心理、身体的多重伤害。

(2) 老年人家庭地位的变化。在传统家庭中,老年人扮演着重要的家庭角色。这种角色有两个特征:一是其地位的绝对性。中国传统家庭奉行祖父—父亲—儿子—孙子的直系血缘等级制。越是接近等级塔顶的角色越具有更高的地位,这个地位是不可更改或超越的。二是其权威的永久性。老年家长在世时是家庭或家族中的最高权威,具有决策权和评判权;老年家长去世后又作为祖先成为家庭发展所希冀的保护力量。因此,在传统家庭中,老年人的家庭地位具体表现为体现家庭生存、维系和发展的人格力量与神佑象征。但是,随着社会经济的发展,农业社会逐渐向工业社会转型,作为社会细胞的家庭也从传统家庭过渡到现代家庭。家庭类型的变化引起了家庭功能的变化,也带来了老年人家庭地位的变化——由抚养者角色到被赡养者角色的转变。

(3) 家庭代际关系的变化。在传统社会中,由于生产力局限,老年人在家庭中的地位表现为以老年人本位、纵向关系为主和家庭利益至上,即老年人是家庭的主宰,是子女生活的中心,夫妻关系隶属和服从于亲子关系,赡养老年父母构成了子女一生中最重要的责任。进入现代社会以后,生产力的发展增强了人们获取生活资料的能力,突破了传统生产的各种束缚,也改变了人们的思想观念和家庭人际关系,家庭中老年人本位转向重幼轻老、家庭中纵向关系让位于横向关系,以及家庭利益至上观念为个人发展的要求所替代。

4. 虐待老人的干预对策

中华民族有尊老爱幼的优良传统,老有所养、老有所乐是我国社会保障制度所追求的,也是社会主义优越性的体现。

如何更加有效地保护老年人的合法权益,应当引起立法、司法等有关部门的重视以及我

---

① 何本方、王思斌:《中国老年百科全书·家庭·生活·社交卷》,银川:宁夏人民出版社,1994年版。
② 郭爱妹:《家庭暴力》,北京:中国工人出版社,2000年版。

们每个公民的关心。消除老年虐待,让每个老年人老有所养、老有所乐,这是我们追求的目标。要加强老年法的宣传普及工作,把敬老养老作为社会主义精神文明建设的一项重要内容,创造良好的社会舆论环境。老年法(law for the aged)是对针对老年人权益给予法律保障的专项法令或有关法律条文、政策规定的统称。由于社会制度和时代的不同,各国老年法所涉及的内容也不同。但其基本原则都是对使老年人免受歧视、虐待和保障生活等权益予以基本的法律认定。另外,还要大力发展社会养老事业,社会政策向老年妇女中的特殊群体倾斜,落实和巩固家庭养老。与此同时,还要健全法律保护机制,落实司法援助措施,使老年人的合法权益真正得到保护。[①]

第四节 家庭社会工作与家庭危机应对

家庭,作为社会这一有机体的基本组织形式,随着社会的快速变迁和发展也经历着重要的变革。家庭社会工作,就是运用社会工作的专业理念、价值、方法和技巧,以家庭整体为中心,并顾及家庭中每一个成员的需求,将家庭成员中任何一个成员的问题都看作整个家庭的问题,为其提供各种相关服务,协助家庭成员正确履行角色,从而解决家庭问题,帮助家庭适应社会,提高家庭生活质量,进而促进家庭关系协调和家庭功能的正常发挥,维护社会的稳定和发展。

一、家庭社会工作的概念

家庭社会工作属于社会工作的一个具体范畴,是社会工作专业方法和知识在家庭领域的具体运用。1917年,玛丽·E.芮齐蒙德在她被公认为最早的社会工作的专业书籍《社会诊断》中,就强调了家庭对个人影响的重要性。

那么,究竟什么是家庭社会工作?不同的社会工作学者基于不同的理论流派和不同观点提出了不同的界定。

中国台湾学者徐震、林万亿认为,家庭社会工作是指社会工作人员应用社会工作的原则与方法,为增进家庭生活,扩大家庭功能,而对家庭所提供的服务与治疗。中国香港学者马丽庄在《家庭社会工作》一书中指出,家庭社会工作就是指帮助求助的家庭发展,并运用自身及社会的资源,增强家庭日常功能,改善家庭关系和解决家庭问题。

中国台湾家庭问题专家和著名社会工作者周月清的定义是:运用社会工作的方法或理论,并以家庭为中心及维护家庭的完整,视家庭为一个整体并顾及家庭中每一个成员的需求,而提供各项家庭服务,以解决各种社会问题;在问题的解决过程中,包括对整体家庭及各个家庭成员的需要进行介入和评估等,即为家庭社会工作。相对而言,这个定义包容性较大同时又具有比较明确的指向性。

[①] 郭爱妹:《家庭暴力》,北京:中国工人出版社,2000年版。

在这里,我们认为,所谓家庭社会工作,指的是政府和社会组织为改善家庭生活、完善家庭功能所实施的服务。欧美国家的家庭社会工作开展得较早。法国于 1663 年成立了以访问贫民家庭、改善贫民生活为宗旨的慈善女儿社。1869 年,英国在伦敦成立慈善组织会社,聘用志愿工作者为家庭成员提供个人服务。1919 年,德国在柏林成立了婚姻及性问题咨询中心。20 世纪初,许多国家相继成立了专门的家庭福利机构,并有专业人员从事家庭社会工作。在我国历史上,没有严格意义上的家庭社会工作。中华人民共和国成立以后,民政、司法、公安等行政部门,各企业、事业单位和人民团体,都进行了大量的家庭社会工作。其中主要包括针对夫妻失和家庭、亲子关系障碍家庭、单亲家庭、有问题青少年家庭、家庭成员身体有障碍家庭、夫妻分居家庭、经济困难家庭的服务。基层行政部门、工会、共青团、妇女联合会、居民委员会和村民委员会在家庭社会工作中发挥了重要作用。政府与人民团体相结合、专业性与群众性相结合、专业人员与有关组织相结合,进行综合性服务,这是我国家庭社会工作的特点。[①]

二、家庭社会工作的内容

家庭社会工作主要包括家庭生活服务、家庭婚姻咨询服务、困难家庭救助、家庭心理辅导等四个方面。

家庭生活服务主要是由社区中的相关机构针对社区居民提供日常生活需要的有偿服务,服务内容包括:由社区组织的居民互帮互助服务,社区便民热线服务;由非政府机构提供的家政服务等。通过这些日常的生活服务,可以减轻家庭成员(特别是一些双职工家庭)的负担,使家庭成员能够从繁重的家务中解脱出来,从而不断提高家庭生活的质量。

家庭婚姻咨询服务是在家庭生活水平的不断提高、人们对家庭生活质量的要求也不断提高的情况下应运而生的,其目的是协助家庭减少摩擦,改善婚姻质量,防止家庭破裂,促进和提高家庭生活质量。

困难家庭救助指在家庭遇到特殊困难或意外灾害,如由家庭中有人失业、家庭成员重病或死亡等原因而造成家庭生活陷入困境时,由国家和社会机构以现金或实物的形式对家庭进行救助等,其目的是促进家庭的健康协调运作,维护社会的稳定和发展。

家庭心理辅导指通过心理辅导解决夫妻失和、家庭代沟、性生活不和谐等方面的问题,以期使婚姻关系稳固,家庭关系和谐、正常。参与这一工作的有心理辅导工作者、社会工作者、教育工作者、医学界人士以及一些志愿者,其形式包括热线电话、个案咨询、团体活动及家庭治疗等。

家庭社会工作主要面对的是有困难的家庭,其工作模式有如下特点。

(一)以整体家庭为取向作为问题评价和介入的重点

家庭社会工作并非只是单一地帮助家庭中个别的成员,或解决个别成员的困难,而是由个别成员问题的发现介入家庭,问题的解决以整体家庭为对象,即家庭中的所有成员都是社

---

① 廖盖隆、孙连成、陈有进等:《马克思主义百科要览(下卷)》,北京:人民日报出版社,1993 年版。

会工作者服务的对象。具体而言,从家庭社会工作的视角出发,往往把个人的问题视为整个家庭的问题。也就是说,因为个人有了困难,因此难以履行其作为一个家庭成员应该扮演的角色,由此协助家庭重建的任务和重要性远远超过帮助个别的家庭成员解决困难,如父亲失业或母亲重病,遭受影响的不只是个人,而是整个家庭;同时,当个别成员出现问题时,其原因可能来自非正常家庭,如一个离家逃学的青少年,可能是非正常家庭的受害者,因此家庭社会工作者要处理的不只是青少年个人的问题,而需要介入整个家庭。

(二)服务目标是协助家庭正常运转

每一个家庭都有向往和睦、轻松、愉快生活的期望,每一个家庭也蕴藏着丰富的能量与资源,具有解决问题的潜能。因此,社会工作者可以通过适当的指导,协助家庭发掘自身及社会资源,增进家庭功能,改善家庭关系,引导家庭自动、自主地解决所面临的问题和困难,从而实现家庭正常运转的目标。

(三)强调多元方法的综合运用

在家庭社会工作中,社会工作者往往通过整合个案工作小组工作和社区工作等方法来提供服务。例如,运用个案方法从有问题的个体成员入手来发现和获取信息,然后运用小组工作方法对家庭成员进行治疗和服务,同时鼓励家庭参与社区活动,协助家庭加强与社区的联系,从而增强家庭功能。

(四)家庭社会工作者与家庭建立的工作关系是平等、相互尊重和相互信任的关系

社会工作者不是完全的"救世主",他们不可能完全代替家庭来做决定,也不能包办所有的事务,他们的职责是协助家庭寻找和获得家庭内部与外部的资源,获得个人或社会的各种支持,最终目的则是帮助家庭成员建立良好的家庭关系,促进家庭成员的成长。[①]

三、各种家庭危机的应对

(一)婚姻问题及其预防

婚姻问题是指种种压力因素导致的、影响夫妻婚姻质量的问题。它是当代社会普遍面临的一个重要的社会问题。其实,婚姻的维持不是件容易的事情。婚姻问题有广义和狭义之分,广义的婚姻问题是指所有影响家庭功能正常发挥的问题,而狭义的婚姻问题仅仅指夫妻之间的婚姻关系问题。

婚姻冲突是指婚姻关系内的夫妻关系冲突。导致婚姻冲突的因素有内外两种。所谓内在因素是指夫妻双方自身的因素,而外在因素则是指夫妻之外的包括社会环境的因素。导致婚姻冲突的因素大致包括以下几个:夫妻性格不合、夫妻婚前不了解对方、争夺家庭权力资源、第三者介入、经济纠纷、事业压力、教育子女上的分歧、偏差行为、性生活不和谐、长期

---

① 张文霞、朱东亮:《家庭社会工作》,北京:社会科学文献出版社,2005年版。

分居、价值观差异、双方亲属关系处理不当、夫妻成长环境而造成的彼此的习惯的差异等。有调查表明,在我国,一般夫妻中最常见的冲突导火索并不是那些婚外恋、家庭暴力之类,而是多为非原则性的鸡毛蒜皮的小事,其中,家务、子女教养方法和经济问题是中国人婚姻冲突的三大诱发因素,其次为婆媳等亲属关系、一方不良习性等。

预防婚姻冲突的主要办法是婚前准备。一般来说,婚前准备可以从以下几个方面入手。

(1) 审视双方的性格、习惯与兴趣。性格某方面不合,生活习惯与礼节不同,兴趣爱好不相近,都可能成为婚姻生活的绊脚石。在男女正式结婚之前,应该认真平静甚至是理性地权衡对方是否真正适合自己。

(2) 促进有效沟通。婚姻生活中夫妻发生冲突,往往起因于双方缺乏沟通或者沟通不善。建立有效的沟通方式,将有助于减少婚姻生活中的不稳定因素。

(3) 学习处理冲突。婚前要学会以建设性的态度来处理纷争,不要在冲突中争强好胜,而应协商解决争议的事情。处理冲突的方法是大家尽量平和、清楚地说明各自的观点、想法和感受,站在对方的处境去体会各自的立场,并尝试以互谅互让的宗旨来寻求协调。建设性地排解争执,不但可以让双方更深入地了解,还可以在争执中体会到真挚的爱。

(4) 了解婚姻的期望。择偶本身是一个复杂的理性选择过程。我们必须清楚哪些是婚姻生活中的永恒因素,哪些是可能消失的因素。比如,结婚前,双方都要扪心自问:结婚的动机是什么?为什么要和对方结婚?

(5) 认识夫妻角色及分工。很多婚姻之所以会出现危机,归根结底是家庭职能发挥出现了障碍。"男耕女织""男主外女主内"是我国传统的夫妻角色分工。这种分工模式仍然被现代社会的许多家庭所认可。在婚姻生活中,总会涉及很多琐事,如经济收入及分配、家务分配、照顾老人和孩子等,而从关系的角度来看,则是涉及夫妻权利或者权利分配的问题。最好的方式是根据各自的家庭情况,采取适合自己的角色分工模式。夫妻在结婚之前,应该对彼此的优势、能力有个正确的评估,对婚后的角色分工达成大致的默契,这样可以减少婚后的争执和冲突。

(6) 性和生育计划安排。准备结婚的男女应该在生理上了解相关的性知识,并事先对未来的生育有个周密的计划和安排,要不要孩子,什么时候要,男女婚前在这些方面要达成基本的共识。

(7) 家庭财务预算安排。家庭是一个经济单位,家庭财产安排是良好的婚姻关系必不可少的组成部分。夫妻间应该对未来的生活进行财务预算的安排。其中包括住房安排、婚后家庭经济管理模式等。类似这样的计划最好由夫妻双方协商,在婚前初步达成一致。

(8) 注重双方的姻亲关系。婚姻,绝不仅仅是夫妻两个人的事情。婚姻的一个重要功能是扩展人际关系和社会支持网络。因婚姻关系而产生的姻亲关系,是我国社会相当看重的一种网络资源,其重要性等同于血缘、亲缘关系。准备结婚的男女双方,应该对此问题有充分的认识,对婚后将涉及的姻亲关系进行协商,做出规划和安排。特别是那些双方分别来自城市和乡村的准夫妻们,更应该深刻地认识到这一点。

构建幸福的婚姻,需要双方做出不懈的努力。夫妻在沟通过程中,如果能坚持以上原则,那么,引起婚姻冲突的可能性因素就会大大减少。

(二) 婚外恋

婚外恋的类似说法有外遇、婚外情、第三者插足等，是指有配偶的家庭成员与配偶以外的第三者发生婚外恋情或自愿性的性行为的关系。一般来说，婚外恋侧重感情方面的出轨，婚外恋是不道德的行为，有破坏婚姻的危害，严重的会导致自杀或犯罪。婚外恋的基础是爱情不专一和变异，它往往是在夫妻的一方或双方错误的恋爱婚姻观的支配下发生的。

婚外恋的成因主要包括对婚内性生活不满意，到婚外寻求性满足；夫妻之间缺乏感情上的交流和沟通，感情饥渴使一方到婚外去寻求满足；寻求新的刺激；填补心理失衡和失落感，以及完全出于爱慕之情。至于婚外恋的形态，则以隐秘型、配偶视而不见型和公开型为主。

婚外恋影响夫妻感情，破坏婚姻稳定。一般夫妻一方知道另一方有婚外恋会产生感情裂痕，原来已经不好的关系会加剧恶化，甚至导致离婚或更严重的后果。在隐秘型婚外恋中，婚外恋一方虽因有内疚感，带着赎罪的心情在配偶面前做出种种好表现，但实际上是虚假的，从长远来看，最终还是会破坏婚姻。对于其本人来说，为维持婚外情而形成双重人格也不利于心理健康。隐秘型婚外恋不可避免地会隐瞒事实，欺骗对方，夫妻间已没有了基本的信任，婚姻潜伏着危机。在视而不见的婚外恋中，事实上，受损一方始终耿耿于怀，夫妻间不可能有真正的爱情，只是维持婚姻形式。同时这种敢怒不敢言的态度本身也始终是隐患，发生婚外恋关系的一方的正常婚姻爱情也一直受到威胁。已婚者应坚持爱情专一，同时注意爱情保鲜，致力于家庭感情建设，不搞婚外恋。已经发生婚外恋的人应冷静下来分析一下自己的婚姻。如果确认已有的婚姻已经破灭，那么就可以离婚，按照法律程序解除婚姻关系，然后再去考虑新的爱情和婚姻，这样做是符合道德的。如果还想维持现有婚姻，那么就要果断地结束婚外恋，回到婚姻中来。

从系统的观点来看，婚外恋是一个由外遇者、第三者、原配组成的三角关系，而所涉及的人除了上述三个核心人物之外，还可能涉及子女、其他家人和非婚生子女等人。所以对于婚外恋的辅导可以围绕以上方面进行，其核心是外遇者和其配偶。从关于婚外恋的阐述可以看出，发生婚外恋的当事人往往情绪大于理性，在认识和态度上受到情绪的控制，以至于不能理性地看待问题，更不能以理性的方式来处理问题。

因此，对于婚外恋的辅导，一方面需要帮助当事人恢复理性，使之理性地摒弃那些非理性的认识；另一方面要疏导情绪，给当事人以支持，同时针对夫妻感情进行家庭辅导或夫妻辅导。[①]

对于配偶的婚外恋行为不要感情用事，要在婚姻内部解决，而不必去与第三者纠缠，应开诚布公地与配偶交换看法，共同商定解决办法。如果对方有悔改之意，而且两人感情关系也没有完全破裂，那么就应给对方机会。充当第三者角色的人更应该认识到：想插足他人婚姻并取而代之，破坏别人的家庭，是不道德的和可耻的行为；如果自己只是给他人提供婚姻中缺少的一点什么，那么，做他人婚姻的调味剂、填充物，不可能有真正的爱情。任何一个人都可以在生活中找到自己的位置，找到真正的爱情。目前，社会上对婚外恋有各种不同的看法，甚至有人认为这是"时髦"，是发达社会中的普遍现象。其实，爱情专一和婚姻稳定是现

[①] 张文霞、朱东亮：《家庭社会工作》，北京：社会科学文献出版社，2005年版。

代不同制度社会的一致的道德标准,因为它是人类文明进步的一个标志。[①]

(三) 离婚与辅导

近二三十年来,大多数工业化国家都面临着离婚率迅速上升的问题。离婚不是孤立的社会现象,它对个人、家庭、社会有着直接的影响,由此引发一系列的家庭和社会问题。

关于离婚的原因,国内外学术界已经有非常多的研究分析。

从本质上说,离婚是由夫妻双方感情破裂而导致,是家庭冲突的结果。维持夫妻关系的最重要的因素是感情,缺乏感情或感情破裂会导致离婚。西方国家亲属法中常见的离婚理由是:一方有通奸行为,一方遗弃或虐待他方,一方患重大不治的或恶性的疾病,一方受刑,或宣告一方失踪,婚姻关系破裂致使家庭生活解体,一方不履行同居义务,双方长期分居等。近年来不少国家对离婚立法做了程度不同的改革。

具体来看,引起我国夫妻感情破裂的原因有:性别歧视,双方性格无法协调,生理障碍,婚外恋、一方情感转移,家庭关系和家庭经济纠纷的压力,社会强制性压力等。

上述诸多因素虽然是导致夫妻感情破裂的基本因素,但这些因素出现不一定立即导致双方离婚。实际上,对于婚姻当事人来说,是否决定离婚是一个理性决定的过程,也是双方协商和妥协的过程。对于离婚的双方来讲,常有主动和被动之分,其中主动离婚是夫妻中的一方为摆脱压力、实现感情转移或者为达到其他目的而主动提出离婚,而被动离婚是因对方提出强烈的离婚要求而不得不同意离婚。

由此可见,主动离婚和被动离婚是相对的,一方主动意味着另一方的被动。但从离婚的后果来看,被动离婚者受到的心理伤害更大,其心理复原也更为困难,需要的时间更为长久。

一般情况下,离婚分为离婚因素积累、决定离婚、讨论离婚分手细节、分居、正式离婚、成为单亲家庭等六个阶段。不同的阶段有不同的介入和辅导方法。总的来说,离婚者应该充分考虑到离婚不是一件简单的事情,它直接涉及子女监护权、经济纠纷、家庭成员关系和人际关系的重组、单亲家庭面临的功能缺失以及由此带来的心理上的各种问题,只有对这些问题进行充分的评估,离婚的创伤才有可能降到最低。从这个角度来说,对于离婚的辅导大致分为如下两种。

一种是离婚之前的辅导,尽量修复已经出现裂痕的夫妻感情,避免离婚结局的出现。对于离婚前的辅导,时间上可以从两三个月到一两年不等。在这个阶段内,可以让当事人重新回顾一下过去婚姻中的美好阶段,唤起往日的美好回忆,重新反省现在的行为,思考期望和要求是否合理,思考离婚可能带来的包括对子女的影响等种种后果。在这个阶段,应该避免结交异性朋友,也不能逃避现实而彼此分离。

另一种则是离婚之后的辅导,给那些已经离婚的人提供各种心理上的或者生活上、物质上的帮助,使之从离婚的阴影中尽快走出来。如何尽量降低离婚对离婚者个人及其家人特别是子女的影响,是家庭社会工作面临的一个重要议题。许多遭遇离婚的当事人,不仅生活上会陷入困境,而且心理上会出现失衡。离婚者经常出现的情绪包括:屈辱、失落感、绝望、消沉、矛盾、愤怒、行为粗暴、罪恶感、焦虑、退缩或带有强烈的报复欲望。尤其在离婚初期,

---

① 何立婴:《中国女性百科全书:婚姻家庭卷》,沈阳:东北大学出版社,1995年版。

心理的伤害是显而易见的,也有一些人离婚后会出现性格偏执,对生活失去信心,自暴自弃甚至自杀。

因此,离婚者要努力调整自己。实际上,坦然面对婚姻的失败绝非易事,但只要自己愿意勇敢去面对眼前的一切,去改变自己的处境,而不是逃避或者是深陷其中不能自拔,离婚的痛苦是完全可以克服的。不过,离婚者首先要意识到,离婚的心灵创伤不是短时期内能够复原的,而且要忘记过去的婚姻是不可能的。提醒自己这点,就不要一味强求自己忘记过去。当离婚者发现自己能够慢慢控制自己的情绪、思想和行为,不再怨天尤人,就是心理复原的标志。

任何事情都有正负功能,离婚不见得一定是一件坏事。对于难以挽救的婚姻,与其双方勉强生活在一起,彼此折磨,还不如各自重新寻找新的幸福。不幸的婚姻对子女造成的伤害甚至比离婚造成的伤害都大。因此,对于离婚的辅导,也应该告知当事人离婚所具有的种种正面因素,让当事人有一种真正的解脱感,同时,可以鼓励离婚者重新面对生活,进而重新选择配偶,另组家庭。

第九章

中国城乡家庭差异

> 我们已经到了必须考虑如何走出"城乡分治、一国两策"的格局的时候了。
> ——陆学艺

迄今为止,人类世界在聚落的形式和聚落组织上经历了三次大的变化。第一次大的变化是渔猎到农业的革命,发生在新石器时代。它使人类从根本没有聚落到出现半永久性的农牧业村舍,过渡到定居的乡村聚落(村庄);第二次大的变动是城市的出现;第三次大变动就是城市化。

城市,是社会发展到一定阶段的产物,是人类集聚的一个社会经济实体,它的产生和发展决定社会经济的发展程度和社会的实际需要。城市不仅是富足的标志,还是文明的象征。

中国古代的城和市都兴起比较早,原始社会后期就已经出现,但不具备城市的基本形态。《墨子·七患》说:"城者,所以自守也。"也就是说,中国古代的城是以防守为基本功能。城市则不然,它必须有集中的居民和固定的市场,二者缺一都不能称为城市。根据中国历史的特殊情况,当在城中或城的附近设市,把城和市连为一体的时候,就产生了中国早期的城市。中国城市的出现应该是在西周,早期的城市是在城内设市以后产生的。后来,随着农业、手工业和商业的发展,在一些交叉路口、水陆码头、军事要塞,或人口集中的地方也形成了城市。鸦片战争后,帝国主义破关而入,打开了中国闭关自守的门户,中国被迫开放对外贸易口岸,大量倾销外国商品和输入资本,一场"洋务运动"积极引进西方近代工业、交通技术等,从而促进了中国近代城市的发展。

20世纪50年代,中国在推进工业化的过程中,建立了一套高度集中的计划经济体制,并通过一系列具体的二元结构政策和制度,形成了城乡严格分离的二元社会经济结构;改革开放后,二元的社会经济结构问题并没有随着经济的发展而消除,而且在现代化的进程中,这一问题显得更加严重。

基于此,在中国这个"城乡二元结构"十分明显而且非常特殊的国家里,城乡家庭之间呈现出明显的差异。

第一节 家庭结构差异

家庭结构是家庭中人的构成,是家庭中人与人之间的关系的模式。

为了进一步研究家庭结构及其变动,必须从核心家庭理论本身谈起。核心家庭理论是由美国社会学家莫多克提出来的。他依据亲属关系,把家庭分为三类,即核心的、复婚的、扩大的,这种分类方法的优点是它不仅从家庭关系、亲属立场的角度把家庭分为几种不同的类型,而且顾及家庭架构中的代际层次和夫妻对数,这是研究家庭结构中的几个最为主要的方面。但是它忽略了家庭中的人口,即忽略了家庭结构的数量表现,如果我们将这一方面的因素考虑进去,用核心家庭理论研究家庭结构,主要应有家庭中的人口数、家庭中的夫妻对数、家庭中的代际数、家庭类型四个方面。

根据第七次全国人口普查数据显示,目前我国居住在城镇的人口为 90199 万人,占 63.89%,居住在乡村的人口为 50979 万人,占 36.11%。与 2010 年相比,城镇人口增加 23642 万人,乡村人口减少 16436 万人,城镇人口比重上升 14.21 个百分点。随着我国新型工业化、信息化和农业现代化的深入发展以及农业转移人口市民化政策落实落地,10 年来我国新型城镇化进程稳步推进,城镇化建设取得了历史性成就。[①]

一般来说,农村家庭规模较大,城市家庭规模较小。根据国家社会科学基金重点项目"家庭、家户和家成员范围、关系与功能比较研究"在吉林、河北、陕西、安徽、浙江、广东和广西七省(区)的调查资料,研究者将家庭和家户进行了区分,认为只有在"较长或规定的时间范围内同居共爨者才能被视为家户成员,长期在外工作、上学的亲缘关系成员虽属家庭成员,但并非家户成员;无亲缘关系者在本户长期生活、工作也属家户成员"[②],4425 户城乡家户中,家户的平均人口规模为 3.42,家庭的平均人口规模为 3.84;此外,由表 9-1 可知,"市"的家户、家庭规模以 3 人及以下居多,"县、镇"的家户、家庭规模则以 4 人及以上居多。

表 9-1 城乡家户、家庭人口规模比较

家户、家庭规模	家户人口规模构成				家庭人口规模构成			
	市	镇	县	总体	市	镇	县	总体
1 人(%)	6.56	4.99	5.31	5.58	3.59	2.58	2.42	2.73
2 人(%)	30.10	21.90	24.27	25.40	23.54	13.53	11.41	14.76
3 人(%)	36.66	28.18	22.45	26.82	39.53	28.50	22.07	27.37
4 人(%)	12.67	21.74	19.99	18.40	13.84	24.96	26.05	22.82
5 人(%)	10.51	14.33	16.87	14.92	14.56	19.48	23.23	20.52
6 人及以上(%)	3.51	8.86	11.12	8.87	4.94	10.95	14.82	11.80
合计(%)	100.00	100.00	100.00	100.00	100.00	100.00	100.00	100.00
样本量(N)	1113	621	2691	4425	1113	621	2691	4425
平均人口规模(人)	3.02	3.50	3.57	3.42	3.29	3.84	4.08	3.84

---

① 国家统计局:《第七次全国人口普查主要数据情况》,2021 年 5 月 11 日,http://www.stats.gov.cn/tjsj/zxfb/202105/t20210510_1817176.html?utm_source=zhihu&utm_medium=social&utm_oi=7962951393656504322。

② 王跃生:《城乡家户、家庭规模及其结构比较分析》,载《江苏社会科学》,2020 年第 6 期。

一、城市的家庭结构特征[1]

在1982年和1993年,多家科研单位与高校协作,对中国城市家庭分别进行两次大型的调查,以期了解中国城市家庭的现状及未来演变趋势。

1982年的"中国五城市家庭调查"显示,城市家庭人口的数量变化呈现由多到少的趋势,城市家庭中三口与四口之家占了多数,各家家庭人口的差别也不是很大,人口特别多或特别少的家庭极为个别,家庭人口数分布逐渐集中。

随着城市人口数量的快速增长、城乡户籍制度改革,城市家庭数量增长快,城市家庭结构小型化更加明显。人口增速的降低、计划生育政策的推行和城市化进程加快是家庭规模小型化的主要原因。中国大都市家庭结构呈现出类型分布集中、地区统一和简单化的趋势。

如果在考察家庭结构时充分考虑家庭生命周期的影响,分析家庭在生命周期的不同阶段对结构类型的不同选择,那么,在中年人中,核心家庭占绝对多数,在青年人和老年人中,夫妻家庭和主干家庭占有相当比例。青年人在刚结婚时,由于住房、家务和抚养孩子的需要等原因,仍然与父母生活在一起,组成主干家庭,但一旦条件许可,有自己的住房、孩子长大,就会选择从原来的主干家庭中分离出来,组成新的核心家庭。核心家庭在各种家庭中占大多数,主干家庭和夫妻家庭也占一定比例,联合家庭则趋于消亡。不同类型家庭中的人口数都趋向最小数量要求。

城市家庭呈现出结构小型化、关系简单化的特征。家庭小型化是城市家庭未来发展趋势,同时家庭生命周期对家庭结构现状和改变具有调节和影响作用。

二、农村的家庭结构特征

中国农村自1979年实行经济体制改革即家庭联产承包责任制以来,农民家庭的生产和经营功能得到了恢复和加强。集体经济之前的农民家庭与家庭联产承包责任制之后的农民家庭尽管在形式上相似,即家庭既是一个生活单位,又是一个生产单位,但家庭成员的生存方式有了本质不同,吃、穿、住、行等日常行为的市场化程度不断加深。

从家庭规模和结构类型的变化看,农村家庭规模日益缩小,发达地区农村出现家庭小型化的趋势。[2] 家庭结构的简化体现为核心家庭、夫妻家庭与单亲家庭所占比例日益增长,在联合家庭趋于消失的前提下,主干家庭的比例逐渐降低,空巢家庭和隔代家庭趋于普遍,家庭人口容量也随之减少。[3]

随着生产力的发展,经济基础发生了明显的变化,单个的家庭完全能够解决自身的生产与再生产问题,因此传统的家庭就受到了明显的挑战,核心家庭不但增多,而且成为社会发展的主要形式。

城乡一体化进程的加快使工业文明及城市文化不断扩展,从而不断地瓦解农村社区的

---

[1] 邓伟志、徐榕:《家庭社会学》,北京:中国社会科学出版社,2001年版。
[2] 杨善华:《改革以来中国农村家庭三十年——一个社会学的视角》,载《江苏社会科学》,2009年第2期。
[3] 王跃生:《农村家庭代际关系理论和经验分析——以北方农村为基础》,载《社会学研究》,2010年第4期。

自然经济,城市化不可逆转地造成千千万万个农村家庭的家庭结构改变。由于城市化发展,大量的农民进入城市,到远离家乡的城市务工。这些家庭或者是儿子进城了,或者是儿子媳妇一起进城了,留下老人和孩子;有些年轻夫妇甚至留下"空巢老人"独自在农村。

当前,在市场化要求和计划生育政策的影响下,农村地区的家庭结构基本上都是主干家庭,即由父母和一对已婚子女组成的祖孙三代同居家庭。这种主干家庭在改革开放巨大革新力的作用下,迅速发生着翻天覆地的变化。传统的四合院、大杂院、累世同居和子孙满堂的充满浓郁乡土气息的家庭结构受到极大冲击,较多呈现为主干家庭的特殊形式——隔代家庭。这主要是大规模的农民流动直接导致农村家庭结构的变迁。[①]

第二节 家庭功能差异

一、经济功能

在城乡二元经济结构下,我国城乡家庭消费结构具有较大差异。综合我国家庭食品消费、居住消费、耐用品消费、教育消费、医疗消费五个方面的特征,我们发现城乡家庭消费具有以下特点。

第一,由于居民收入水平普遍提高,城乡家庭基本生活需求都能得到满足,所以城乡家庭的食品消费具有很大的相似性。

第二,城乡家庭基本上都是居者有其屋,而农村宅基地制度和城镇早些年存在的福利房制度造成了城乡家庭居住消费上的差异,这种政策影响强于收入的影响。农民的住房面积更大、使用年限更短,这一方面表明了建筑材料消费将成为农村消费的热点之一,另一方面也提醒我们要合理引导农民的住房需求。

第三,城乡家庭在耐用品消费、教育消费、医疗消费上存在较大差距,农村家庭的消费层次明显低于城镇家庭。收入差距导致农村家庭对自行车、汽车、彩电、手机等耐用品价格和医疗支出更加敏感,而城市优先的发展战略导致农村的医疗消费环境恶劣,教育政策的失当使得农村居民的教育消费集中在义务教育,缺少技术教育和高等教育。统筹城乡发展,迫切需要改善农村的教育消费和医疗消费。

由于经济发展水平和居民收入水平等方面差距较大,同时家庭资产结构、教育水平以及消费观念等有所不同,城乡消费具有多维度的分层特征。具体地,我们把目前我国农村家庭消费分为生存型、小康型和实惠型,把目前我国城镇家庭消费分为享受型、富裕型和健康型。结合2007—2018年消费总量增速情况以及消费意愿的动态变化来看(见图9-1),由于消费基数的不同,城乡居民的消费支出总量始终存在较大差距,但消费增速长期保持相对一致,从2012年起,农村居民的平均消费增速反超城市,呈现出较大的消费活力,由此可见,未来

---

① 胡亮:《由传统到现代——中国家庭结构变迁特点及原因分析》,载《西北人口》,2004年第1期。

应当持续开发农村消费市场,释放农村消费潜力。①

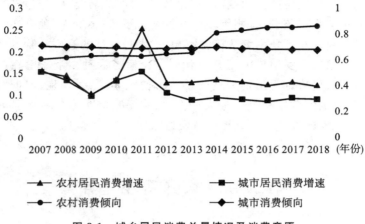

图 9-1 城乡居民消费总量情况及消费意愿

至于具体的消费特征,由图 9-2 可知,城乡居民在医疗保健、交通通信、文教娱乐等方面的支出占比涨幅明显,在烟酒食品、衣着等方面的支出占比为负,生存型消费下降,享受型消费增加,消费行为由量的扩张向质的提高转变,但城市居民的消费结构依旧领先于农村。

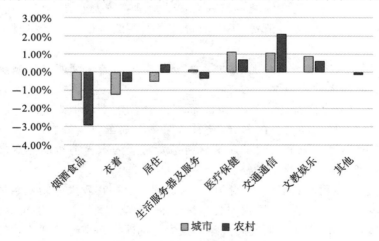

图 9-2 城乡居民消费结构对比

除了上述的城乡对比研究,结合学者对我国居民消费史的宏观梳理可知,我国城乡居民的消费特征还具有以下特征:物质消费持续提高,精神消费呈现出发展、享受、健康型的发展转向;消费行为趋于成熟理性;消费政策趋于长期;消费外溢呈蔓延态势;消费分化问题依旧存在,城乡居民的消费差距仍须进一步弥合;同时,随着互联网信息技术的发展,无论是城市居民还是农村居民,网络消费日益成为主要消费途径,实体消费成为必要的补充,居民消费模式和消费水平发生质的变化。②

---

① 岳敏、朱保芹:《城乡居民消费分层及动态演化:基于城乡二元结构的解释》,载《商业经济研究》,2021 年第 20 期。
② 朱高林:《中华人民共和国居民消费史研究:现状、主线与分期》,载《扬州大学学报(人文社会科学版)》,2021 年第 3 期。

二、赡养功能

中国在短暂的时间内创造出了相对丰富的物质财富,但同时也面对着老年人口剧增的压力。与发达国家人口老龄化的历程不同,中国的老龄化和经济增长并不同步,它在生产力发展水平还很低的情况下就出现了,即"未富先老"。并且,这种"先老"的速度还很快。第七次人口普查资料显示,2020年,我国60岁及以上老年人口数量增至2.64亿人,相较2010年第六次人口普查,年均增长率为3.85%,中国的人口老龄化水平不断升高。① 根据《中国人口展望2018》中方案预测,我国60岁及以上老年人口规模将于2024年超过3亿人,2032年超过4亿人,2054年达到峰值5.3亿人,跨入全球人口老龄化水平最高的国家方阵。② 面对这样的老龄化进程,其中最直接的问题还是老年人如何养老的议题。这个议题曾被习以为常地给出"家庭养老"的答案,即"我养你小,你养我老"的养老模式。然而,在人口老龄化快速到来的当代,随着社会经济现代化,"家庭"的作用似乎变得既关键又脆弱,面临着诸多挑战。

由此,家庭的养老功能也逐渐发生了历史性的变化。这种变化的总趋势似乎是在削弱家庭在照顾老年人方面的地位和作用,也即伴随持续的低生育率而来的家庭养老功能缺损现象的产生,出现"少子女老龄化"、家庭养老支持力弱化、养老资源减少的普遍现象。然而,在可预见的将来,赡养仍将是家庭的一个基本功能,社会养老在一段时期内还难以独自承载养老保障的重托。

(一) 城市:家庭赡养职能加速削弱

城镇家庭平均人口规模逐年下降,核心家庭增多。以20世纪80年代为基点,假设一个重新组合的家庭户的年龄结构:①一代户,包括新婚后还未生育的家庭户、未婚单身户、中老年没有生育和领养的家庭户以及已与子女分开居住的老年家庭户;②二代户,大体划分为以户主年龄为准的已生育的年轻和中年家庭户;③三代户,指有上代(祖)、中代(父母)和下代(子女)的家庭户,这种家庭户的年龄结构大体分为上代55~65岁(有的可达70岁),中代25~54岁,下代0~24岁;④三代以上家庭户,上代年龄≥66岁(有的超过70岁),余同上。受我国人口流动日趋频繁、住房条件改善和年轻人婚后独立居住等因素影响,我国家庭户规模继续缩小。第七次全国人口普查结果显示,目前我国平均每个家庭户的人口为2.62人,比2010年的3.10人减少0.48人。③

20世纪50年代较高的就业率,导致今天城镇老年人口中领取退休金的职工增多。用字母A、B、C、D表示一代户、二代户、三代户及三代以上家庭户,很明显,一般A、B两类家庭不存在赡养关系。C、D两类家庭中按常规推算则存在赡养关系。但是,C类家庭中55~65岁这一代人,如果倒推回20世纪50年代,则都是20~30岁的年轻人,20世纪50年代初期他

---

① 原新、王丽晶:《新发展格局下人口老龄化新形势及其应对》,载《西安财经大学学报》,2021年第5期。
② 贺丹:《中国人口展望(2018)——从数量压力到结构挑战》,北京:中国人口出版社,2018年版。
③ 国家统计局:《第七次全国人口普查公报(第二号)——全国人口情况》,2021年5月11日,http://www.stats.gov.cn/ztjc/zdtjgz/zgrkpc/dqcrkpc/ggl/202105/t20210519_1817695.html。

们中的绝大多数都相继走上工作岗位,使我国城镇就业人数由1949年的800多万人上升到1981年的10940万人,增加约13倍。城镇就业人数1982年已占城镇总人口的50%以上。平均每一就业者负担人数(包括就业者)已由1957年的3.29人下降为1983年的1.71人。我国城镇就业者负担人数大幅度下降的两个重要原因,除了就业率提高、近年来生育率下降以外,还在于就业者负担上辈家庭成员的状况已经有了很大的改变。因为20世纪50年代初期相继就业的年轻人自70年代后期开始陆续享受退休金待遇,1985年已达1440万人,1990年已达1980万人。老年后物质生活获得了经济上的保证。考虑每年人口死亡因素,1990年左右退休职工的总数基本上与20世纪50年代初期和中期的就业数相同。可见,今天我国城镇家庭中55~65岁的上代成员对中下代家庭成员的经济依赖性已经大大下降了。

(二)农村:养老服务存在供需矛盾

长期以来、农村家庭的赡养职能一直发挥着比较强的作用。由于商品生产不发达,自给自足式的自然经济占有统治地位。这种自给自足式的自然经济形式,决定了农村家庭生产的产品基本上是生产多少就消费多少。因此,绝大多数的农业劳动者其家庭经济积累很少,甚至完全没有。所以在一个家庭的生命周期中,伴随着角色地位的改变,家庭成员的经济地位也会发生明显的变化。

新中国成立前,处于自然经济条件下的中国农村家庭(包括同条件下的市民家庭),其老年成员对下一代的经济依赖性很大,原因在于,当他们作为生产劳动者时,他们的生产力往往难以满足自己消费及赡养所需,无法实现富余和积累。因此,当他们进入老年以后,生活只能依靠下一代赡养,家庭赡养职能成为自然经济条件下家庭最重要的职能之一。

一直以来,农村养老传统主要包括三个方面:经济支持、生活照料和精神慰藉。[①] 首先,在经济支持方面,随着市场经济的深入发展,农民家庭的收入水平明显提高,农村保障体系不断健全,农村老年人的经济需求基本可以满足。与此同时,党和政府对农村养老服务的扶持力度不断加强,在农村养老保障体系领域,养老保险的覆盖范围不断扩大,进一步夯实了农村养老的物质基础。[②] 在生活照料方面,2016年第二轮家庭追踪调查结果显示,农村空巢家庭占所有老年人家庭的比例为37.4%,这意味着近四成的老年人家庭只剩老年一代独自生活,农村家庭空巢化严重[③],家庭规模小型化、人口流动,以及家庭权威分散,动摇了农村养老的主体角色与核心功能[④],好在制度支持、市场购买、公众参与等多元主体联动,一定程度上缓解农村养老压力。与之形成对比的是,农村老人的情感慰藉需求并未得到充分的关照,传统孝道观念弱化、自杀案件频发、低下教会盛行等问题,凸显了农村老年群体的精神空虚困境。[⑤] 为了缓解上述供需失衡与矛盾,从"村庄本位"角度提出的农村互助养老模式受到国

---

① 侯建明、张培东、周文剑:《代际支持对中国老年人口心理健康状况的影响》,载《人口学刊》,2021年第5期。
② 陆杰华、郭芳慈、陈继华等:《新时代农村养老制度设计:历史脉络、现实困境与发展路径》,载《中国农业大学学报(社会科学版)》,2021年第4期。
③ 曹献雨、睢党臣:《人口老龄化背景下我国养老问题研究趋势分析》,载《经济与管理》,2018年第6期。
④ 张正军、刘玮:《社会转型期的农村养老:家庭方式需要支持》,载《西北大学学报(哲学社会科学版)》,2012年第3期。
⑤ 刘燕舞:《农村家庭养老之殇——农村老年人自杀的视角》,载《武汉大学学报(人文科学版)》,2016年第4期。

家与社会的广泛关注,成为农村地区缓解养老压力的重要举措。①

三、教育功能

城乡家庭教育功能存在着差距。对于社会教育来说,例如通过广播、电视、网络等方式接受教育,在城市中已经成为很普遍的现象。通过社会教育的方式,用社会上新的先进的价值观来教育影响居住在城市里人们的行为。随着城市教育、传播事业的发展,城市家庭的教育功能大都已被社会上的学校、广播、电视等所取代。

而在农村地区,家庭教育方式比较单一,主要以学校教育为主。虽然农村地区的家长对子女的家庭教育有明确的理想目标,对家庭教育的理性认识也在逐步提升,同时也很重视对子女的家庭教育,但与谋求现实的家庭经济收入、提高家庭物质生活水平相比还居次要地位。另外,进行思想道德教育在农民家长的家庭教育中仍然占据较为重要的位置。但思想道德教育只是家庭教育中的一部分,农村家庭教育的结构还不完备。因此,家庭教育在农村地区依然存在许多问题。例如,农民家长培养子女成才的主观愿望较为强烈,但在培养子女成为何种人才的问题上存在不切实际和盲从倾向;农民家长在对子女实施家庭教育过程中,缺乏学习场所和学习资源,农民家长学习家庭教育知识基本处于一种自谋出路的状态等。

造成农村地区家庭教育问题的原因主要有:农村地区的家长不能够清楚了解未来社会对人才的需要;家长自身文化素质限制了其对科学的家庭教育知识的了解和把握;家庭教育工作部门存在诸多的实际困难;政府尚未对农村的家庭教育工作给予足够的重视。

四、生育功能

从我国目前的状况看,城市的家庭规模已基本实现了小型化,家庭结构也渐趋核心化,城市家庭的生育行为,无论是生育子女的数量还是子女的性别选择等,基本上是与我国社会经济发展水平相适应的。

但是在农村,家庭规模与结构对于生育行为意义的全部表现就在于,基于农村家庭内部关系之上的家庭规模和结构仍表现为两元化:其一是核心化;其二是直系家庭化。家庭变迁的这种趋势,尤其是直系家庭的继续存在将会深深地影响农民对生育数量和性别的选择。虽然家庭规模和结构并不是人口再生产的行为原因,但它为中国农村主干家庭和扩大型家庭提供了赖以存在的基础,提供了家庭功能发挥作用的条件,进而支配着妇女的生育行为。因此,农村家庭规模与结构的变化反映着妇女生育行为的变化,这一变化也反映出我国当前人口发展趋势的变化,进而也成为反映我国社会经济发展趋势和变化的"晴雨表"。目前,为了"促进人口长期均衡发展"和"应对人口老龄化",我国生育政策从只允许生一个,到允许生两个,再到放开三胎②,城市的生育潜力有待进一步挖掘和提振,而在部分农村地区则得以比较顺利地执行。

---

① 杨康、李放:《自主治理:农村互助养老发展的模式选择》,载《华南农业大学学报(社会科学版)》,2021年第6期。
② 风笑天:《"二孩"还是"三孩","允许"还是"提倡"?——国家生育政策调整的目标解读与认识转变》,载《江苏行政学院学报》,2021年第5期。

在 21 世纪中国人口老龄化、低生育率和人口负增长的时代,尊重城乡人口变动的客观规律,了解不同地区的生育观念变化,积极满足民众的生育需求,才能在实现家庭自主生育的前提下,更好地发挥公共政策和政府干预的作用,综合打造友好的生育环境,应对生育变化带来的挑战。[①]

第三节 家庭关系差异

农村家庭关系模式已经从传统家庭关系模式向现代家庭关系模式转型。两性平等的观念已经深入人心,夫妻之间的关系趋向平等和睦,妇女地位得到很大的提高,在家庭中有一定的发言权;兄弟姐妹之间的关系日益亲密,互助友爱的气氛日趋浓烈;父母与子女之间的关系也趋向平等和谐,民主协商的家庭氛围比较浓厚。但是,在农村家庭关系向好的方向发展的同时,也依然存在着传统家庭关系模式的痕迹。夫妻之间的感情活动不强,父母与子女之间的关系尚未达到完全平等和谐。

现阶段城乡家庭关系的共性在于城乡一体化的发展方向,但由于城乡社会经济发展水平上的差距,现阶段城乡家庭关系,在发展水平、具体形态和面临的具体问题诸方向都存在着很大差异。

首先,从农村的情况看,虽然夫妻在家庭中的地位已日趋平等,但如前所述目前仍然存在一定差异,这种差异表现在农村地区丈夫仍是家中的主要当家人,是家庭日常开支的主要支配者,家务分工模式仍带有一定的"男主外,女主内"这种传统的角色模式的色彩。

相对农村而言,城市家庭中夫妻关系不仅仅是日趋平等,而且目前已基本平等。我们之所以这样说,是因为城市家庭中丈夫已不一定是家中的主要当家人和家庭日常开支的主要支配者,在家务分工模式方面不再明显具有"男主外,女主内"的特征。在今天的中国城市中,绝大多数家庭都是双职工家庭,男女双方在结合之初,经济上都已自立,且家庭的居住形式早已脱离传统的单一"从夫居",而趋向以"新居制"(夫妻结婚便离开双方父母,成立自己的小家庭)为主,"从夫居"和"从妻居"同时并存的多种居住形式。

其次,目前农村中家庭关系的"双系"并重也是不彻底的,带有一定的"父系"的偏向。造成这一现象首先是因为目前的中国农村,虽然非农化程度已经有了很大提高,但即使在非农化程度最高的我国东南沿海地区,如 1998 年"现代中国城乡家庭研究"两市三县(市)(上海、成都、青浦、太仓、宜宾)家庭调查的青浦和太仓,家庭仍在一定程度上是一个生产组织单位,还不是一个单纯的生活单位和生育单位。既然是生产单位就意味着有组织者和被组织者,加之在农村中延续几千年的使男性处于生产的组织者地位的父系父权家庭制度的影响不可能消失于旦夕之间,那么今天农村中的家庭关系在趋向"双系"并重的模式的同时,仍带有一定的男系偏重的色彩则不足为怪。

与农村的情况不同,城市家庭中的"双系"并重是较为彻底的。造成这一现象的首要原

[①] 郑真真:《生育转变的多重推动力:从亚洲看中国》,载《中国社会科学》,2021 年第 3 期。

因当然是绝大多数城市家庭早已不再具有生产功能,家庭早已不是一个生产单位,而是一个单纯的生活和生育单位。因此,在城市家庭中不存在什么生产的组织者和被组织者。加之我国城市中妇女已基本与男子一样充分就业,在经济上不再依赖于男子。正是这样一些因素,使得我国城市家庭中家庭关系出现"双系"并重的现象。同时,在城乡融合发展过程中,中国社会从乡土社会转化为城乡社会,每个家庭都需要面对感情、责任、伦理和经济上的全面整合,各式家庭关系面临调整与重塑。①

一、夫妻关系

夫妻关系(marital relationship)是指"夫妻间的人际关系",即夫妻在交往过程中形成的一种心理关系。中国农村家庭结构的变动除在家庭类型和代际关系方面发生巨变外,夫妻关系也在发生急剧变化。然而,对于农村家庭结构中的夫妻关系变化的研究,相比于在家庭类型与代际关系方面的研究,无论从学理分析层面,还是从经验基础层面,仍显不足。

(一) 城市:男性素质的复归

在社会由封闭到开放、经济体制由计划性向市场化过渡的历史转型期,夫妻关系也反映着一系列的时代特征和变动。家庭内夫妻权力结构正在悄然变化。

纵观两千多年封建社会的一切制度、观念、道德规范乃至家庭关系,无不是张阳抑阴、阳强阴弱、阳本阴末,即"阳盛阴衰"。以男子为中心的社会制度和以父系家长为中心的家庭制度,使历代妇女丧失基本人权而沦为男性的附庸和奴仆。社会主义革命给妇女带来政治上的解放,并以法律手段保障其与男性同等的教育、就业以及婚姻自由的权利,同等的社会机遇使两性共同就业、参政,平等的经济待遇使男女收入相当,妻子的家庭地位显要化。改革开放以来,社会生活步入有序发展的轨道,尤其是开放的、多元化的就业模式,使人们将生存与发展的愿望更紧密地与职业角色的实现相结合,广阔的事业空间使男性们在走向社会大天地中恢复了自信,确立其主体意识。而市场化的就业方式,已一改以往的计划性与保障型,它的求效益、拼体力、排斥家庭拖累等所有可选择性,男性在职业选择和从业的自我资源上比妇女占有更多的优势,夫妻的收入分化也势所必然,该现象在城市中体现得尤为明显。

同时,男女双方对夫妻感情的满意度随年龄越轻、文化程度越高而上升。女性在家庭中实权在握,固然是她们家庭地位显要的指标之一,但却不是衡量两性平等的正向尺度。对家庭事务过多的时间与精力的投入,逐渐成为女性失去社会竞争能力的原因。诚然,社会与经济的变动使夫妻在家庭中的权力结构出现部分的分化与组合,但这并没有从根本上动摇夫妻感情结构,当两性的职业角色在公平的条件下得到充分实现,当人们对家务劳动的社会价值取得共识之时,夫妻的家庭地位将有可能达到真正平等、和谐的境界。

(二) 农村:女性自主性的增强

20世纪90年代中期以来,随着农村大量打工人员的出现,婚姻市场因而发生了根本性

---

① 吕德文:《"一家两制":城乡社会背景下美好生活的实践逻辑》,载《探索》,2021年第5期。

变化,原有的小区域性的婚姻圈被随之而来的全国性婚姻圈所取代,而妇女则在这种婚姻市场中占据了优势地位,这种结构性的变动反映在家庭结构的变动上就是离婚现象的大量出现。

伴随着越来越多的离婚现象的发生且逐渐为人们所接受和理解,人们的家庭观念与伦理观念开始发生变化,核心家庭本位的观念也逐步为个体本位的观念所取代。众多女性开始有了再次选择和寻找自己第二次幸福的想法,并且付诸实践。而这种家庭观念与伦理观念的变化又反过来促使家庭结构变动,更进一步加速离婚的出现和夫妻关系的解体。核心家庭本位迈向个体本位,男性囿于婚姻市场中的劣势地位无法实现个体本位,农村夫妻关系的这种变动对中国农村家庭结构的变动必将发生更为深远和持久的影响。也许从核心家庭本位走向个体本位的变化不会成为整个中国农村家庭结构变动的普遍现象,但仅是这种变动现象的增多就足应引起学者们的重视。因为这种结构的变动虽然可能不会非常普遍,但它所造成的人们观念上的变化则会增加夫妻关系的不稳定性,从而使得家庭潜在地存在着解体的风险。家庭的这种潜在的不稳定性,会使人们失去心灵深处可以倚靠的最后的港湾,从而产生普遍的焦虑感,众多从心灵上失却家庭倚靠的个体的焦虑会成为这个时代的焦虑,这显然是我们所不愿意看到的。

二、亲子关系

20世纪70年代末,在我国改革开放的同时,为了有效地控制全国人口的迅速增长,开始施行"一对夫妇只生育一个孩子"的计划生育政策。30多年来,独生子女作为一个新的、特殊的社会群体在中国社会出现,而且其数量不断增加。截至2020年,我国的独生子女数量大概是1.8亿,在独生子女家庭中,只存在三种家庭关系,即夫妻关系、父子关系和母子关系。同非独生子女家庭相比,独生子女家庭的家庭关系具有最基本、最简单以及无重复的特点,在未成年独生子女家庭表现出亲子互动的新特征。需要注意的是,随着生育政策的调整,由独生子女转变为非独生子女的大孩数量逐渐增加,大孩的情绪问题也开始受到学者和社会的广泛关注。[①]

(一)城市:分而不离的亲子关系

中国传统社会的亲子关系,是以孝道为本的人伦关系,子女在人身、财产上都处于极端无权的地位。直至1949年新中国成立以后,这种状况方从法律上得以彻底改变,并确立了父母与子女之间平等的权利义务关系,进而明确制定了婚姻自由、不许任何第三者干涉的法律条款。半个多世纪来,新型的代际关系从整体上得到健康发展。

首先,父母干预减少,婚姻开放自主。从婚姻的日趋自主现象中我们可以透视亲子关系中的民主化进程。自新中国成立以来,婚姻自主尽管在法律上受到保护,但由于政治、经济和文化因素的影响,父母参与甚至干涉子女择偶与婚姻的现象仍不同程度地存在。改革开放前的几十年里,政治运动风起云涌,经济建设停滞不前,平均主义的低收入,由人口增长和

---

① 刘琴、盛露露:《共同关注全面二孩政策下大孩情绪行为问题》,载《中国学校卫生》,2021年第10期。

经济发展滞后所造成的住房紧张等外部环境,使家庭的共同体功能被强化。随着经济发展和社会开放,社会流动增加,社交范围扩大,人际交往与互动范围由亲缘、地缘向学缘、业缘伸展,婚姻对象为近邻的已降至历史最低点,由自己认识和由朋友介绍认识而恋爱结婚的比例达到新中国成立以来的最高水平。尤其是经朋友介绍认识的比重逐年上升。择偶的开放性、择偶空间的扩大以及介绍人身份关系的变化,均显示了联姻范围的外缘化倾向,这无疑是社会开放与进步的标志。

社会环境的宽松,以及人际交往过程中心理防范的解除,使父母对子女婚姻的种种顾虑、担忧大为减弱,因而强行介入的行为也相应减少。如果把这些视为广大青年得以自由交友择偶的外部条件,那么,当代子辈们的人格独立,很大程度上还取决于经济上的自立。与以往相比,在经济、住房等资源上不得不依赖父母方能安排婚姻的状况正得到改善。一旦亲子之间摆脱了功利的、非情感的某种依存关系的制约,那么,他们之间就不难建立起彼此互相尊重权利的平等的友爱关系。

(二)农村:力不从心的亲子教育

农村许多父母的教育观念很淡薄,如一些打工父母认为家庭的主要任务就是给幼儿提供食宿,把幼儿养大成人,至于教育,那是学校的事情,是老师的事情。有的父母认为读书无用,即使没有文化出来打工照样可以养活自己及家人,因此他们对子女的教育采取排斥、抵制的态度,并对教育持有一种功利性的价值取向,进而将其演化为一种短期的实惠观。这些父母自身实际上已成为孩子学习、身心发展的旁观者,没有履行好自己应尽的教育义务。

在农村家庭中,许多父母的教育观念还比较落后,家长主义、命令主义等陈旧落后的观念深深地扎在家长的头脑中。这严重地压抑了子女的个性,挫伤了孩子的创造力,甚至使孩子形成了孤僻和待人冷漠的性格。有些父母一心只求子女成才而忽视了首先应该让子女成人,不顾子女的自我选择,忽视了人与环境活动的交互作用。

在道德教育方面,家庭是人接受德育最早的地方,而留守家庭的德育基本处于真空状态。如果是由隔代抚养教育的,祖辈大多偏于溺爱,以生活照顾为主,对孩子的品德培养引导得较少;而托付亲戚照管的,亲戚普遍认为不便过多管教或经常盘问,毕竟不是自己的孩子。留守儿童长期处于这种状况中,缺乏及时的指点和帮助,是非观念又不强,一些错误行为和做法不能及时得到纠正,在行为习惯上容易发生消极变化,容易养成一些不好的习惯和道德品行。许多打工家长片面地认为,只要满足了子女对金钱的需要,孩子就会好好学习,自己也尽到了责任。但是他们没有考虑到:孩子失去的家庭道德教育是无法用金钱弥补的,孩子被扭曲的心灵和形成的孤僻、任性、倔强的性格是很难矫正的,靠金钱、溺爱来补偿父母应该给予子女的关爱和道德教育,结果只会适得其反。"拜金主义""功利主义"等思想观念容易在孩子大脑中萌芽,极易形成孩子功利主义价值观和享乐主义人生观。

对于留守儿童而言,打工父母在外忙于生计,无暇顾及子女,与孩子缺乏沟通,平时很少联系,即使打电话,关注焦点也是孩子的身体状况和学习成绩,很少关心孩子的思想和心理健康。留守儿童年龄大多为2~15岁,正是情感、品德、性格形成和发展的关键时期,有的出生几个月或周岁后,父母就外出务工,长期与父母分离,使他们生理和心理上的需要得不到满足,缺乏父母的关爱,亲情失落,产生孤独感,感情比较冷漠,有些性格也比较孤僻、偏激。他们遇到困难不能获得感情支持,出现一些差错得不到及时的引导、纠正,久而久之,便会形成一些明显的心理或行为问题。他们由于在情感上缺少健全的关爱和沟通的环节,往往焦虑紧张,缺乏安全感,人际交往能力较差。同时,大多数留守儿童表现出对家庭经济、父母健康和安全的忧虑,不希望父母常年在外打工,且年龄越大,越表现出对家庭完整和父母关怀的强烈需求,对生活的满意度逐步降低。留守子女在人际文化、性格、生活感受、人生理想、协作求助、学习成绩等方面发生障碍的比例呈明显上升趋势。

亲子之间关系如何、父母对子女教育效果如何还取决于父母的教育方式。在农村家庭中,许多家长本身所接受的教育有限,他们也不知如何教育子女才科学有效,许多家长的教育方式不得法。特别是那些常年在外打工的家长,要想在短暂的在家时间给予孩子正确、科学的家庭教育无疑是勉为其难。有的打工父母由于不在孩子身边,心里总有一种负疚感,因此在物质方面尽量给予满足,孩子要什么就给什么,百依百顺,有求必应,过于溺爱放纵子女。有的父母在子女调皮时往往采用恐吓、责骂、殴打、惩罚等简单粗暴而"见效快"的教育方式,甚至自己有什么不如意,也拿孩子作为出气筒,使孩子的心灵遭受创伤,为孩子的不健康发展及不协调的亲子关系埋下祸根。有的家长没有意识到家庭教育具有潜移默化性,在与子女相聚的时间里,不注意言行举止,把自己在外面沾染的不良恶习暴露在孩子面前,使子女也滋长了一些不良的思想言行。

三、代际关系

1949 年以来,中国家庭生活的一个重要变迁是父母威权的衰落。社会主义改造运动以及工业化削弱了家庭在国家经济生活中的重要性,从而大大削弱了老年父母在家庭内部权力运用的物质基础。

新中国政府为了尽快建立现代公民意识,不再提倡孝道伦理,其结果是现代中国家庭中的老年父母已不再拥有家庭长者的经济资源、政治支持以及道德权威。虽然这些结构性变化清楚地表明老一代不再在家庭中保持绝对的权威,但我们仍不知这种变化对代际关系尤其是体现了代际关系特点的家庭养老制度有什么样的影响。可以想见,当父母失去了经济控制力及孝道所赋予的权威时,子女就不必对父母表示绝对顺从,那么亲子之间的互动较传统社会必然会出现一种新的代际关系。

目前,中国代际关系发展面临着一些新问题。

第一,城市化进程中亲子分离、监护缺失加剧不容忽视。20 世纪 80 年代以来,伴随经济的迅速发展,我国城市化进程也大大加快,大量农村人口向城市迁移。农民进城务工带来的直接问题是,产生了大量与父母分离而留在农村的孩子,即"留守儿童",以及随父母或其他监护人流入城市的孩子,即"流动儿童"。留守儿童长期与父母分离,缺少父母的关怀,监护缺失严重。而随父母进城的儿童由于父母忙于工作以及居无定所等问题,他们的基本权益得不到保障,抚养教育存在诸多问题。在城市化进程中,农村留守儿童和进城流动儿童的规模增长十分迅速。这类家庭在很大程度上具有亲情淡漠和亲子之间隔膜等问题,给未成年一代的正常发展带来巨大障碍。这关系到家庭和谐和社会稳定,政府应采取积极措施予以社会干预。

第二,人口老龄化与社会养老矛盾突出。一方面,当前我国社会面临日益严峻的人口老龄化挑战。我国养老所依赖的多子女的大家庭传统正在被核心家庭所取代。城市独生子女家庭不断增加,老年人无论在经济来源、生活照料,还是亲子交往、精神慰藉方面,从唯一的孩子那里得到的都非常有限;在农村,随着城市化进程的加速,越来越多的年轻人离开农村进城务工,丧失劳动能力的老年人依靠子女照顾的可能性和现实性正在减弱。子女如何提高对老人的"反哺"能力,履行对老年父母的赡养责任,成为目前以及今后代际关系中的一个难点问题,家庭养老矛盾在很大程度上向社会转移成为必然趋势,需要积极应对。

第三,现代社会父辈权威面临新的挑战。当今社会正处于传统向现代转型的阶段,尤其是互联网的发展和对现代人生活领域的快速渗透,对传统社会形成了巨大的冲击,也形成了两种迥然不同的代际文化。在家庭代际关系上的突出表现为:一方面,与网络同步成长的年轻一代从广阔的互联网上获得了无限的资源,以至于从观念到行为都发生了巨大改变,他们习惯于我行我素、标新立异,而对父辈的教诲无所顾忌甚至产生怀疑;另一方面,父辈难以摆脱传统文化的束缚,面对网络社会带来的种种变化往往措手不及,所获得的知识和技能远不及孩子,更难以因循过去的遗训去影响和教导今天的孩子。父辈权威面临越来越严峻的挑战,因而探寻有效的方式进行代际沟通、达到代际和谐颇为重要。

(一) 城市:不平衡的代际交换

随着改革开放的深入以及现代化程度的提高,我国的家庭代际关系发生了诸多变化,表现出一些新特点,如家庭小型化、核心化以及代际关系简化等。

在城市家庭中,出现了不平衡的代际交换。一方面,随着科技的进步,就业形势日趋严峻,一些年轻人找不到工作或觉得工作不称心而不愿工作,由于没有经济来源,以至于在经济上完全依赖父母,这类人被称为"啃老族"。"啃老"现象是畸形的,不利于两代人的身心发展,更不利于社会的发展。老年人对儿孙辈资助的形式与内容越来越丰富。过去,我国老年人对儿孙辈的帮助主要以劳务或劳务创造的实物形式呈现,如老年人利用自己有较多空余时间的优势,帮助儿女照顾未成年的孩子,利用自己的技能为儿孙辈缝衣做鞋料理家务。随着出生率下降,老人对儿孙的资助越来越丰富:一是劳务资助,老年人帮助子女照顾孙辈的劳务资助在继续,这种负担和压力有增无减;二是实物资助,购买流行的衣物、玩具甚至高档家用电器等实物的资助变得越来越流行;三是货币形式的资助,城市有退休收入的老人通常会定期或不定期给已成家的儿女提供货币资助。① 另一方面,随着人口出生率的下降,传统的大家庭解体,家庭结构趋向核心化,家庭规模趋向小型化,年轻一代的"赡养"义务逐渐弱化。在现代化进程中,由于市场配置劳动力的结果,越来越多的劳动年龄人口从农村迁移到城市,从贫困地区迁移到富裕地区,老年空巢家庭增多。此外,由于子女、孙子女处于激烈的市场竞争中,自身经济、精神压力增大,加上老龄化日趋严重,家庭中出现几代人同老的状况,使后代常常心有余而力不足,难以担负照顾老人的重任。②

从文化层面上看,由于急速的文化变迁,年长一代在思想、文化、科学技术等方面跟不上时代的发展,需要向年轻一代进行广泛的文化、技术的学习,这一现象称为"文化反哺"。③ 在传统社会,文化传承的方向是由上一代向下一代传承。在家庭中,父辈总是教化者,而子辈

---

① 张川川、陶美娟:《性别比失衡、婚姻支付与代际支持》,载《经济科学》,2020年第2期。
② 王跃生:《直系组家庭:当代家庭形态和代际关系分析的视角》,载《中国社会科学》,2020年第1期。
③ 周晓虹:《文化反哺:变迁社会中的亲子传承》,载《社会学研究》,2000年第2期。

总是被教化者。然而,随着信息时代的来临,计算机网络技术不断发展,文化传承的范式在亲子之间发生了革命性的变化,子辈不再单纯是被父辈教化的对象,在思想、观念、技术等领域,他们在很大的程度上影响着父辈。现在的年轻人,能够通过很多途径接受大量的并非来自父辈的新知识、新观念。他们知识面广、观念新,能快速掌握新的技术,所以父辈向子辈进行文化、技术学习就成为必然。

(二)农村:孝道衰落的赡养困境

目前,在我国绝大部分农村社区,家庭养老依然是最主要和最普遍的养老方式。所谓家庭养老,就是由家庭(准确地说是儿子及其配偶)为60岁及以上的老年人提供经济供养、生活照料和精神慰藉。家庭养老实质上是我国独特的代际关系的外在表现,费孝通先生将其概括为"反馈模式"(或"反哺模式"),以区别于西方社会的"接力模式"。他指出,在西方社会,甲代抚育乙代,乙代抚育丙代,是一代一代接力的模式,子女没有赡养父母的义务;但在中国,是甲代抚育乙代,乙代赡养甲代,乙代抚育丙代,丙代又赡养乙代……即下一代对上一代都要给予反馈的模式。费孝通先生还指出,这种模式是以"养儿防老"的观念为基础的,并体现了(亲子)两代人之间的"均衡互惠"的原则。

不过,随着时代和社会的变迁,学者们发现,这种传统代际均衡关系被打破,由此引发了严重的养老问题,这一问题在农村尤为突出。改革开放以来,特别是20世纪90年代以来,农村代际关系失衡,子女不孝现象普遍且严重。[①]

从我国农村的情况来看,农民一生中有两件大事,一件是子女的婚事,另一件是为儿子娶亲盖房。在父代农民完成子女的婚事之后,农村传统的分家习俗再次引导了新一轮的代际财富转移。有研究表明,在农村传统的婚姻习俗中,新房具有绝对重要的作用。体面完成儿子的婚事不但是提升家庭社会位置的需要,也是父代农民一生的重要目标。父代农民不得不压缩正常的生活消费,节衣缩食,准备子女的婚事。这使家庭的生活消费处于紧缩状态,尤其是父代农民,在储蓄尚未满足需求之前,生活只能维持温饱水平。在反哺阶段,代际的交换主要是子代赡养父代,而父代也在家务劳动等力所能及的范围内与子代保持交换的互惠。尽管这种互惠行为一直在发生,但农村老人的生活状况却并不乐观。由于农村经济发展对传统代际关系和思想观念的冲击,有些子女工作太忙或与父母分居两地,常常忽视自己对父母的赡养责任,有些子女千方百计摆脱赡养父母之责,对父母的生活情况不闻不问。近年来,甚至出现了所谓"富而不养"的问题。

---

① 许惠娇、贺聪志:《"孝而难养":重思农村留守老人的养老困境》,载《中国农业大学学报(社会科学版)》,2020年第4期。

第四节 家庭生命周期差异

一、城市的家庭生命周期与消费结构

和西方核心家庭相比，我国城市的核心家庭的生命周期也可大致分为四个阶段。

第一阶段，是核心家庭的准备和建设阶段，我们称之为新的核心家庭诞生阶段，这个阶段为从婚姻成立到新婚夫妇生育之前。

第二阶段，是"抚养和教育阶段"，我们称之为生育、抚育和教育阶段。从时间上看，这个阶段应为从第一个子女出生开始，到家庭中有一个子女结婚成家立业之前。

第三阶段，是"分离阶段"，我们称之为子女结婚而脱离原家庭阶段。

第四阶段，是核心家庭的"老年阶段"。在我国，这一阶段和第三阶段是相互交叉在一起的。

既然城市家庭是一个生活基本单位，我们就有理由认为它是一个基本的消费单位。换言之，其消费并不是家庭各个成员消费的简单加和，而是其成员通过交互作用而达成的某种结果。这样我们也有理由认为，一个家庭具有自己的消费需求和消费偏好，同样，其需求和偏好也并非家庭成员个人的需求和偏好的简单加和。但其需求和偏好却肯定与每个成员的需求和偏好有关。家庭的需求和偏好也有质和量的差异，如对食品需求的质和量的差异，对衣着款式和质料偏好的差异，等等。可以根据家庭需求和偏好的重要性程度和迫切性程度排出需求和偏好次序，如子女的教育需求的重要性高于成人的享乐需求，幼儿的食品需求的重要性高于成人对高档衣着的需求，等等。造成家庭消费需求和偏好差异的原因是多方面的，但也肯定与家庭成员的婚姻状况、年龄、个人生命周期阶段、就业状况、家庭成员间的角色关系和权利分配方式之间存在着某种程度的联系，而所有这些恰恰是家庭生命周期这一复合变量所包容的具体内容，是家庭内部随着时间变量的变化而发生不同程度的变化的微观因素。所以，家庭生命周期对消费结构的影响既有直接效果，也有间接效果，其间接效果是通过家庭消费需求和偏好、家庭决策模式这样一些中间变量来实现的。家庭成员的婚姻状况、年龄、个人生命周期阶段、就业状况、角色关系以及相互间权利分配的方式，随时间的演进而发生变化，这些变化导致家庭消费需求和偏好的不同，导致家庭消费决策方式的变化，进而影响到消费结构的变化。这是一个复杂的因果过程，可简单用图9-3表示。

二、农村的家庭生命周期与消费结构

在二元经济条件下，我国城乡居民家庭差异很大，在家庭消费上存在明显的二元特征。这里，我们将我国农村家庭生命周期各阶段划分如下。

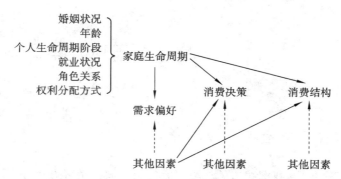

图 9-3　家庭生命周期对消费结构影响的因果途径

（一）结婚生育期：从结婚成家开始到生育完成为止

由于我国广大农村早婚早育的习俗未得到根本性转变，违法早婚事件时常发生，女青年早早找好婆家等待到法定年龄出嫁更是普遍现象。而且，在家庭早生贵子的强烈欲望下，从结婚到怀孕生子的时间间隔很短，基本上从结婚之日起就把生育之事当作家庭的头等大事予以考虑。由于生育率整体下降，"大带小"意识减弱，所以农村"快生"现象十分普遍，生育集中，生育期短，多数在婚后 3~5 年内完成生育任务。基于此，可将结婚无子女期与生育期合为一个阶段。这一阶段依据中国农村传统成家立业观念，以结婚作为家庭生命周期的起点，主要是完成生育任务，时间为 3~5 年。

（二）子女成长期：从生育完成开始到长子或长女结婚为止

这一阶段是家庭子女成长的阶段，父母的年龄由青年步入中年，是家庭收入的高峰时期。家长除了自身的事业发展之外，子女的成长成为家庭的头等大事，为了把子女拉扯成人，有个好的出路，经济投入与时间、精力、体力投入巨大。这一时期为 19~22 年。

（三）子女离巢期：从长子女结婚到最后一个子女结婚为止

为子娶妻、为女出嫁是这一时期的重要之事，家庭收入和积蓄中较大比例是备子女结婚之用，低收入家庭的相对支出会很大，不少家庭出现入不敷出的情况，借贷在这一时期较为常见。这一时期为 3~5 年。

（四）空巢期：从最后一个子女结婚开始到家长一方过世为止

父母年龄由中年进入老年，收入也出现由高到低的转变。父母越来越接受与子女分开生活，以保持生活的独立性。处空巢期早期的父母，如父母 60 岁之前，有一定劳动能力，也有一定的收入。处空巢期晚期的父母，正是多子女一代的父母，受多子女的经济资助，基本生活费用不大受影响。从对家庭的观察，这一时期，由于子女总体数量的减少，子女离巢期缩短，时间较以往提前，从父母 40 多岁即开始。同时，由于社会经济的发展，社会卫生与医疗总体的进步，人类健康状况得以改善，寿命普遍延长，空巢期延长，为 21~24 年。

（五）鳏寡寓居期：从家长一方过世开始到另一方过世为止

这一时期的基本状况是老人鳏寡年迈，无法独自生活，在我国农村以家庭养老为主的方式下，鳏寡老人寓居于某一子女家（多为长子）或在子女家轮居，直至过世，时间跨度为5～10年，或更长时间。

依据现阶段我国农村的实际情况所作的上述划分，具有时代性，表现为：一是起点为结婚，比较符合我国农村成家立业的思想，终点是父母双双过世，表示以父母为主的家庭最终结束，便于我们考察以父母为主的生活的完整轨迹；二是由于子女生育较为集中，因此，将子女的生育过程与教育成长过程仅分两阶段进行；三是婚姻是农村家庭的大事，将子女结婚作为一个阶段分析，有助于我们分析子女结婚对家庭的影响；四是父母在子女全部离家后单过，是越来越多父母的选择，父母与子女的生活相对独立；五是中国农村社会养老方式仍在建立之中，家庭生命周期最后阶段需要与子女家庭相结合予以考虑，以安排好老人的晚年生活。当然，这种划分不能概括农村家庭的所有情况，只是对主流情况做一个尝试性的划分。而且，随着社会经济的发展，农村居民家庭规模、结构与功能也会发生相应改变，家庭生命周期各阶段的划分与特点也将随之发生变化，我们要用动态发展的观念研究农村居民家庭的生命周期。

第十章

家庭的未来

> 没有家庭就没有社会。
> 但是，如果先没有社会，也没有家庭。
> ——克洛德·列维·斯特劳斯

　　早在20世纪80年代初，费孝通就发现，家庭结构变动的核心化趋势越来越明显，而主干家庭的凝固力和分化力还正在相持之中，因此，对于家庭结构发展的方向还不好预测。据第七次全国人口普查，全国共有家庭户49416万户，家庭户人口为129281万人。据专家预测，由于我国人口老龄化与高龄化和家庭规模小型化、结构核心化发展的趋势，高龄老人越多，生活自理能力就越差，需要更多的家庭和社会照顾。在未来的时间段里，我国将普遍出现"四二一"家庭成员构成，即一对年轻夫妇抚育一个孩子而赡养四位甚至八位老人（男女方的父母、祖父母、外祖父母）。中国四世同堂式的家庭"金字塔"，迅速演变成"倒金字塔"的家庭结构，"四二一"家庭将成为中国社会新的家庭主流。伴随着"新家庭"的出现，整个中国传统家庭关系将被颠覆。届时，我国虽然普遍进入小康社会，现代化进程加快，人民生活水平大大提高，但因老年人口的剧增，特别是高龄老人的增多，子女的负担将会越来越重。

　　在中国数千年的文化传统中，家族主义无疑是一种影响十分深远、普遍和持久的基本的文化精神。中国是一个古老的农业国度，其历史几乎都是建立在农业文明的基础之上的。中国的农耕经济与家庭结下了不解之缘。封闭的、自给自足的小农经济的组织形式一直是（而且几乎只能是）家庭。这除了因为家庭具有农业生产特点所要求的几乎全部组织结构特征外，还由于在中国社会发展的原始时代，家庭几乎是唯一的社会组织单位，此后一直到中国近代社会，家庭始终是社会组织的主要形式，是全部社会组织的核心和基础，其他的一切社会组织、团体都以家庭作为自己的模拟对象，并围绕着家庭这个轴心而运转。

　　无论是从经济、政治或者其他方面来观察，家庭（家族）是中国几千年传统社会的基础结构。李大钊说："中国的大家族制度，就是中国的农业经济组织，就是中国二千年来社会的基础构造。一切政治、法度、伦理、道德、学术、思想、风俗、习惯，都建筑在大家族制度上作他的表层构造。"在这样的基础结构之上便形成了维护它、又相对独立于它的意识形态——家族主义。

　　文明是要继续进步的。伦理型的家族主义否定了原始的自然型的家族主义，但是它本身也终将被否定。工业革命、社会化大生产、市场机制、信息革命的洪流终将摧毁伦理型家族主义赖以生存的土壤。我们期待着作为"否定之否定"的新型家族主义文化精神的出现。这种新型的家族主义精神既保留了作为中国文明特征之一的对于家庭亲情的重视，又以理性、法制、民主和科学之观念充实其内涵。它既立足于中国传统文明又超越之，既具有民族的特色,又与现代世界文明水乳交融并给西方文明以启示。

贝克尔曾说,现代社会的个人主义和核心家庭是从传统社会中扩展型家庭和血缘型家族发展演变而来的。个人主义之所以取代了家庭主义,是因为传统社会中许多家庭功能已被现代社会中的市场和其他组织所取代了,而后者则具有更高的效率。对于那些假设的传统家庭亲密关系的怀念,显然是忽视了传统家庭对个人隐私和个人选择的限制,忽视了传统家庭对其成员所遇到的灾难的不完全保护,以及忽视了传统家庭对于那些超越了家庭背景的机会的限制。

第一节 预测依据

预测家庭发展的未来,并不是根据主观臆断,而是依据家庭的发展规律而做出的选择。从家庭发展的历史中提炼出制约家庭发展的诸多因素。这些因素正是假设和推断未来家庭形态的主要依据。

与任何事物一样,家庭形态也处在不断发展、变化的过程中,这种发展是由多种因素决定的。多种因素相互作用建构了家庭的一定动态模式。这些因素中最主要的是人类的生产方式和由生产方式的变更所引起的人类生活方式的改变、人类对自身认识程度的提高和人与社会相互依存关系的不断发展。

一、生产方式

从家庭的起源和发展看,生产力的发展和生产方式的变化是家庭演变和发展最根本的推动力。因此,未来的家庭也是由未来的生产力水平和生产方式来决定的。

历史完全说明,人类家庭制度的全部发展,莫不与生产力水平、生产资料所有制的不同形式密切相关。以往的家庭形式都是不以人的意志为转移的。即使是自然选择,也是人们不自觉地顺应自然发展规律而做出的选择。在最初生产力十分低下的情况下,人们必须混居在一起与自然抗衡,这就必然导致杂乱性交。以后,一定地域内有限的生活资料无法养活日益繁衍的人口,造成原始群体的分裂。在分裂迁移中,年长者具有较多的生产经验和技术,逐渐形成长幼有序的结构,人们有了上下辈分的概念,出现了血婚制家庭。随着人工取火技术的发明、人类活动的领域和人类交往的范围扩大,逐渐发展出两个母系氏族公社之间互相通婚,排除兄妹之间的婚姻关系,出现伙婚制。弓箭的出现,为对偶婚姻的产生创造了条件。畜牧业的发展、剩余产品的出现、私有制的产生,又使偶婚制过渡到一夫一妻制家庭。一夫一妻制家庭以前的几种不同程度的群婚制家庭,都是在生产力极端低下、原始的生产资料公有制条件下产生的。进入私有制社会以后,生产资料的私有决定了对妻子儿女的私有,才产生专偶婚家庭。家庭形态的演变与人类社会的发展同步,经历了二三百万年的历史。每一次都是生产力的发展、生产方式的根本改变引起家庭形式的进一步变化。这是理解全部家庭发展史的线索,也是探寻家庭未来的钥匙。

在科学技术呈加速度发展的今天,人们无时无刻不经受着未来的冲击。在所谓的第三次科技浪潮中,出现了新的信息领域,电子计算机的发明为无生命的环境输入了智慧。新的技术时代的到来,又一次改变了生产方式,人类又处在一个新的技术制高点和时代的边缘上。人类的思想意识、行为规范,社会的组织和制度,也都孕育着变动。同样,在通向新生产体制的发展过程中,家庭内部也存在着一种潜在的变化势力。

二、生活方式

生活方式是社会成员在一定的社会条件制约下的生活领域中活动的形式和行为特征。马克思和恩格斯在创建历史唯物主义原理的同时,提出了生产方式和生活方式两个概念。他们指出:在社会生产的每个时代,都有"这些个人的一定的活动方式,是他们表现自己生活的一定方式、他们的一定的生活方式"。马克思、恩格斯还在其他著作中多次运用生活方式来揭示一定历史时期的社会关系和社会过程。

在人类历史的每个时代,一定社会的生产方式都规定了该社会生活方式的本质特征。在生产方式的统一结构中,生产力发展水平对生活方式具有最终的决定性的影响。在社会生产发展的不同阶段,人们的生活结构具有不同的内容,对生活质量的构成具有不同的要求。

一定社会的生活方式和家庭制度是相互渗透和相互影响的。一方面,家庭形态最终也是由社会生产力和生产关系所决定的,作为一种社会制度,不同的家庭形态也规定了不同的生活方式类型。另一方面,家庭是个人直接生活在其中的微观社会环境,生活方式的具体特征在家庭中得以体现。因此,作为社会变迁的一部分,生活方式的变化对家庭的发展具有影响和指示作用。

生产方式是人类赖以存在的基础和发展的起点。人们在物质生产的基础上开展满足人类自身生存、享受和发展的生活活动,进行人类自身的生产和再生产。从社会发展角度看,生产力越发展,科学技术越进步,人类生活的空间和时间的范围和跨度也就越大。这些都直接影响到家庭和家庭生活。

在传统农业社会中,家庭是基本生产单位,生产力水平较低,劳动活动较分散,物质和精神生活的消费资料相对匮乏,人们生活水平低,社会流动缓慢,闲暇生活单一,社会生活受习俗制约。传统农业社会的生活方式造就了相对应的家庭功能、家庭结构、家庭关系和家庭消费。

在工业化初期,农村人口大量涌向城市社区。在城市中,生产社会化、集约化,社会结构复杂,社会服务机构替代了许多传统的家庭职能,社会流动性大,生活节奏快,血缘和地缘关系淡化,人际关系业缘化。由此,家庭结构、功能,以及个人在家庭中的职责、权利、义务也与城市生活方式相匹配。

当代科学技术的进步和生产力的迅猛发展,是生活方式变革的一种巨大推动力量。家庭也因此而面临着一场革命。

三、社会文化价值

生产方式和生活方式是影响家庭变化的外在物质因素,而生产方式的进步和生活方式的多元化所引起的社会文化价值观的变化和人类对自身认识程度的提高,是影响家庭变化的内在因素。关于家庭问题的社会文化价值观主要包括:对人类自身繁衍的评价,两性关系在人类生活中的意义,个人在家庭中的价值地位。

(一)人类对自身繁衍的评价

人类的生殖,既是一种基本的生物现象,也受到文化的干涉。这种文化的干涉即人类对自身繁衍的认识。从整个人类史来看,生儿育女是组织家庭的最早的一个目的和职能。人类对生育的看法是随着社会形态、家庭形态的更迭而变化的。在人类的蒙昧时期和野蛮时期,人们的子女观念十分淡薄。子女观念是私有制的产物。私有制产生和发展以后,人们在选择配偶时便开始考虑能否生育。农业社会的生产方式对劳动力的需求也使人们更注重后嗣。在宗法社会,种族的延绵成为家庭的头等职责。近百年来,在物质生产发展的同时,人类对自身生产的认识有了新的变化:生育行为中个人意志的成分不断加强,子女是私有财产的观念淡化,生育的目的是族类繁衍、延续的看法渐渐退出舞台。尤其是科技的进步为人类控制生育提供了必要、有效的手段,使性与生育完全分离,并且创造出通过生物医学技术"制造"人类生命的方法,对人类的生育观产生巨大的冲击。总之,生育制度的发展和人们对生命的看法,对家庭的未来具有重大的影响。

(二)两性关系在人类生活中的意义

两性关系是动物性选择的一种高度发展的形式。但人类的性选择不仅仅出自生物的本能,还有其社会性。人类从杂交状态向血婚制、伙婚制、偶婚制家庭形态的一步步进化,就是通过自然选择的作用,逐渐建立各种禁忌。两性关系不再是无选择的、偶然性的了。随着一夫一妻制家庭的出现,真正的个性性爱才开始萌芽。以爱情为基础的两性关系,一直为多少世代的人所崇尚和苦苦追求。

今天,由于各种原因,两性关系中还残留着各种非爱情的因素。随着人对自身认识的发展,精神的和谐和享受愈来愈重要,两性关系中的物质和权力因素逐渐消退,而两性间的真正的精神和谐将愈来愈占据主导地位。两性之爱是婚姻和家庭的基础。目前,就大多数人而言,家庭是实现持久两性关系的主要场所。未来两性关系的本质将是什么?它对家庭又将产生什么样的影响?这也是人类面临的对自身认识的又一课题。

(三)个人在家庭中的价值地位

在不同的社会发展时期,个人在家庭中具有不同的职责、权利和义务。人类达到物质文明以后,开始思考实现个性理想的问题。在物质得到最大限度发展的同时,人类获得了相当的自由,有可能摆脱外部的压力,充分发展个人内在的动力和愿望。人的精神世界的不断丰富,个人思想中的个性精神、民主主义的滋生,改变着个人与社会的关系,也改变着个人在家庭中的位置。个人不再成为家庭的附属,而是具有自我意识的家庭成员。由于个人意识的变化,父权制家庭中的家长权威大大降低。女性在社会经济生活中的广泛参与,改变着她们在家庭中第二性的位置。子女不再是父母的私有财产,而是社会中独立的个体,父母在子女身上寄托替代自己的愿望可能因此而不再存在,养儿防老思想也濒临破产。夫妻关系相比血缘关系,在家庭生活中将越来越被看重。人类关于自身存在和发展的价值观,影响着个人在家庭中的位置。

四、社会规范的约束力

人类的行为,一直受到规范的约束和控制。社会对人进行控制,以限制人们做出不利于社会的事情。

习俗是较早的社会控制方式。每一个社会都创造有一套与生产、生活环境相适应的并为人们所认同的习俗。习俗可以规定人们的交往方式、居住格式、婚丧礼仪等一切与家庭生活有关的内容,是人类绵延发展的一种重要因素。

法律则属于正式的社会控制范畴。家庭立法规定了婚姻和家庭的各方面。目前的法律,通过一夫一妻制、母亲和儿童的权利、遗产继承等方面的规定来保障现有的家庭制度。

道德作为人们自觉的行为规范,是人类自律的一种方式。不同的社会道德评价、不同的个人道德直觉能力,在婚姻、家庭生活中产生不同的个体行为。

由此看来,在个人与社会的关系中,习俗、法律、道德以及舆论、信仰、宗教等手段,是达到个人与社会和谐与稳定的必要措施。随着个人与社会关系的不断改善,社会逐渐改变外在力量对个人行为的硬控制,使社会成员自觉地把社会规范内化。对于婚姻和家庭,社会同样有着各种规定性,而这种规定性一直在变动之中,只是相对稳定。家庭中社会规范的内容、程度的变化影响着家庭的未来。

生产方式的变革、科学技术的发展,不断改变着人们的生活方式。与此同时,人类对自身认识的发展也不断创造着新的生活方式,并协调人与人之间的关系、人与社会之间的关系。这些都是推论未来家庭模式的依据。

应该看到,在决定家庭未来形态的各种因素中,有的已经显露并影响到家庭的变化,有的尚未显露。还有一些社会或自然的现象,今天人们并不认为它们会影响家庭制度的变化,但是它们正在或在将来可能转化为影响家庭制度发展的因素。新的因素或新的作用产生之后,总是与已知的因素相互作用。因此,在考虑某些可能因素的情况下,由已知的因素来推论未来家庭的基本状态是可行的。①

第二节 代表观点

关于家庭未来前途的观点,归纳起来,无外乎两种观点。

一种观点可称为悲观论,即认为家庭正在迅速消亡,或者认为家庭除结婚后头一两年生儿育女外,已经死亡。

另外一种观点可称为乐观论,即认为家庭会继续存在下去,甚至认为家庭行将进入黄金时代。他们有这样的一种理论,由于空闲时间增多,家人聚会的时间也就多了,会从共同生

---

① 邓伟志、徐榕:《家庭社会学》,北京:中国社会科学出版社,2001年版。

活中得到极大的满足。

美国未来学家、学者阿尔温·托夫勒在《未来的冲击》一书中这样说:"家庭一向被称为社会的'大减震器',是同世界搏斗、被打得遍体鳞伤的人的栖息地,是日益动荡不定的环境中的一个稳定点。随着超工业革命的发展,这一'减震器'也将经受本身的一些冲击。"基于此,阿尔温·托夫勒提出了自己全新的关于家庭未来的观点。他认为:辩论的双方都错了,因为未来所表现出来的更为不稳定;家庭也许既不会消灭,也不会进入新的黄金时代;它可能(这是极为可能的)解体、破裂,然后以不可思议的新方式出现;随着第二次浪潮,小家庭失去它的优势地位,某种其他形式将取而代之,一个非常可能的结果是,在第三次浪潮时期,家庭将长期没有一个统一的形式,相反,我们将看到高度多样化的家庭结构。

家庭的发展史,是社会发展史不可分割的组成部分。家庭的产生、演化、发展随着社会的进化而逐步由较低阶段向较高阶段发展,由较低的形式演进到较高的形式。

对于家庭的未来存在两种基本观点,即家庭消亡论与家庭存在论,这两种观点都是以社会变迁的趋势为根据,分析家庭未来得出的结论。但是,它们均忽视了社会的整合功能。因为社会具有能动地适应自然环境和变迁了的社会文化,并通过制度建构和制度创新整合社会系统各部分、各层次的功能。因此,仅仅从社会变迁的角度来判断家庭的未来缺乏充足的依据。我们可以从功能条件的角度对家庭的未来状态做一个预测。如果有充分的证据证明,在未来的社会中,家庭的某些功能是其他任何社会群体或社会机构所无法承担的,那么家庭就具有了不可替代性。由此,我们有理由认为家庭是不会消亡的。

心理学家麦独孤指出:"'合群'是人的一种本能,正是人的合群性本能驱使人们相互亲合。"社会交换主义认为:"个体之所以加入某一群体,并遵从该群体的规范,是为了与群体中的其他成员进行感情或物质交换。"现代社会分化程度不断加深,人们的物质交换需求由专门的社会组织来实现。在初级群体日益走向解体的情况下,情感交换的需求主要通过家庭群体实现。如果我们对人类本性做深入的考察和分析,不难发现,情感与其他社会关系不同,它具有阶段性特征。情感需求是人类本性的一部分,是超时代的。

现代化的发展导致人与人关系的短暂性,这不但不会减弱人们对情感的需求,而且会增强家庭观念,通过家庭生活来满足情感需要。另外,从生物学角度看,迄今为止,没有发现群体性的动物因为环境的改变而改变群居生活的本性。只要人类对情感归宿和亲子亲情的需求不改变,就必然会寻求家庭生活,家庭群体也就必然在高度分化的社会条件下存在,并发挥其独有的社会功能。[①]

一、家庭振兴论

恩格斯认为,一定历史时代和一定地区内的人们生活于其下的社会制度,受着两种生产的制约,一方面受劳动的发展阶段的制约,另一方面受家庭的发展阶段的制约。因此可以体会到,家庭与社会、与人是紧密联系在一起的,有人、有社会,必然有家庭。家庭是社会的一个细胞,虽然它的形式经过多次的演变,但家庭自起源以来就一直没有消失,就一直保留在

---

① 许放明:《社会发展与家庭的未来》,载《内蒙古社会科学(汉文版)》,2010年第1期。

人类生活中,成为与个人、社会关系最为密切的社会组织形式。在某些发达国家,随着单身、单亲家庭的出现,某些人误认为家庭似乎处于解体状态。但我们必须看到,大多数家庭还是双亲家庭,而且事实上单身、单亲家庭或许又是一种新的生活方式下的另一种新的家庭形式。

　　人的一生有很大部分时间是在家庭中度过的。第一,人从出生起,就生活在家庭里,先是依赖父母,由他们进行抚育和培养,并与家庭中的其他成员同居共处,相互间耳濡目染。在一个较长的生活依赖期中,人一方面接受来自生理上的照顾和关怀,另一方面也在家庭中接受广泛而深入的社会化训练,接受现实社会规定的生活方式、社会规范,学习和掌握生活与生产活动的基本知识和技能。人在家庭中逐渐成长为合格的社会成员以后,正式进入社会,择偶并组织自己的新家庭,生育子女、繁衍后代,承担文化传递的责任。即使到了垂暮之年,或者与配偶相互陪伴,或者依靠子女赡养,一般来说也依然在家庭中度过。第二,在人们从幼到老的过程中,不管家庭生命周期经历什么样的变化,人终归离不开家庭,个人要受家庭的影响,同时也会给家庭带来影响。这种相互影响的程度因人而异,我们固然不能认为家庭能决定个人的人生历程,但个人与家庭的关系是无法割断的。可见,家是任何其他形式的社会组织无法代替的,家是独一无二的。一个健康的家庭有助于个人、社会健康的发展,这不就是我们想要的吗?①

　　一些社会学家认为,家庭消亡不是不可能发生的,但是这种趋势不可能无休止地发展下去,最终还得反向。因为历史往往是从一个极端走向另一个极端,一段繁荣的时期以后往往紧接着一个贫穷时期,一个挥霍狂欢的年代往往尾随一个禁欲主义的时代。因此,家庭消亡到一定程度以后,又会复兴。譬如离婚率就不可能无限制地增长而导致社会的分裂。在将来的某一时期,社会将再承认家庭的合法性,恢复结婚的神圣化,提倡两性关系的严肃化,取缔不正当的两性关系,重新强调对未婚先孕的约束,等等。

　　当然,这种家庭复兴不是简单地恢复到原来的家庭样式,而是在承认社会变迁和正确评价家庭对社会贡献的基础上,寻求一种更新更好的家庭。家庭复兴的主要内容有:婚姻介绍,安排好约会,大数据为性格相投的人提供资料,婚姻训练,开设婚姻、家庭生活课程,进行性教育、生活管理和子女教育等,以培养男女双方融洽的感情,增进家庭和工作的稳定性。②

　　法国启蒙思想家卢梭曾说过:"一切社会中最古老的而又唯一自然的社会就是家庭。"作为社会的细胞,家庭的演变与社会进步休戚相关。撇开蒙昧时代不谈,农业化社会的家庭因集生产、教育、心理功能于一体而表现为扩张化的大家庭。工业化社会的家庭因生产和教育功能的丧失而萎缩成原子核式的小家庭。未来信息社会的家庭将因生产和教育功能的再现而复归为文化大家庭。

　　在未来的信息世界里,经济发展的高度科学化,要求有丰富的情感生活做补充、司平衡,需要家庭作为精神的安乐窝,作为生命的绿洲,作为灵魂的休养地,使人与人相爱的社会感受在家庭细胞里得到强化和丰富。而且高度科学化的经济是以智力为基础的信息经济,可使家庭生活方式电脑化,还可使妇女对生育进行有效的控制,甚至使生育职能社会化(体外

---

　　① 沈丽娟:《当代中国大学生对未来家庭的预期与价值取向》,载《青年探索》,2002年第1期。
　　② 邓伟志、刘达临:《家庭的未来》,载《社会》,1984年第2期。

受精、无性繁殖等),因此妇女能够和男子一样从事各种社会工作,从而使夫妻关系建立在更加平等的基础上。经济的高度科学化特别是电子计算机技术的普遍社会化,完全有可能把在车间、办公室、设计院里所要完成的工作拿到家里去完成。这样就使生产又从社会回到了家庭,使人类"回升到新的更先进的以电子科学为基础的家庭工业时代,从而重新突出家庭作为社会中心的作用"[1]。

  基于以上条件,未来的家庭应该是实行一夫一妻制的成员之间人人平等的文化大家庭。在婚姻模式方面将弘扬"扩张化家庭"的一夫一妻制,因为这样的模式有助于家庭的稳定和家庭成员的身心健康,也与人类 1∶1 的性别比相协调。在爱情模式方面将扬弃"原子核式家庭"的拜金杂质,实现男女平等的纯真爱情。这种爱情不但不会牺牲家庭其他成员的亲情,而且使整个家庭沐浴着平等的春风,使人类婚姻升华为有道德的幸福婚姻。在家庭规模上将由"小"复归到"大"。家庭生产职能的再现,是"大"家庭复归的经济基础;家庭精神功能的扩张,是"大"家庭复归的文化要求;家庭生活方式的电脑化,是"大"家庭复归的技术保证(不会因家务繁忙而闹矛盾);夫妻关系的平等化,是"大"家庭复归的主体条件。此外,美国学者的研究表明,家庭的大小与心脏病人的死亡率有关系,凡是丧偶、离婚或家庭成员少的心脏病人的死亡率,比起那些子女多、有配偶的心脏病人要高得多,且生存的时间短;家庭的大小与一个人血压的高低也有极大关系,生活在人丁兴旺的家庭中的男性,平均血压都相对偏低,对女性而言,家庭的大小对她们的血压高低无明显影响,兄弟姐妹的多少却左右了她们的血压,兄弟姐妹越多,血压越平稳偏低。大家庭有利于其成员的身体健康。这里讲的子女多、兄弟姐妹多与计划生育并不矛盾。因为那时的文化大家庭是在人的素质普遍提高的基础上,自觉自愿地优化组合起来的,其中的兄弟、姐妹、子女是"文化兄弟""文化姐妹""文化子女",他们虽非同根生,却有同根情,虽非亲骨肉,却能尽"孝""慈"。

  在高度信息化的未来社会,家庭将成为高度社会化和技术化教育的轴心。伴随教育程度的提高,越来越多的父母在智能上已经足以承担现在委托给学校的某些任务了,住在美国硅谷、日本筑波、英国剑桥、中国北京中关村等高科技园区的父母,可能比当地的学校教师更能胜任某些科目的教学;伴随生产、办公、管理的高度自动化,受过高等教育的父母拥有更多的空闲时间,至少会让孩子在某些方面不再接受公共教育,而给予家庭教育。计算机辅助教育以及电子版本、全息照相等技术的改进和普及,将为文化教育回归家庭提供物质条件。因此,在未来社会里,"父母和学生可能同附近的学校签订短期'学习合同',委托学校负责某些课程或课程中某一单元的教学。学生可以继续上学,参加社会和体育活动,或学习不能自学、不能在双亲或朋友个别指导下学习的科目"[2]。

  总之,未来家庭所承担的面向未来的"三维"教育任务进一步强化了未来大家庭的文化性质。"文化大家庭"是对"原子核式家庭"的辩证否定,是"扩张化家庭"模式在高层次上的复归。它的普遍实现必将使人类社会充满爱心。[3]

---

[1] 阿尔温·托夫勒著,朱志焱、潘琪、张焱译:《第三次浪潮》,北京:生活·读书·新知三联书店,1984年版。
[2] 阿尔温·托夫勒著,孟广均、吴宣豪、黄炎林等译:《未来的冲击》,北京:中国对外翻译出版公司,1985年版。
[3] 黄志斌:《家庭模式的复归——未来文化大家庭初探》,载《未来与发展》,1994年第3期。

二、家庭消亡论

100多年前,恩格斯石破天惊地谈到,家庭、婚姻、国家、私有制等不过是人类社会在其发展过程中的一种中间状态,而并不是人类社会的全部状态及永恒状态。家庭、婚姻、国家、私有制必然随着人类社会的进步而终将趋于消亡。

家庭是社会的细胞,家庭对于人类的存在、发展及人类社会的稳定,都起着不可估量的作用,但随着历史的不断推进,社会的持续发展,有人认为,家庭的存在价值正日趋削弱,并终将淡出人类历史及社会。

首先,从家庭的发展历程来看,家庭不是人类一出现就有、一成不变的,它是在人类漫长的历史中逐渐形成并不断发展变化着的。人类诞生初期,并不存在家庭。人类先民同吃、同住、同劳作,杂乱性交,共同哺育后代。这种团体虽也有性、经济、繁衍后代的功能,但这只是群居动物本能的表现。直至出现了对偶婚:至少两个不同性别的成年人居住在一起,劳动分工,经济合作,共同抚养子女,才产生了真正意义上的家庭。而后,家庭发展出许多不同的结构:在传统农业社会中占主导地位的扩大式家庭,即一家三四代人中的第二代有两对以上的夫妻;在狩猎、采集社会和现代工业化社会中占主导地位的核心家庭,即一对夫妇及其未婚子女。此外,还有主干家庭、多偶家庭、单亲家庭等。现代社会中更出现一种思潮,认为家庭束缚了个人,出现了替换家庭的后现代生活方式:同居、同性夫妻、群居、独身等。虽然这种思潮现在并不占主导地位,但它确实反映了家庭发展的一种趋势,即随着社会的发展变化,家庭将逐渐缩小、解体然后消亡。

其次,家庭功能不断削弱。

家庭最主要的功能包括性、生育教养,以及劳动分工和经济合作三项,每一项都在逐渐地被削弱。在性方面,核心家庭确立的一夫一妻制,减少了性竞争、性嫉妒,并使妇女在怀孕哺乳期间受到保护。但在现代社会中,人们对性的观念发生了变化。性自由、性解放思想对传统的家庭性关系造成了强烈的冲击。婚前、组建家庭之前的性关系日渐普遍。社会对于同居也采取了更为包容的态度。从另一个角度来说,性关系也不再局限于异性之间。同性恋自古就有,但在现代社会中,它越来越公开化、扩大化,在某些社会,同性恋还取得了法律地位。思维放得再远一点,将来性完全可以通过药物、电流等直接刺激神经而得到满足。因而,家庭只是性的保障,而不是性的前提,脱离了家庭,性仍然可以存在。我们不难设想,在未来社会,性从家庭中脱离出来,独立存在,即家庭消亡,性仍存在。

在生育教养方面,传统观念认为,生育是性的产物,但既然可以有不以家庭为基础的性,也就可以有不以家庭为基础的生育。例如:性解放、性自由导致大量非婚生子女的出现。再者,从延续种族的角度来说,生育甚至可以脱离性而存在。

在目前的社会,生育功能是人类得以延续的必要条件,而社会却在不断发展,人类原始的自然的繁衍方式逐渐暴露出其劣势。而现代生物学的发展使人类脱离原始生育方式有了可能,而且有其不可比拟的优越性,基因学的发展,更是为人类繁衍高质量的后代提供了可能。所以笔者认为,原始家庭的生育繁衍功能会消失。随着克隆技术的成熟,单体繁殖成为现实,这也就意味着:抛开性,不需要家庭,人类仍然可以存在并不断延续下去。至于家庭的教养功能,家庭是教育下一代的重要场所。但我们必须承认,教养功能也越来越社会化。在正常的教育制度下,孩子六七岁就开始进入学校学习,有些孩子甚至在三四岁便进入学校接受学前教育。学校成为教育的主要场所。随着社会化程度的不断提高,家庭的教养功能也不断被削弱、取代。

在以前,社会发展并不完善,子女的抚养教育主要以家庭为主,孩子的第一任老师是父母。而随着社会的完善,各种服务机构的产生,父母越来越忙于工作,子女的教养功能主要会由社会来负责,这是必然的趋势。

我们可以大胆推测,在高度社会化的未来,孩子不生活在家庭中而在社会中,进一步说,由社会指派的相当于"教师"这种角色的社会成员进行教育孩子的工作。教育孩子完全成为一种社会工作,脱离家庭而存在。

在劳动分工和经济合作方面,由于男女之间生理学、解剖学上的差异,核心家庭实行性别分工,有利于个人及社会的发展。而现代社会机械化程度不断提高,许多原来女性不能胜任而由男子承担的工作被机械所取代,特别是电脑的出现及发展,工作越来越呈现只存在个体智力、能力差别而无男女性别差异的现象。男女在工作上的界限趋于模糊,劳动分工和经济合作便无从谈起。

除了以上三个功能外,家庭的其他功能,如消费功能、赡养老人的功能、体育娱乐的功能也不同程度地被削弱。特别是赡养老人这一项,在许多社会的家庭中已经消失。随着社会的发展,现在,在大多数城市里出现了越来越多的养老院,这是社会功能完善的表现,给更多子女以更大、更自由的空间忙于自己的事业,从事社会生产工作。社会代替家庭成为承担赡养功能的主体是大势所趋。[①]

有人认为,家庭有未来,但未来没有家庭。美国社会学家 W. 穆尔明确宣扬家庭解体论,认为家庭瓦解使"美国赢得一个个人自由的健全时代"。苏联阿·高尔波夫斯在《二〇〇〇以后》一书中,大谈家庭作为社会体制注定要消亡。显然他们要使之消亡的家庭,在这里指的是一夫一妻制的个体家庭。

"家庭解体"论者的理论根据是什么呢?

概括起来不过是以下两点。

一是认为科学技术的发展必然引起家庭的溃散。持此观点的人特别注目于生物工程技术,认为随着生物工程技术的发展,人工培育孩子才是唯一合理的事情,作为人自身生产组织的家庭已成为多余,家庭自然要解体。

二是一些人认为家庭是个历史的现象,有其产生、发展和消亡的过程。同时认为事物的发展都是否定之否定,家庭也不例外,要由群婚制到个体婚制,最后必然再走向群婚制,达到个体家庭的消亡。

我们认为,以上这两种理论根据都是不科学的,因而也是站不住脚的。

首先剖析一下第一种理论根据。我们知道,马克思主义从来就十分重视科学技术的作用,认为科学技术是生产力的重要方面,科学技术的进步直接推动着生产力的发展。随着生产力的发展,生产关系也必然发生变化,在生产力和生产关系即生产方式的作用下,家庭的

---

① 王婧:《浅析未来家庭功能的变化趋势》,载《法制与社会》,2007 年第 12 期。

形态、结构、职能也要发生变化,这是不言而喻的。马克思主义并不是主张家庭这个社会细胞是永远静止不变的。但这种变化的动力必须从生产力和生产关系的统一中去理解,片面地抓住一个方面去理解家庭变化的动力是不足取的。马克思主义的经典作家一再指出:"家庭制度完全受所有制的支配。"这就是说,生产力对家庭的作用不是直接的,而是间接的,它要通过生产关系的环节来决定家庭关系。这样,"家庭解体"论的荒谬就很明显了,它孤立地从生产力方面来考察其决定家庭变化的作用,忘掉了生产关系的中介,它仅仅用生物工程技术的发展来推论家庭的变化,就是说把家庭这一复杂的社会现象(包括社会各种关系及社会心理和意识形态)简单看作生物现象,不顾及人的社会性本质,这显然是不科学的。

马克思主义认为,人不仅是生物学意义上的人,更重要的是社会的人。人的本质并不是单个人所固有的抽象物,实际上,它是一切社会关系的总和。人的一切活动首先是社会活动,人的爱情、婚姻、家庭的发生发展也绝不单是一个自然的过程,而是要以社会的方式来进行,人的家庭关系是被社会关系决定的,人的七情六欲也受社会关系的影响和制约。人是具有感情的复杂的社会性动物。如果按照"家庭解体"论者的推断,生物技术工程的发展,人类自身的生产将如工厂生产产品那样成批地生产孩子,那样人的爱情、婚姻、家庭统统都将被摧毁,人将过着没有性爱,没有家庭,没有父子情、母女恋、夫妻爱的生活,人性将泯灭殆尽,这不仅是人们所无法接受的,而且简直是毁灭人性(社会性)的,是不可想象的。

"家庭解体"论者的第二个理论根据,认为家庭是一个历史的范畴,因而将随着国家及私有制的消亡而消失。这也把问题简单化了。我们说家庭是一种历史的现象,只是说它有一个形成、发展和完善的过程。在不同的历史时期,家庭的性质、内容、结构、职能都将有不同的演变,家庭作为社会的细胞,只是说它是社会生活领域的一个单位,是以婚姻和血缘关系为标志的社会生活的共同体,它不是政治制度的单位。家庭与我们平时所说的"户"也是有区别的。户指的是一种居住群,它受政治制度的制约,带有政治制度的性质;而家庭主要指的是以婚姻和血缘关系为标志的社会生活群体,这种生活群体和社会的联系,对社会的影响以及人与人之间关系的性质,都说明它不是社会制度中的一个单位。所以到了共产主义社会,作为阶级统治的国家的消亡,并不引起"家庭"的消失。恰恰相反,作为男女两性社会生活的组织形式的一夫一妻制家庭,"不仅不会消失,而且相反的,只有那时它才能十足的实现",因为只有"到那时候,除了相互的爱慕以外,就再也不会有别的动机了"。①

一些西方社会学家预测:如果目前西方社会这种婚姻家庭状况继续下去,离婚率继续上升,结婚和重新结婚率继续下降,那么更多的人将处于"不婚"和"离而不再婚"的状态。传统的家庭——丈夫、妻子和儿女将趋于消失,取而代之的是人们各自独居,或是一群人生活在一起,但互相之间没有血缘关系,结果是美国和其他发达国家自己不生产人口,从而逐渐被来自发展中国家的剩余人口所取代。②

那时,社会的自然单元将越来越是个人而不是家庭。大多数人将独自居住,他们将各行其是,没有家庭义务也没有社会义务,个人就是一切,不断地寻求刺激,两性关系十分混乱,未婚同居和同性恋将成普遍现象。

---

① 张培强:《家庭的未来探析——评"家庭解体"论》,载《郑州大学学报(哲学社会科学版)》,1989年第1期。
② 邓伟志、刘达临:《家庭的未来》,载《社会》,1984年第2期。

西方社会的家庭危机是资本主义社会固有矛盾——生产的社会性和生产资料的私人占有的矛盾在家庭关系中的反映。离婚率的不断增长、性行为的自由泛滥、几代人的隔阂加深等，都是这一矛盾的表现和结果。这个矛盾不解决，家庭危机就无法避免。不管社会学家和政府机构提出多少"拯救方案"，进行何种"综合治理"，都是无济于事的。

消灭家庭的做法是根据不足或者言过其实的。人类创造了现代科学技术文明，人类也一定能妥善解决现代科学技术文明所带来的一系列问题。试管婴儿等作为一种科学实验是可以的，作为某种特例运用（例如解决个别人生育机能的障碍）也是可以的，但是，它怎能取代两性关系的亲爱、怀孕期间的喜悦和希望、哺乳时的幸福感情呢？有什么机器能比人体更精密、复杂与和谐呢？我们毕竟还是要把科学幻想与基于现实的预测区分开来。

未来家庭不会消亡，也不会从根本上改变它的存在。但是未来家庭人员的构成、家庭人员关系、家庭的功能与作用、家庭的组织形式肯定会发生变化。

中国人的家庭观念在近一百多年来发生了颠覆性的变化。

延续了几千年的家族制度随着封建社会的灭亡而分崩离析，而家族制度是中国封建史甚至是上古社会的一项基本政治制度，传统道义民俗与帝王律法无一例外地保护家族制度，从"父子亲，夫妇顺，君臣义"可以看出，甚至将家族那种稳固的关系移植到君臣关系上来。

家族在中国已经名存实亡，虽然有些地方特别是一些农村，还维系着家族的基本特征，但家法已不再对家族成员有很强的约束力了。现代律法不允许家族有这样的权力。

家族的崩溃直接导致无数小家庭和丁克一族的产生，家庭小型化是资本经济发展的必然需求。因为，很显然，12个人组成一个大家庭和3个人各组成一个家庭，后者的消费需求的总和是前者的好几倍，家庭小型化可以爆炸性地创造消费需求，中国家庭小型化始于改革开放之后，其中引发大量的消费需求，以至于国家曾长期把我国社会的主要矛盾定性为"人民日益增长的物质文化需要同落后的社会生产之间的矛盾"。

很显然，无论是从生物学角度还是经济学角度来说，3~4个人的小家庭远远没有8个人左右的大家庭稳定，一个小家庭持续的时间一般是20年左右，伴随着离婚率的提高，估计一个小家庭的持续时间平均为10年。另外，当今的法律也在不断加强维护家庭的稳定性的支持力度。[①]

三、家庭多样论

对未来家庭究竟是什么样子，人们的认识并不统一。西方学者提出过"过时论""消亡论""振兴论""多元论""趋同论"等种种看法。其中，对我国影响最大的是"过时论"和"多元论"。也就是说，一夫一妻制家庭已经过时了，取而代之的将是家庭的多元化模式。

第一，"多元论"者往往认为，未来人们将按照个人爱好，随意选择自己的家庭模式。未来家庭的多样性，是由人们的不同喜好与习惯决定的，或者是由个人的自由意志做出的选择。其实家庭从来不是孤立的社会现象，任何家庭模式的存在都受多种社会因素的制约。人也不是孤立的个体，个人选择何种家庭模式，也要受当时的社会经济形态、政治体制、思想

---

① 刘曙辉：《〈家庭、私有制和国家的起源〉李膺扬译本考》，沈阳：辽宁人民出版社，2020年版。

文化的发展水平等社会因素的支配,并非单靠个人喜好、习惯和自由意志所能决定的。因此,社会中存在的任何一种家庭模式都是客观社会条件下的产物,并非人的主观意志的结果。

第二,"多元论"者往往把变革中出现的一夫一妻制家庭的各种"替代模式",诸如独身、群居、同性恋以及未婚同居、未婚生育等,看作未来家庭多元化的各种模式。尽管每种"替代模式"都有其存在的社会条件,却不是人性本身的自然要求,很难持久地存在下去。例如独身,并不是人的本性要求独身,而是各种社会因素造成的。目前西方的独身者日益增多,除迫于竞争社会的生存压力不愿承担责任,或为个人的独立、自由不愿走进频繁破裂的婚姻之外,也有一个原因是西方两性关系的混乱为他们提供了随时满足性欲望的条件。如果未来社会的高尚道德情操使两性关系走向更高层次的规范化、文明化,独身者还能存在下去吗?家庭永远此消彼长地变化着,"现存的"并不都是"永久的"。

第三,"多元论"者往往把多样化的家庭模式看成彼此并列的,否认家庭模式的主次层次和家庭发展的主流趋势。家庭的发展受社会生产方式或经济形态的制约,虽说在特定的社会发展阶段总是多种家庭模式同时并存,但也总有一种与当时生产方式相适应的"优化家庭形态",在社会生活中占主要地位。不同社会发展阶段的"优化家庭形态"前后相关的联系,形成序列,构成了主流趋势。因此,"多元"与"主流"并不是截然对立的,"多元"之中往往存在着"主流"。如果我们在纷繁复杂的家庭演进中,只注重"多元"而忽视"主流",必然使自己的思维陷入困惑迷茫之中,做出错误的选择。

社会的"优化家庭形态",也就是未来家庭的基本模式。在未来的知识社会,当经济高度发展、人们的生活达到共同富裕,而婚姻除爱情之外不再考虑任何附加条件、两性关系完全平等时,家庭的基本模式必然是"婚姻主位专偶家庭"的高级形态。这是一夫一妻制家庭发展的必然趋势,也是人类家庭发展的主流趋势。[1]

阿尔温·托夫勒认为:"随着第二次浪潮小家庭失去它的优势地位,某种其他形式将取而代之。一个非常可能的结果是,在第三次浪潮时期,家庭将长期没有一个统一的形式。相反,我们将看到高度多样化的家庭结构。"

那么,多样化的家庭结构究竟是怎样的呢?

第一种形式:简化家庭。

简化家庭是后工业化社会的主要家庭结构形式。它是工业化社会核心家庭的替代物。核心家庭是由夫妻与少数孩子组成的,简化家庭只由夫妻两人构成,也就是无子女的家庭。他们或者年轻时不要孩子,年老退休以后,购买胚胎抚养孩子,或者婚后把生下的孩子交给抚养孩子的专业户(即"抚育父母")养育与管理。在许多工业化的国家里,不愿生育孩子的现象相当普遍。

第二种形式:公共家庭。

公共家庭建设在成年成员群婚的基础上。许多成年男女谋取某些经济方面和税收方面的利益而合法地结为一体,共同生活,共同抚养孩子。这样许多家庭集居一地,构成"群居村"。在今天美国的亚特兰大、波士顿、洛杉矶等城市均可见到。

---

[1] 贾生军:《对中国未来家庭结构与养老问题的探讨》,载《中国老年学杂志》,1997年第1期。

第三种形式:单亲家庭。

单亲家庭是由未婚或已离婚的人与孩子构成的家庭,也就是说,未婚的男人或女人收养一个或多个婴儿,养育他们,或离婚后由一方带着孩子过日子的小家庭。

第四种形式:合伙家庭。

这种家庭多为离婚之后的男人或女人,各自带着自己的孩子重新组建的家庭。此种家庭类似两人"入股"合伙经营的企业。

第五种形式:独居家庭。

这种家庭不言而喻由一个人构成。目前,中国的一人户占比持续增加,2018年全国一人户的比例达到了16.69%,相当于每6户人家里,就有1户是独居家庭。

此外,还有未婚同居家庭、多配偶家庭,前者很普遍,后者为数极少。[①] 美国社会学家杰西·伯纳德指出:"未来社会婚姻最大的特点,正是让那些对婚姻关系具有不同要求的人做出各自不同的选择。"从20世纪80年代直到今天,在世界范围内,婚姻家庭一改过去传统的、单一的模式,逐渐朝着小型化、核心化、松散化和多元化的方向发展。

目前,在我国已出现了一系列与传统婚姻家庭不同的新型婚姻家庭模式。

(1) 同居家庭模式。异性不婚同居在当今社会中非常普遍。异性同居现象在老、中、青三个年龄段的人群中都有发生。年轻人多半将它作为婚前的试婚,而这种试婚是有时间限定的;中年人的不婚同居往往是因为前次婚姻的失败而变得十分谨慎,因而不愿轻言再婚;而老年人的同居多半是一种无奈的选择,尽管许多老年人有再婚的愿望,但由于子女的干涉而难以成婚,而子女反对长辈再婚并非封建意识作祟,真正的动机多是担心长辈财产的流失。由于同居不受法律保护,因而在同居家庭中存在着情感不贞及财产纠纷等高风险。

(2) 丁克家庭模式。21世纪是新新人类的时代,全新的婚恋观、家庭观、生育观使越来越多的人追求"二人世界"的轻松。在我国的大中城市里,丁克家庭数量不断攀升,并且上涨的趋势越来越快。即便是国家已经全面开放二胎甚至三胎,但是选择不生二胎,甚至是不生孩子的人越来越多。我国近些年来产生的丁克家庭模式是从国外引进的,这种家庭模式在我国的成功"移植",对于有着几千年封建传统的"传宗接代""不孝有三,无后为大""多子多福"等生育观念根深蒂固的我国来说,是一个颠覆性的挑战。这种家庭在我国刚出现时,就掀起了一场有关"生育观"的大争论。持赞成观点的人认为:这是"丁克"们对我国实施计划生育政策的一大贡献,它有利于我国减少人口、增强国力和提高人口素质。而持反对意见的人则认为:有优生条件的人不愿生,没有条件的人却多生,用这种恶性循环的办法来减少我国人口,反倒降低了我国人口的素质,并为此撰文对"丁克"们提出了严厉的批评。对此,"丁克"们反戈一击,认为生育与否是个人行为,他人无权对此说三道四,反对者担心由此导致人口质量下降的马太效应是小题大做,是没有科学根据的杞人忧天。但这场有关丁克家庭的大讨论在很短时间内就偃旗息鼓了,这是因为新的时代赋予了人们新的思想,人们很快接受了这一新观念。这一生育观念的重大变化,标志着人们对他人不同生活方式选择的认同和对他人个性的尊重。

(3) 流动家庭模式。随着我国改革开放的深入和市场经济的全面展开,我国人口的流

---

① 郭志刚、刘金塘、宋健:《现行生育政策与未来家庭结构》,载《中国人口科学》,2002年第1期。

动性也随之加大,于是一些走南闯北"四海为家"的家庭应运而生。这种家庭没有固定的栖息地,他们工作到哪里,家也就随之迁徙到哪里。2021年5月11日,第七次全国人口普查结果公布,中国流动人口为37582万人,其中,跨省流动人口为12484万人,有些家庭甚至在国与国之间流动。

(4)移民家庭模式。移居他乡的家庭以前也有过,但像今天这样的规模在我国前所未有。对外开放的窗口——深圳,由一个只有31万"土著"人的小渔村,在改革开放后的40多年里,很快发展成为一个有着近千万常住人口的技术密集型、知识密集型、信息密集型的现代化城市。深圳是一个由移民组成的城市,深圳居民中的绝大多数家庭为移民家庭。长江三峡大坝的建设也导致百万家庭的大迁徙。类似这样有着大量移民家庭的还有上海浦东经济开发新区等。目前在中国所有的城市里,几乎都有移民家庭在新城新址"安营扎寨"。改革开放后,我国有大量的家庭移居海外。

(5)"AA制"家庭模式。所谓"AA制"家庭,即夫妻双方各自掌管各自的经济收入,家庭平常的开支由夫妻俩平均出资承担。有人也称这种家庭为"合作社"家庭。如今这种夫妻"两分"制的理财方式被许多年轻夫妇所效仿。一方面,这一新型的家庭生活方式给当代人提供了更具个性化的自由空间,从而大大减少了以往夫妻之间因经济纠葛所引发的家庭矛盾;另一方面,"AA制"家庭在给夫妻带来自由生活空间的同时,也透露出生活在市场经济时代的夫妻们的无奈与尴尬,夫妻之间的这种斤斤计较、锱铢必争、过于理性的生活方式,使得当今婚姻家庭的凝聚力和向心力在人们的不经意中变得松散脆弱起来。

(6)"周末家庭"模式。人们也将这种家庭模式称为"七减六"家庭。时下在我国白领阶层中,悄然兴起了"周末夫妻"这一婚姻生活方式。这一婚姻生活方式,既可使夫妻俩平日能够尽情享有各自独立的生活空间,又让夫妻在周末一起享受小别如新婚的浪漫和温馨。有关婚姻问题专家认为,这种家庭模式有利于夫妻爱情的保鲜与婚姻的稳定。夫妻之间的这种"距离效应",可收到看似无情却有情的效果,这种"分"与"合"的艺术,可避免夫妻俩在一起因鸡零狗碎、相处时间过长而发生的矛盾纷争及由此产生的厌倦感。用"小别胜新婚"的新鲜感来增强夫妻之间长久的吸引力,是当代人在婚姻方式上的又一创新。不过,也有人担心,由于这种婚姻模式给夫妻之间留有很大的时间和空间上的间隙,这样自由度过大的家庭,容易产生婚外情,从而影响婚姻家庭的稳定。

(7)单亲家庭模式。这种家庭虽不是现代婚姻的产物,但在新的历史条件下,这种模式的家庭数量在逐年增加,已形成了一定的规模。对于单亲家庭来说,由于"半边户"所产生的孤独感和夫妻反目之后所产生的对峙敌视,容易形成"问题家庭",从而导致单亲家庭的子女成为"问题子女"。

(8)单身家庭模式。目前,我国单身家庭的存在已不再是个别的现象,而是形成了一个有着超过5800万人的庞大群体。选择这一家庭模式的人形形色色,有些人是婚姻的"挑剔"者,有些是婚姻的"特困"户,有些则是爱情的"受伤"者,等等。其实选择这种家庭生活方式的人大多出于无奈。对于一些人来说,尽管在他们的家庭中没有婚姻,但这绝不意味着他们中的一部分人没有临时的或固定的"性伴侣"。由于现代社会的开放和观念的开明,人们对于这种有"性"而无婚的生活也见怪不怪了,并对这一生活方式和家庭模式表现出了极大的理解和宽容。如今,独身的人不会再像以往那样无端地遭到他人的议论和猜测。

（9）空巢家庭模式。空巢家庭是指虽有子女但由老人留守空巢的家庭。空巢家庭的形成有以下几个方面的原因。一是社会养老保险体系的逐步健全和人们养老观念的改变，使家庭养老的功能大大削弱。二是两代人在生活习性、生活节奏以及观念上的不同，使得家庭中的"代沟"越来越深，因此两代人便分庭自治。三是近年来随着我国住房条件的改善，年轻人崇尚独立、自由、新潮的生活方式，离开父母自立门户。四是年轻人为了发展事业而浪迹天涯。比如一些家庭中的子女远离父母漂洋过海，到外地或国外去深造、工作、定居，从而形成空巢家庭。随着我国人口老龄化的到来，我国空巢家庭的数量将会大幅度攀升。

（10）留守家庭模式。留守家庭模式主要存在两种形式：一是夫妻一方在外，另一方留守在家，这样的家庭多为夫妻一方出国深造或外出工作而形成的夫妻之间的留守；二是家庭中的父母在外，而留守在家的多半为未成年子女，这样的家庭常常是农民工夫妻外出打工，而将未成年子女交给隔代祖辈老人看管。这两种家庭留守的时间不宜过长。夫妻之间长期的分离容易导致感情的淡化从而导致婚姻的解体；而父母与子女之间长期的分离将会形成亲情的缺失及家教的缺位，在这种"双缺"环境下成长的孩子，容易形成人格的缺陷。

（11）"啃老"家庭模式。家庭成员中的子女虽已成年，但经济没有自立，于是许多家长不得不延长成年子女的断奶期。在今天就业难、买房难的情况下，越来越多的成年子女由于没有工作或收入不济而长大不成人，从而长期依赖父母的经济接济，成年不离家。

（12）托管家庭模式。随着我国流动人口的增多，以及由于独生子女政策实施所形成的"四二一"家庭格局，我国已出现了新型的家庭寄养方式，即一些家庭帮助托管那些没有血缘关系的老人和小孩而组成临时性的家庭，并从中收取一定的寄养托管报酬。

（13）跨国跨地区的婚姻家庭模式。这是一种由不同的国籍、不同的种族、不同的文化、不同的语言、不同的民族、不同的信仰的男女所组成的家庭。这种家庭模式如今在我国已呈潮涨的趋势。随着改革开放的深入和国门进一步打开，有越来越多的"中西合璧"家庭或南北联婚家庭出现。目前中国姑娘外嫁的国家遍及欧、美、亚、非、拉等五大洲。同时随着我国人民生活水平的提高以及我国国力的增强，如今在中国，不仅"娶个洋妞做太太"的小伙子越来越多了，而且来中国做上门女婿的洋小伙子的数量也日益增加。

随着中国人现代生活方式的多样化，通信工具、交通工具日益发达，以及人际交往"半径"进一步扩大，海南的小伙娶个东北的姑娘、西藏姑娘嫁到北京等这种跨地区婚配成为可能。

（14）组合家庭模式。这是一种由没有血缘关系的人组成的"联合国"家庭。比如再婚家庭中，一方父母与另一方子女之间是没有血缘关系的。又比如，《民法典》中对收养法作了较大的修改，放宽了人们收养"子女"的条件。随着我国再婚家庭和收养子女家庭的增多，在不久的将来，像这种由没有血缘关系的人组成的组合家庭也会形成一定的规模。

（15）人造家庭。有人认为，目前人类家庭之所以问题很多，只是因为传统的家庭满足不了现代人的需要。以血缘关系和婚姻关系为基础的永久性单位只不过是人类原始社会的一种遗留物。传统的家庭应当为人造家庭所取代。

他们认为，现在社会的某些发展倾向已经预示了建立人造家庭运动的到来。例如，西方许多群居村和集体事业已经具备了家庭的许多特征。一些教会则指定许多个人生活在一对夫妻周围，这些人就被当作家庭成员，目的是共同生活和娱乐，相互帮助，以促进扩展的大家庭的发展。在将来,有可能出现建立在共同兴趣基础上的人造家庭,如清一色的画家组成的家庭、芭蕾舞迷家庭、音乐爱好者家庭、棋迷家庭等。

也有人认为,或许没有必要在自然家庭和人造家庭二者之间进行选择,因为一个人可以既属于一个自然家庭,同时又属于另一个或多个人造家庭。

人造家庭只是在特殊情况下的辅助形式,如敬老院、"老人之家"、"残疾人之家"等,它不可能成为社会普遍的家庭形态。西方家庭由于社会的固有矛盾,可能会按消亡这一可能的方向恶性发展下去,但是家庭的复兴也是不可避免的。历史必将按自己固有的规律发展。家庭是人类文明的产物,人类自己会拯救文明,拯救家庭。

近年来,还出现了一种新型的家庭模式,即无性的婚姻,指生活在这种家庭中的男女,他们只要情爱而不要性爱。这一家庭模式,在日本一经出现就被大众视为变态家庭。人们认为,这种家庭有悖于人性,因此这种家庭刚一出现,人们就开始怀疑它生存的寿命。

在美国、德国、英国、法国等经济发达的国家,近年来又出现了一种新型的家庭模式,即"临时"家庭。"临时"家庭中的男女在一起同居不是为了试婚,他们不以婚姻为目的。这种不受法律保护与制约的"家庭"中的男女,他们在经济上实行"AA 制",在感情上今天相爱就相爱,明天不爱就"拜拜"。在德国,也同样面临着世界性的婚姻难题。单亲家庭、未婚母亲和丁克家庭越来越多,离婚率居高不下,不愿结婚的人也日渐增多,独身者增长的速度快于离婚率增加的速度。因而德国社会学家无不为德国公民的婚姻危机担忧,他们认为,随着家庭的日益减少,在不远的将来,世界范围内的家庭将会日趋消亡,而造成家庭日益减少直至消亡的原因在于城市化。不论是从文化上还是从法律上看,现代的婚姻家庭是在"爱慕"这种稍纵即逝的脆弱感情的基础上建立起来的,如今婚姻家庭的稳定不再依赖于家庭的分工和婚姻道德的约束,而完全取决于个人的意愿。而个人的意愿又随社会环境、个人情绪、个人际遇、个人情感的变化而变化。这种个人意愿的随意和弹性必然会波及婚姻。从经济上看,随着养老观念和养老方式的改变,今天养儿不但不能防老,反而还会增加家庭的经济负担和父母的精神负担。再从现实上看,当今越来越多的年轻人身体力行,不愿意结婚,即便愿意结婚也不愿意生孩子。德国社会学家通过以上三个方面的原因分析而得出将来世界上婚姻家庭有可能消亡这一结论。从当今婚姻中存在着的世界性通病看来,德国专家的预言并不是毫无根据的危言耸听。①

许多社会学家认为,家庭的消亡是不可能的,因为这违背了社会和自然的发展规律。建立在婚姻关系和血缘关系上的传统家庭,是社会的天然基础,任何脱离这种天然基础的做法都是荒谬的、危险的。不仅是明智的社会学家了解家庭在社会生活和个人生活方面所起的重要作用,而且人们的经验也揭示了这一点:一个母亲与在她腹中孕育并吮吸她奶汁长大的孩子之间的纽带具有何等巨大的力量,一个男子和一个女子之间发展起来的真正的爱情的纽带也具有多么巨大的力量。人们的大部分生活都是基于这个自然纽带的,异想天开地用另外的方法去构成社会是愚蠢的。明智的做法是顺乎自然地去做,不是消灭家庭,而是改善家庭,使之合乎社会发展的需要。

当然,现代科学技术文明会使人类生活和家庭制度发生许多重大变化。这些变化可能

---

① 杨莉:《简析当代婚姻家庭发展的新趋势》,载《学习与实践》,2007 年第 7 期。

往好的方向发展,也可能产生许多坏处。现代科学技术文明大大提高了生活水平,但同时也可能以毁灭家庭和有意义的社会关系作为可怕的惩罚,我们要趋其利而弃其弊。家庭是会成功地使自己适应现代文明的,因为改善了的经济条件和新技术使人们致力于家庭的改善有了雄厚的物质基础,而物质文明的提高也为人们精神文明的提高创造了有利条件。[1]

---

[1] 邓伟志、刘达临:《家庭的未来》,载《社会》,1984年第2期。

参 考 文 献

[1] 马克思,恩格斯.德意志意识形态(节选本)[M].中共中央马克思恩格斯列宁斯大林著作编译局,编译.北京:人民出版社,2018.

[2] 马克思,恩格斯.马克思恩格斯全集(第二十七卷)[M].中共中央马克思恩格斯列宁斯大林著作编译局,编译.北京:人民出版社,1972.

[3] 马克思,恩格斯.马克思恩格斯选集(第一卷)[M].2版.中共中央马克思恩格斯列宁斯大林著作编译局,编译.北京:人民出版社,1995.

[4] 马克思,恩格斯.马克思恩格斯选集(第四卷)[M].2版.中共中央马克思恩格斯列宁斯大林著作编译局,编译.北京:人民出版社,1995.

[5] 廖盖隆,孙连成,陈有进,等.马克思主义百科要览(下卷)[M].北京:人民日报出版社,1993.

[6] 向洪,邓明.人口管理实用辞典[M].成都:成都科技大学出版社,1990.

[7] 李鑫生.人类学辞典[M].北京:华艺出版社,1990.

[8] 马国泉,张品兴,高聚成.新时期新名词大辞典[M].北京:中国广播电视出版社,1992.

[9] 中国大百科全书(社会学)[M].北京:中国大百科全书出版社,1991.

[10] 库兹明 Е С,谢苗诺夫 В Е.社会心理学[M].卢盛忠,译.杭州:杭州大学心理系,1981.

[11] 马茨科夫斯基,张新梅.论家庭社会学概念的系统化[J].国外社会科学,1987(10):2.

[12] 阿尔温·托夫勒.未来的冲击[M].孟广均,吴宣豪,黄炎林,等译.北京:中国对外翻译出版公司,1985.

[13] 阿尔温·托夫勒.第三次浪潮[M].朱志焱,潘琪,张焱,译.北京:生活·读书·新知三联书店,1984.

[14] 埃什尔曼.家庭导论[M].潘允康,张文宏,马志军,等译.北京:中国社会科学出版社,1991.

[15] 艾略特.家庭:变革还是继续?[M].何世念,等译.北京:中国人民大学出版社,1992.

[16] 波斯佩洛娃,海新.家庭的现状和发展前景[J].国外社会科学文摘,1999(10):14-17.

[17] 曹献雨,睢党臣.人口老龄化背景下我国养老问题研究趋势分析[J].经济与管理,2018(6):25-30.

[18] 车文博.心理咨询大百科全书[M].杭州:浙江科学技术出版社,2001.

[19] 陈卫.中国的低生育率与三孩政策——基于第七次全国人口普查数据的分析[J].人口与经济,2021(5):25-35.

[20] 陈希,陈岱云.中国人口政策重点转移:从人口数量控制到养老风险化解研究[J].济南大学学报(社会科学版),2021(5):28-42.

[21] 陈映芳. 国家与家庭、个人——城市中国的家庭制度(1940—1979)[J]. 交大法学, 2010(1):145-168.

[22] 陈媛媛. 空巢问题的跨文化比较研究——以西方与中国空巢问题的比较研究为例[J]. 兰州学刊,2018(1):199-208.

[23] 池丽萍,辛自强. 家庭功能及其相关因素研究[J]. 心理学探新,2001(3):55-60,64.

[24] 大卫·切尔. 家庭生活的社会学[M]. 彭铟旎,译. 北京:中华书局,2005.

[25] 党俊武. 如何理解老龄社会及其特点[J]. 人口研究,2005(6):66-70.

[26] 邓明,向洪,张来培. 管理学辞典[M]. 成都:西南交通大学出版社,1992.

[27] 邓伟志,刘达临. 家庭的未来[J]. 社会,1984(2):5.

[28] 邓伟志,徐榕. 家庭社会学[M]. 北京:中国社会科学出版社,2001.

[29] 邓伟志,徐新. 当代中国家庭的变动轨迹[J]. 社会科学,2010(10):51-55.

[30] 丁文. 家庭学[M]. 济南:山东人民出版社,1997.

[31] 段成荣,周福林. 我国留守儿童状况研究[J]. 人口研究,2005(1):29-36.

[32] 方晓义,徐洁,孙莉,等. 家庭功能:理论、影响因素及其与青少年社会适应的关系[J]. 心理科学进展,2004(4):544-553.

[33] 费孝通. 家庭结构变动中的老年赡养问题——再论中国家庭结构的变动[J]. 北京大学学报(哲学社会科学版),1983(3):7-16.

[34] 费孝通. 乡土中国 生育制度[M]. 北京:北京大学出版社,1998.

[35] 风笑天. "二孩"还是"三孩","允许"还是"提倡"?——国家生育政策调整的目标解读与认识转变[J]. 江苏行政学院学报,2021(5):51-59.

[36] 风笑天. 独生子女父母的空巢期:何时开始?会有多长?[J]. 社会科学,2009(1):51-61,189.

[37] 顾宝昌. 生育意愿、生育行为和生育水平[J]. 人口研究,2011(2):43-47.

[38] 顾鉴塘,顾鸣塘. 中国历代婚姻与家庭[M]. 北京:中国国际广播出版社,2011.

[39] 郭爱妹. 家庭暴力[M]. 北京:中国工人出版社,2000.

[40] 郭志刚,邓国胜. 中国婚姻拥挤研究[J]. 市场与人口分析,2000(3):2-18.

[41] 郭志刚,刘金塘,宋健. 现行生育政策与未来家庭结构[J]. 中国人口科学,2002(1):1-11.

[42] 国家统计局. 中国人口和就业统计年鉴(2019)[M]. 北京:中国统计出版社,2020.

[43] 杭苏红. 经验、历史与方法:家庭社会学七十年回顾[J]. 中华女子学院学报,2021(4):55-62.

[44] 何本方,王思斌. 中国老年百科全书·家庭·生活·社交卷[M]. 银川:宁夏人民出版社,1994.

[45] 何立婴. 中国女性百科全书:婚姻家庭卷[M]. 沈阳:东北大学出版社,1995.

[46] 贺丹. 中国人口展望(2018)——从数量压力到结构挑战[M]. 北京:中国人口出版社,2018.

[47] 贺光烨,张瑶,吴晓刚. 教育程度越高,结婚就越晚吗?婚姻市场上本地户口的调节作用[J]. 社会,2021(2):87-112.

[48] 侯建明,张培东,周文剑. 代际支持对中国老年人口心理健康状况的影响[J]. 人口学

刊,2021(5):88-98.
[49] 胡亮.由传统到现代——中国家庭结构变迁特点及原因分析[J].西北人口,2004(2):29-31.
[50] 黄志斌.家庭模式的复归——未来文化大家庭初探[J].未来与发展,1994(3):46-48.
[51] 计迎春.社会转型情境下的中国本土家庭理论构建初探[J].妇女研究论丛,2019(5):9-20.
[52] 加里·斯坦利·贝克尔.家庭论[M].王献生,王宇,译.北京:商务印书馆,2005.
[53] 贾纯夫.老年家庭和谐面临四大难题[N].中国老年报,2005-08-24.
[54] 贾生军.对中国未来家庭结构与养老问题的探讨[J].中国老年学杂志,1997(1):51-53.
[55] 江必新,戢太雷.中国共产党百年法制建设历程回顾[J].中南大学学报(社会科学版),2021(4):1-23.
[56] 金一虹.女性文化素质现状及未来发展设想[J].学海,1992(3):45-50.
[57] 康树华,王岱,冯树梁.犯罪学大辞书[M].兰州:甘肃人民出版社,1995.
[58] 雷洁琼.家庭社会学二十年[J].社会学研究,2000(6):1-4.
[59] 李本公.中国人口老龄化发展趋势百年预测[M].北京:华龄出版社,2006.
[60] 李萍,姜爱军.现代家庭冲突的成因及对策分析[J].中华女子学院学报,1996(4):41-44.
[61] 李薇菡.婚姻家庭学[M].广州:华南理工大学出版社,2007.
[62] 李旭初,刘兴策.新编老年学词典[M].武汉:武汉大学出版社,2009.
[63] 李银河.中国人的性爱与婚姻[M].郑州:河南人民出版社,1991.
[64] 李勇.民法典"唤醒"家务补偿制度[J].中国妇女报,2021-09-14.
[65] 李忠尚.软科学大辞典[M].沈阳:辽宁人民出版社,1989.
[66] 理查德·A.波斯纳.性与理性[M].苏力,译.北京:中国政法大学出版社,2002.
[67] 梁建章.对话人口经济专家梁建章 老龄化将降低社会创新力[J].财富生活,2019(5):34-37.
[68] 林白鹏,臧旭恒.消费经济学大辞典[M].北京:经济科学出版社,2000.
[69] 林崇德.中国独生子女教育百科[M].杭州:浙江人民出版社,1999.
[70] 凌宏城,袁培树,任天飞.家庭经济学[M].北京:经济科学出版社,1986.
[71] 刘宝驹.社会变迁中的家庭——当代中国城市家庭研究[M].成都:巴蜀书社,2006.
[72] 刘庚常.我国农村新"空巢"家庭[J].人口研究,2004(1):48-52.
[73] 刘琴,盛露露.共同关注全面二孩政策下大孩情绪行为问题[J].中国学校卫生,2021(10):1441-1443,1448.
[74] 刘曙辉.《家庭、私有制和国家的起源》李膺扬译本考[M].沈阳:辽宁人民出版社,2020.
[75] 刘汶蓉.青年离婚变动趋势及社会原因分析[J].当代青年研究,2019(6):58-65.
[76] 刘燕舞.农村家庭养老之殇——农村老年人自杀的视角[J].武汉大学学报(人文科学版),2016(4):13-16.
[77] 龙冠海.社会学[M].台北:三民书局,1969.

[78] 陆杰华,郭芳慈,陈继华,等.新时代农村养老制度设计:历史脉络、现实困境与发展路径[J].中国农业大学学报(社会科学版),2021(4):113-122.

[79] 陆杰华,林嘉琪.中国人口新国情的特征、影响及应对方略——基于"七普"数据分析[J].中国特色社会主义研究,2021(3):57-67.

[80] 罗萍.论21世纪中国家庭变迁大趋势[J].长沙水电师院社会科学学报,1995(4):9-13.

[81] 罗清.中国《反家庭暴力法》诞生中的三重叙事[J].法制与社会发展,2020(1):188-206.

[82] 吕德文."一家两制":城乡社会背景下美好生活的实践逻辑[J].探索,2021(5):115-124.

[83] 马春华,石金群,李银河,等.中国城市家庭变迁的趋势和最新发现[J].社会学研究,2011(2):182-216,246.

[84] 马红鸽,贺晓迎.建党百年来中国共产党人口生育政策变迁及其启示[J].西安财经大学学报,2021(5):29-38.

[85] 马凌诺斯基.文化论[M].费孝通,译.北京:华夏出版社,2002.

[86] 孟宪范.家庭:百年来的三次冲击及我们的选择[J].清华大学学报(哲学社会科学版),2008(3):133-145,160.

[87] 米特罗尔,西德尔.欧洲家庭史——中世纪至今的父权制到伙伴关系[M].赵世玲,赵世瑜,周尚意,译.北京:华夏出版社,1987.

[88] 福柯.规训与惩罚:监狱的诞生[M].2版.刘北成,杨远婴,译.北京:生活·读书·新知三联书店,2003.

[89] 穆光宗,张团.我国人口老龄化的发展趋势及其战略应对[J].华中师范大学学报(人文社会科学版),2011(5):29-36.

[90] 倪晓锋.中国大陆婚姻状况变迁及婚姻挤压问题分析[J].南方人口,2008(1):59-64,58.

[91] 潘允康.家庭社会学[M].北京:中国审计出版社,2002.

[92] 潘允康.社会变迁中的家庭:家庭社会学[M].天津:天津社会科学院出版社,2002.

[93] 潘允康.研究家庭社会学[J].天津社会科学,1984(4):7.

[94] 潘允康,林南.中国的纵向家庭关系及对社会的影响[J].社会学研究,1992(6):73-80.

[95] 潘泽泉.现代家庭功能的变迁趋势研究[J].学术交流,2005(1):129-132.

[96] 彭大松.个人资源、家庭因素与再婚行为——基于CFPS2010数据的分析[J].社会学研究,2015(4):118-142,244.

[97] 彭克宏.社会科学大词典[M].北京:中国国际广播出版社,1989.

[98] 全国妇联妇女研究所理论室.婚姻家庭学新编[M].北京:红旗出版社,1993.

[99] 全国老龄工作委员会办公室.21世纪——中国人口老龄化发展趋势与对策[J].社会福利,2006(3):23-25.

[100] 商果.谈家庭冲突的正功能[J].社会,1986(3):3.

[101] 申剑,罗晓莉,申小辛.当代家庭关系[M].北京:当代中国出版社,2000.

[102] 沈丽娟.当代中国大学生对未来家庭的预期与价值取向[J].青年探索,2002(1):32-35.

[103] 石燕.以家庭周期理论为基础的"空巢家庭"[J].西北人口,2008(5):124-128.

[104] 史仲文,何长华.家庭关系学[M].北京:书目文献出版社,1989.

[105] 孙慕天,杨庆旺,王智忠.实用方法辞典[M].哈尔滨:黑龙江人民出版社,1990.

[106] 谭深.家庭社会学研究概述[J].社会学研究,1996(2):15-23.

[107] 汤兆云.建国以来中国共产党人口政策的演变与创新[J].科学社会主义,2010(3):109-112.

[108] 唐灿.家庭现代化理论及其发展的回顾与评述[J].社会学研究,2010(3):199-222,246.

[109] 唐灿.中国城乡社会家庭结构与功能的变迁[J].浙江学刊,2005(2):201-208.

[110] 唐凯麟,王燕.当代婚姻家庭矛盾及其对策的实证研究[J].伦理学研究,2019(6):130-138.

[111] 唐美玲."剩男"与"剩女":社会性别视角下的婚姻挤压[J].青年探索,2010(6):5-10.

[112] 陶春芳.对妇女观与社会发展观的浅见[J].妇女研究论丛,1992(1):13-17.

[113] 田丰.中国当代家庭生命周期研究[D].北京:中国社会科学院,2011.

[114] 瓦尔纳,孙汇琪.家庭社会学[J].现代外国哲学社会科学文摘,1983(11):5-6,39.

[115] 王歌雅.民法典婚姻家庭编的价值阐释与制度修为[J].东方法学,2020(4):170-183.

[116] 王婧.浅析未来家庭功能的变化趋势[J].法制与社会,2007(12):923.

[117] 王静珊.城市"空巢"家庭的新特征[J].重庆工商大学学报(西部论坛),2007(4):13-15,59.

[118] 王伟.中国伦理学百科全书·婚姻家庭伦理学卷[M].长春:吉林人民出版社,1993.

[119] 王跃生.城乡家户、家庭规模及其结构比较分析[J].江苏社会科学,2020(6):11-24.

[120] 王跃生.当代中国家庭结构变动分析[J].中国社会科学,2006(1):96-108.

[121] 王跃生.农村家庭代际关系理论和经验分析——以北方农村为基础[J].社会学研究,2010(4):116-123.

[122] 王跃生.直系组家庭:当代家庭形态和代际关系分析的视角[J].中国社会科学,2020(1):107-132.

[123] 王跃生.中国当代家庭结构变动分析:立足于社会变革时代的农村[M].北京:中国社会科学出版社,2009.

[124] 王跃生.中国家庭代际关系的理论分析[J].人口研究,2008(4):13-21.

[125] 王志宝,孙铁山,李国平.近20年来中国人口老龄化的区域差异及其演化[J].人口研究,2013(1):66-77.

[126] 望月嵩.家庭社会学入门[M].牛黎涛,译.北京:中国大百科全书出版社,2002.

[127] 文森特·帕里罗,等.当代社会问题[M].4版.周兵,等译.北京:华夏出版社,2002.

[128] 吴帆,王琳.中国家庭多代代际关系网络的图景与形态——基于6个典型家庭的分析[J].人口研究,2021(4):36-53.

[129] 吴忠观.人口科学辞典[M].成都:西南财经大学出版社,1997.
[130] 夏吟兰.民法分则婚姻家庭编立法研究[J].中国法学,2017(3):71-86.
[131] 向洪,张文贤,李开兴.人口科学大辞典[M].成都:成都科技大学出版社,1994.
[132] 项鑫,王乙.中国人口老龄化现状、特点、原因及对策[J].中国老年学杂志,2021(18):4149-4152.
[133] 熊必俊.社会发展与人口老龄化[J].中国人口科学,1994(5):54-57.
[134] 许放明.社会发展与家庭的未来[J].内蒙古社会科学(汉文版),2010(1):118-121.
[135] 许惠娇,贺聪志."孝而难养":重思农村留守老人的养老困境[J].中国农业大学学报(社会科学版),2020(4):101-111.
[136] 薛宁兰.社会转型中的婚姻家庭法制新面向[J].东方法学,2020(2):32-41.
[137] 薛宁兰.与立法相伴前行:七十年来的婚姻家庭法学研究[J].暨南学报(哲学社会科学版),2019(10):12-28.
[138] 鄢木秀.农村空巢家庭的养老危机及其化解[J].凯里学院学报,2008(2):50-54.
[139] 严建雯,罗维,金一波,等.家庭观念的变革及其人口、社会效应——以宁波为例的实证分析[J].宁波教育学院学报,2004(1):60-63.
[140] 杨春洗,康树华,杨殿升.北京大学法学百科全书.刑法学、犯罪学、监狱法学[M].北京:北京大学出版社,2003.
[141] 杨菊华.生育政策与中国家庭的变迁[J].开放时代,2017(3):12-26,5.
[142] 杨菊华,何炤华.社会转型过程中家庭的变迁与延续[J].人口研究,2014(2):36-51.
[143] 杨康,李放.自主治理:农村互助养老发展的模式选择[J].华南农业大学学报(社会科学版),2021(6):56-64.
[144] 杨莉.简析当代婚姻家庭发展的新趋势[J].学习与实践,2007(7):130-133.
[145] 杨善华.改革以来中国农村家庭三十年——一个社会学的视角[J].江苏社会科学,2009(2):72-77.
[146] 杨善华.家庭社会学[M].北京:高等教育出版社,2006.
[147] 于洪彦,刘艳彬.中国家庭生命周期模型的构建及实证研究[J].管理科学,2007(6):45-53.
[148] 於嘉,赵晓航,谢宇.当代中国婚姻的形成与解体:趋势与国际比较[J].人口研究,2020(5):3-18.
[149] 《中国百科大辞典》编委会.中国百科大辞典[M].北京:华夏出版社,1990.
[150] 原新,王丽晶.新发展格局下人口老龄化新形势及其应对[J].西安财经大学学报,2021(5):110-113.
[151] 岳敏,朱保芹.城乡居民消费分层及动态演化:基于城乡二元结构的解释[J].商业经济研究,2021(20):63-66.
[152] 张川川,陶美娟.性别比失衡、婚姻支付与代际支持[J].经济科学,2020(2):87-100.
[153] 张桂英.家庭社会学及家庭的发展趋势[J].学术交流,1987(3):85-88.
[154] 张培强.家庭的未来探析——评"家庭解体"论[J].郑州大学学报(哲学社会科学版),1989(1):100-104.
[155] 张婷婷.透视社会的家庭:关于家庭研究的范式转换[J].学理论,2014(22):124-

126.

[156] 张文霞,朱东亮.家庭社会工作[M].北京:社会科学文献出版社,2005.

[157] 张亚林.高级精神病学[M].长沙:中南大学出版社,2007.

[158] 张原,陈建奇.变迁中的生育意愿及其政策启示——中国家庭生育意愿决定因素实证研究(1991—2011)[J].贵州财经大学学报,2015(3):79-91.

[159] 张正军,刘玮.社会转型期的农村养老:家庭方式需要支持[J].西北大学学报(哲学社会科学版),2012(3):60-67.

[160] 赵孟营.新家庭社会学[M].武汉:华中理工大学出版社,2000.

[161] 郑丹丹.中国城市家庭夫妻权力研究[M].武汉:华中科技大学出版社,2004.

[162] 郑丹丹,杨善华.夫妻关系"定势"与权力策略[J].社会学研究,2003(4):96-105.

[163] 郑真真.生育转变的多重推动力:从亚洲看中国[J].中国社会科学,2021(3):65-85.

[164] 中国法学会英国文化委员会,中国法学会婚姻法学研究会,中国人民大学婚姻家庭研究所.防治家庭暴力研究[M].北京:群众出版社,2000.

[165] 周晓虹.文化反哺:变迁社会中的亲子传承[J].社会学研究,2000(2):51-66.

[166] 周学馨.我国家庭发展政策述评:内涵、理论基础及研究重点[J].探索,2016(1):81-84.

[167] 周智娟,康祥生.当代中国家庭变革走向[J].求实,2000(10):30-31.

[168] 朱高林.中华人民共和国居民消费史研究:现状、主线与分期[J].扬州大学学报(人文社会科学版),2021(3):12-24.

[169] 左际平.从婚姻历程看中国传统社会中家庭男权的复杂性[J].妇女研究论丛,2012(3):12-21.

[170] COONEY T M,UHLENBERG P. Support from Parents over the Life Course:The Adult Child's Perspective[J]. Social Forces,1992(1):63-84.

[171] MURDOCK G P. Social Structure[M]. New York:The Macmillan Company,1949.

[172] GOODE W J. World Revolution and Family Patterns[M]. New York:The Free Press,1963.

[173] MARCOEN A. Parent Care:The Core Component of Intergenerational Relationships in Middle and Late Adulthood[J]. European Journal of Ageing,2005(3):208-212.

[174] MCAULEY W J,NUTTY C L. Residential Preferences and Moving Behavior:A Family Life-cycle Analysis[J]. Journal of Marriage and Family,1982(2):301-309.

[175] WELLS W D,GUBAR G. Life Cycle Concept in Marketing Research[J]. Journal of Marketing Research,1966(4):355-363.

后　　记

《家庭社会学》第一版成书于2011年6月,距离我此次接到华中科技大学出版社钱坤先生的再版邀请,已经过去10年有余。于人际交往而言,十年一瞬,不过是年年岁岁花相似,岁岁年年人不同;于学科建设而言,俯仰之间,琐碎的家庭事务却已经走出传统的私人领域,成为全民关注的公共议题。

当第七次人口普查结果公布、当我国总和生育率已经低于国际警戒线、当大家开始热烈讨论"送父母去养老院就是不孝吗"、"如何看待离婚冷静期和婚姻家庭辅导"、"家庭能带给人多大的勇气"等等,我一方面欣喜于家国同构之下,个人对于家庭的期待越来越高,这势必可以正向激励家庭向善、国家向上;但另一方面,我难免忧思,若不是理想与现实交困,家庭研究又怎会强势复苏?那么,我们究竟要研究什么,以及如何研究,才能准确把握当下的家庭现状,实现经世致用的完满状态,进而安顿人心。

马克思指出,家庭应该随着社会的发展而发展,应该随着社会的变化而变化,历史就是这样。从中国社会的自身经验出发,没有哪个国家,能像中国这样,在如此短的时间内,实现各领域的惊人发展,传统与现代,在"家庭"场域碰撞出了不可言状的火花。

十年后重读旧时的文字,部分细碎的描述和口语的表达,对比社会学教材丛书的定位,还有进一步打磨的必要;但是,真正着手修改,又产生了敝帚自珍的惶惑。——因此,此次修订,我首先确立了三大改点:一是要增补10年来的中外学界关于家庭社会学的最新研究进展;二是要淘汰或替换过时的理论、命题和提法;三是要结合互联网的新生活状态,呈现中国家庭独特的复杂性和多样性。落实到具体的操作,我认为原有的章节安排仍具有当下解释力,故而保留,但对每个章节的细分都进行了不同程度的调整,力求实现学术规范和阅读体验的双重满足。

当然,顺应我国家庭研究的发展趋向,家庭逐渐被视为解析社会、观望国家的窗口。想要探究国家、家庭与个人的关系,最直观的路径,就是观察国家层面的政策变动,在社会引起了怎样的讨论,以及对家庭产生了怎样的影响。之于本次修订,用墨最多的就是2020年5月28日十三届全国人大三次会议表决通过的《中华人民共和国民法典》第五编"婚姻家庭";以及2021年5月11日国家统计局公布的"第七次全国人口普查"主要数据。法与时变,礼与俗化,结合国家法典与官方数据,关注家庭生活中的恒常与无常,带读者进入一个更加广阔的思考视野,共同体会"家庭"的社会学意涵。

在这里,我还要提及,此番修订得益于我的研究生张寒同学的大力支持。

张寒,是这个时代少有的醉心于学术的人,青灯黄卷,孜孜以求,无心挂念世事纷扰,一念专注桌前书香。她年轻的社会观察力,前沿的学术敏感度,为本书的最终结果奉献良多。

最后,感谢读者朋友的关注,期待诸君的批评指正。

2021 年 12 月 10 日